权威·前沿·原创

皮书系列为
"十二五""十三五""十四五"时期国家重点出版物出版专项规划项目

BLUE BOOK

智 库 成 果 出 版 与 传 播 平 台

乡村振兴蓝皮书
BLUE BOOK OF RURAL REVITALIZATION

中国乡村振兴发展报告
（2024~2025）

ANNUAL REPORT ON CHINA RURAL REVITALIZATION
(2024-2025)

文化振兴引领乡村振兴

主　编／汤放华　孙　倩　王　冰　周文娟
副主编／汤　勇　张文弢　任国平　谢　疆

社会科学文献出版社
SOCIAL SCIENCES ACADEMIC PRESS (CHINA)

图书在版编目（CIP）数据

中国乡村振兴发展报告 . 2024~2025：文化振兴引
领乡村振兴／汤放华等主编 . --北京：社会科学文献
出版社，2025.4.--（乡村振兴蓝皮书）. --ISBN 978-
7-5228-5162-4

Ⅰ. F320.3

中国国家版本馆 CIP 数据核字第 2025QE3607 号

乡村振兴蓝皮书

中国乡村振兴发展报告（2024~2025）
——文化振兴引领乡村振兴

主　　编／汤放华　孙　倩　王　冰　周文娟
副 主 编／汤　勇　张文弢　任国平　谢　疆

出 版 人／冀祥德
组稿编辑／周　丽
责任编辑／张丽丽
文稿编辑／张　爽
责任印制／岳　阳

出　　版／社会科学文献出版社·生态文明分社（010）59367143
　　　　　地址：北京市北三环中路甲 29 号院华龙大厦　邮编：100029
　　　　　网址：www.ssap.com.cn
发　　行／社会科学文献出版社（010）59367028
印　　装／天津千鹤文化传播有限公司

规　　格／开本：787mm×1092mm　1/16
　　　　　印　张：24.25　字　数：362 千字
版　　次／2025 年 4 月第 1 版　2025 年 4 月第 1 次印刷
书　　号／ISBN 978-7-5228-5162-4
定　　价／138.00 元

读者服务电话：4008918866

《中国乡村振兴发展报告（2024~2025）》
编 委 会

谢　疆　湖南省城市科学研究会副秘书长，湖南省安化县科技专家服务团团长，高级工程师

张文弢　湖南城市学院研究生处副处长

杨英建　中国乡村振兴发展网责任编辑，湖南省第十三届人民代表大会代表

《中国乡村振兴发展报告（2024~2025）》
课 题 组

组 长 汤放华

副组长 孙 倩

成 员 汤 勇 任国平 周文娟 张文斈 谢 疆
尹 罡 吴 颖 张宏军 刘子敖 李家华
朱 琳 杜帛谣

主要编撰者简介

汤放华　博士，教授，湖南城市学院原党委书记。兼任中国城市规划学会理事、中国城市规划学会城乡治理与政策研究专业委员会副主任、湖南省城乡规划委员会专家委员会副主任委员。享受国务院政府特殊津贴专家。湖南省第二批跨世纪121人才工程第二层次人选，湖南省普通高校（城市规划方向）学科带头人。出版学术著作3部。在《地理学报》《城市规划》等刊物发表学术论文100余篇。主持国家自然科学基金面上项目1项、其他国家级项目2项、省部级科研项目30余项。获国家级教学成果奖二等奖3项，省级教学成果奖一等奖4项、二等奖3项、三等奖2项；全国优秀城市规划设计奖二等奖2项、三等奖2项，湖南省优秀城市规划设计奖一等奖3项、二等奖1项、三等奖2项；全国优秀工程咨询成果奖一等奖1项，湖南省科技进步奖二等奖1项，全省哲学社会科学优秀成果奖二等奖、三等奖各1项。获改革开放四十年湖南省城乡规划行业发展突出贡献奖、首届湖南省普通高等学校教学名师奖。

孙　倩　博士，教授，湖南城市学院党委委员、副校长。兼任中国城市经济学会学科建设专业委员会常务理事，湖南省技术经济与管理现代化研究会副理事长，中国运筹学会决策科学分会理事。新西兰梅西大学和美国纽约州立大学石溪分校访问学者，湖南省普通高校青年骨干教师，益阳市首届优秀社会科学专家。主持省部级及以上课题14项，其中国家自然科学基金面上项目1项，湖南省社会科学基金重大课题1项、重点课题1项、一般课题

3 项，湖南省自然科学基金课题 3 项。发表论文近 30 篇，其中被 SSCI、SCI、EI、CSSCI、CSCD 收录 16 篇，被中国人民大学复印报刊资料全文收录 1 篇；出版专著 2 部；主编教材 1 部；获第十三届湖南省高等教育教学成果奖三等奖 1 项，益阳市社会科学成果奖一等奖 1 项、二等奖 1 项；参与完成各类政府和行业委托项目 10 余项。

王 冰 教授，中国乡村振兴发展网总编辑，《中国乡村振兴发展报告》主编，"中国乡村振兴生态新经济系统理论与实践"课题组组长，中国农村发展学会理事，健康中国 50 人论坛特约研究员，中国乡村振兴发展网和美乡村科学研究院院长，《宜居宜业和美乡村评价标准》评审委员会执行主任兼秘书长，住房和城乡建设部全国村镇建设智库美丽宜居县城建设专业委员会委员。

周文娟 湖南城市学院党委宣传部副部长。主要从事思想政治教育和乡村文化相关工作，在《新湘评论》《湖南日报》先后发表《激发乡村文化振兴活力》《推动高素质专业化创新型高校教师队伍建设》等论文 10 余篇，主持湖南省社会科学基金项目一般项目等省级项目 3 项，主持益阳市社科联重点课题 1 项。

汤 勇 博士，教授，湖南城市学院管理学院院长。兼任湖南省洞庭湖区域经济社会发展研究会常务理事、副秘书长。美国纽约州立大学布法罗学院和新西兰梅西大学访问学者，2018 年湖南省 121 创新人才工程第三层次人选，湖南省普通高等学校青年骨干教师，益阳市首届优秀社会科学专家。主持国家社会科学基金项目 2 项、湖南省社会科学基金重点项目等省部级科研项目 6 项。发表论文 50 余篇，其中被 SSCI、EI、CSSCI 收录 16 篇。获益阳市优秀社会科学成果奖 1 项。主持国家级新文科改革与实践课题 1 项、湖南省教改课题 2 项，主编《工程项目管理》等教材 2 部，为湖南省"工程项目管理"省级"一流"课程负责人。

张文弢　湖南城市学院研究生处副处长，湖南城市学院驻安化县清塘铺镇苏溪村第一书记、工作队队长。主要从事思想政治教育工作和乡村振兴工作。主持省部级科研项目 2 项，参与多项省级及以上课题，发表论文多篇，参编著作 2 部。

任国平　博士，教授，湖南城市学院管理学院副院长，兼任湖南省技术经济与管理现代化研究会副秘书长。湖南省湖湘青年英才，湖南省青年骨干教师。主持省部级项目 10 项，其中湖南省社会科学基金项目 1 项、湖南省自然科学基金项目 1 项、一般课题 8 项。出版学术著作 1 部。在《地理学报》《地理研究》等刊物发表论文 30 余篇。获益阳市社会科学成果奖一等奖 1 项，参与完成各类政府和行业委托项目 10 余项。

谢　疆　高级工程师，湖南城市学院城市科学与乡村振兴研究院副院长。兼任湖南省城市科学研究会副秘书长。湖南省"三区"人才，省派科技特派员。湖南省安化县人民政府原副县长（2018～2022 年）兼任安化县科技专家服务团团长，获省部级工程项目奖二等奖 1 项、三等奖 4 项、市级智库课题二等奖 1 项；主持省部级科研项目 2 项、市级重大课题 3 项。获湖南省优秀科技专家服务团团长 3 次、湖南省优秀科技特派员 2 次。

摘　要

　　党的二十届三中全会指出，中国式现代化是物质文明和精神文明相协调的现代化。必须增强文化自信，发展社会主义先进文化，弘扬革命文化，传承中华优秀传统文化，加快适应信息技术迅猛发展新形势，培育形成规模宏大的优秀文化人才队伍，激发全民族文化创新创造活力。在乡村这片广阔天地中，乡村文化是中华民族的精神源泉，是广大乡村赖以生存的精神土壤。深入挖掘乡村文化的深厚底蕴，创新传承和发展模式，推动乡村文化与现代文明要素有机结合，不仅能够增强乡村的软实力和竞争力，还能吸引更多资源和人才汇聚乡村，为乡村的全面振兴注入强劲动力。

　　本书从文化振兴引领乡村振兴这一视角出发，全面系统地分析2024~2025年文化振兴引领乡村振兴主要进展、面临的机遇与挑战、发展趋势，并深入探讨其实现路径与策略。同时还从乡村文化建设、乡村文化传承方面入手，阐述如何更好地发挥乡村文化对乡村振兴的引领和驱动作用。

　　乡村文化建设篇详细阐述了以文旅融合推动乡村振兴、将文化融入村庄规划、激活红色文化资源、以城乡文化融合驱动乡村振兴等领域的实践探索与成效，展示了文化振兴在乡村振兴中的多元路径与丰富实践。第一，文旅融合成为乡村振兴的新引擎，挖掘乡村文化资源，发展特色旅游产业，不仅能促进经济结构的优化升级，还能增强乡村的吸引力和影响力。本书从农旅结合、文旅融合及产业链整合三个维度入手，深入探讨这一模式的核心要义与实践路径。第二，将文化元素融入村庄规划之中，不仅能提升乡村的整体风貌和居住品质，还赋予乡村深厚的文化底蕴和独特魅力。本书基于传统村

庄规划存在的现实问题，明确文化振兴引领乡村振兴的逻辑关系及文化振兴在村庄规划制定中的引导作用，提出目标、人、物、问题、项目"五个清单"的新村庄规划路径，有力提升了村庄规划的实效性。第三，在激活红色文化资源赋能乡村振兴方面，本书强调进一步创新红色文化资源利用宣传机制，赋能乡村振兴凝心聚魂；创新红色文化资源产业发展路径，赋能乡村振兴经济引擎；创新红色文化培育传承方式方法，赋能乡村振兴人才支撑。第四，在以城乡文化融合驱动乡村振兴方面，本书提出通过畅通城乡要素流动渠道，推进城乡融合发展，增强城乡经济联系，畅通城乡经济循环。

乡村文化传承篇聚焦传统文化的重塑、乡风文明的涵养、多元共治的推进及生态文化的弘扬，强调在乡村振兴过程中，不仅要注重文化的创新发展，更要守护好乡村的文化根脉，坚持文化的传承与发展并重，并提出有价值、可操作的对策建议，全方位激发乡村振兴发展动能。第一，针对传统文化重塑过程中存在的文化传承困境、经济支撑不足、社会认同缺失、人才短缺等一系列问题，提出要进一步加强文化传承与保护、促进文旅产业融合发展、提升社会认同度与参与度、加强文化人才队伍建设、完善乡村基础文化设施与公共服务、加强政策支持和制度保障等对策建议。第二，在涵养乡风文明的过程中，存在党建引领存在薄弱环节、公共文化服务发展不均衡、农村人才流失严重、移风易俗任务艰巨、人居环境整治需进一步加强以及特色传统文化有待开发等问题，针对这些问题，提出要坚持党建引领、加强平台建设、狠抓道德建设、坚持移风易俗、弘扬传统文化、改善人居环境等对策建议。第三，在推进多元共治的过程中，针对基层治理面临诸多风险、农村"三治"短板突出、治理机制不同程度缺失、乡村治理干部结构不合理、文化传承与保护压力大等问题，提出要进一步强化农村基层党组织建设、深化以农民为主体的治理体系建设、发展集体经济打造城乡融合体、加强文化振兴对乡村多元共治的推动作用、健全"三治融合"农村基层治理体制机制、加强乡村治理改革试点和经验借鉴等对策建议。第四，在弘扬生态文化保障乡村振兴过程中，存在农业面源污染防治形势严峻、工业及城市污染向农村转移风险加剧、农村生态系统退化趋势仍未扭转、农村生态文化建设任重道远等问题，提出要以系统的治理观指导生态宜居美丽乡村政治建设、以绿色的发展观指导生态宜居美丽乡村经济建设、以和谐的文化观指导生态宜居美丽乡村文化建设、以普惠的民生观指导生态宜居美丽乡村社会建设等对策建议，确保乡村振兴的可持续性。

此外，本书还选取了湖南省益阳市安化县、陕西省汉中市留坝县、河南省信阳市光山县三个典型案例，分别展示践行六个"以文"、非物质文化遗产挖掘、文旅深度融合等各具特色的文化振兴引领乡村振兴模式，旨在通过理论与实践的紧密结合，为其他地区提供可借鉴的经验与启示。

关键词： 文化振兴　文化传承　文化建设　乡村振兴

目 录 ◪

Ⅰ 总报告

Ⅱ 乡村文化建设篇

Ⅲ 乡村文化传承篇

Ⅳ　案例篇

皮书数据库阅读**使用指南**

总报告 ⟩⟩

B.1

2024~2025年文化振兴引领乡村振兴
发展态势分析与展望

汤 勇 汤放华*

摘 要： 乡村振兴，既要塑形，也要铸魂。文化振兴引领乡村振兴就是坚持政府引导、市场运作、群众自治、依法监督，突出文化引领，明确乡村振兴的任务和价值追求，合力激发乡村振兴精神动力，全方位激活乡村振兴发展动能，快精准夯实乡村振兴经济基础，高质量建设宜居宜业和美乡村，多举措加强农村基层治理，营造风清气正的良好政治生态。文化振兴全面筑牢乡村振兴根基，推动乡村文化活动开展，推动党的创新理论宣讲，推动乡村文化保护传承，深化文化资源活化应用，文化振兴引领乡村振兴迈出坚实步伐。文化振兴对乡村全面振兴的影响越来越大、深入乡村振兴实践领域的程度越来越深、引领乡村振兴的要求越来越高、跨城乡推进越来越迫切。必须

---

* 汤勇，管理学博士，教授，湖南城市学院管理学院院长，主要研究方向为城乡治理、公共政策；汤放华，工学博士，教授，湖南城市学院原党委书记，主要研究方向为城乡规划、城乡治理。

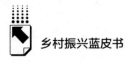

立足本土文化优势，大力推动"文化+"模式，夯实乡村产业基础；以文化为引领，建立"五个清单"，做好乡村规划；深化数字赋能，推进文化建设，提升乡村振兴质量；增进城乡文化交流，促进文化要素流动，推动城乡融合发展；传承乡土文化，涵养乡风文明，守好乡村振兴之基。

关键词： 文化振兴　乡村振兴　乡风文明

经历脱贫攻坚后，为实现巩固拓展脱贫攻坚成果同乡村振兴有效衔接，解决乡村过去只有规划没有建设、只有自上而下的政策引导以及工作推进没有发挥乡村主体的积极性的问题，应找准协调乡村产业、人才、文化、生态、组织等的有力抓手。乡村振兴，既要塑形，也要铸魂。文化振兴引领乡村振兴就是坚持政府引导、市场运作、群众自治、依法监督，按照"办得到、能推广、可持续"的要求，突出文化引领，明确乡村振兴的任务和价值追求，实现以文培元合力激发乡村振兴精神动力，以文聚才全方位激活乡村振兴发展动能，以文兴业快精准夯实乡村振兴经济基础，以文促建高质量建设宜居宜业和美乡村，以文强基多举措加强农村基层治理，以文助廉营造风清气正的良好政治生态。

一　文化振兴引领乡村振兴迈出坚实步伐

党的二十届三中全会提出，必须增强文化自信，发展社会主义先进文化。在以习近平同志为核心的党中央坚强领导下，在全党全国全社会共同努力下，乡村文化建设取得长足进步，乡村文化振兴迈出坚实步伐。

（一）文化振兴筑牢乡村振兴根基，战略定位更加明确

1. 文化振兴融入国家和社会发展大局

中共中央办公厅、国务院办公厅印发《"十四五"文化发展规划》明确

充分发挥文化传承功能，全面推进乡村文化振兴，推动乡村成为文明和谐、物心俱丰、美丽宜居的空间，明确从加强农耕文化保护传承，把乡土特色文化融入乡村建设，创新支持和激励方式，发展民间优秀文化机构、文艺团体，增加乡村优秀文化产品与服务供给，推进数字文化资源进乡村和探索建立乡村文化交流交易平台等方面推动乡村文化振兴。① 《中共中央　国务院关于做好 2022 年全面推进乡村振兴重点工作的意见》提出"启动实施文化产业赋能乡村振兴计划"。

2022 年，文化和旅游部等 6 部门联合印发《关于推动文化产业赋能乡村振兴的意见》，旨在将文化产业赋能乡村振兴纳入全面推进乡村振兴整体格局。② 2023 年，文化和旅游部等 5 部门按照《文化和旅游部办公厅　教育部办公厅　自然资源部办公厅　农业农村部办公厅　国家乡村振兴局综合司关于开展文化产业赋能乡村振兴试点工作的通知》要求，确定了首批 63 个文化产业赋能乡村振兴试点。2024 年发布的《乡村文化振兴工作指引（试行）》提出，重点从农村精神文明建设、推进移风易俗、保护传承优秀农耕文化、繁荣发展乡村文化产业、推动乡村文化数字化等方面入手推动文化振兴。

2020 年，《广西壮族自治区人民政府办公厅印发关于促进乡村旅游高质量发展若干措施的通知》围绕乡村旅游业态融合、文化内涵、品牌建设、发展基础、营销体系等多个方面提出促进乡村旅游高质量发展的举措；广西壮族自治区印发《广西乡村旅游高质量发展专项规划（2022—2025 年）》等，在繁荣乡村文化、加强文化遗产保护利用、发展乡村文化旅游、强化人才队伍建设等方面提出要求。③

2023 年，湖南省发布《关于进一步推动文化和旅游赋能乡村振兴的若

---

① 《中共中央办公厅　国务院办公厅印发〈"十四五"文化发展规划〉》，中国政府网，2022年 8 月 16 日，https：//www.gov.cn/xinwen/2022-08/16/content_5705612.htm。
② 《〈关于推动文化产业赋能乡村振兴的意见〉政策解读》，中国政府网，2022 年 4 月 8 日，https：//www.gov.cn/zhengce/2022-04/08/content_5684002.htm。
③ 《文旅赋能壮乡美》，文化和旅游部网站，2023 年 10 月 26 日，https：//www.mct.gov.cn/wlbphone/wlbydd/xxfb/qglb/202310/t20231026_949355.html。

干措施》，提出了提高公共文化服务水平、完善乡村文旅公共服务设施、推动乡村非遗传承发展、持续培育文明乡风等 15 条措施。

山东省制定了《山东省乡村文化振兴工作指导方案（2023—2027）》，建立"省部署、市安排、县主抓、镇推进、村落实"的工作体系，明确各级各部门干什么、怎么干、谁来干、干到什么程度，着力构建乡村文化振兴全面贯通工作体系。山东省聊城市制定《聊城市乡村文化振兴工作实施方案（2023—2027 年）》和《聊城市"乡村振兴齐鲁样板——村村有好戏"两节四集四赛系列活动工作方案》，明确村级开展政策理论普及、开展美德信用建设、开展移风易俗、开展文体活动、开展志愿服务、开展环境整治、开展文明创建、开展典型选树、开展文化传承、开展文化产业培育等"十开展"的重点任务。

陕西省西安市周至县推出《周至县文化产业赋能乡村振兴规划（2023—2030 年）》，深入推进"奋战一三五、振兴金周至"战略目标，围绕"源来周至 多来多福"的主题，大力推动"文化+"模式，以秦腔文化为赋能主线，发挥自然生态、农业、休闲康养等产业优势，以文化赋能乡村振兴，形成产业融合促进乡村振兴的新亮点。

湖南省益阳市安化县出台《安化县"文化振兴引领乡村振兴"三年行动方案（2022—2024 年）》，坚持用文化建设培根铸魂、引才纳贤、强基促建，推动乡村经济发展、高效治理、宜居和美。全县乡镇所有村（社区）建立"人的清单""物的清单""问题清单""项目清单"，并上墙公开。

2. 明确文化振兴促进乡村振兴的目标路径

党的二十大报告提出，推进文化自信自强，铸就社会主义文化新辉煌。振兴乡村文化是一条融合文化传承、文化治理、文化创新、文化共享、文化自信与文化自强之路，也是引领乡村振兴的深层动力和"铸魂工程"。[1]

---

① 《新征程全面推进乡村文化振兴》，中国共产党新闻网，2022 年 8 月 22 日，http：//theory. people. com. cn/n1/2022/0822/c148980-32508406. html。

2022年，文化和旅游部等6部门联合印发《关于推动文化产业赋能乡村振兴的意见》，提出推动乡村文化振兴的四个原则，即文化引领、产业带动，农民主体、多方参与，政府引导、市场运作和科学规划、特色发展。2024年，农业农村部办公厅、中国文联办公厅联合印发《"大地流彩——全国乡村文化振兴在行动"工作方案》，发布了"感党恩、听党话、跟党走"、"粮安天下"、农民公益培训、"爱中华爱家乡"、中国农民诗会宣讲、"宜居宜业和美乡村"、农民文艺作品展、"新国潮"乡村优秀文化艺术展演、实施乡村记忆工程、乡村文化地图发布、乡村大讲堂、农耕农趣农味文化体育活动、乡村文化产业创意大赛、乡村文化艺术基地培育、全国乡村文化艺术展演季等重点活动。

山东省着力推动省市县乡村五级贯通、参与载体贯通、"五个振兴"贯通，以社会主义核心价值观引领农村思想道德建设，以"山东手造"振兴传统工艺、助力农民增收，以文化体验廊道和黄河大集做强乡村文化体验游，以美德信用建设培育文明乡风、良好家风、淳朴民风，群众获得感、幸福感、安全感显著增强。江西省提出在乡村公共文化服务上"优供给"，在乡村文化产业发展上"强举措"，在乡村文化人才培育上"下功夫"。

湖南省益阳市坚持"党建引领、以文为魂、清单推进、典型示范、分类打造"，抓实以文培元、以文兴业、以文聚才、以文促建、以文强基，通过由点及面、整体推进，开创了一条通过文化赋能乡村振兴的新路径，为新时代的"山乡巨变"赋予新标准、新要求、新思路和新举措。福建省龙岩市永定区瞄准当地丰富的红色文化、土楼文化、客家文化、侨台文化和生态文化，探索以人才培育为基石推动文化人才专业化、以产业带动为引擎推动文化事业产业化、以阵地建设为依托推动文化矩阵多元化、以数字赋能为导向推动文化传播数字化的文化振兴引领乡村振兴路径。[①] 山西省忻州市五台

[①] 《永定区多元推动乡村文化振兴发展》，龙岩市农业农村局网站，2022年9月26日，http://nyncj.longyan.gov.cn/ztzl/xczx/dt/202209/t20220926_1932018.htm。

县大力促进文化旅游与乡村振兴有效衔接，明确"以乡俗文化为特色、以景点文化为品牌、以自然文化为依托、以佛教文化为典籍"，丰富了文化振兴的内涵。湖南省益阳市安化县明确文化主题与发展特色，因地制宜确定文化主导型、文明创建型、文旅产业型等发展类别，推广"文化+""+文化"等模式，有力促进乡村发展。

3. 明确文化振兴的总体实施要求

乡村振兴千头万绪，从何处入手关系乡村振兴的实效。文化振兴是实现乡村全面振兴的关键策略。在推动乡村振兴的过程中，文化振兴的作用不容忽视，它被视为一条有效途径。首先，文化振兴是乡村振兴不可或缺的组成部分。根据党的二十大报告，乡村全面振兴需要在产业、人才、文化、生态和组织五个方面同步推进，其中文化振兴是核心要素之一。其次，文化能够为乡村振兴注入更为根本、深远和持久的动力。[①] 结合当前推进乡村文化振兴的整体要求，应主要从以下五个方面推动文化振兴。

一是找准并深入挖掘乡村特色文旅资源，明确资源类型特征。如湖南省充分利用 38 个全国爱国主义教育示范基地，重点保护重大革命历史事件及重大革命活动相关旧址遗址，建设革命文物保护利用片区。在吉林省白山市，当地政府致力于寻找和研究促进乡村振兴的创新策略和路径。依托长白山丰富的人文和自然资源，白山市将重点放在对长白山文化的深度挖掘、传承、保护和推广上，旨在打造以长白山文化为核心的艺术品牌，致力于构建一个展示这一文化的综合性艺术平台。通过这样的方式，白山市力图实现文化振兴与乡村发展的有机结合。

二是高质量打造乡村特色产业板块，筑牢文化引领产业振兴的基石。如广西壮族自治区制定措施，推进重大项目建设，大力推进区内乡村文化和旅游产业发展。吉林省白山市积极汇聚和培养参与文化赋能乡村振兴的各类机构、企业和专业人才，大力培育乡村文化旅游品牌，打造了一批具有鲜明特

---

① 《乡村文化振兴的实质与推进思路》，人民网，2023 年 9 月 1 日，http：//paper. people. com. cn/rmlt/html/2023-09/01/content_26018510. htm。

色和明显优势的特色乡镇与村落。这些举措不仅全面提升了白山市的基层文化建设水平，而且为长白山地区增添了一道亮丽的风景线。①

三是提升乡村审美韵味，绘就宜居宜业和美乡村新画卷。如位于陕西省西安市，毗邻秦岭山脉、渭水之滨的鄠邑区，致力于实现"诗画鄠邑、品质新区"的总体发展目标。该区域依托其丰富的农业、文化和旅游资源，采取以艺术为媒介、将艺术融入乡村生活、用艺术力量推动乡村发展的策略，成功开辟了一条具有地方特色且成效显著的以艺术产业驱动乡村振兴的新路径。

四是丰富当地百姓的精神文化生活，积极培育乡风文明。如江西省景德镇市浮梁县作为"世界瓷都之源，中国名茶之乡"，举办如春节期间的云村晚、汉服秀，清明节期间的"茶瓷对话""开山节"，端午节期间的沧溪风华录、露营大会等一系列活化传承、推陈出新的民俗节日活动。在福建省龙岩市永定区，当地政府积极整合包括文化广场、宗祠、乡村戏台和文化楼院在内的场地资源，旨在建立和强化包括农民读书社、农家书屋、道德讲堂和科普活动室在内的文化平台。这些文化阵地的建设，不仅提升了文化服务的质量，而且彰显了客家文化的独特魅力，建立了符合新时代要求的文明实践中心（站点）。

五是提升乡村治理效能，推动"一元管理"向"多元共治"转变。如湖北省坚持以文化振兴引领乡村全面振兴，深入推进城乡公共文化服务体系一体化建设，丰富拓展乡村公共文化产品和服务供给，创新实施文化惠民工程，积极培育群众喜闻乐见的文化活动品牌，不断满足人民文化需求、提升人民生活品质。青海省海南藏族自治州坚持党的领导和村民"自我管理、自我服务、自我教育"原则，在社会主义核心价值观引领下，充分弘扬中华优秀传统文化，制定合法合规、适合村情、务实管用的村规民约，成为推进乡村德治、善治，提升基层治理效能的"法宝"。②

---

① 《文化赋能 乡村振兴》，吉林省农业农村厅网站，2023 年 8 月 11 日，http：//agri. jl. gov. cn/xwfb/sxyw/202308/t20230811_8779626. html。

② 《以乡村文化建设助推青海基层社会治理现代化》，"青海日报"百家号，2024 年 6 月 24 日，https：//baijiahao. baidu. com/s? id=1802683857899338914&wfr=spider&for=pc。

（二）文化振兴推动乡村文化活动开展，形式更加多样、内容更加丰富

1. 深入挖掘乡村文化资源

《"大地流彩——全国乡村文化振兴在行动"工作方案》提出发挥农民主体作用，鼓励农民办活动，全面丰富活动内容与形式，深入挖掘乡村文化的丰富内涵等要求，表明推动文化振兴就要深入挖掘乡村文化资源。

江苏省徐州市围绕土特产做文章，通过深入挖掘土特产的价值，让原本规模小、布局散、链条短的土特产"盆景"变"风景"，培育出一大批"土字号""乡字号"知名品牌，打造更多叫得响的"后备厢商品""特色伴手礼"。在河南省安阳市安阳县，当地政府实施了"一宅变四园"的综合性整治项目，核心目标是将农村家庭院落中未被利用的土地转变为多功能绿色空间，如菜园、果园、花园以及供人们休闲娱乐的游园，不仅显著改善了乡村居住环境，还营造了既美观又清洁的居住环境，为居民提供了一个更加宜居的生活环境。

湖南省益阳市安化县以文兴业，立足本土文化优势，打造"文化+特色产业"，依托梅山文化的重要发祥地、黑茶文化的诞生地等文化资源，发展特色千亿产业、开展"六大强农"行动，重点打造"一县一特"品牌。目前，安化县各村至少成立 1 个专业合作组织，实施"茶旅文体康"系列项目 12 个，安化黑茶产业成为带领群众脱贫致富的"第一引擎"。

浙江省东阳市李宅村通过从村落空间形态中挖掘情感价值、从古建筑的独特风貌中挖掘艺术价值、从非物质文化遗产的活态传承中挖掘人文价值、从历史人物的故事中挖掘社会价值，全面提升传统村落历史文化资源的社会价值和经济价值，李宅古建筑群被公布为第五批浙江省重点文物保护单位、浙江省历史文化名村和中国传统村落。[①]

---

① 《如何挖掘传统村落历史文化资源　为乡村旅游服务》，中国农村网，2018 年 5 月 29 日，http：//journal. crnews. net/zgcz/2018n/d5q/mcdt/923474_20180529093900. html。

2. 乡村文化资源日益丰富

2024 年中央一号文件提出繁荣发展乡村文化，推动农耕文明和现代文明要素有机结合，加强农村精神文明建设，深入开展宣传教育活动，加强传统文化保护传承和创新发展，强化农业文化遗产、农村非物质文化遗产挖掘整理和保护利用，开展传统村落集中连片保护利用示范，推进群众性文体活动健康发展等。

浙江省温州市加强对泰顺廊桥、蒲壮所城、浙南石棚墓群、刘基庙（墓）、永昌堡、圣井山石殿等国家级重点文物保护单位的保护，开发如瑞安马屿镇的采成蓝夹缬产业、古法红糖制作技艺、米塑文化等，促进当地文化旅游资源开发、历史文化传承、文化产业发展等。

山东省聊城市深挖"两河"文化资源，充分发挥国家文化公园（聊城段）和文化体验廊道建设的带动作用，着力丰富载体、夯实阵地、创新形式，汇聚各类文化资源要素，以"乡村振兴当样板——村村有好戏"文化文明活动为牵引，推动乡村文化振兴"干在基层、热在基层"。

2023 年，江苏省徐州市沛县大屯街道安庄村入选中国美丽休闲乡村。该村依托微山湖的自然资源禀赋，以及独特的渔民文化、移民文化、运河文化，融合发展生态观光、农事体验、特色工艺等多元业态，仿古民居鳞次栉比，千亩花海争奇斗艳，采摘园等人气十足，杞柳编织的工艺品远销欧美地区。

河南省安阳市林州市积极传承与弘扬民间文化，做到发掘、抢救、整理、研究、创作、宣传"六手齐抓"，在主题策划、活动内容、表现形式等方面不断开拓创新，把好政策传递给乡亲们，把优秀传统文化送到人民群众身边，真正实现"文化下乡、情暖百姓、服务社会、心声交融"的目标。林州市合涧镇小寨村的"乡土课堂"用百姓喜闻乐见、通俗易懂的文艺惠民方式，从道教发展简史，到皮定均司令员抗战时期在合涧镇小寨村修筑爱民渠、军民共修兵工厂的红色故事，再到现场演绎剪纸绝活，实现传统文化、红色经典与民间艺术的融合。

3. 乡村文化活动全面开展

随着"千万工程"的深入实施，各地掀起了发展乡村文化的热潮，各

类富有特色的乡村文化 IP "活"了起来、"火"了起来，乡村文化呈现一派欣欣向荣的景象。

江西省在乡村公共文化服务上按照"优供给"的基本思路，优化农村公共文化服务设施布局，因地制宜建设文化礼堂、文化广场、乡村戏台、乡村民宿等主题文化空间，健全乡村公共文化服务体系；常态化开展"戏曲进乡村""公共数字文化进村入户"等送文化下基层活动，每年有计划地组织 1 万场以上文化活动，做到周周有活动、月月有展演、季季有节庆。

湖北省黄冈市不断提高农村地区文化活动的多样性。罗田县通过策划和实施一系列由当地群众自编、自导、自演的文艺节目，如三句半、采莲船、大鼓书等，宣传党的政策方针，赞美乡村的新发展和新面貌，表彰社区的优秀人物和事迹。黄梅县定期举办黄梅戏、文曲戏、小调、民歌、扇子舞、广场舞、岳家拳、太极剑等深受群众喜爱的娱乐活动。

陕西省渭南市潼关县夯实公共文化服务基础，丰富公共文化服务供给，提升公共文化服务品质，采取"戏曲+"方式，组建"同赴潼村 同兴乡村"文化赋能乡村振兴文艺小分队，举办首届"锦绣乡村 舞彩潼关"村舞大赛，打造"同赴潼村 同兴乡村"文化品牌。①

河南省安阳市安阳县秉持"文化服务'沉下去'，群众幸福感'提上来'"的宗旨，鼓励支持引导村"两委"举办承载乡音、乡土、乡情的"村晚"，以"村晚"活动为契机，不断推动"村晚"与康养旅游、研学体验、民宿发展、电商销售、运动休闲等相结合，激发乡土文化发展的内生动力，为乡村振兴注入精神动力。②

江苏省徐州市丰县华山镇文明实践所开展"书香飘万家 全民共阅读"活动，营造浓厚的阅读氛围，不断提升乡村精神风貌，为乡村振兴注入文化动能。

---

① 《潼关县：文化"搭台"唱响乡村振兴"大戏"》，陕西党建网，2024 年 7 月 11 日，http：//www.sx-dj.gov.cn/jcdj/sxld/18133932689728022049.html。
② 《河南安阳县："村晚"搭台 奏响乡村文化振兴曲》，光明网，2024 年 2 月 21 日，https：//news.gmw.cn/2024-02/21/content_37155816.htm。

（三）文化振兴全面推动党的创新理论宣讲，思想力量进一步凝聚

1. 凝聚思想的力量，形成文化振兴强大合力

山东省充分发挥"八支宣讲队伍""五支宣讲服务队""红色宣讲团"等各方面宣讲力量，有力推动党的创新理论"飞入寻常百姓家"。深化志愿服务体系建设，打造"两河喜鹊"文明实践志愿服务品牌，组建"文艺轻骑兵""科技特派员"等1200余支特色志愿服务队伍，培育"雷锋超市""向阳蔷薇"等一批群众认可、特色鲜明的融合服务项目，构建起点多面广、功能完备的"15分钟志愿服务圈"。"一个剧场唱全县"志愿服务项目连续两年在中国文联文艺志愿服务工作会议上做典型发言，在央视推广，并荣获山东省"五为"文明实践志愿服务项目大赛金奖。临清市"海灵之声"志愿服务项目荣获该项大赛银奖，聊城市东昌府区"萤火虫健康"志愿服务项目、临清市"乡村'家庭图书馆'"志愿服务项目荣获该项大赛铜奖。聊城市按照有机制、有场所、有队伍、有项目、有活动的"五有"标准，扎实推进全市8个县级新时代文明实践中心、135个镇级实践所、2401个村级实践站软硬件设施提档升级，实现"五有"达标全覆盖。建成理论宣讲室2547个、村史馆1326个、乡村剧场1165个、百姓影院135个，延伸设立文明实践家庭站5355个。①

河北省秦皇岛市昌黎县致力于构建完善的"三级"理论学习宣讲体系，以促进新思想的广泛传播。为此，该县创立了"学习新思想、三员走基层"的宣讲项目，其中"三员"指的是公务员、思想政治教育工作者和基层宣讲员。该县组建了"1+7"宣讲团队，"1"代表县委基层宣讲团，"7"代表7个针对不同群体的宣讲分团。这些宣讲团队深入农村的各个角落，包括田间地头和村民家中，将理论学习深入人心并转化为实际行动。宣讲活动强调双向互动和交流，使广大群众成为理论宣讲的主体，确保理

---

① 《深挖"两河"文化资源，聊城市构建乡村文化振兴发展新格局》，"齐鲁壹点"百家号，2023年9月27日，https：//baijiahao.baidu.com/s？id=1778183578220363551&wfr=spider&for=pc。

论宣讲的有效性。① 河北省保定市高阳县紧紧围绕乡村振兴中心工作，依托村新时代文明实践所（站）、村公园广场、农家书屋等阵地，广泛开展以"加强党建引领助力乡村振兴"为主题的专题宣讲活动。该县通过乡贤讲好发展故事、企业家讲好致富故事、大学生讲好干事创业故事、文艺工作者讲好文化振兴故事等微宣传活动，让党的创新理论赋能乡村振兴，在基层扎根、开花、结果。②

上海市宝山区罗泾镇"泾彩故事汇"宣讲团汇聚乡贤代表，在田间地头开展理论宣讲，创新党的理论传播方式，用百姓语言讲述理论故事，让农村党课越来越接地气，畅通理论宣讲"最后一公里"，成为乡村振兴的强大助力。将宣讲内容与人民群众的生活实际紧密结合，积极回应百姓期盼，把理论讲出"家乡味道""时代味道"。③ 福建省龙岩市永定区文化矩阵的多元化发展全面依托阵地建设，积极构建包括农民读书社等在内的文化平台，将客家文化特色与群众的文化生活充分结合起来，不仅丰富了文化生活，还体现了客家文化特色，为新时代文明实践所（站）建设奠定了基础。永定区充分利用红色遗址和遗存建设红色研学和教育培训基地，采取宣传宣讲等活动形式，提高文化服务的普及性和实效性。通过采取这些措施，永定区不仅促进了文化资源的有效利用，还扩大了文化服务的覆盖面和影响力，为当地居民提供了更加丰富和便捷的文化体验。福建省泉州市建成"县、镇、村、点"四级新时代文明实践宣讲网络，打造田间、渔船、厝边、学校、戏台等特色"微宣讲"点位，广泛开展"理论周周讲"活动，县新时代文明实践中心（站点）和各镇新时代文明实践所（站）每周开讲的同时，邀请"百姓名嘴""理论达人"分赴特色宣讲点，同步开展"福小宣·惠明理"特色宣讲活动。

---

① 《理论宣讲助力乡村振兴》，新华网，2023 年 9 月 28 日，http：//www. xinhuanet. com/2023-09/28/c_1212278007. htm。

② 《河北高阳：理论宣讲进农村　为乡村振兴赋能》，人民网，2023 年 8 月 18 日，http：//he. people. com. cn/n2/2023/0818/c192235-40536968. html。

③ 《创新理论宣讲新模式，他们为乡村振兴"聚民心"!》，网易，2023 年 2 月 7 日，https：//www. 163. com/dy/article/HSUFV8K50514A42S. html。

湖南省益阳市安化县沙田溪村扎实推进基层宣传工作,以确保党的创新理论深入人心。该村有效利用多种传播渠道,包括屋场会、"村村响"广播系统、微信群以及宣传公示栏,以积极推广习近平新时代中国特色社会主义思想,特别是习近平总书记关于文化的重要论述。宣讲活动采用生动的案例和故事,以小见大地展示了理论的深远影响,深入浅出地阐释了理论的精髓。这种润物细无声的宣传方式,不仅凝聚了民心,还促进了村民对党的理论和政策的理解与支持,为乡村的持续发展和稳定奠定了坚实的思想基础。

2. 全面调动农民参与乡村文化振兴的积极性,打造乡村文化振兴主力军

首先,尊重主体,突出农民在乡村文化发展中的主体地位。如湖南省益阳市安化县始终把农民的需要放在第一位,坚持农民主体地位,了解农民理想的乡村文化生活;坚持依靠农民,成功举办"百姓春晚"等各类群众文化活动200多场,吸引观众近100万人次;坚持造福农民,文化设施免费向群众开放,农民体育健身工程覆盖率达100%,全县人均文化体育设施面积达2.5平方米。实践证明,乡村文化振兴必须充分尊重农民意愿,建立权责明晰、科学有效的利益联结机制,让农民做主角,切实调动农民参与文化建设的积极性、主动性、创造性,让农民真正自信起来。

其次,丰富乡村文化载体,让农民成为文化的直接受益者。如福建省泉州市惠安县,坚持聚焦群众需求,充分发挥新时代文明实践阵地作用,扎实开展一系列文化活动和理论宣讲活动,以文明实践引领文明乡风建设。积极探索"农家书屋+"运营发展模式,常态化组织开展阅读沙龙、手工制作、民俗体验等活动,让农家书屋阅读更加"绘声绘色"。策划开展惠女文化节、"厝边的艺术"、公益电影免费展映、"村BA"、划拳争霸赛等群众性文体活动,切实丰富群众精神文化生活。

最后,引领乡村文明风尚,让农民成为新风尚的实践者。河南省南阳市大力开展"乡村光荣榜""星级文明户""文明家庭"等道德典型评选活动,在全市各乡镇挖掘、评选、表彰、宣传一批先进人物。2023年评选市级"乡村光荣榜"102人,推选省级"乡村光荣榜"54人、"十佳"23人,让群众学有示范、行有榜样。组织全市各村镇广泛开展向"十佳"学习活

动，号召全市广大群众以他们为榜样，凝聚新时代向上向善的磅礴之力。①

3. 促进人才回归，让乡村文化深植于血脉之中

在 2022 年中央农村工作会议上，习近平总书记强调，要引进一批人才，有序引导大学毕业生到乡、能人回乡、农民工返乡、企业家入乡，创造机会、畅通渠道、营造环境，帮助解决职业发展、社会保障等后顾之忧，让其留得下、能创业。② 促进人才回归，重视乡贤文化，是当前乡村文化振兴的重要内容。

早在 2019 年文化和旅游部就启动实施了乡村文化和旅游能人支持项目，提出支持在各地乡村振兴和脱贫攻坚中发挥引领示范和带动作用的乡村文化和旅游能人千余名，以全面夯实乡村文化振兴的基础。云南省出台《云南省乡村教师支持计划（2015—2020 年）》《关于进一步深化改革促进乡村医疗卫生体系健康发展的若干措施》《乡村工匠"双百双千"培育工程实施方案》等，推动乡村教师、乡村卫生健康人才、乡村规划建设人才等人才队伍建设，大力夯实乡村文化振兴人才基础。

甘肃省平凉市充分发挥农村乡贤的示范作用，鼓励乡贤参与公益事业，投身志愿服务，推动社会风尚转变。灵台县广泛动员老党员、老干部、退役军人和乡贤能人等修订《村规民约》和《红白理事会章程》，创新性地开展"评最美乡村、树文明乡风，评最美家庭、树良好家风，评最美村民、树淳朴民风"活动，有效推动了乡风文明建设。③ 湖北省襄阳市襄州区伙牌镇湾子村以乡贤联谊会为平台，通过"乡贤+"模式，推动乡贤在村经济建设、文明风尚和基层治理等方面发挥作用。④ 湖北省孝感市积极开展"最美家

———————

① 《河南南阳：以文明乡风赋能乡村振兴》，中国文明网，2024 年 3 月 14 日，http：//www. wenming. cn/wmpy/20240314/aa28279646034d79a24d2adc06dfd780/c. html。

② 习近平：《加快建设农业强国 推进农业农村现代化》，《求是》2023 年第 6 期。

③ 《「新时代 新征程 新伟业 乡村文明大家谈」培育新乡贤文化 助力乡村振兴》，"每日甘肃"百家号，2023 年 4 月 24 日，https：//baijiahao. baidu. com/s？id = 1764016481221 314676&wfr = spider&for = pc。

④ 《乡贤助力孕育新乡土文明》，"小康杂志社"搜狐号，2024 年 1 月 19 日，https：//www. sohu. com/a/752820194_426502。

庭""道德模范""文明家庭"等评选活动，树立本地区"孝义"榜样，通过实施"三乡工程"鼓励乡贤回乡创业，以孝为德本、义为德源，打造"孝义"文化品牌，并将其融入推进农村人居环境整治过程中。① 近年来湖南省益阳市安化县大力推进"最是故乡能创业"活动，由返乡创业人员创建安化县茶乡花海生态体验园有限公司，建设世界一流的生态观光茶园，建立梅山民俗文化博物馆和茶文化研究院；打造百花寨茶旅文康一体化开发项目，重点挖掘当地历史资源、修复历史遗迹，传承山寨文化、梅山文化；在古梅山文化发源地仙溪，打造中国梅山文化园，安化县千两制作非遗工坊、安化县四保贡茶工坊上榜非遗工坊示范点。

4.全员参与，激发乡村共建共治共享热情

农业发展不仅为创造优秀灿烂的文明奠定了坚实的物质基础，同时伴随农业发展而兴起的农耕文明作为中华优秀传统文化的重要组成部分，嵌入传统政治体系和经济体系，形成相互融合、相对稳定的传统基层社会治理模式，在基层社会治理中发挥了重要作用。乡村文化建设是新时代推进农村基层社会治理现代化、汇聚乡村振兴文明力量的重要支撑。

湖北省黄冈市为培育文明乡风和推进村民自治，建立红白理事会、孝善理事会等基层群众自治组织，有效破除了丧葬中的陈规陋习，树立了文明节俭的新风尚。黄梅县充分调动全县各界开展"文明家庭""最美婆媳""十星文明户"等评选活动，并将这些活动与日常生活紧密结合起来，全方位推动社会主义核心价值观落地。英山县则将卫生清洁、邻里和睦、好人好事、最美家庭、最美庭院等纳入"乡风文明超市"积分测评体系，激励和引导村民培育乡风文明。

湖南省益阳市安化县以文培元，合力凝聚乡村振兴精神动力，根据各村的资源特点、产业特色、文化底蕴，为乡村振兴助力。清塘铺镇苏溪村编写《苏溪志》，培育"崇尚学风、恪守孝道、友爱奉献"的村风，设立苏溪教

---

① 《孝昌：乡贤引领乡风文明 唱响"孝义"文化品牌》，孝感统战部网站，2023 年 9 月 8 日，http://www.xgswtzb.gov.cn/index.php? c＝wap&a＝show&id＝21932。

育基金资助大学生，悬挂"博士之家""硕士之家"牌匾。大苍村在不断发展壮大村级集体经济的同时，主抓德治，通过党员示范引领，建立起一户一档的村民道德档案，实行村民积分制管理，并通过数字化村务管理系统实现"一户一码"。沙田溪村成立红白理事会、道德评议委员会等村民组织，倡导婚事丧事新办简办，基本消除"高价彩礼"现象。

四川省雅安市稳步实施乡村文化振兴计划，全面提升城乡公共文化服务质量和效率。该计划已成功建立129个文化馆的分馆、143个图书馆的分馆，以及142个文化中心和文化站，这些文化设施均向公众免费开放，共同构建覆盖乡村的"十里文化圈"。此外，雅安市还策划并实施了"大美雅安""千秋雅韵""欢乐大舞台"等群众文化活动，打造文化品牌，2家单位被中宣部评为第八届和第九届全国"双服务"先进集体。[1]

（四）文化振兴全面推动乡村文化保护传承，机制路径进一步明确

1. 传承发展农耕文化走出新路子

农耕文化是中华文明的重要载体，蕴藏着中华民族绵延不断的基因密码。文化是民族之魂，而农耕文化是乡村振兴之基。

自党的十八大以来，我国在传统村落的保护方面采取了更为有力的措施，共有6819个村落被纳入《中国传统村落保护名录》。持续开展传统村落的集中连片保护与利用示范项目，保护和传承了52万栋具有历史价值的建筑和传统民居，以及3380项省级及以上级别的非物质文化遗产，共同构建了全球规模最大的农耕文明遗产保护网络。[2]

山东省聊城市围绕"四廊一线"建设，深入挖掘历史文化资源，打造"运河古都　繁森故里""幸福河畔　和美乡村"等文明实践展示区（带）。

① 《文化赋能　乡村美到"骨子里"——雅安市持续实施乡村文化振兴战略》，雅安市人民政府网站，2023年10月9日，https：//www.yaan.gov.cn/mob/article.aspx？id=b9b81702-90cc-451b-af2c-a74d738a5077。
② 《芙蓉国评论｜让农耕文化绽放时代光彩》，"华声在线"百家号，2023年2月16日，https：//baijiahao.baidu.com/s？id=1757990465244221302&wfr=spider&for=pc。

以茌平区振兴街道复兴社区为试点，积极探索"公益+市场"新模式，创新打造"和美邻里"文明实践综合体，为高质量推动文明实践中心（站点）建设工作积累经验。

福建省武夷山市建立了一套完善的工作机制，以促进茶文化、茶产业与茶科技的协调发展。这一机制的实施，推动了茶产业的高质量发展，茶成为众多家庭的宝贵资源。目前，武夷山市约有12万人的生计依赖茶产业，包括种植、加工和销售环节。广西壮族自治区河池市兰县巴畴乡对全乡范围内农耕文化资源进行摸底调查，造册登记文化遗存56个、特色民居35处、传统农具48个、自然景观28处、传统习俗活动25个，将铜鼓习俗、壮族蚂拐节习俗、壮族歌圩、蓝衣壮寨风情、谈谣、筒噔舞、蛙婆泉等一批重点资源列为保护对象。①

2.弘扬乡村传统节日文化，增进文化认同

在沿袭农耕文明的乡村，人们大都遵照古老的农历来安排农事，逐渐形成一套与生产生活及其所处自然环境相适应的习俗，这些习俗有相对固定的日期和仪式，进而成为节庆。乡村传统节日文化是人们在长期生产生活中积累的道德观、社会观、天下观和宇宙观的重要体现，具有一定的参与性和体验性，兼具政治、经济、文化等功能，是宝贵的历史文化遗产，体现了广大人民群众的精神追求，是集体记忆和文化认同的重要载体。

在被誉为"文化千岛"的贵州省，多姿多彩的民族民间文化造就了众多令人眼花缭乱的乡村节庆、民族节日，"三里不同风，五里不同俗；小节天天有，大节三六九"亦是对黔贵大地传统节日的生动写照。如黔东南苗族侗族自治州剑河县一年一度的苗族姊妹节，石阡侗族人民世代流传下来的"石阡说春"，其目的是劝农行耕，祈求风调雨顺、丰衣足食。

云南省玉溪市元江县因远镇白族最主要的传统节日是"三月会"，又叫"天子会""团圆会"，通过祈福巡游、吃米干比赛等祈愿"风调雨顺、五谷

---

① 《东兰巴畴乡：党建+非遗助力乡村振兴》，广西新闻网，2024年5月8日，http://www.gxnews.com.cn/staticpages/20240508/newgx663b2566-21510125.shtml。

丰登、国泰民安"。节日期间，因远镇依托其非物质文化遗产、茶山文化及特色旅游资源，举办各种活动，旨在丰富人民群众的生活，促进民族文化交流和社会经济发展。此外，"三月会"不仅是一个传统节日，也是当地文化与旅游融合发展的重要载体，有助于挖掘和传承少数民族优秀文化，展示当地多姿多彩的民族风情。在广西柳州市融安县雅瑶乡，有"二月二"传统会期、"壮族三月三"、"肖家节"、外嫁女回乡等丰富多彩、各具特色、群众喜闻乐见的民俗节庆，每逢节庆必庆祝，庆祝必哼"嘿撩撩啰"。山歌成为雅瑶乡节庆文化的重要符号，与雅瑶乡传统节庆相辅相成，是民族精神和性格特征的重要表达。①

3. 加强传统手工艺文化传承，"文化+"模式取得突出进展

传统手工艺是中华民族的瑰宝，蕴含祖先们的智慧和创造力，是中华民族精神的重要体现。弘扬传统手工艺文化，有助于增强民族自信心，铸牢中华民族共同体意识。2022年，文化和旅游部等10部门印发《关于推动传统工艺高质量传承发展的通知》，要求加强传统工艺项目保护、建设一批高素质传承人才队伍、促进传统工艺发展振兴、加大传统工艺宣传推广力度。近年来，各地在加强对非遗手工艺传承人的培养和扶持，促进传统手工艺文化的创新与发展，加大对传统手工艺文化的宣传力度等方面采取了一系列有效的举措。

广东省湛江市遂溪县持续用文化为乡村振兴赋能，针对境内的遂溪醒狮国家级非遗项目，遂溪狮头、遂溪制糖技艺、北坡游鱼、糖祖习俗等省级非遗项目，沙古菜头仔制作技艺、广式硬木家具制作技艺、遂溪海味腐乳制作技艺、遂溪木偶戏等市级非遗项目，加大传承基地和传承人的建设培育力度，促进产业化开发，组织传承与发展研讨会及非遗传承人培训活动，大力推动非物质文化遗产进校园、进社区、进家庭，共建立国家级非遗遂溪醒狮保护传承基地1个、非遗扶贫工坊3个。截至2024年5月，遂溪县拥有国

---

① 《民俗的烟火　文化的回响——挖掘民俗节庆文化内涵让乡村农旅未来更可期》，融安县人民政府网站，2023年7月26日，http://www.rongan.gov.cn/xwzx/xzkx/t19700101_3309399.shtml。

家级传承人1人、省级传承人3人、市级传承人7人。

山东省临沂市费县的手绣技艺是省级非物质文化遗产的代表,其艺术创作多以自然元素如花草、蔬果、飞禽和走兽为设计主题,偏向使用红色、绿色、粉色等鲜亮色彩,作品造型生动、充满活力,体现了沂蒙地区的鲜明文化特色。为促进这一传统技艺的传承与发展,费县不仅开设了非物质文化遗产工作坊,还建立了6个手绣传承实训基地,通过集中培训和定期绣品交流,有效推进了手绣艺术的保护和乡村经济的振兴。

贵州省致力于加强民族传统手工艺的保护与传承,通过打造"黔系列"民族文化和旅游品牌,提升了民族文化产业的知名度和影响力。2021年2月,习近平总书记在化屋村考察调研时强调,特色苗绣既传统又时尚,既是文化又是产业,不仅能够弘扬传统文化,而且能够推动乡村振兴,要把包括苗绣在内的民族传统文化传承好、发展好。[①]

湖北省黄冈市大力加强黄梅戏、黄梅挑花、岳家拳等国家级非物质文化遗产的传承人培养工作,罗田县燕儿谷乡村工匠学校集聚了民间"九佬十八匠",将传统工艺抢救、乡村记忆传承、精准扶贫与乡村振兴相结合,创作出深受群众喜爱的工艺作品。

4. 乡风文明建设成效显著

孝亲敬老的文化是中华文化宝库中的瑰宝,其核心特征体现在血缘纽带以及地域联系中,自然地包含了对他人和对社会的责任感。因此,即使在当代社会,孝亲敬老文化依然是一种充满活力和生命力的宝贵精神财富,它为提升国民的生活质量提供了强大动力。

北京市延庆区大庄科乡慈母川村是北京最美乡村、全国文明村镇、"钟离辞母"故事发生地。慈母川村建造了汉钟离雕像,修建了慈孝广场、慈孝堂、慈孝文化墙等,组织"美丽乡村·筑梦有我"百名主持人为村图书室捐赠图书,邀请企业家出资为村民购买传播慈孝文化的图书等,组建了

---

① 《贵州毕节描绘乡村振兴新图景》,"人民网"百家号,2023年7月23日,https://baijiahao.baidu.com/s?id=1772171938170919015&wfr=spider&for=pc。

"慈孝情"文艺团队，把每年的 9 月 24 日定为"孝亲节"，把每月的农历初九定为"慈孝日"。①

河北省邢台市威县孙家寨村是全国有名的孝道村，近年来高标准规划设计了"孝道水镇——田园综合体"项目，筹资建设了农村文化礼堂和道德讲堂、广场、百姓大舞台、社会主义核心价值观涵育基地等，建成了免费向老年人开放的"空巢老人服务站"、"老人洗澡堂"和"孝道蔬菜园"，充分发挥孝亲敬老在乡村治理中的重要作用，2023 年获评"全国示范性老年友好型社区"称号。②

陕西省宝鸡市岐山县京当镇小强村连续 5 年举办"孝亲敬老、传承家风、九九重阳"活动，该活动已成为村子里的一项文化传统，用孝善文化赋能村庄治理，用孝善文化滋润人心、德化人心、凝聚人心，推动形成文明村风、良好家风、淳朴民风，走出基层治理的新路子。③

山东省临沂市郯城县大力弘扬孝善文化，通过"孝文化+孝悌讲堂"，传承孝善美德；通过"孝文化+宣讲小院"，弘扬孝善新风；通过"孝文化+志愿服务"，助力爱心传递。创新发展"孝文化+"的多元融合模式，打造别具一格的孝文化阵地。④

（五）文化振兴深化文化资源活化应用，乡村振兴动能进一步激发

1. 深入挖掘文化资源的历史价值

2021 年，中共中央办公厅、国务院办公厅印发《关于在城乡建设中加强历史文化保护传承的意见》，提出编制全国城乡历史文化保护传承体系规

---

① 《慈母川村：慈孝文化润泽下的美丽乡村》，央广网，2023 年 10 月 17 日，http：//gongyi.cnr.cn/cnrgy/dqjcxdfgsgyhd/hxgs/20231017/t20231017_526453743.shtml。
② 《威县孙家寨村：弘扬孝亲敬老文化　助推乡风文明建设》，改革网，2024 年 1 月 22 日，http：//www.cfgw.net.cn/2024-01/22/content_25079636.htm。
③ 《岐山县小强村：孝善文化润民心赋能乡村治理　和美乡村展新姿勾勒乡村振兴新画卷》，西部网，2024 年 10 月 26 日，http：//m.cnwest.com/baoji/a/2023/10/26/22004801.html。
④ 《郯城："孝文化+"引领文明乡风》，网易，2024 年 1 月 4 日，https：//www.163.com/dy/article/INJSQQ7J0530WJTO.html。

划纲要，建立城乡历史文化资源调查评估长效机制，启动并加快推进历史文化遗产保护法立法工作等基本要求。文化和旅游部办公厅印发《关于持之以恒推动乡镇综合文化站创新发展的实施方案》，提出"在乡村文化和旅游资源丰富的乡镇发展乡村旅游，拓展乡村研学、文化体验等新业态""鼓励利用文物建筑开办乡镇综合文化站，活化利用古祠堂、古戏楼等乡村文物资源，延续拓展原有使用功能"。

近年来湖南省不断加强红色主题文物集中连片保护，打造红色旅游目的地。湖南省益阳市安化县从党史中挖掘整理青年毛泽东曾先后两次到安化开展游学和社会调查，红二方面军长征时曾在安化境内浴血奋战的革命历程，姚炳南、卢天放、刘肇经等大批革命志士浩气长存，李聚奎"风范长留世间"，邓克明"我的子女都按组织原则办事"，熊邵安主动退回一级工资定级等革命先辈无私奉献的革命精神。以"红色安化"党史陈列馆、青年毛泽东游学社会调查史实陈列馆、"红色清塘"党史陈列馆等为阵地，宣传革命先辈清廉事迹，让干部群众在参观学习中接受红色文化熏陶。①

北京市平谷区，地处京津冀三省市交界处，依托"上宅文化""中国桃乡"等资源禀赋，以花引客、以桃为媒、以乡村民宿建设为农文旅融合发展赋能，该地区迅速成为京津冀市民出游、休闲的重要目的地。南通市海门区探索"非遗+"赋能产业发展模式，因地制宜打造"鲜活海门""海门礼物"等区域公共品牌，积极培育蕴含本地江海文化元素的动漫艺术、乐器制作、文化创意产品，打造多产业共荣的文旅IP，带动农业全产业链发展，构建起新的乡村文化旅游服务模式，形成附加值较高的文旅产业新业态。② 湖南省益阳市安化县沙田溪村与省动漫游戏协会展开全面合作，将传统书法艺术与现代动漫游戏相结合，开发了黄自元书法元素相关的文创产品、研学线路和农耕体验等多元化文化产品。沙田溪村积极引入竹制

① 《湖南安化：深挖红色资源 厚植廉洁文化》，人民网，2024年6月18日，http：//hn.people.com.cn/n2/2024/0618/c356887-40882982.html。

② 《文旅融合 艺术活化 创新生态 赋能乡村文化振兴的实践进路》，新华报业网，2024年7月17日，https：//www.xhby.net/content/s66977f73e4b00cab55aa39cd.html。

品加工企业，通过创意设计与制作工艺相结合，全面提升了竹制品的加工质量，创新加工形式，并提升了产品的文化附加值。①

2.加强文化资源整合、产品创新、品牌推广

2022年，河南省文化和旅游厅率先在全省范围内实施"文化产业特派员"制度，以促进文化资源的整合与有效利用。在首批试点地区之一的光山县，通过前期的深入调研，依据各村的文化特性和资源条件，精心选拔了一批有热情、有创新思维的艺术家、企业家和设计师，担任文化产业特派员。这些特派员经过严格的选拔、评估和培训，提出了一系列运营规划方案，并制定了中长期发展战略。在众多潜在项目中，他们筛选出50多个能够激发资源潜力、推动产业发展的项目进行深入对接。最终，成功签约了9个项目，并为未来的持续发展储备了29个项目。

四川省广元市有31个村落上榜中国传统村落保护名录，88个村落上榜四川首批传统村落名录。面对传统村落逐渐空心化、去传统化，乃至走向消亡的问题，该市彻底摸排现存传统村落的基本情况，重点做好旧民宅、名木古树、民俗文化、历史故事、传统技艺、文化遗产等保护发掘工作，支持传统文化资源丰富的村落兴建村史馆和非遗传习所，定期举办具有地方特色的民俗活动。② 江西省在乡村文化产业发展上"强举措"，进一步盘活乡村红色文化、民俗文化、生态文化等资源，创新实施"文化+生态+产业"发展战略，加快发展乡村旅游，建设一批非遗传承基地，打造一批特色旅游小镇，创建一批富有特色的乡村文化品牌，让传统村落、手工技艺、古建遗存、民俗活动等蕴含乡土文化气息的载体"活起来"，让既富"脑袋"又富"口袋"的乡村文化产业"兴起来"，推动乡村产业振兴发展。

广东省韶关市仁化县以实施"红色引擎工程"为统领，切实加强红色遗址保护和利用，已摸查革命遗址380余处，抢抓长征国家文化公园（广

---

① 《乡村振兴既要塑形也要铸魂——从安化县沙田溪村看乡村文化振兴路径》，党建网，2024年5月6日，http：//www.dangjian.cn/shouye/zhuanti/zhuantiku/dangjianzazhi/202405/t20240506_6771375.shtml。
② 《活化利用传统村落资源 助力乡村文化振兴》，《广元日报》2023年5月26日。

东段）建设的重大机遇，抓好"红军过粤北重点展示园、长征历史步道"项目建设，认真谋划以红色革命遗址修缮保护、红色村庄综合整治等为主要内容的建设项目 11 类共 29 个，编纂红色图书 10 余部，摄制口述历史视频 10 个、专题片 2 部，创作红色歌曲 2 首、红色歌舞剧 1 部。[①] 安徽省潜山市王河镇薛家岗村，依托现有的遗址区、博物馆等资源和条件，结合程长庚故居，以京剧专项旅游为突破口，开展研学旅游，打造薛家岗优质稻米、薛家岗瓜蒌、王河舒席等品牌，带动农文旅综合发展。[②]

3. 利用新媒体和社交平台推动文化资源的融合推广

江西省瑞金市大力发展"红色文化资源+数字科技"，创新实施革命旧址活化利用提升工程，借助数字技术真实再现红色革命场景。通过叶坪革命旧址群内的"一苏大"（中华工农兵苏维埃第一次全国代表大会）代表登记处交互体验项目，参观者能够利用触摸显示屏和摄影设备，借助 VR 技术，自动创建并打印出带有个人照片的"一苏大"代表证件，还可以体验将苏维埃货币图案制成模板，并制作出拓印版的"苏维埃纸币"。该市还推出"VR 畅游瑞金"超级滑板项目，串联辖内各个革命旧址景区，通过滑板虚拟飞跃加 VR 虚拟场景体验，让游客实现在各革命旧址景区间"穿梭"。[③]

2022 年 6 月，小红书与浙江省湖州市安吉县达成战略合作，在安吉县落地首个线下文旅振兴样板地——"小杭坑生态营地"。围绕当地特色的竹产业，小红书邀请社区中的手工艺人打造竹编体验工作坊，让游客体验竹子的妙用，将竹子制成竹编筐、竹茶滴漏、竹扇等，不仅传承了传统手工艺，还让游客体验到 DIY 的乐趣。合作方结合当地特有的文化、生活场景，将

---

① 《仁化：保护活化利用红色资源　助推红色镇村高质量发展》，仁化县人民政府网站，2024 年 2 月 1 日，http://www.sgrh.gov.cn/xwzx/ztjj/hswhzl/content/post_2578423.html。

② 《走进潜山薛家岗：探寻华夏起源根脉，焕发千年文明新生》，经济网，2024 年 5 月 7 日，https://www.ceweekly.cn/area/anhui/2024/0507/443392.html。

③ 《让红色记忆活起来——红色文化资源活化利用与创新宣传的江西赣州实践》，于都县人民政府网站，2024 年 6 月 20 日，https://www.yudu.gov.cn/ydxxxgk/c100264csdt/202406/a69a5950ee4149eaae81cdf98f0dc319.shtml。

安吉县的竹、白茶等融入旅游体验中，借机发展农产品手工艺加工业。①

云南省元谋县积极推进乡村旅游信息化建设，完成了元谋人博物馆、元谋土林、红军长征元谋纪念馆、元谋人世界公园等的建设工作，以及 15 路景区慢直播的建设和优化、2 个入园闸机的建设和优化运营、1 家景区的门票优惠政策出台等工作。元谋县完成元谋土林和元谋人博物馆手绘地图、AI 识景和指引标识铺设工作，以及元谋土林、元谋人博物馆、元谋人世界公园、红军长征元谋纪念馆 4 个景区地图打点工作。②

湖南省益阳市安化县与湖南电广传媒股份有限公司合作成立安化芒果文旅公司，重新开发茶马古道，探索"文化+文物古迹"模式；湖南走星旅行有限公司投资 9000 万元打造"云上九歌"沉浸式神话仙侠旅游项目，探索"文化+自然资源"模式；湖南出版集团投资 2000 万元打造乡村教育振兴服务平台"E 堂好课"，154 所偏远学校及教学点可共享全省高质量教育资源。

二　文化振兴引领乡村振兴面临的新机遇、新挑战、新形势

（一）文化作为铸魂塑形关键因素对乡村全面振兴的影响力越来越大

一是乡村文化对弘扬优秀传统文化的意义越来越重大。党的二十大报告指出，中华优秀传统文化源远流长、博大精深，是中华文明的智慧结晶。劳动人民在数千年的农业生产中形成的农耕文化已成为中华优秀传统文化的重要内容，并延续至今。以中华优秀传统文化推进乡村移风易俗，赋予乡风民风新的内涵和价值，改善乡村的陈规陋习和不良风气，培育文明乡风，提升

---

① 《现代社交媒体与地方特色产业结合　文旅创新助推乡村振兴》，东方财富网，2024 年 1 月 18 日，https://finance.eastmoney.com/a/202401182965790438.html。
② 《云南元谋以"数字化"助力乡村振兴和文旅融合》，"云南网"百家号，2024 年 3 月 20 日，https://baijiahao.baidu.com/s?id=1794044840375368432&wfr=spider&for=pc。

乡村群众的道德水准与文明素养，在乡村培育文明新风尚。同时乡村文化中富含的丰富多彩的传统民俗活动，既延续了中华优秀传统文化基因，又在创造性转化和创新性发展的过程中，形成符合社会主义核心价值观、契合当下社会需求的新民俗活动，让群众在民俗活动中获得归属感和认同感，提升其参与乡村振兴的积极性。

二是乡村文化建设有利于推动城乡文化融合发展。党的二十大报告指出，坚持农业农村优先发展，坚持城乡融合发展，畅通城乡要素流动。乡村文化建设的加强，有助于实现城乡的深度交融，加速农村现代化进程。以城乡的深度融合破解不平衡不充分问题，为实现中国式现代化奠定基础。只有正确认识城乡文化之间存在的差别，消除城市文化和乡村文化的冲突，树立相互尊重、包容互鉴的文化意识，才能使城乡文化在保持各自特色的基础上实现互补与共生，才能呈现不同的文化特色和文化多样性，以"和而不同"筑就共同的精神家园。

三是乡村文化建设对增强乡村文化自信有极大的推动作用。乡村是中华优秀传统文化的根脉所在，乡村凝聚着中华民族5000多年的思想和智慧。坚定乡村文化自信，不仅是文化自信的重要内容，也是实施乡村振兴战略的基础。全力发展乡村经济，缩小城乡经济差距，能有效消除乡村文化建设中出现的价值迷失和认同危机，筑牢乡村文化自信的基础。同时，通过加大政策倾斜、资金投入力度，积极完善乡村文化基础设施，大力发展乡村文化产业，引导村民通过发展文化产业提高经济收入，建立乡村文化人才保障机制，引导优秀的文化人才下乡驻村等举措，有效激发村民参与文化活动的热情、增强村民的法治观念、让农村群众树立文化自信。

（二）文化振兴深入乡村振兴实践领域的程度越来越深

一是乡村文化振兴有了明确的政策支持与法律保障。《"十四五"文化发展规划》明确充分发挥文化传承功能，全面推进乡村文化振兴，推动乡村成为文明和谐、物心俱丰、美丽宜居的空间，《中共中央　国务院关于全面推进乡村振兴加快农业农村现代化的意见》《中华人民共和国乡村振兴促

进法》《文化和旅游部　教育部　自然资源部　农业农村部　乡村振兴局　国家开发银行关于推动文化产业赋能乡村振兴的意见》《乡村文化振兴工作指引（试行）》等政策文件均明确了推动乡村文化繁荣、赋能乡村全面振兴的要求，2024年中央一号文件提出繁荣发展乡村文化。这些文件的出台为乡村文化振兴提供了全面的政策支持和法律保障。

二是乡村公共文化空间的建设已初具规模。近年来山东省全面打造包含公共阅读区、艺术普及场所、文化展示区等在内的多元化的新型公共文化服务体系，通过多样化空间让高质量的公共文化服务持续渗透并丰富群众的日常生活。近年来四川省建立了成都市新都区的川音艺谷、彭州市的昌衡书院、宜宾市翠屏区李庄镇安石村的山水柴院等公共文化服务空间，让其全面融入群众生活，成为乡村文化供给的重要载体。通过文化场馆、文化机构、文化团体的展示和推广，四川省丰富了文化资源，创新了文化形式，促进了跨界合作，增强了乡村地区的文化黏性，促进了交流性融合和感知性融合。

三是文旅融合高质量发展势头正旺。党的二十大报告指出，坚持以文塑旅、以旅彰文，推进文化和旅游深度融合发展。乡村文旅融合通过开发乡村多元价值，助推乡村产业兴旺，目前主要方式：通过活态化的方式呈现乡村民间技艺和农业艺术作品；通过体验化的方式深度挖掘农耕文化；通过科技化的方式打造如田园小火车、3D麦田漂流记、VR麦田、机器人麦田守望者等文旅融合项目；通过艺术化方式建立七彩花田、稻田画、麦田怪圈、茶海梯田、稻田迷宫等充满艺术气息的农业景观；通过文创化方式将富有地域特色的农耕文化生动地呈现给消费者；通过游戏化方式，即通过农耕文化主题乐园寓教于乐，使得丰富的农业科技和农业工具可以被转化和创新利用；通过节庆化方式开展特色农产品展销、精品农业擂台赛、农业科技展示、创意农业体验、采摘体验等，将地理信息、网络通信、人工智能等高新技术与生态学、植物学、土壤学等常规农业科学有机结合，打造生物内循环生态链。这些方式的广泛采用成为推动新时代乡村共同富裕新格局建立的重要途径。

四是非物质文化遗产的保护与传承取得一系列喜人成绩。在制度层面，2011年颁布实施的《中华人民共和国非物质文化遗产法》，作为非物质文化遗产保护传承的重要法律为保护工作的实施奠定了基础。2021年，中共中央办公厅、国务院办公厅印发《关于进一步加强非物质文化遗产保护工作的意见》，明确了非物质文化遗产保护的基本遵循和工作要求。近年来，《国家级非物质文化遗产代表性传承人认定和管理办法》《国家级文化生态保护区管理办法》《"十四五"非物质文化遗产保护规划》《非物质文化遗产传承发展工程实施方案》《国家非物质文化遗产保护专项资金管理办法》等相继出台，完善非物质文化遗产配套政策，明确保护思路和工作重点，形成长效机制。在上位文件指引下，全国各省（区、市）陆续出台相关保护条例，使非物质文化遗产保护的重点更为突出，推进路径更为具体，相关保护手段更加法治化规范化。一大批非物质文化遗产如传统艺术、民间手艺等，通过传统工艺大会等活动展示其独特魅力，加强保护传承和创新发展，让古老技艺焕发新活力，同时为乡村带来经济收益。

（三）文化振兴引领乡村振兴的要求越来越高

一是振兴乡村文化需要不断创新。乡村振兴既要塑形，更要铸魂，创新是新时代乡村文化振兴的重要特征。传承乡土文化不是因循守旧、故步自封，需要不断创新。"村BA"，就是一种文化创新，广大村民在传承"吃新节"传统的同时，引入现代体育项目，在社会主义核心价值观引领下，在现代科技手段和宣传手段的助推下，创新乡村公共文化活动形式，成功引导少数民族传统风俗走出大山，焕发乡村文明新气象。这种文化创新不仅为当地经济、社会、文化发展提供了支撑，也为促进多民族融合发展提供了支撑。

二是乡村文化振兴要坚持以人为本。乡土文化本身就是农民生产生活实践的结果，文化的发展要以满足农民日益增长的精神需求为根本目标，坚持农民在乡村文化振兴中的主体地位。"村BA""村超"之所以受到广大农民的欢迎，就是因为它们是农民自己的文化活动。同时，要以农民的文化需求

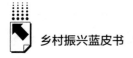

为指引，更加注重乡村文化的精神价值，深入探索并整合乡村的独特文化资源，维护传统村落的原始风貌。通过引导文化产业的人才、资本和项目向乡村地区流动，促进乡村消费新场景和新业态发展。这样的举措有助于提升乡村的人文价值，丰富农村居民的精神文化生活，激发乡村文明新活力，并为乡村的持续发展注入新的动力。如福建省泉州市惠安县，建设新时代文明实践"惠平台"，建立"惠实践"项目库，构建"惠点单"模式，广泛收集群众"微心愿"，组织发动志愿服务团队和志愿者为群众提供理论政策宣讲、重点人群关心关爱、农业科技培训、环境卫生清理等各类志愿服务项目，切实打通服务群众"最后一公里"。

三是乡村文化建设要与各地乡村发展实际相结合。如湖南省益阳市安化县，作为湖南省面积第三大的县，有 26 个民族，乡村文化具有鲜明的地域多元性和差异性特征，因此乡村文化建设特别注重同各地乡村发展实际相结合。首先，因地制宜推进乡村文化阵地建设。新建、改扩建一批公共文化设施，推进基层公共文化服务阵地"门前十小"示范工程建设，建设适应农民需求的"15 分钟文化圈"，基本建成覆盖城乡、便捷高效的三级公共文化服务体系。其次，立足实际开展精神文明创建活动。田庄乡白沙溪村通过建立"党员群众讲习所"，开展"清洁家园行动""乡风文明建设推进"等一系列活动，成功营造了积极的社区参与环境。这种环境下，每位村民都有动力参与村庄建设，每家每户都参与评选过程，并且每个小组都设有学习"标杆"，形成一种健康向上的社区文化和行为模式。最后，尊重当地习俗，推动移风易俗。利用山歌、戏曲等本地民俗文化，把乡村振兴等理论宣讲内容编成小故事、顺口溜、小剧目，以农民喜闻乐见的形式进行呈现；突出村规民约的观念引导和行为约束作用，因地制宜制定切实可行的奖励激励机制，不进行一刀切的硬性规定。如河南省南阳市的乡村地区坚持与乡村风貌相融合、与乡村历史文化相承接、与村民接受方式和欣赏习惯相契合，大力开展景观配套、休闲广场、公厕户厕改造等乡村风貌提升工程，实现村庄、道路、庭院整洁、美观、卫生，有效提升乡村人居环境。

（四）文化振兴跨城乡推进越来越迫切

习近平总书记强调，重塑城乡关系，走城乡融合发展之路。① 城乡文化的交流与互动是实现城乡文化相互依存、相互促进、相互融合的关键。因此，必须推动乡村与城市文化的融合共生和协同发展，形成发展的合力。构建城乡文化互通的渠道，促进文化产业转型升级，打造融合城乡文化特色的品牌，建立城乡文化人才流动机制，以及统筹城乡公共文化服务建设，是实现这一目标的重要措施。为打破制度、人才、市场等要素流通的障碍，必须加强城乡文化发展的联动和资源共享。利用城市资源，支持乡村文化发展，挖掘乡土文化的精髓，从而形成推动乡村文化振兴的强大合力。通过采取这些措施，城乡文化得以实现共同繁荣和发展，但乡村文化建设还存在以下几方面问题。

一是乡村文化供需矛盾比较突出。虽然近年来政府不断在乡村文化建设上加大支持力度，但相对于需求而言乡村文化供给还存在质量和数量不能满足群众需求的问题。目前，城市和乡村在公共文化服务整合方面进展相对缓慢，某些地区文化资源长期呈现从乡村向城市单向流动的态势。在乡村公共文化建设领域，由于目前公共产品供给主导模式是"政府主导、由上而下"，部分基层的需求没有得到上级回应，部分群众认为政府主导的供给模式存在脱离实际、难以触及群众真实需求的问题，多数乡镇和村建立的图书室难以被群众接受，许多依托公共平台开展的讲座及宣讲等流于形式。多数乡村本身资金有限，而乡村文化大多是以公共产品的形式供给的，同时农民本身不是决策者和投资人，他们难以按照自身的意愿选择乡村文化项目类型和推进方式，在被动接受情况下又无法获得相应的精神慰藉和价值认同，因此农民真实需求与实际供给之间存在比较突出的矛盾。

① 中共中央党史和文献研究院编《习近平关于"三农"工作论述摘编》，中央文献出版社，2019。

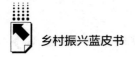

二是乡村文化振兴人才相当稀缺。乡村的主体是农民，农民是乡村建设的主力军，更是乡村文化建设的参与者和创造者，乡村文化建设离不开农民。然而进入新时代，工业化和城镇化建设的步伐进一步加快，大批农村壮年劳动力进入城市，农村"三留"人员（留守老人、留守妇女和留守学前儿童）较多，农村地区文化素质整体不高，农民参与文化建设的积极性不高。与此同时，虽然基层文化部门及基层文化干部在推进实施乡村振兴战略中发挥着十分重要的作用，但在城乡融合大趋势下，一方面，基层难以招引人才，甚至原有的文化人才流失；另一方面，人员结构不合理，专业文化人才老龄化现象普遍，多数乡镇的文化管理服务人员业务不熟练，部分乡镇的文化领军人才极度匮乏，经常发生文化遗产保护、文艺创作、文化管理等相关专业人才断档的情况。传统项目作为非物质文化遗产的重要组成部分，正面临传承困境。一些传承人难以将传统技艺转化为稳定的生计来源，导致传承链条断裂的风险加剧。许多非遗项目的传承面临后继乏人的窘境，年轻一代对这些传统技艺的兴趣和参与度不足，使得这些文化财富的存续和发扬面临严峻挑战。

三是城乡联动推动文化挖掘利用程度不深。尽管乡村地区拥有丰富的特色文化资源，但这些资源的开发利用不充分。即便进行了开发，也常常面临模式单一化、业态同质化、产品粗糙以及与第三产业融合度不高等问题，这限制了城乡文化资源的挖掘与深度利用。乡村文化资源的产品化通常体现为乡村文创商品、手工艺品和特色食品等。特别是乡村文创商品，它们往往是一些展示当地自然风光、地标性建筑或历史人物的小物件，如明信片、书签、环保袋和扇子等。这些商品在内容和视觉设计上往往缺乏创意，缺少品牌标识，导致不同乡村的周边商品在外观上高度雷同。此外，许多乡村的农产品和地方美食通过电子商务等现代营销渠道进行销售，产品被包装成小份、家庭装或礼品盒等，主打"天然""有机""无污染"等。这些农产品在类型、品牌定位和营销策略上高度同质化，难以形成差异化的竞争优势，从而削弱了其市场竞争力和品牌影响力。

三　文化振兴引领乡村振兴的路径选择

（一）立足本土文化优势，大力发展"文化+"模式，夯实乡村产业基础

习近平总书记强调，产业振兴是乡村振兴的重中之重。[①] 坚持文化引领乡村振兴，就要把文化优势转化为产业优势，通过"文化+现代农业""文化+特色产业""文化+文化产业"等，培育新的经济增长点。

一是深度把握融合发展应坚持的基本原则。首先，要坚持以人民为中心，推进文化与产业深度融合。以社会主义核心价值观为引导，牢牢把握文化遗产保护传承和旅游发展的规律特点，积极引导社会各类力量参与，立足本土文化，深入挖掘内涵，创造性地推动乡村文化资源转化为特色旅游产品，构建文化产业新型商业模式和业态，以文化要素推动旅游特色化、品质化发展。其次，坚持以市场为导向，推进文化与产业深度融合。充分发挥旅游业的市场化、产业化优势，用文化创意赋能旅游业发展，以创新项目开发运营模式，培育更多新业态和文旅融合产品，提升旅游业创新供给能力，拓展旅游业边界，以此推动乡村文化传承。最后，坚持文旅融合共生的理念。运用系统、科学的发展思维，在充分保护乡村文化和风貌的前提下，明确文旅融合在文化振兴中的价值与作用，依托文旅产业融合的独特优势，指导文化与旅游和其他产业融合，促进乡村优秀传统文化的生产性保护与传承创新。

二是推动文化和产业主体协同联动，增强乡村文化振兴动力。首先，要发挥政府统筹监管作用。既要结合本地独特的文化资源，坚持保护性开发、创新性传承，明确文化产业发展的方向，通过出台政策，支持和引导社会各要素的流动，加快以市场为导向的文化产业顶层设计和重点布局，促进文旅产业高质量发展；又要充分发挥管理服务作用，支持相关行业协会等中介组织积极发挥作用，加快相应产品标准的制定，规范市场行为和秩序，不断完

[①] 习近平：《加快建设农业强国　推进农业农村现代化》，《求是》2023年第6期。

善全时、全域、多元、融合的公共服务。其次,发挥群众参与主体作用。既要深入挖掘乡村文化中蕴含的道德教育资源,通过教育引导、实践养成、制度保障"三管齐下",以农民群众喜闻乐见的方式,增进群众乡村文化认同;又要强化基层党组织的领导功能,创新"企业+农户""合作社+农户"等经营模式,充分挖掘培育本土人才,大力加强社区文化建设,组织开展宣传教育活动,常态化开展相关培训,不断提升群众参与能力和水平。再次,发挥企业的作用。既要支持企业向专业化、特色化、创新型方向发展,高标准引进培育一批文化融合龙头企业、专精特新企业,着力扶持一批扎根农村、心系农民的乡村文化企业,以产业为支点辐射带动文化产业链和上下游关联产业发展,打造文化产业集群;又要增强企业的文化渗透力,通过对土地资源、空间布局、基础设施等进行多元整合,培育一批大型文化企业,推动文化和其他产业的共生共融,实现业态升级,走高端化、品质化路线。最后,推动建立有效的乡村文化生产经营机制和多种利益联结机制,将产业融合与多元主体利益相结合,汇聚各方人才和力量,引导和撬动更多社会资本投入乡村,推动文化资源项目化、产业化和资本化,激发各类主体的积极性、主动性和创造性。

三是健全文化和产业融合的业态、模式、机制,夯实乡村文化振兴基础。首先,促进业态融合。实施"文化+""旅游+""互联网+"战略,发挥文旅产业市场优势,推进文化与科技、交通、体育、农业等领域相互融合、协同发展,推动传统技艺、表演艺术等进入旅游景区、旅游度假区,促进夜间经济、网红经济、体验经济、创意经济等新模式落地发展,实现文旅产业链整合、价值链提升。其次,促进产品融合。既要加大品牌建设力度,加强对乡村文化资源和旅游资源的挖掘、保护、传承和利用,大力推进文旅创意产品开发,又要支持博物馆、图书馆、非遗馆、旅游景区等开发文旅创意产品,推动更多资源转化为旅游产品,支持各级各类文旅经营主体参与集文化创意、度假休闲、康体养生等主题于一体的文化旅游综合体打造,推出更多研学、寻根、文化遗产等专题文化旅游线路和项目,打造一批文化主题鲜明、文化要素完善的特色旅游目的地。最后,促进文旅消费空间融合。既要顺应大众旅游个性化、多样化消费需求，把创意美术元素、文化艺术元素广泛应用到规划建设中，统筹推进基础设施建设，优化乡村旅游产品结构，促进乡村文化旅游全方位提档升级；又要创新旅游消费场景，打造文体商旅综合体，推动文化和旅游消费业态及公共服务融入各类街区、乡村，打造体验式、沉浸式、互动式文旅融合消费新空间。

（二）以文化为引领，建立"五个清单"，做好乡村规划

在推进乡村振兴战略的过程中，必须将乡村的经济、政治、文化、社会和生态文明建设纳入统一规划，构建一个综合性的发展框架。这要求我们既尊重乡村的传统和历史，也尊重乡村文化特色，同时根据各地的实际情况制定相应的发展策略。围绕"用最有能力的人，着眼最有利的资源，干群众最想干的事"，建立目标清单、人的清单、物的清单、问题清单、项目清单"五个清单"。

一是建立目标清单。目标清单坚持从乡村文化入手，从产业振兴出发，探索文化产业与乡村振兴的内在逻辑，为全面、深入、长久推进乡村振兴，实现农村现代化明确战略、找准定位。第一，找准并深入挖掘乡村特色文旅资源，明确资源类型特征；第二，高质量打造乡村特色产业板块，奠定文化引领产业振兴的基础；第三，提升乡村审美韵味，绘就宜居宜业和美乡村新画卷；第四，丰富当地百姓的精神文化生活，全面培育乡风文明；第五，提升乡村治理效能，推动"一元管理"向"多元共治"转变。

二是明确人的清单。人的清单核心是凝聚思想，引导文化领域各类人才深入乡村、扎根乡村、服务乡村。首先，用思想的力量凝聚推进乡村文化振兴的合力，向群众宣讲党的政策，开展服务群众实践活动等，形成文化振兴强大合力。其次，全面摸清各类人员文化水平、技能技术等基本情况，打造乡村文化振兴主力军。再次，实施"人才回归工程"，感召优秀乡贤回乡兴乡，让乡村文化深植于年轻一代的血脉之中。最后，鼓励全民参与，开展文化技能培训，提升村民服务乡村振兴能力，激发其参与乡村治理的热情。

三是全面梳理物的清单。物的清单突出乡村生态肌理、资源底色和文化

根基。首先，牢固树立生命共同体的系统观，统筹考虑各类自然生态要素，坚持一体化保护和系统治理。其次，强调以文化传承塑造村庄风貌特色，深入挖掘、继承、创新优秀乡土文化。再次，充分尊重农民主体地位、重视农民的需求，加强普惠性、基础性、兜底性的民生基础设施建设。最后，通过文旅融合发展乡村经济，深化"文化+现代农业""文化+特色产业""文化+文化产业"等，培育新的经济增长点。

四是深度把握问题清单。紧扣文化资源的合理开发与利用，秉承振兴先"振心"的理念，从农民群众反映强烈的实际问题出发，着手找准发力点。首先是产业发展问题。乡村文化植根于农村地区的现实，使得资源变产品变产业的难度较大。其次是基础设施建设和生态环境保护问题。农村普遍存在基础设施投入不足、建设水平不高等问题，绿色发展、人居环境整治、污染治理等与群众期待相比还有不小差距，部分农村地区生态环境治理意识不强，绿色发展、生态保护专项资金不足等问题较为常见。再次是乡村规划"千村一面"，缺乏特色。对乡村文化传统和发展前景掌握不足，农村"三产"融合没有引起足够重视，"有新房无新貌"问题普遍存在，缺乏具有本地特色的"文化基因"。最后是乡村社会风尚和社会治理问题。部分农村地区还存在一些不文明现象，基层攀比风、人情风等歪风陋习较为常见，村组织软弱涣散等问题不同程度地存在。

五是建立项目清单。在摸清人、物、问题等清单的基础上，文化振兴引领乡村振兴坚持项目为王、实干为先。首先是抓重点产业项目建设。坚持文化引领，加强"文化+"产业项目建设，发挥有效投资的关键作用，增强发展动力。其次是抓基础设施项目建设。加强普惠性、基础性、兜底性基础设施建设，加大新基建建设力度，把乡村特色文化融入宜居建设。再次是狠抓招商引资项目。通过外出招商、政策招商、以商招商等方式招大、引强、选优产业链项目，举办高质量产业项目集中签约大会，为地方经济高质量发展注入强劲活力。最后是持之以恒抓好基层党组织建设。通过抓头雁队伍、抓阵地建设、抓制度落实、抓示范引领等强化基层党组织，着力构建自治、法治、德治融合的乡村治理新模式，推动村级治理平台化、网格化、智慧化。

（三）深化数字赋能，推进文化建设，提升乡村振兴质量

一是为促进乡村特色农业品牌的培育，可以采取"地方特色+数字化生产+网络营销"的策略。在数字化生产方面，实施农产品标准化种植，并通过全天候、全方位的监控，推进数字技术在生产环境、生产流程、质量安全和生态保护中的应用。同时，建立农业物联网服务平台和智慧农业服务系统，大力开展电子商务进村项目，通过相关系统平台为农业生产提供科技、产销支撑。在营销方面，充分运用互联网及各类销售推广平台，大力宣传本地特色产品和品牌。

二是通过"数字IP形象+多渠道传播"的方式，活化乡村历史人文资源。对于以图书、族谱、墓碑、器皿、照片、故事、民谣等形式存在的静态文化资源，设计数字IP形象，进行数字化传承。围绕地区特有文化，加强对文献、古籍、传说等的全面整理，提炼设计核心元素，开发表情包、动画等衍生数字创意产品。在文化传播和传承方面，加强民间故事、特色习俗等非物质文化遗产资源的收集，形成乡村历史文化数据库，以数字化方式对图案、声音、文字、符号等永久保存。

三是通过"数字场景+数字游戏+云平台"的模式，创造乡村特色文旅新体验。结合数字技术，将乡村特色地标与场景结合起来，使用全息投影等技术打造室内外场景，并设置实体IP形象、游戏厅、影厅、动漫馆、虚拟现实体验厅和周边手办艺术商店，构建具有当地民俗特色和地域文化特点的数字文旅场景。对于偏远和地域面积较大的地区，利用信息可视化手段展示当地景点、标志性建筑、自然景观和道路，使用户能够远程查看地区风貌。系统运用算法设计符合用户旅行偏好的旅游路线，为用户定制个性化出行方案。运用VR、AR技术还原时令性事物、不对外开放的景区、保存不完善的历史遗迹或历史事件的原貌，借助5G网络及人工智能、虚拟现实、全息成像等技术，让更多人足不出户就可以了解历史建筑的文化背景、建造技术与内部结构。

（四）增进城乡文化交流，促进文化要素流动，推动城乡融合发展

一是对文化人才的引进。在乡村地区建立完善的人才引进机制。促进乡

村文化建设，需要创造一个有利的发展环境，以吸引包括企业家、文化专家、科普专家、退休人员和文化志愿者在内的多方人才，让他们把乡村视为其事业发展的新领域。为此，应构建一套全面的激励体系，通过设立如杰出人才奖、卓越成果奖等奖项，对在乡村文化建设中做出突出贡献的个人进行认可和奖励，从而提升他们的荣誉感和满足感。同时，应采取创新的制度措施，激励和吸引创意设计、表演艺术、音乐、美术、手工艺和数字技术等领域的专业人士深入乡村、长期驻留并为乡村服务。这样的措施不仅能够促进乡村文化发展，还能够为乡村带来新的活力和创新思维。

二是对产业发展的支持。推动文化产业与其他产业融合发展，需要将乡村文化产业与农业、旅游、教育等产业相结合，不断创新文化产品和服务形式，探索城乡农文旅深度融合发展模式，发展地方特色鲜明、文化内涵丰富的农文旅项目业态集群。要注重产业链和价值链的延伸拓展，以文化为引领、以农民为主体，政府引导、多方参与，整合乡村旅游、文化、娱乐、餐饮等产业，建立乡村文化产业园区，积极发展乡村文化旅游、手工艺品制作、特色农产品销售等产业，形成包括旅游、休闲、康养、教育等在内的完整的乡村文化产业链，从而形成更大的市场空间，产生更大的经济效益。

三是对文化的创新发展。要特别注重创新乡村文旅产品，打造文旅融合发展新引擎。文旅新产品、新业态、新场景将提供更多符合游客需求的优质产品和服务，为游客带来有深度、有广度的文旅融合体验。要在创新体验式文旅产品上下功夫。各地需要依据乡村资源禀赋，策划组织乡村文化体验活动，增强乡村文化的影响力和吸引力，满足游客深入了解乡村优秀传统文化的需求。要在创新互动式文旅产品上下功夫。可组织民间艺术表演、传统节庆活动、群众性文体活动等文化互动活动，用传统民俗拉动乡村旅游，让游客与当地居民进行深度互动，从中获得更真实、更有深度的文旅体验。要在个性化文旅服务上下功夫。深挖地方生态、文化资源，按照个人需求打造个性化的旅游服务项目，为游客量身定制行程、推荐当地特色活动和美食等。

（五）传承乡土文化，涵养乡风文明，守好乡村振兴之基

一是必须明确农民在乡村文化振兴中的主体地位。农民是乡村文化建设的关键力量，体现在农民群众对文化的需求就是乡村文化振兴的需求上，农民群众对文化的贡献就是乡村文化振兴的体现，因此需要全面增强农民群众的主体意识，激发动力和活力，发挥其创造力。在推进路径上，可通过吸收农民群众的智慧开发文化产品，鼓励农民群众参与文化产品创作，使农民群众从中受益，同时改进文化产业发展模式，激发年轻一代农民的文化热情，培育乡村文化振兴的后续力量。

二是加强对乡村传统文化的挖掘和研究。应重视深入挖掘乡村文化与现代化发展相适应的元素，特别要加强对乡村传统文化的挖掘和研究，包括加强乡村历史资料的编纂，整理和编写乡村发展大事记，全面梳理传统文化的历史脉络，深入了解乡村的价值观念、道德规范、宗教信仰及文化传统。通过多学科专家和研究人员的共同努力，挖掘乡村优秀传统文化的深层次内涵和历史价值。

三是理顺乡村文化振兴的管理体制和工作机制。要建立有效的文明制度和文化活动评估体系，构建合理的运营机制。在挖掘乡村优秀传统文化的过程中，特别关注非物质文化遗产的保护与传承，建立和完善相关法律制度。利用新兴技术推进文化资料的收集、整理、展示、传播和利用。打造特色文化产业、村镇、示范基地，引导社会企业、社会组织参与乡村优秀传统文化的传承与保护。鼓励和支持社会企业、基金会和社会公益组织开展相关公益项目，让村民直接享受优秀传统文化带来的收益。依托乡村的文化资源优势，开发具有鲜明乡村特色、民族特色和地域特色的文化产品和服务，通过创意转化、科技应用和市场运作等方式，打造特色产业。

四是创新乡村传统文化的表现形式。首先，融合现代艺术元素。将传统乡村文化与现代艺术设计相结合，创作既具有传统文化底蕴又符合现代审美的艺术作品。邀请现代艺术家到乡村进行创作，与当地群众共同探索优秀传

统文化的新表现形式。其次，充分利用数字技术。结合现代艺术和科技手段，创新乡村文化的表现形式，如开发具有乡村特色的电影、音乐、舞蹈等文化产品。借助数字技术创建传统文化的数字化展厅，对乡村文化遗产进行展示。再次，举办文化创意活动。设立文化创意基金，支持有潜力的文化创新项目。定期在乡村举办文化创意大赛或展览，鼓励当地居民和外界人士亲身参与，感受优秀传统文化的魅力，增进对优秀传统文化的理解。最后，开发文化旅游产品。结合乡村特色，开发一系列具有文化内涵的旅游纪念品，设计独特的乡村文化旅游线路，让游客在游览美景的同时，体验乡村的优秀传统文化，从而实现乡村文化的全面振兴。

五是加强乡村优秀传统文化的教育与传播。首先，将优秀传统文化融入教育体系。在乡村学校开设传统文化创新课程，激发学生的创新思维和对优秀传统文化的热爱。将乡村优秀传统文化内容融入大中小学教材，使学生从小就对中华优秀传统文化有所了解。其次，拓宽传播渠道。综合运用报纸、广播、电视、社交媒体、互联网等多种宣传载体，大力宣传乡村优秀传统文化，扩大其传播范围和影响力，让村民在潜移默化中树立传承中华优秀传统文化的意识。充分利用图书馆、文化馆、美术馆等公共文化机构，使优秀传统文化得到有效宣传。与时尚、影视、音乐等行业进行跨界合作，将乡村优秀传统文化元素融入这些领域的产品中。再次，鼓励社会力量参与。引导和鼓励社会各界通过捐赠图书、文物等方式，支持乡村优秀传统文化的教育与传播工作。组织文化志愿者深入乡村，开展优秀传统文化教育普及活动，帮助乡村居民提升文化素养。最后，加强政策支持与引导。政府应出台相关政策，明确乡村优秀传统文化教育与传播的目标、任务和措施，提供政策保障和支持。设立专项资金，用于支持乡村优秀传统文化教育与传播项目的开展，确保各项工作的顺利实施，提高乡村居民的文化素养和文化自信，进一步推动乡村文化的全面振兴。①

---

① 《挖掘乡村优秀传统文化，助力乡村文化全面振兴》，光明网，2024 年 6 月 6 日，https：//topics. gmw. cn/2024-06/06/content_37366797. htm。

参考文献

董淳伟：《数字经济赋能温州乡村文化振兴的探索实践——以马屿镇为例》，《南方农机》2024年第13期。

程慧：《共同富裕视域下乡村文旅融合发展的现实路径——以湖南省崇木凼村为例》，《湖南行政学院学报》2024年第2期。

张利国：《新时代以来美术赋能乡村振兴的价值导向、美学实践、审美路径》，《艺术探索》2024年第3期。

杨帆、杜刚：《新时代乡村文化治理的时代意蕴》，《中北大学学报》（社会科学版）2024年第2期。

张弋：《要充分发挥基层文联作用积极引导文化学者下乡》，《河南商报》2023年1月17日。

周文娟、谢志杰：《激发乡村文化振兴活力》，《新湘评论》2024年第8期。

梅学书等：《新形势下的乡村文化振兴刍议——以湖北省黄冈市为例》，《决策与信息》2022年第1期。

卜清平、何柳：《破解乡镇综合文化站在文化建设和基层治理中的困境》，《图书馆研究与工作》2024年第1期。

张爱红、王祥华：《数字媒体对传统手工艺现代传承的介入、反思与破题》，《民族艺术研究》2023年第6期。

刘斯捷、刘秀琼：《城市设计视角的历史文化街区保护与活化——以孙文西骑楼街为例》，《城市建筑》2022年第22期。

宋洪远等：《新时代中国农村发展改革的成就和经验》，《中国农村经济》2023年第3期。

郭佳怡：《鄂伦春族非遗文化的数字化保护传承研究》，《文化创新比较研究》2023年第28期。

周聪伶：《湖湘文化赋能湖南文旅融合的实践路径》，《新湘评论》2022年第22期。

刘华年：《创意设计助力苏北乡村手工艺振兴》，《中国非物质文化遗产》2023年第5期。

邓艳昕、江美莲：《场景化时代中央苏区红色文化的传播路径研究》，《传媒论坛》2023年第19期。

裴晓涛：《乡村文化振兴的现实困境及实现路向》，《重庆社会科学》2024年第3期。

乡村文化建设篇

B.2
以文旅融合推动乡村振兴

任国平 尹罡*

摘 要： 随着时代的进步与社会的发展，文旅融合已成为推动中国经济社会发展的重要动力。本报告从文旅市场规模和旅游潜力、文旅产业模式和旅游业贡献、文旅产业制度和旅游消费能力、文旅融合趋势和创新形式、文旅体验类型和个性特征五个方面总结了文旅产业在助力乡村振兴中取得的显著成效。然而，在实际推进过程中，文旅融合仍面临资源、产品、市场、服务、创新等方面的问题。针对上述问题，本报告从实现资源整合、促进产品创新、扩大市场规模和提升服务水平四个方面提出实现乡村振兴的策略；同时，从延伸产业链条、优化空间布局、保护生态环境、深挖乡土文化资源等维度，提出文旅融合推动乡村振兴的实践路径，以达到发展旅游业与增强乡村活力、乡村引力和旅游动力的文旅融合目标，以期为未来文旅融合发展提供参考。

---

* 任国平，管理学博士，湖南城市学院教授，主要研究方向为乡村可持续发展、城乡融合、乡村治理；尹罡，湖南城市学院副教授，主要研究方向为乡村治理、休闲旅游、旅游开发。

关键词：　文旅融合　乡村振兴　文化产业　产业创新

党的二十大报告提出全面推进乡村振兴战略，并强调农业农村优先发展的重要性。报告中明确指出，要巩固拓展脱贫攻坚成果，加速农业强国的建设，并切实推动乡村产业、人才、文化、生态和组织的全面振兴。近年来，尽管农村发展在全面推进乡村振兴战略的带动下取得了骄人的成绩，但依然面临诸多挑战。农村的繁荣与国家的兴盛息息相关，农村的衰退同样会对国家的繁荣造成影响。随着我国人民对美好生活的向往日益增强，农村地区在社会经济发展中的不平衡和不全面问题尤为突出。尽管如此，中国农村地区仍保持相对稳定的发展态势，并将继续发展。

随着旅游市场的持续发展，文旅融合已经成为旅游业发展的新动向。这一趋势不仅促进了乡村旅游业的发展，还催生了诸如乡村民宿、农家乐和乡村文创产品等新业态。这些新业态不仅丰富了乡村旅游的产品体系，还为乡村经济开辟了新的增长路径。同时，通过产业的互联互通，文旅融合将自然生态和历史文化元素整合到生产、加工和销售的各个环节，实现美丽乡村建设与经济发展的和谐统一，为乡村振兴提供持久的动力。面对乡村振兴的迫切需求，文旅融合无疑成为一条切实可行的发展路径。[①] 文旅融合可以推动农村产业升级，将单一的农业生产转变为集观光、采摘、休闲和餐饮等多功能于一体的乡村旅游产业，从而拓展农民的收入来源。文旅融合有助于提升乡村的知名度和吸引力，吸引更多游客，进而推动乡村经济发展。通过改善基础设施，提高服务水平，加强科技支撑，培育智慧文旅产业，乡村旅游业的吸引力和竞争力得到进一步提升，为乡村振兴提供更强大的动力。在乡村振兴的大背景下，文旅融合发挥着至关重要的作用。[②] 通过挖掘乡村文化资

---

① 《人民日报：大力实施乡村振兴战略》，人民网，2017 年 12 月 11 日，http：//opinion. people. com. cn/n1/2017/1211/c1003-29696966. html。

② 《"云旅游"助文旅产业智慧转型--科技日报数字报》，科技日报网站，2020 年 3 月 19 日，https：//digitalpaper. stdaily. com/http ＿ www. kjrb. com/kjrb/html/2020 - 03/19/content ＿ 441699. htm? div=-1。

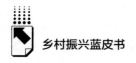

源、促进新业态发展以及满足乡村振兴的迫切需求，文旅融合不仅为乡村经济带来新的增长点，也为乡村文化的传承与发展提供了坚实的支撑。

一 以文旅融合助力乡村振兴效果显著

（一）文旅市场规模扩大，旅游潜力释放

国内旅游市场保持稳定的增长态势。2024 年国内出游人次 56. 15 亿，比上年同期增加 7. 24 亿，同比增长 14. 8%；国内游客出游总花费 5. 75 万亿元，比上年增加 0. 84 万亿元，同比增长 17. 1%。[①] 尽管部分年份受到金融危机和突发事件的影响，但从整个文旅市场来看，其仍保持良好的发展态势，且市场热点和亮点逐渐显现。与相对稳定的国内市场相比，入境旅游市场则在部分时期呈现波动态势，2024 年尤为突出，入境旅游人次大幅减少，仅为 797 万人次，这表明我国在入境旅游市场的发展上存在需要重点解决的问题。自 2010 年以来，我国文化产业呈现强劲的增长态势，其增加值从 2010 年的 11052 亿元跃升至 2024 年的 44945 亿元。同时，文化产业对经济的贡献度逐渐提升，其增加值占 GDP 的比重也从 2010 年的 2. 68%增长至 2024 年的 4. 43%。2010~2024 年，31 个省（区、市）的旅游总人次总体呈上升趋势。其中，江西、新疆、西藏等 10 个省（区）的旅游人次占比大幅提升，而江苏、广东等 6 个省（市）的旅游人次占比有所下降。2010 年，江苏、山东等 5 个省（市）的旅游人次规模较大，而新疆、海南等 5 个省（区）的旅游人次相对较少。2024 年，广西、湖南等 5 个省（区）的旅游人次规模靠前，而内蒙古、海南等 5 个省（区）的旅游人次规模较小。入境旅游方面，2010 年广东、上海等 5 个省（市）的入境旅游人次规模较大，而贵州、西藏等 5 个省（区）的入境旅游人次较少。2024 年，广东、

---

① 《2024 年国内旅游数据情况》，文化和旅游部网站，2025 年 1 月 22 日，http：//zwgk. mct. gov. cn/zfxxgkml/tjxx/202501/t20250121_958012. html。

四川等 5 个省（市）的入境旅游人次规模较大，甘肃、山西等 5 个省（区）的入境旅游人次则明显减少。这些数据反映出我国文化和旅游业的区域发展具有不均衡性，同时凸显了文化和旅游业在国民经济中的重要性及发展潜力。

（二）文旅产业模式转变，旅游业贡献巨大

党的十九大报告明确指出中国社会的主要矛盾已经发生转变，即从人民对物质文化需求的不断增长与社会生产能力相对落后之间的矛盾，转变为人民对美好生活的向往与社会不平衡、不充分的发展之间的矛盾。为解决这一矛盾，提升质量和效率、促进产业转型升级已成为关键措施。随着物质生活水平的提高，人们开始更多地关注精神层面的需求，将精神需求视为生活的重要组成部分。根据世界旅游及旅行理事会的官方数据，旅游业对经济增长的贡献度持续提升，2024 年旅游业对 GDP 的贡献预计将增加 1 万亿美元，增长率达到 21.7%。

（三）文旅产业制度完善，旅游消费能力增强

据文化和旅游部公布的数据，2024 年国内旅游人数达到 28.79 亿人次，旅游收入达到 2.23 万亿元，显示出国内市场有巨大的潜力和旺盛的生命力。随着经济发展，旅游者的消费行为日趋多元化，文旅市场对门票经济的依赖性逐渐降低。特别是随着高等级景区与周边区域的一体化发展，其综合带动能力日趋增强。近年来，《国家发展改革委关于完善国有景区门票价格形成机制降低重点国有景区门票价格的指导意见》等政策出台，目的在于增强居民消费意愿，释放消费潜力，提升旅游消费的综合性，以满足人民对美好生活的追求。

（四）文旅融合趋势明显，创新形式多元

文化与旅游的相互促进已逐步演变为一种系统化的发展模式，这不仅满足了地方经济社会转型的现实需求，也成为中国旅游业未来发展的主要

趋势。自 2018 年文化和旅游部成立，文化和旅游的融合在行政层面得到实质性推动，这一变革消除了两者之间的行政壁垒，为文化和旅游的深度融合与发展提供了更加良好的环境。市场的需求日益向个性化、多元化、系统化方向发展，这对旅游产品的创新性、特色性和市场化的发展提出了新的挑战。[①] 在此背景下，文化演艺、云旅游等新型文化旅游业态应运而生，同时，元宇宙、区块链等前沿理念也被广泛应用于文化和旅游领域，这不仅有助于深度开发地方文化和旅游资源，还以多样化的形式推出新产品。这些新产品的开发，一方面实现了文化资源的活态传承，另一方面满足了市场的消费需求，为文化和旅游业的持续发展注入源源不断的动力。它们不仅有助于文化旅游资源的有效保护，还推动了旅游产品的创新与发展，探索出一条既贴合现实需要又符合发展规律的保护与开发之路。尽管文化和旅游业发展已取得显著成就，并被社会广泛关注，但其与其他行业深度融合产生的综合效益尚未完全展现。如何充分发挥文化和旅游业在促进经济社会高质量发展中的作用，已成为当前学术界和业界共同关注的热点问题。

（五）文旅体验类型多样，个性特征鲜明

文化和旅游业的发展展现了其综合和联动的特性，对于构建以重点景区为核心的文化旅游目的地具有显著的带动作用。例如，北京、西安等城市已成为极具特色的区域性文化旅游中心；西安大唐不夜城等夜间旅游项目吸引了大量游客。这些夜间旅游项目不仅促进了不同地区与民族的文化交流，也成为目的地与客源地之间文化交流的重要桥梁，有助于文化产业链的构建。在文化和旅游业发展的过程中，游客不仅对景点本身感兴趣，也倾向于深入了解当地的生活习惯、民族文化和生产方式，尝试融入并体验当地的文化。随着文化旅游成为群众日常生活的一部分，游客对个性化、特色化和差异化的文化旅游产品的需求日益增长，推动了文化旅游消费升级。文化和旅游业

---

① 《推进文化和旅游深度融合发展》，《人民日报》网站，2024 年 2 月 6 日，http：//paper. people. com. cn/rmrbwap/html/2024-02/06/nw. D110000renmrb_20240206_3-09. htm。

的发展依托政治、经济、生态等多重系统的交织，呈现全面和系统的发展特点。注重地方环境、文化特色和服务体系及其基础设施，以满足大众对旅游市场的多方位需求，打造符合市场需求的文化旅游产品。印象系列、千古情系列等已成为提高景区知名度、突出景区特色、释放景区活力的重要产品，推动景区的转型升级。演艺市场的繁荣有助于文化旅游产品提升吸引力。特别是在数字化时代下，科技成为产业转型升级的重要驱动力。如 VR 数字虚拟再现技术，以及短视频平台已成为文化和旅游业宣传推广的重要工具。[①]云游、盲盒、虚拟演艺等新兴业态不断涌现，提供了"居家体验景区环境"的文化旅游新体验。

二　以文旅融合实现乡村振兴的策略制定

（一）实现资源整合，增强乡村活力

在研究乡村振兴与文化旅游融合发展策略时，我们认识到乡村地区不仅有丰富的自然景观，也是文化传承与创新的重要空间。因此，创新文化旅游融合的模式，需要从不同角度进行深入的探讨和实践，旨在促进农村经济发展和文化潜能的全面释放。为达到这一目标，必须采取多维度的策略，包括但不限于文化资源的保护与利用、旅游产品的创新设计以及地方特色与现代元素的有机结合。通过采取这些措施，可以有效地推动乡村经济的可持续发展，同时保持和增强乡村文化的活力和吸引力。这种综合性的发展途径，有助于实现乡村振兴战略中提出的经济、文化、社会和生态的协调发展目标。

1.深度挖掘本土文化资源，奠定文旅融合基础

乡村文化的独特性和多元性构成了其吸引游客的核心竞争力。为此，必

---

① 《人民日报：旅游已经成为人民幸福生活的必需品》，新浪新闻，2019 年 5 月 20 日，https：//news. sina. cn/gn/2019-05-20/detail-ihvhiews3063285. d. html。

须对乡村地区的历史遗产、民间传统和传统手工艺等文化资源进行全面整合与深入探索。通过记录口述历史、撰写地方文化志、组织文化庆典活动等手段，不仅可以保护和传承乡村的文化遗产，还能让游客在亲身体验中领略文化的独特魅力，从而提升乡村旅游的内在价值和吸引力。以云南大理王家庄村为例，该村通过深入挖掘红色文化资源，不仅成功提振了乡村旅游市场，还显著提升了乡村的整体形象和文化自信。这种做法证明了，系统性地整合和利用乡村文化资源，对推动乡村旅游业发展和增强乡村文化影响力具有重要意义。通过这些文化活动和节庆活动的举办，乡村能够更好地展现其独有的文化风貌，为游客提供丰富而深入的文化体验，进而促进乡村经济的多元化发展和文化活力的全面激发。

2. 整合自然景观资源，打造特色旅游线路

自然景观作为乡村旅游的一大特色，其与乡村的田园风光和人文景观的融合是提高旅游体验的关键。实现这一目标的关键在于精心规划和建设景观，同时确保各景观之间能够相互促进和补充，构建起一个连贯的旅游体验链。例如，广西上林县六联村利用其天然河道资源，开发了高山漂流项目，这不仅吸引了众多游客，还实现了经济和生态的双重效益。另一个例子是下水源庄，该村在山脚下建立了民宿群，为游客提供了一个亲近自然、体验乡村生活的理想场所。这些案例展示了通过整合自然景观资源，可以显著增强乡村旅游的吸引力和市场竞争力。通过这样的整合，乡村旅游不仅能够提供视觉上的享受，还能提供深层次的文化和生态体验，满足游客对高质量旅游体验项目的需求。这种整合策略有助于将乡村打造为具有地方特色的旅游目的地，进一步推动乡村经济的可持续发展。

3. 跨界合作与资源共享，拓宽乡村振兴路径

乡村振兴是一个全局性的工程，它要求农业、林业、文化、旅游等多个领域的整合与协作。通过跨领域合作，乡村可以实现资源共享与优势互补，为乡村振兴注入新的活力。此合作模式能够促进农业与旅游业的紧密结合，推动休闲农业和观光农业等新型农业业态发展。同时，通过加强林业与生态旅游的融合，可以开展森林康养、森林徒步等生态旅游活动，丰富游客的乡

村旅游体验。① 此外，利用文化资源的独特吸引力，可以塑造具有地方特色的文化旅游品牌，提升乡村的知名度和形象。这种跨界合作和资源共享的策略，不仅有助于扩大乡村经济的增长空间，也有助于乡村文化的保护、传承与创新发展。综上所述，乡村振兴战略的实施需要多方面的共同努力，通过创新合作模式，实现乡村经济与文化的协同发展，为乡村地区的全面振兴提供持久动力。

（二）促进产品创新，增强乡村吸引力

在国家乡村振兴战略的推动下，乡村旅游业已成为促进农村地区产业多样化和经济繁荣的关键驱动力，其发展策略的创新与优化变得尤为关键。为增强乡村旅游的吸引力和市场竞争力，必须进行深入分析和全面规划。这意味着需要从资源开发、产品创新、市场营销、服务质量等多个方面入手，进行细致的工作，以实现乡村旅游的全方位提升。这种多维度的综合施策，可以更好地挖掘乡村旅游的潜力，打造出具有独特魅力和持久吸引力的旅游产品，满足游客多样化需求，同时为乡村经济的可持续发展奠定坚实的基础。

1. 突出地方特色，打造独特的旅游产品

乡村旅游的吸引力在于其独有的文化特色和自然景观，这构成了其竞争优势。因此，挖掘乡村的历史文化和利用当地特有的自然资源是必要的，这一系列行动能够开发出具有鲜明地方特色的旅游产品。一系列旅游体验项目被开发，包括农耕体验，活动中游客被邀请参与田间劳作，亲身体验农耕文化；开展民俗表演活动，以展现乡村的风土人情；设立手工艺品制作工坊，手工艺人在此传授传统技艺，让游客在实践中体验传统文化。这些旅游产品的开发，不仅丰富了游客的体验，而且增进了游客对乡村文化的认同。通过采取这些举措，乡村旅游的核心竞争力得到增强，为游客提供了更加丰富和

---

① 《跨界合作"体育+民宿"带动旅游新发展》，消费日报网，2021年4月7日，http://www.xfrb.com.cn/article/tour/10195023171211.html。

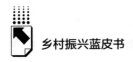
有意义的文化体验。

2.延伸产业链条,完善旅游服务体系

乡村旅游的可持续发展必须依托于一个完善的旅游服务系统。旅游产业链需要被积极扩展,其发展不应局限于传统的观光游览,而应向住宿、餐饮、购物等多样化服务领域拓展。在住宿服务方面,应鼓励乡村开发具有地方特色的民宿,这些民宿应融合当地的建筑风格和自然景观,从而为游客提供新颖的住宿体验。同时,乡村餐饮服务的品质和特色也应得到提升,推广利用当地食材制作的美食,以满足游客对地道美食的追求。此外,特色农产品和手工艺品的市场开发也是必要的,这为游客提供了便捷的购物渠道,用以购买具有纪念价值的商品。这些措施能够延长游客在乡村的停留时间,并有助于促进消费需求增长。总之,通过这些多元化的服务,乡村旅游不仅能够提供更加丰富的旅游体验,也能够为乡村经济的可持续发展提供动力。

3.精准定位市场,提供定制化旅游服务

随着旅游市场的细分,游客对旅游服务产品的需求呈现多样化的趋势。在此背景下,乡村旅游的发展需对不同游客群体的需求和偏好进行细致的分析,并据此提供个性化的旅游服务。定制化的服务方案应被开发以迎合特定市场的需求,例如,针对家庭旅游市场,可以设计教育与娱乐相结合的亲子活动,如农耕体验和自然教育项目;对于教育旅游市场,可以与学校和教育机构合作,开发以乡村为背景的研学旅行课程,促进学生在实际环境中学习和探索;针对康养旅游市场,可以利用乡村的清新空气和良好的生态环境,打造康养度假产品,为游客提供放松身心的机会。这些定制化的服务不仅满足了游客的个性化需求,而且有助于提高他们的满意度和忠诚度。通过这种方式,乡村旅游能够更好地适应市场变化,同时增强其吸引力和竞争力。①

---

① 《定制旅游为何受青睐》,人民网,2017 年 6 月 26 日,http://travel.people.com.cn/n1/2017/0626/c41570-29361461.html。

（三）扩大市场规模，增强旅游动力

1. 构建多元化营销渠道，扩大市场影响力

互联网技术的迅猛发展为乡村旅游提供了独特的营销机遇。在此背景下，乡村旅游业应被引导以构建一个包含互联网、社交媒体、短视频等在内的多渠道营销体系。利用官方网站、微信公众号、抖音等平台，主动发布乡村美景、特色民宿和文化活动等方面的内容。这些内容应以图文结合、视听融合的形式呈现，以直观地展示乡村独有的魅力。此外，应加强大数据技术的应用，以对目标客户群体进行精确识别，并采用个性化的营销策略，从而增强宣传的针对性和有效性。通过这种方式，宣传工作能够更加精准地触达潜在客户。新兴的直播带货方式也应加以利用，通过直接与消费者互动，推广乡村旅游产品，以实现线上吸引流量、线下促进消费。这不仅能够拓宽乡村旅游市场渠道，还能够提升消费者的体验，为乡村旅游的推广开辟新路径。

2. 举办特色活动，提升旅游吸引力

特色活动的定期举办，如乡村旅游节、文化节和美食节等，被视为吸引游客及增强旅游吸引力的有效策略。这些活动可以被用来展示乡村文化、民俗风情和自然风光，同时向游客提供高参与度和高体验感的旅游项目。例如，开展农事体验活动，以使游客亲身感受传统的农耕文化；开展具有地方与民族特色的民俗表演和手工艺制作等活动，让游客深刻理解乡村的历史和文化。这些活动不仅丰富了乡村旅游的内涵，还增强了游客的参与感和归属感。通过这种方式，乡村旅游的吸引力得以提升，游客的体验得以丰富，乡村旅游的内涵也因此得到扩展和深化。①

3. 跨界合作推广，拓宽市场覆盖面

乡村旅游市场推广的一个关键途径是跨界合作。通过与旅游企业、电商

---

① 《河北南皮："旅游日"活动提升文旅吸引力》，人民网，2024 年 5 月 22 日，http://he.people.com.cn/n2/2024/0522/c192235-40852798.html。

平台等不同领域的合作伙伴建立合作关系，乡村旅游产品得以开发，其销售渠道和市场覆盖范围得以扩展。例如，与知名旅行社的合作可以将乡村旅游线路整合进它们的产品体系中，利用其完善的销售网络和丰富的客户资源，加速乡村旅游产品的市场推广。① 另外，与电商平台的合作可以通过线上销售渠道推广乡村旅游产品，借助平台的高流量和易用性，吸引年轻消费者。此外，与农业、文化、体育等相关行业的跨界融合可以开发出独具特色的乡村旅游产品，以满足游客的多样化需求。通过这种多元化的合作方式，乡村旅游的市场推广可以更加有效，乡村旅游产品的吸引力和竞争力也可以得到增强。

（四）提升服务水平，彰显旅游魅力

1. 乡村旅游发展策略的深度剖析

乡村振兴战略的深入推进为乡村旅游带来了前所未有的发展机遇。在此过程中，乡村旅游不仅被视为促进农村经济转型升级的关键驱动力，其发展模式与策略的创新也日益受到重视。为实现乡村旅游产业的高质量发展，一系列关键措施被提出并实施。首先，市场定位的精准性被认为是乡村旅游发展的基础。通过深入分析游客需求、市场趋势和竞争环境，乡村旅游能够更准确地确定其目标市场和市场定位。这涉及对乡村旅游资源的全面评估，包括自然资源、文化遗产、社会经济状况等，以确保旅游产品与服务能够满足游客的期望和需求。其次，基础设施的完善是提升乡村旅游吸引力和竞争力的重要条件。这包括交通网络的建设与改善、旅游信息服务的提供等。良好的基础设施不仅能够提高游客的满意度，从而提高乡村旅游产品的知名度及满意度，还能够促进乡村旅游的可持续发展。再次，安全管理的强化是保障乡村旅游顺利进行的必要条件。这要求乡村旅游从业者和管理者加强对旅游安全的认识，建立健全安全管理体系和制定应急预案。通过提高安全管理水平，可以有效地预防和减少旅游安全事故的发生，保护游客的生命财产安

---

① 《数字科技助力旅游市场加速复苏 拓宽发展空间》，中华网，2021 年 3 月 24 日，https：// tech．china．com/article/20210324/20210324737402．html。

全。最后，绿色旅游的倡导是实现乡村旅游可持续发展的关键。这要求乡村旅游在发展过程中注重生态保护和环境友好，推广低碳、环保的旅游方式和消费模式。倡导绿色旅游，可以增强游客的环保意识。

2. 提升服务质量，优化旅游体验

乡村旅游的核心竞争力来自其独有的自然景观和深厚的人文底蕴，而优质的服务是吸引并维系游客的关键。为此，应加强对旅游从业人员的专业培训，这不仅包括基础的接待礼仪和服务意识，还应深入探讨乡村文化的内涵，以确保每位从业者都能成为传播乡村故事的使者。此外，应建立服务质量监督机制。通过游客的反馈和定期评估，服务流程得以持续优化，以确保游客享受到周到且专业的服务。这种持续的服务改进不仅能够提升游客的满意度，还能有效促进良好的口碑传播，为乡村旅游的长期发展打下坚实的基础。在这一过程中，服务质量的监督机制应包括服务效率、游客满意度和服务质量等关键指标。通过这些指标的评估，服务中存在的问题可以及时发现并采取措施进行改进。同时，旅游从业人员的专业培训应被设计为一个持续的过程，以确保服务技能和知识能够与时俱进。培训内容应包括对乡村旅游资源的深入了解、服务技巧的提升以及对乡村文化传承的认识。通过采取这些措施，乡村旅游的服务水平将得到提升，从而提高游客的忠诚度和乡村旅游产品的市场竞争力。这将为乡村旅游业的可持续发展提供支持，促进农村经济的繁荣和优秀传统文化的传承。①

3. 完善基础设施，提升接待能力

乡村旅游的吸引力被认为不仅源自其独有的资源特质，还在于其便利的交通条件、良好的住宿环境和多样化的餐饮服务。因此，发展乡村旅游加强基础设施建设十分必要，特别是解决交通问题，提高道路质量和可达性。住宿设施的建设应注重多元化和品质化，包括传统的乡村小院和兼具现代审美与功能的民宿客栈，以迎合不同游客群体的偏好。同时，应丰富餐饮服务的

---

① 《提升服务品质　丰富旅游体验》，"中国日报网"百家号，2023 年 7 月 12 日，https：//baijiahao.baidu.com/s？id＝17711941536579627358wfr＝spider&for＝pc。

种类，通过推广地方特色菜肴，让游客在享受美食的同时，体验乡村文化的独特魅力。[①] 这些措施的实施提升了乡村地区的游客接待能力，提高了游客的舒适感和满意度。通过优化交通、住宿和餐饮服务，乡村旅游的整体体验得到改善，其吸引力和竞争力得到增强。乡村旅游的发展应与当地文化和生态环境保护相结合，确保旅游活动与可持续发展原则相一致。通过采取这些综合措施，乡村旅游不仅能满足游客的基本需求，还能提供深层次的旅游体验，为游客创造难忘的旅游回忆，同时为乡村地区的经济发展和社会进步做出贡献。

三 以文旅融合实现乡村振兴的实践路径

（一）延伸产业链条，实现文旅融合

在乡村振兴战略这一宏观框架下，农业、文化和旅游的融合发展趋势正逐渐增强，并推动农村经济向多元化发展。本报告从农业与旅游的结合、文化和旅游的融合，以及产业链整合三个维度进行探讨。

1. 农旅结合：拓宽农业边界，激活乡村经济

农旅结合奠定了农文旅融合发展的基础，并被视为通过创新农业发展模式，实现农业与旅游业有机融合的关键途径，进而实现农产品的就地转化与增值。这种模式不仅丰富了旅游业态的多样性，还显著提高了农产品的附加值。各地特色农产品采摘园的建立便是一个例证，它们不仅为游客提供了亲身参与农事活动的机会，让其享受农耕乐趣，还促进了农产品的现场销售，建立了一条从生产地直接到消费者餐桌的便捷通道。此外，农家乐的普及进一步将乡村的餐饮、住宿服务与农业紧密结合，形成了集观光、休闲、娱乐功能于一体的乡村经济综合体，有效推动了乡村经济的全面繁荣。特别值得

---

① 《福建泉州优化酒店业布局 提升旅游接待能力》，人民网，2017 年 12 月 13 日，http：//tv. people. com. cn/n1/2017/1213/c374224-29705120. html。

一提的是，丰农控股在四川省资阳市安岳县柠檬产业中应用的智慧农业技术，不仅提升了当地的农业生产力，也为乡村经济的振兴提供了示范。通过采取这些举措，农旅结合模式展现了其在推动乡村经济发展和农业产业升级中的潜力，为实现乡村全面振兴和农业可持续发展提供了可行的路径。这种模式的成功实施，需要政策支持、技术创新和市场导向共同发挥作用，以确保其在不同地区的适应性和实效性。①

2. 文旅融合：深挖文化资源，打造特色品牌

文化与旅游的融合是推动农文旅一体化发展的核心动力。在此过程中，对乡村文化遗产的保护被视为基础，深入挖掘其文化内涵是必要的。通过创新性转化和市场化运作，当地能够打造出具有显著地域特征的文化旅游产品。② 在这一过程中，民俗节庆、手工艺体验和历史文化遗址的游览等活动被视为重要的手段，它们不仅丰富了游客的体验，也加强对乡村文化的传播。通过文化与旅游的融合，乡村地区不再仅被视作农产品的生产地，而是转变为文化传播的中心和旅游的热门目的地，实现了经济利益与文化价值的双重提升。特别地，成功的文旅融合案例往往能够塑造独特的乡村旅游品牌。例如，一些地区的民俗节庆活动已经成为吸引游客的重要载体。这些活动通过展示地方文化特色，不仅为游客提供了深入了解当地文化的机会，也为乡村地区的经济发展带来了新的增长点。因此，文旅融合策略的实施需要综合考虑文化资源的保护与开发，创新与传统的平衡，以及市场需求的适应性。通过采取这些措施，乡村的软实力得到有效提升，乡村旅游实现可持续发展，并最终实现文化传承与经济繁荣。

3. 产业链整合：优化资源配置，提升整体竞争力

产业链整合被视为农文旅融合发展的高级阶段，它要求在不同产业间构建起紧密的联系，并形成一个相互支撑、协同发展的产业生态体系。在这一

---

① 《农旅结合助推乡村经济发展》，人民网，2018 年 4 月 4 日，http://finance.people.com. cn/n1/2018/0404/c1004-29906125.html。

② 《湖北浠水：深挖文旅资源 打造特色研学品牌》，人民网，2023 年 11 月 30 日，http:// hb.people.com.cn/n2/2023/1130/c192237-40660595.html。

过程中，发展与农业相关的配套产业，如农产品加工、物流和销售环节，可有效地延伸产业链，提升农产品附加值和市场竞争力。同时，加强产业链上下游企业之间的合作与联动，不仅能够实现资源共享和优势互补，促进产业集群的形成和发展，进而形成更强的市场适应性。这种整合方式不仅提升了农业的整体效益，也使乡村经济的可持续发展有了更为牢固的基础。以湖北黄冈枫树榜村在薪艾产业上的成功实践为例，该村通过土地流转和招商引资等手段，成功吸引了外部资本和技术的注入，推动薪艾种植和加工的规模化与专业化发展，实现了农业产业的转型升级。农文旅融合发展路径的深入探索与实践，为人们提供了一个全面推动乡村振兴的新视角和新路径。随着这一模式的不断完善和深化，乡村经济将迎来繁荣发展的局面。未来，产业链的进一步整合需要政策支持、技术创新和市场导向共同发挥作用，以确保其在不同地区的适应性和实效性。通过这种整合，乡村经济实现全面振兴和农业实现可持续发展。①

（二）优化空间布局，突出文旅特色

研究文化旅游融合与城乡一体化发展策略，必须从多个角度进行深入分析，并建立一个可持续的战略框架。要求根据各地区的自然景观、文化资源、经济状况和发展潜力制定科学合理的空间布局规划。在此过程中，应明确划分不同区域的功能定位和发展方向，确保资源配置的高效性和合理性。空间布局的优化不仅能促进城乡资源的自由流动和高效配置，还能为实现城乡一体化发展奠定坚实的基础。同时，保护生态环境，防止过度开发对自然景观和文化遗产造成不可逆的损害。区域协同作用是推动文化旅游融合和城乡一体化发展的关键。加强地区间的交流与合作，共同规划和整合跨区域旅游线路，有助于消除行政障碍，实现旅游资源的最大化利用和共享。这需要各地政府、企业和社会组织共同努力，构建一个开放和包容的旅游市场体

---

① 《以高质量发展提升旅游业整体竞争力》，凤凰网，2019年12月17日，https：//ishare.ifeng.com/c/s/7sTMGzUTqbP。

系。此外，完善跨区域基础设施建设和公共服务配套，如交通网络和旅游服务设施，可以显著提升游客体验，增强区域旅游的整体竞争力。

城乡融合是文化旅游融合与城乡一体化发展的必然趋势，旨在打破城乡二元结构的局限，促进城乡要素的自由流动和平等交换。发展乡村旅游、特色小镇等新型业态，不仅能为乡村注入新的活力，还能吸引城市资本、技术和人才回流，推动乡村产业升级和经济发展。在此过程中，应注重保护乡村的原始风貌和文化特色，避免过度商业化和同质化。加强乡村旅游产品的创新和设计，满足游客多样化和个性化的旅游需求，提升乡村旅游的市场竞争力和吸引力，也是实现城乡融合发展的重要途径。例如，安徽日报报业集团通过《给新安江种上一朵小红花》的案例，展示了媒体融合在赋能古村文旅振兴中的积极作用，为乡村旅游业的发展提供了新思路和新模式。① 统筹规划、区域协同和城乡融合是推动文化旅游融合与城乡一体化发展的三大核心要素。它们相互促进、相互补充，共同构建了一个全面、系统、可持续的发展体系。

（三）保护生态环境，厚植文旅底色

在农文旅融合发展战略的探索中，绿色规划、低碳旅游和生态保护的平衡被视为构建可持续旅游体系的核心。绿色规划作为该融合发展战略的基石，必须遵循绿色发展理念，确保开发过程中的每一个环节都考虑到生态环境的承载力。通过精确的测绘和科学的规划，合理布局农业用地、文化体验区和旅游活动空间，目标是最小化生态足迹，防止对自然资源的过度开发和对环境产生不可逆的损害。同时，应增加对生态修复和治理的投资，利用生态工程技术恢复受损区域，提高生态环境的整体质量，为游客创造一个既展现田园风光又蕴含丰富文化的绿色休闲空间。推广低碳旅游模式不仅是应对全球气候变化的重要措施，也是提升旅游体验的重要手段。应鼓励游客采取步行、骑行等低碳出行方式，这不仅能减少碳排放，还能让游客融入自然和

---

① 《新安江上种出一朵小红花——"策展经济"成农文旅融合发展新动能》，安徽网，2024 年 8 月 1 日，http：//www.ahwang.cn/anhui/20240801/2722997.html。

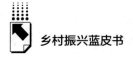

乡村生活。此外，对旅游设施进行节能改造和绿色升级，如使用太阳能和雨水收集系统，可以提高能源效率。协同推进生态保护与旅游资源开发是实现农文旅融合发展的关键。在开发旅游资源时，必须严格遵守生态保护红线，制定严格的保护措施，防止旅游活动对生态系统造成破坏。建立和完善多部门协同监管机制，加强乡村旅游开发全过程的生态环境监测和评估，对违规行为进行严厉处罚，形成有效的约束。同时，加强生态环境保护教育和宣传，通过宣传册、讲座等多种形式增强游客和当地居民的环保意识与责任感，使生态环境保护成为每个人的责任。通过采取这些措施，可以实现旅游开发与生态环境保护的协同推进，为农文旅融合发展提供持久的动力。绿色规划、低碳旅游和生态保护与旅游开发并重的策略是农文旅融合发展的重要组成内容。坚持这些原则，可以确保农文旅融合发展的可持续性与高质量，为乡村振兴战略的实施提供支持。

（四）深挖乡土文化资源，创新文旅产品

乡村旅游的有效发展路径之一是推进文化事业、文化产业与旅游业的融合发展。在这一过程中，本土文化与异地文化的有机结合受到重视。在强调本土文化特色的同时，对外来文化秉持开放态度，通过跨文化交流和跨区域文化融合，实现地域文化独特性与异地文化开放包容性的有机结合，本土文化适应时代的发展。实现文化资源保护与旅游发展有机结合也是一个关键点。坚持保护优先的原则，实现有效保护和合理开发，确保文化和旅游资源的可持续利用，从而为文旅产业发展注入源源不断的生命力。[1] 在这一发展过程中，文化资源的保护被视为首要任务，以确保其得到有效的保护和合理的利用。这种方式可以保障文化和旅游资源长期可用，为文旅产业的可持续发展提供支持。此外，跨文化交流和区域文化融合，可以丰富乡村旅游的文化内涵，提升旅游产品的吸引力，吸引更多游客体验和了解不同文化，从而

---

[1] 《弘扬乡土文化助力乡村旅游发展》，搜狐网，2019 年 11 月 21 日，https：//www.sohu.com/a/355087855_100180882。

促进文化交流和地方经济发展。总之，文化与旅游的融合发展是乡村旅游发展的重要方向，通过保护和合理利用文化资源，结合本土文化和异地文化的优势，可以实现乡村旅游的可持续发展和文化多样性的保护。

四　实践案例：湖南省益阳市安化县

（一）安化县文旅资源概览

在深入分析安化县文化旅游资源的开发与多样化发展情况时，不能忽视该地区自然景观的独特性、丰富的文化遗产以及特色旅游项目的吸引力，它们一同构成了安化县文化旅游的坚实基础和鲜明特色。

安化县的自然景观令人赞叹，其拥有的六步溪国家级自然保护区、柘溪国家森林公园等国家级生态区域，不仅展现了生态的原始与自然之美，而且为该地区的绿色发展奠定了坚实的基础。这些保护区的建立，旨在保护生物多样性，并通过生态旅游，使游客得以亲近自然，体验大自然的神奇之处。这些生态优势不仅增强了安化县的旅游吸引力，也为当地居民提供了一条致富之路，实现了生态保护与经济发展的协同推进。安化县的人文景观同样丰富多彩，其千年的黑茶产销历史、梅山文化等文化遗存，以及千两茶制作工艺、梅山剪纸、傩戏等非物质文化遗产，共同绘制了一幅幅生动的历史文化图景。这些文化遗产不仅是安化县人民宝贵的精神和物质财富，也成为吸引游客来此感受安化县独特魅力的重要因素。通过农文旅的融合发展，安化县成功打造了具有地方特色及丰富文化内涵的旅游项目，如茶山采茶、古法制茶体验活动等，让游客在参与活动的同时体验传统文化的魅力，也推动了当地农产品和文化产品的销售，促进了乡村经济的多元化发展。

（二）安化县文旅融合存在的问题

1.乡村振兴成效初显，但经济发展水平有待提升

在国家乡村振兴战略的指引下，近年来安化县通过政策支持和项目实

施，在农业产业升级和农民收入增长等方面取得显著成效。特别是在继承和发扬脱贫攻坚精神的基础上，安化县的乡村振兴进程取得积极进展。然而，与经济发达地区相比，安化县的经济发展水平仍有较大的提升空间。这主要表现在产业结构的单一性、农产品附加值有待提升以及乡村经济多元化发展不足等方面。这些问题制约了乡村经济的持续和快速增长。为解决这些问题，安化县采取一系列措施，包括引入先进技术、优化产业结构和提升农产品的品牌影响力。通过采取这些措施，安化县可以促进农业的现代化，提高农产品的市场竞争力，从而推动乡村经济的多元化和可持续发展。此外，安化县可以依托其丰富的文化旅游资源，发展特色旅游产业，促进文化和旅游业与农业、制造业等产业深度融合，进一步拓展乡村经济的发展空间，实现经济结构的优化升级。

2. 基础设施建设滞后，制约乡村经济发展

安化县在交通、水利、电力等关键基础设施领域仍面临不少挑战。这些不足之处表现在：交通的不便利导致农产品的运输成本上升和市场竞争力下降；水利设施的不完善影响了农业生产的稳定性与效率；电力供应的不足限制了乡村地区工业和服务业的发展。鉴于这些问题，加强基础设施建设变得尤为迫切，它是推动安化县乡村振兴的关键。未来，安化县需要增加对基础设施的投入，以完善交通网络、提高水利设施的现代化水平、优化电力供应结构。这些措施将为乡村振兴提供必要的支撑。具体而言，改善交通网络能够降低农产品的运输成本，增强其市场竞争力；提升水利设施的现代化水平有助于提高农业生产的稳定性和效率；而优化电力供应结构能够促进乡村工业和服务业发展。这些综合措施的实施，可以为安化县乡村振兴战略的深入实施提供坚实的物质基础和保障。

3. 人才流失严重，乡村发展缺乏活力

城市化进程的加速使安化县面临人才流失的严峻挑战，特别是青年劳动力的大量外迁，这一现象严重削弱了乡村发展的活力和动力。这种人才外流的情况不仅对农业生产效率的提升造成了负面影响，也限制了乡村经济的多元化发展。为有效应对这一人才流失问题，安化县需要制定更具吸引力的人

才政策，这些政策旨在吸引青年人才并鼓励他们留在当地。除此之外，安化县应加强职业教育和技能培训，致力于提升农民的整体素质和技能水平。通过采取这些措施，安化县培养出一批既懂技术又擅长经营和管理的新型职业农民，为乡村振兴提供坚实的人才基础和智力支持，以促进产业的技术性集约。除了采取以上措施外，安化县还通过提供有利于人才发展的环境和条件，激发青年人才的创新精神和创业热情，使朝气蓬勃的青年人才成为推动乡村经济社会发展的新动力。通过这些综合措施的实施，安化县可以逐步构建起一支强大的人才队伍，为乡村振兴战略的深入实施提供持续的人力支持和智力保障。

（三）安化县文旅融合推动乡村振兴的策略与实践

1. 策略一：挖掘与传承乡土文化

在乡村振兴的文化驱动力探索中，安化县依托其深厚的文化底蕴和丰富的乡土文化资源，展现其独有的魅力。对安化县的乡土文化资源进行深入挖掘是必要的。全面整理和深入挖掘这些文化元素，可以提炼出具有地方特色的文化符号和故事，为乡村振兴提供持久的文化动力。例如，安化县历史上的杰出人物陶澍，其廉洁奉公的事迹，不仅体现了个人品德的高尚，也为安化县增添了光彩，成为文化传承的重要资源。加强文化遗产的保护是确保乡土文化得以传承的关键。安化县拥有众多文物保护单位和非物质文化遗产代表性项目，这些文化资源是连接过去与现在的桥梁。因此，需要加大对这些文化遗产的保护力度，通过科学修缮、详细记录和传承教育活动，确保这些文化遗产得到妥善保存并焕发新的活力。这不仅能丰富乡村的文化内涵，还能增强乡村居民的文化自信和归属感。举办多样化的文化节、民俗活动和传统手工艺展示活动，可以激发村民对本土文化的热爱和自豪感，促进乡村文化的繁荣发展。这些活动不仅能展示安化县的独特魅力，吸引外来游客，为乡村经济带来新的增长点，而且是传承和弘扬乡土文化的重要途径，有助于在全社会形成保护和传承乡土文化的良好风气。

2.策略二：打造特色文旅产品和服务

在全国旅游市场持续火热的背景下，安化县正积极探索一条融合茶文化、旅游、体育、健康等元素的创新发展道路，力图构建起全域旅游的新格局。依托其深厚的茶文化，特别是黑茶文化的独特吸引力，安化县精心设计并推出了一系列具有地方特色的旅游产品。

通过茶文化旅游线路的规划，游客得以体验从茶叶采摘到炒制、品鉴的全过程，并在主题公园和博物馆中深入了解茶文化的历史和精神内涵。结合自然景观和康养理念，安化县推出了生态旅游与康养旅游项目，让游客在体验茶香的同时，实现身心的放松。这些特色旅游产品不仅丰富了旅游市场的供给，也显著提升了安化县的旅游吸引力。为确保游客享有高质量的旅游体验，安化县在提升旅游服务质量方面做出了巨大努力。安化县通过加强旅游从业人员的专业培训和管理，提升了他们的服务技能和服务意识，确保每位从业人员都能以热情和专业的态度服务游客。此外，安化县不断完善旅游基础设施和服务设施，如加强景区道路建设、优化游客服务中心功能、增设导览标识系统等，为游客营造了更加便捷和舒适的旅游环境。这些措施有效提升了安化县的旅游接待能力和游客满意度。

品牌建设是文旅产业的核心竞争力之一。安化县通过精心的品牌策划和宣传推广，成功塑造了具有鲜明地域特色的文旅品牌。在品牌塑造过程中，安化县注重挖掘茶文化的独特价值，并将其与旅游体验深度融合，形成了独特的品牌形象和品牌故事。同时，安化县积极利用新媒体平台和线上线下相结合的宣传方式，扩大了品牌影响力，提高了知名度和美誉度。安化县鼓励和支持当地企业参与文旅品牌建设，通过产业联动和资源共享，共同推动安化县文旅产业繁荣发展。品牌效应的显现，不仅吸引了更多游客的关注和到访，也为安化县的经济发展注入新的活力。通过开发特色旅游产品、提升旅游服务质量、打造文旅品牌等策略，安化县成功实现了旅游产业的转型升级和高质量发展。未来，随着政策的持续推动和旅游市场的不断拓展，安化县的文旅产业预计将拥有更加广阔的发展空间和光明的前景。

3. 策略三：推动产业融合与创新发展

在对安化县文旅产业发展路径的深入研究中，可以观察到，推动文旅产业的深度融合和多元化发展已成为该地区实现经济转型升级和可持续发展的关键。这种策略的执行，不仅拓展了旅游产品的深度，还促进了文化、农业、体育等多个领域的共同发展，构建了具有显著地方特色的文旅融合新模式。

安化县利用其丰富的自然资源和深厚的文化底蕴，积极促进文化与旅游、农业、体育等产业深度融合。例如，通过开发黑茶文化旅游度假区和特色主题酒店等项目，安化县文化旅游广电体育局与安化禹嘉温德姆至尊豪廷大酒店联合申报的"茶业+旅游+团建打造黑茶文化旅游度假区茶文旅融合特色主题酒店"项目荣获了"茶文旅融合发展优秀案例"荣誉证书。这些项目不仅提高了旅游产品的附加值和吸引力，还为游客提供了更加多样化的选择。此外，这种融合模式还带动了周边乡村经济的发展，推动了城乡文旅产业的协同发展，实现文化、经济、社会多方面共赢。为激发文旅产业的创新活力，安化县积极营造了一个有利于创新创业的环境，为文旅企业和创客团队等提供了政策和资金方面的支持。这些措施降低了创新创业的门槛和风险，激发了各类主体的积极性和创造力，促进了文旅融合项目的开发和推广。

参考文献

张城铭、翁时秀、保继刚：《1978 年改革开放以来中国旅游业发展的地理格局》，《地理学报》2019 年第 10 期。

保继刚、杨虹霓、翁时秀：《中国旅游地理学的发展与创新》，《经济地理》2021 年第 10 期。

唐晓云：《生产要素视角的中国旅游经济发展区域差异研究》，《经济地理》2010 年第 10 期。

宋瑞：《2019～2020 年中国旅游发展分析与预测》，社会科学文献出版社，2020。

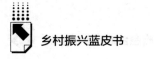

徐翠蓉、赵玉宗、高洁：《国内外文旅融合研究进展与启示：一个文献综述》，《旅游学刊》2020年第8期。

王亚辉等：《改革开放40年来湖南酒店业的时空演变及其影响因素》，《经济地理》2021年第6期。

刘传喜、唐代剑：《浙江乡村流动空间格局及其形成影响因素——基于淘宝村和旅游村的分析》，《浙江农业学报》2016年第8期。

朱媛媛等：《大别山革命老区旅游地"乡土—生态"系统韧性演化规律及影响机制》，《自然资源学报》2022年第7期。

李涛等：《中国省域文化旅游资本的空间结构与流动——基于主题公园投资数据的分析》，《地理研究》2017年第7期。

B.3
将文化融入村庄规划助力乡村振兴

谢疆 吴颖*

摘　要： 乡村振兴战略是新时代背景下中国解决"三农"问题的重大部署，其中文化振兴是灵魂所在，文化的力量成为不可或缺的软实力，它不仅是乡村记忆的载体，更是激发乡村活力、促进可持续发展的关键因素。而村庄规划作为实现乡村振兴的基础性工作，其重要性不言而喻，在农村建设过程中，要切实践行"绿水青山就是金山银山"的理念，积极规划而不过度规划，适度开发而不盲目开发，科学合理布局生活、生产和生态空间，推动人与自然和谐共生。在乡村振兴战略的宏伟蓝图下，党的二十大提出要"建设宜居宜业和美乡村"，乡村建设是一个长期过程，应借鉴浙江"千万工程"经验，从城乡规划建设角度入手，探索和美乡村建设路径。本报告基于传统村庄规划存在的现实问题，明确文化振兴引领乡村振兴的逻辑关系及文化在村庄规划中的引导作用，尝试基于目标清单、人的清单、物的清单、问题清单和项目清单"五个清单"的新村庄规划路径，有力提升村庄规划实效，指导村庄的空间设计规划、风貌管控及乡村治理。文化与村庄规划的融合，在湖南省益阳市赫山区、安化县和新疆维吾尔自治区吐鲁番市等地得到广泛实践，并取得了很好的成绩。

关键词： 乡村建设　文化融入　村庄规划

---

* 谢疆，高级工程师，湖南省城市科学研究会副秘书长、湖南省安化县科技专家服务团团长、湖南城市学院城市科学与乡村振兴研究院副院长，主要研究方向为城乡规划与乡村治理；吴颖，湖南城市学院设计研究院有限公司副院长，主要研究方向为村庄规划、乡村治理。

党的二十大报告强调，加快建设农业强国，扎实推动乡村产业、人才、文化、生态、组织振兴。这为新时代新征程全面推进乡村振兴提供了根本遵循。乡村振兴，既要塑形，也要铸魂，文化振兴是乡村振兴的重要内容、应有之义和有力支撑，对产业振兴、人才振兴、生态振兴、组织振兴具有重要的引领作用和推动作用。

一 将文化融入村庄规划助力乡村振兴的探索与成效

（一）文化引领，为推动乡村振兴提供核心动力

1. 以文培元，凝聚乡村振兴精神动力

文化振兴作为乡村振兴的重要组成部分，发挥着凝聚精神动力的关键作用。近年来，我国通过多种举措强化乡村文化建设，凝聚乡村振兴的精神动力，取得了显著成效。一是强化思想理论武装，加速乡村文化建设。各地通过党日活动、座谈会、广播和电影放映等形式，组织党员干部和村民代表深入学习习近平新时代中国特色社会主义思想以及乡村振兴相关政策，将党的创新理论和惠民政策传播到群众心中。中共中央、国务院印发的《乡村全面振兴规划（2024—2027年）》明确提出，培育壮大乡村文化产业，实施文化产业赋能乡村振兴计划、乡村文旅深度融合工程，提升乡村旅游质量效益，加快数字赋能乡村文化产业。[1] 如浙江省下姜村积极响应政策，通过修村志、开展民俗活动等，将优秀传统文化与现代文明相结合，推动乡风文明建设。[2] 二是践行社会主义核心价值观。以社会主义核心价值观为引领，挖掘传统农耕文化的思想观念和人文精神，弘扬主旋律、传播正能量。民政部

---

[1] 《中共中央 国务院印发〈乡村全面振兴规划（2024—2027年）〉》，中国政府网，2025年1月22日，https://www.gov.cn/zhengce/202501/content_7000499.htm。

[2] 《【首批全国村级"乡风文明建设"优秀典型案例】浙江下姜村：绿色发展引领乡风文明 谱写"绿富美"蝶变新韵》，农业农村部网站，2020年9月18日，http://www.shsys.moa.gov.cn/xcwhzd/202009/t20200918_6352316.htm。

门确认的 32 个国家级、近 300 个省市级婚俗改革实验区通过遏制高价彩礼、大操大办等陋习，引导农民树立文明新风。① 三是加强乡村文化阵地建设，丰富文化生活。通过建设乡村图书馆、文化站、体育设施等公共基础设施，乡村为群众提供丰富的文化活动空间。利用数字技术搭建在线学习平台、数字图书馆等，拓宽村民的学习渠道，为乡村提供智能化、数字化解决方案，推动乡村文化阵地建设。

案例：安化县龙塘镇沙田溪村将政策理论学习列为村"两委"会议的首要议题，发展了 4 名义务宣讲员，并推动相关专家多次深入田间地头，运用村民易于理解的方式，让党的创新理论进入百姓家，增强了群众参与乡村振兴的内生动力。安化县清塘铺镇苏溪村通过编写《苏溪志》，传播"崇尚学风""恪守孝道""友爱奉献"村风。为激励学子奋发图强，该村悬挂"博士之家""硕士之家"牌匾。安化县江南镇木溪口村积极传承麻溪簰帮文化，讲述茶乡的历史和文化。麻溪簰帮的历史不仅是木溪口村人民追求美好生活的历程，也是他们不畏艰险、团结互助、通达天下的精神象征。这些精神代代相传，成为村庄文化的鲜明符号，形成浓厚的乡土文化氛围。

2. 以文聚才，全方位激活乡村振兴发展动能

在乡村振兴战略深入推进的过程中，以文化为纽带汇聚人才，成为激发乡村发展活力的关键路径。通过弘扬乡贤文化、加强教育培训和柔性引才等多举措，乡村人才振兴取得显著成效，为乡村振兴注入强大动力。

一是弘扬乡贤文化，为乡村振兴提供人才支撑。深挖本地丰富的乡贤文化资源，积极发挥乡贤示范带动作用，制定出台乡贤礼遇政策，持续开展"迎老乡、回故乡、建家乡"活动。2015 年和 2016 年，中央一号文件均将"乡贤文化"列入农村思想道德建设。多地通过建立乡村人才名录和联谊会，举办"新乡贤文化节"等活动，增强乡贤的荣誉感和责任感，如浙江

---

① 《人民网评：树立文明新风，为乡村振兴注入精神动能》，人民网，2022 年 9 月 28 日，http://opinion.people.com.cn/n1/2022/0928/c1003-32535929.html。

省湖州市安吉县通过举办村庄发展大会，利用新媒体平台吸引在外乡贤回归，鼓励其参与家乡建设。二是加强教育培训，提升本土人才素质。中共中央、国务院印发的《乡村全面振兴规划（2024—2027年）》明确提出，要大力培养乡村人才，吸引各类人才投身乡村全面振兴。国家通过"三支一扶"等政策吸引大学生等专业人才回乡，同时提供多项激励措施，确保人才愿意返乡并留得住。各地通过"老把式"实地讲、专家教授线上讲、外出参观学等方式，持续培养一批新能人。三是加大柔性引才力度，为产业发展提供技术保障。各级政府通过优化乡村环境，加强交通、通信等基础设施建设，增强人才流动的便捷性，缩小城乡差距，还制定柔性引才政策，吸引大量在外经商的企业家或退休干部回乡创业，为乡村经济发展注入新活力。

案例：自2022年以来，安化县引进湘商回归项目10个，签约乡友项目12个，合同引资额达25.9亿元。安化县坚持把本土人才作为助推乡村振兴的重要力量，按照群众需求，制定科学系统的职业农民技能培训方案。2022年，全县培训高素质农民、农村实用技术人才、"致富带头人"等各类实用型人才1000余名。按照市场需求和农民需要，安化县将93名专业技术人才派到乡村一线，为村民提供贴身培训指导，助力打通乡村产业发展的堵点、难点，县科技专家服务团连续3年获得湖南省"优秀科技专家服务团"荣誉称号。安化籍企业家黄郎云先后投资5亿多元建成集旅游观光、休闲娱乐、健康养生等多种功能于一体的美丽乡村工程——"茶乡花海"，流转租赁2287亩土地，提供就业岗位640多个，累计帮扶3000多名贫困人口实现稳定脱贫。① 安化县搭建政府与在外乡友及乡友企业交流互动平台，在北京、长沙等地成立14个异地经贸促进分会，经贸促进分会同步运营乡贤驿站，引导举办招商引资座谈会、投资项目洽谈会，组织有创业意向的企业家回乡投资兴业。

---

① 中共湖南省委宣传部驻安化县对口帮扶工作组、中共安化县委宣传部主编《我心归处是安化》，湖南人民出版社，2022。

3. 以文兴业，快精准夯实乡村振兴经济基础

文化不仅是乡村振兴的灵魂，更是推动乡村经济发展的强大引擎。近年来，各地通过挖掘本土文化资源，推动文化产业与乡村经济深度融合，形成"文化+"的多元化发展模式，为乡村振兴夯实经济基础。

一是立足本土文化优势，发展"文化+特色产业"。"十四五"期间，国家通过政策引导，支持乡村文化产业与农业、旅游业等融合发展，形成地方特色鲜明的农文旅项目集群。各地深入挖掘本土文化资源，结合地方特色，打造了一批具有文化内涵的特色产业。如福建省泉州市安溪县以茶文化为核心，发展茶产业，通过举办茶文化节、茶艺表演等活动，将茶文化与乡村旅游相结合，推动茶产业升级。多地通过"一县一特""一村一品"模式，打造了具有地方特色的农产品品牌，提升了乡村产业的附加值。二是通过文化赋能，促进乡村一、二、三产业融合发展，鼓励以"文化+农业""文化+旅游"等模式，推动乡村振兴。各地通过"文化+"模式，推动乡村产业延链补链，形成多元化的产业体系。如浙江省湖州市德清县通过"文化+农业+旅游"模式，将传统农业与文化旅游相结合，打造了集观光、采摘、体验于一体的现代农业园区。多地积极探索"文化+电商"模式，借助互联网平台推广乡村特色产品，拓宽销售渠道。三是加大宣传推广力度，提升文旅产业知名度。2022年，为全面贯彻乡村振兴战略，文化和旅游部等多部门联合制定《关于推动文化产业赋能乡村振兴的意见》，该意见指出要加强部门协同，协调各方力量，统筹各类资源，加大支持力度，扎实推进文化产业赋能乡村振兴工作。各地政府积极组织举办文化节庆、民俗活动和乡村旅游推介会等，加大乡村文旅产业宣传推广力度，通过与媒体合作，推出乡村旅游专题报道，进一步扩大乡村文旅产业的影响力。

案例：安化县一方面打造本土品牌，另一方面在产业融合上发力，重点打造"一县一特"特色品牌。依托龙头企业和安化黑茶，安化县各村至少成立1个专业合作组织，尽可能地带动农户参与，安化黑茶产业成为群众致富的"第一引擎"，安化县获黑茶产量、茶叶税收、科技创新三个"全国第一"，成为中国生态产茶第一县。安化县积极推进"文化+"，利

用茶文化推进"茶、旅、文、体、康"系列项目12个,计划投资5亿元,重新开发茶马古道项目,形成"文化+文物古迹"模式;引进湖南走星旅行公司,开发马路溪村青云洞,投资9000万元打造"云上九歌"沉浸式神话仙侠旅游项目,形成"文化+自然资源"模式;对接湖南出版集团,投入2000万元打造乡村教育振兴服务平台暨"E堂好课",助力154所偏远学校及教学点享受全省优质教育资源,形成"文化+文化产业"模式。安化县马路镇马路溪村,通过湖南省文化和旅游厅驻村工作队,积极争取举办全国"村晚"示范展示活动湖南分会场和2023年湖南省(秋季)乡村文化旅游节暨湖南省秋季"村晚"示范展示活动,吸引了大量游客和媒体的关注。这些活动的举办,不仅为马路溪村带来了经济效益,也为这个小山村注入了新的活力和独特的文化气息。

4. 以文促建,高质量建设宜居宜业和美乡村

在乡村振兴战略的深入推进中,以文化为引领推动乡村建设,已成为实现乡村高质量发展的重要路径。各地乡村通过实施"文化+乡村建设"工程、完善"文化+公共服务"体系以及推进"文化+产业"融合发展,实现生态宜居和生活富裕,还提升了群众的幸福感和获得感,为建设宜居宜业的"和美乡村"奠定了坚实基础。

一是实施"文化+乡村建设"工程,打造宜居乡村。各地通过将文化元素融入乡村建设,在建设中注重保护和利用传统村落、古建筑等文化资源,打造了一批"美丽乡村""美丽屋场"等人居环境示范区。如浙江省湖州市安吉县余村以"绿水青山就是金山银山"理念为指引,通过科学规划和生态修复,将曾经的矿山村转变为生态旅游示范村。截至2020年,先后有5批6819个具有重要保护价值的村落被列入中国传统村落名录,通过传统村落保护工程,我国保护了53.9万栋历史建筑和传统民居。① 二是完善"文化+公共服务"体系,"点亮"群众幸福生活。各地通过完善乡村公共服务

---

① 《全国已有8155个传统村落列入国家级保护名录》,中国政府网,2023年3月21日,https://www.gov.cn/xinwen/2023-03/21/content_5747704.htm。

体系，将文化服务与教育、医疗、养老等公共服务相结合，提升了乡村居民的生活质量。截至 2021 年底，全国已建成乡镇（街道）文化站 4 万多个，村级综合性文化服务中心 57 万个，农家书屋 58 万家。① 三是推进"文化+产业"融合发展，激发乡村经济活力。"文化+产业"模式正成为乡村经济发展的新引擎，文化资源与现代产业深度融合，助力乡村经济实现多元化发展。多地通过"文化+电商""文化+旅游"模式，激发经济活力。

案例：安化县依托人文底蕴、乡土味道、自然生态，实施"文化+美丽乡村""文化+美丽景区""文化+美丽路桥"工程，在建筑外观、景观小品、形象识别、亮化工程设计中融入当地文化元素，重点打造了一批"美丽乡村""美丽屋场"人居环境示范区，建成以东坪镇为中心的"茶旅文体康"综合体验中心、以小淹镇为核心的陶澍文化片区、以江南镇为核心的茶道文化片区、以梅城镇为核心的红色文化片区、以马路镇为中心的库区生态文化片区。建立 23 个乡镇文化综合服务站，完善 391 个村级综合文化服务中心、517 个农家书屋，基本建成覆盖城乡、便捷高效的县、乡（镇）、村（社区）三级公共文化服务体系，公共文化设施面积超过 150 万平方米。同时扎实做好"润人心"工程，推动文化场馆、博物馆免费开放，年接待游客突破 100 万人次；放映农村公益电影 1100 余场次，受益观众达 5 万人次；连续 12 年打造"欢乐潇湘·神韵安化月月乐""安化好声音"等群众才艺展示活动；成功举办"百姓春晚"等各类群众活动 200 多场。如龙塘镇茶乡花海社区，依托社区内的茶乡花海生态文化体验园、梅山赛车运动主题文化公园、星空野奢民宿、浅斟百龙泉农家乐等丰富优质文旅资源，进一步推动文旅产业发展。"社区+景区"接待游客及来访人员年均超 30 万人次，茶乡花海乡村文化旅游品牌更加响亮。

5.以文强基，多举措加强农村基层社会治理

文化作为乡村治理的"软实力"，在完善农村基层社会治理中发挥着不

---

① 《「光明时评」以文化建设助推乡村振兴》，"光明网"百家号，2023 年 9 月 22 日，https://baijiahao.baidu.com/s? id=1777681747014642704&wfr=spider&for=pc。

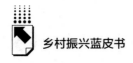

可替代的作用。通过融入优秀传统文化、坚持"以德化人，以文育人"，以及强化理想信念教育和道德建设，乡村治理实现了从传统到现代的转型升级，为乡村振兴提供了坚实保障。

一是融入优秀传统文化，加强基层治理。通过自治、法治、德治相结合的方式，传统美德的道德教化作用得到充分发挥。当前基层治理现代化需要从中华优秀传统文化中汲取养分，以构建现代基层治理体系为目标。二是坚持"以德化人，以文育人"，为基层治理提供滋养。各地政府深入挖掘乡村熟人社会中的道德规范，如孝老爱亲、邻里互助、扶危济困等传统美德，将其融入乡村治理实践。通过文化礼堂、道德讲堂等平台，安化县开展形式多样的道德教育活动。同时建立"红黑榜""道德清单"，评选"道德模范""最美家庭"等，以点带面，推动乡村文明建设。截至 2023 年，全国已累计评选"道德模范"和"身边好人"超过 10 万人。党的十八大以来全国各级妇联组织开展寻找"最美家庭"活动，截至 2023 年 5 月，全国已有 6.78 亿人次参与该活动，累计揭晓各级各类"最美家庭"1484 万户，弘扬了传统美德，还通过榜样示范作用，引导村民向上向善。① 三是强化理想信念教育和道德建设，为基层治理提供精神支撑。近年来，各地深入实施红色基因传承工程，广泛开展"感党恩、听党话、跟党走"宣传教育活动，弘扬和践行社会主义核心价值观。通过新时代文明实践中心、县级融媒体中心等平台，推动党的创新理论深入人心，引导农民群众坚定理想信念，增强国家意识和家国情怀。各地通过加强农村精神文明建设，推动文明乡风、良好家风、淳朴民风的形成。

案例：安化县冷市镇大苍村的治理模式已入选中组部教材，创新"党建+人民调解""网格员+人民调解""辅警+人民调解"机制，聘任 1465 名人民调解员，建立 456 个镇村人民调解委员会及 13 个专业性调解委员会。安化县城南区中砥社区通过设立"谌小菊工作室"，将社区划分为总网格、

---

① 《全国妇联揭晓 2023 年全国最美家庭》，新华网，2023 年 5 月 14 日，https：//www.news.cn/2023-05/14/c_1129613204.htm。

片网格和组网格，由党员干部担任网格长，形成"总网格+片网格+组网格+居民"工作模式，年接待群众 1200 人次以上，利用"网格+微信群"为群众提供诉求反映、矛盾化解等便民服务。2023 年，全县共办理群众诉求14000 余件，满意率达 99.99%，实现"小事不出组、大事不出网格"。全县 433 个村（社区）建立了电子道德档案，涵盖 27 万余户，积分情况成为评选"道德模范"和"身边好人"的依据。推动"一约两会三队"建设，开展道德评议、民情恳谈等活动，形成"文化+社会治理"新格局。冷市镇肖家村通过引导村民自我管理、自我服务，提升治理的科学性和民主性。村规民约通过屋场会征集意见，最终修订成册并发放至每家每户。此外，肖家村通过"榜样可学、人人愿学"的理念，评选美丽庭院、五好家庭等示范户，培育乡风文明，激励村民守家训、传家风。规范志愿服务，创立"肖家村返乡大学生社会实践志愿服务协会"和"小荷尖尖艺术团"，同时加强新时代文明实践站建设，为群众提供更多活动场所。东坪镇马渡村通过深入调查研究，提出"党建强村、文化兴村、产业富村、运动活村、生态美村"的发展思路，打造乡村振兴"马渡样板"，发扬光荣传统。

（二）规划先行，推动文化振兴的乡村实践与成效

1.夯实乡村振兴思想之基，要以文凝心，增进情感认同

全国各地积极推进乡村文化建设，为乡村振兴提供思想支撑和精神动力。党的十九大报告明确提出实施乡村振兴战略。《中共中央　国务院关于实施乡村振兴战略的意见》强调深入挖掘农耕文化蕴含的优秀思想观念、人文精神、道德规范，充分发挥其在凝聚人心、教化群众、淳化民风中的重要作用。各地通过开展丰富多彩的文化活动，建设文化服务体系，促进乡村文明建设。截至 2023 年末，全国建成乡镇（街道）文化站 4 万余个、村级综合性文化服务中心 57 万余个，基本实现全覆盖；培育壮大乡村文化人才队伍，实施文化人才服务支持艰苦边远地区和基层一线专项，向中西部地区基层文化单位选派文化工作者 5.34 万名，培养文化工作者 4500 名。实施乡

村文化和旅游带头人支持项目，2019~2023 年，全国累计遴选乡村文化和旅游带头人 2419 名，培训超过 4700 人次，① 有效增强了农民的文化自信和精神认同，为乡村振兴提供了强大的精神动力。

案例：安化县充分发挥社会主义核心价值观在乡村文化建设中的引领作用，通过繁荣乡村文化，建设文明乡风，健全农村文化服务体系和乡村治理体系，增强村民思想认同、情感认同、文化认同，进而帮助村民坚定发展信心、振奋干事精神。例如，江南镇木溪口村把乡村特色文化融入美丽庭院、美丽屋场、美丽乡村建设，在主题定位、建筑外观、房屋内饰、装修风格等方面体现地域特色，彰显文化气质。湖南新闻联播节目刊播"新春走基层新山乡巨变·木溪口村：梅王宴庆新年"系列活动，生动展示了木溪口村特色新面貌。

2. 提升乡村振兴发展潜力，要以文化人，激发内生动力

"农民不愿干、不会干、干不好"是乡村振兴面临的突出问题。针对这一难题，要"保障村民知情权、参与权、表达权、监督权"，强调激发村民参与乡村振兴的主体意识。浙江省在美丽乡村建设中创新实施"千万工程"，探索"千村示范、万村整治"建设模式，形成政府引导、村民参与、社会支持的良好局面。这种模式已在全国多地推广，通过激发村民参与乡村建设的热情，有效破解了一些地方"干部干、群众看"的困境，为乡村振兴提供了持久动力。

案例：安化县始终坚持以人民为中心，秉承振兴先"振心"理念，充分依靠群众、发动群众、组织群众，探索"三个三分之一"模式，即按照村民集资三分之一，乡绅、社会人士捐助三分之一，政府、工作队补助三分之一的基础设施建设模式，打破政府大包大揽的格局，鼓励农户投工投劳。例如，马路镇马路溪村古村落片区 95 户 357 人筹款 22 万多元，近百人无偿投工投劳，不到两个月时间便竖起仿古太阳能路灯 88 盏，硬化河堤 800 余

---

① 《文化和旅游部对十四届全国人大二次会议第 8559 号建议的答复》，文化和旅游部网站，2024 年 12 月 24 日，https：//zwgk. mct. gov. cn/zfxxgkml/zhgl/jytadf/202412/t20241224_957321. html。

米，改写了马路溪村没有路灯的历史；黄家片区 263 人筹资 30 余万元，义务投工投劳 200 多人天，修起了长 1.3 千米、宽 7 米的马路，实现 4 个组可以进汽车的梦想。①

3. 筑牢乡村振兴发展根基，要以文赋能，完善产业布局

文化与产业深度融合已成为乡村振兴的重要路径，2022 年文化和旅游部等 6 部门联合印发《关于推动文化产业赋能乡村振兴的意见》，为推动文化产业与乡村产业融合发展提供了政策依据。近年来，"文化+旅游""文化+农业""文化+电商"等模式在全国各地蓬勃发展，乡村文旅消费持续升温，乡村电商销售额持续增长，文化资源转化为经济优势的路径不断拓宽。特别是传统村落、历史文化名村依托丰富的文化资源发展特色产业，实现文化保护与经济发展的良性互动，为乡村振兴注入新的活力。以浙江省为例，浙江省已基本构建现代乡村产业体系，涵盖现代种植业、现代养殖业、农副产品加工业、乡土特色产业、乡村休闲旅游业和乡村信息产业。2020 年，浙江省休闲农业经营主体达 2.65 万家，农家乐数量达 2.18 万个，农产品销售额达 122.88 亿元。2022 年，全省乡村旅游和休闲农业接待游客 3.9 亿人次，总营业收入达 469 亿元，从业人员达 33.4 万人。②

案例：安化县探索形成"文化+乡村建设""文化+现代农业""文化+特色产业""文化+自然资源""文化+文物古迹""文化+文化产业""文化+公共服务""文化+社会治理"八种模式，让文化振兴引领乡村振兴"镇镇开展、村村落地、人人有份"。如龙塘镇沙田溪村立足省直宣传文化系统工作和资源优势，借助"芒果振兴"云超市、红网"湘农荟"、"芒果严选"等平台，开展"遇见安化云购好货"直播带货，销售农副产品 38 万元，村级集体经济逐年增长。③

4. 破解乡村振兴人才难题，要以文引才，实现精准破题

人才振兴是乡村振兴的重要支撑。中共中央、国务院印发的《乡村全

① 《湖南省文旅厅驻马路溪村工作队 2023 年工作报告》，2024 年 1 月。
② 《十组数据解码浙江"千村示范、万村整治"工程二十年》，新华网，2023 年 4 月 13 日，https：//www.news.cn/local/2023-04/13/c_1129517573.htm。
③ 《湖南省委宣传部驻沙田溪村工作队 2023 年工作报告》，2024 年 1 月。

面振兴规划（2024—2027年）》明确提出大力培养乡村人才，吸引各类人才投身乡村全面振兴。针对农村人才外流问题，各地积极探索"乡贤回归"模式，通过挖掘乡土文化资源，借助乡贤的乡情乡愁，吸引其返乡创业。同时，科技特派员制度在全国范围内推广，选派专业技术人才深入农村开展技术服务，为乡村产业发展提供智力支持。农村实用人才培训工程持续推进，培育了大批新型农民，为乡村振兴提供了有力的人才支撑。据统计，2022年国家高素质农民培育计划共培养高素质农民75.39万人。近年来，中央财政累计投入资金182.9亿元，培育高素质农民近800万人次。2022年，高素质农民中获得农民技术人员职称、国家职业资格证书的比例分别比2021年提高了6.64个百分点、3.46个百分点，一大批大中专毕业生、外出务工返乡人员等力量加入，推动队伍结构持续改善。①

案例：安化县是劳务输出大县，年富力强、文化水平较高的青年大量向县外转移，留守乡村的多为老年人和儿童。人才要素短缺成为乡村振兴的主要瓶颈。安化县大力实施"人才回归工程"，通过感召优秀乡贤回安兴安、开展高端人才寻访、人才来安考察、本土学子回安建安等措施，全面激发乡村振兴的内在动力。安化县收集在外知名乡友信息1200条，印制《安化在外知名乡友名录》，引进并签约乡友项目12个，现有在谈乡友项目39个。

（三）强化生态保护规划，绘就和美乡村底色

1. 加强底线管控

全国各地正积极落实"三区三线"底线管控要求，保障乡村生态安全。党的十八大以来，国家层面陆续出台《关于划定并严守生态保护红线的若干意见》《关于全面划定永久基本农田特殊保护的通知》等一系列政策文件，构建了空间规划的刚性约束框架。《全国国土空间规划纲要（2021—2035年）》进一步明确了保障国家粮食安全和生态安全的基本要求。全国

---

① 《近年来各级农业农村部门培育高素质农民近800万人次——汇聚乡村全面振兴的人才底气》，中国政府网，2024年1月4日，https://www.gov.cn/yaowen/liebiao/202401/content_6924136.htm。

划定生态保护红线面积约 319 万平方公里，其中陆域生态保护红线面积约 304 万平方公里，占陆域国土面积的比例超过 30%；海洋生态保护红线面积约 15 万平方公里；① 城镇开发边界面积控制在合理范围内。全国各地通过"三区三线"的划定和管控，有效保障了粮食安全、生态安全和空间安全，为乡村振兴奠定了良好的生态基础。

案例：《安化县国土空间总体规划（2021—2035 年）》严格落实省级下达的规划约束性指标，按照耕地和永久基本农田、生态保护红线、城镇开发边界的优先顺序统筹划定落实三条控制线，其中永久基本农田面积为 43.37 万亩，生态保护红线面积为 132662.63 公顷，城镇开发边界面积为 3592.93 公顷，安化县以总体规划为纲领，全面落实"三区三线"刚性管控要求。通过乡镇国土空间总体规划和村庄规划的编制，安化县将底线管控要求与实际发展需求相结合，最大限度地保护生态环境。

2. 加强耕地保护

全国各地正全面强化耕地保护，确保国家粮食安全。面对耕地保护的严峻形势，中共中央、国务院出台《关于加强耕地保护和改进占补平衡的意见》，要求各地严格落实耕地保护责任。国家实施新一轮高标准农田建设规划，提出到 2030 年建成 10 亿亩高标准农田的目标。各地积极推进高标准农田建设和耕地质量保护与提升行动，通过土地整治、农田水利建设、土壤改良等措施，不断提高耕地质量和产能。严格实行耕地占补平衡，确保耕地数量不减少、质量不降低。近年来，我国通过持续强化耕地保护制度建设，已成功遏制了耕地减少的趋势，耕地保护红线得到有效守护，为乡村可持续发展奠定了坚实基础。2022 年，自然资源部会同有关部门组织各地开展了新一轮永久基本农田划定工作。

案例：安化县现有耕地面积 52.10 万亩，按照《安化县耕地保护国土空间专项规划（2021—2035）》的要求，在规划期末安化县的耕地面积为

---

① 《我国首部生态保护红线蓝皮书正式发布》，中国政府网，2023 年 8 月 16 日，https://www.gov.cn/lianbo/bumen/202308/content_6898527.htm。

48.14 万亩。安化县相关规划编制已经确保新增农业及非农业建设范围避让永久基本农田保护范围，科学引导乡村建设项目布局，尽量不占或少占一般耕地。同时安化县通过有序安排土地整治、高标准农田建设、旱地改水田、耕地后备资源开发等措施，切实提升耕地综合生产能力。如清塘铺镇苏溪村，经过"四议两公开"，全面推行奖补措施，使村民参与的热情高涨，政策实行后，全村修建了机耕路 20 余公里，荒田复垦 200 余亩。

3. 强化集约节约利用

政府高度重视节约集约用地，推动乡村空间资源优化配置，《中华人民共和国土地管理法》修正案强化了对土地资源的节约集约利用要求，《关于加强和改进土地开发整理工作的通知》等政策文件为节约集约用地提供了具体指导。各地正积极推进农村"三块地"改革，盘活农村存量建设用地。通过实施城乡建设用地增减挂钩、工矿废弃地复垦利用、低效用地再开发等政策，土地利用效率得到提高。全国已开展土地节约集约示范区创建工作，引导各地形成节约用地的良好风尚。特别是在乡村地区，通过村庄规划编制，对农村居民点进行科学布局，实现了土地资源的有效节约和集约利用，为乡村产业发展腾出了空间，提供了土地要素保障。

案例：安化县是全国自然资源节约集约示范县，近年来通过去存控增，推进集约高效用地；开源挖潜，用好增减挂钩指标；坚持耕地保护，科学规划选址，安化县在土地资源集约节约工作上取得显著成效。通过村庄规划，安化县统筹整理村庄低效用地；通过规模管控、布局优化、标准控制、市场配置、盘活利用等措施挖掘土地潜力，安化县统筹推进节约土地、减量用地。如大溶溪社区依托其资源禀赋，利用乡村振兴专项资金 100 万元，建设大棚种植基地。流转唐家山近千亩土地，大力发展中药材、小水果、大棚蔬菜等可持续林下经济。

（四）加强基础设施建设，提升和美乡村成色

1. 加强乡村市政基础设施建设

全国乡村市政基础设施建设正在加速推进，为乡村振兴提供坚实支撑。

党的十八大以来，国家持续加大对农村基础设施建设的投入力度，实施了一系列重大工程。党的二十大报告提出，坚持农业农村优先发展。基础设施建设是推动农业农村发展的重要抓手。2021年中央一号文件提出，要继续把公共基础设施建设的重点放在农村。①《"十四五"推进农业农村现代化规划》提出到2025年，梯次推进有条件的地区率先基本实现农业农村现代化。在交通方面，国家实施"四好农村路"建设工程，推动农村公路提档升级；在供水方面，实施农村供水保障工程，提高农村自来水普及率；在能源方面，加快实施乡村电气化和气代煤、电代煤工程，提高乡村用能质量；在通信方面，实施"数字乡村"战略，加快农村地区5G、光纤宽带等新型基础设施建设。以上举措缩小了城乡基础设施差距，提升了农民的获得感和幸福感。

案例：建好乡村基础设施，对全面推进乡村振兴及建设和美乡村具有重要意义。近年来，安化县从水、电、路、气等方面积极推动乡村市政基础设施建设，取得了积极成效，为乡村发展提供了支撑，农民群众的获得感、幸福感进一步提升。如安化县冷市镇梁家社区，在县审计局的帮扶下抢修了肖家坡一座危桥，改善了村民通行条件；在从肖家片区到上峰溪片区全长约10公里的路段安装了200多盏太阳能路灯。随着基础设施持续改善，梁家社区逐步实现道路硬化、夜晚亮化，群众生活越来越丰富，乡村面貌焕然一新。

2. 完善乡村公共服务设施

全面推进乡村公共服务设施建设是实现城乡融合发展的重要抓手。习近平总书记指出，要建立健全城乡基本公共服务均等化的体制机制，推动公共服务向农村延伸、社会事业向农村覆盖。② 在教育方面，通过实施乡村小规模学校和乡镇寄宿制学校建设工程，改善农村学校办学条件；在医疗方面，深入实施健康乡村行动，推进县、乡、村三级医疗卫生服务体系建设；在养

---

① 《中央一号文件起草组成员解读：大力实施乡村建设行动》，中国政府网，2021年2月24日，https：//www.gov.cn/xinwen/2021-02/24/content_5588544.htm。

② 《公共服务更贴心 乡村生活更美好》，中国政府网，2021年9月3日，https：//www.gov.cn/xinwen/2021-09/03/content_5635081.htm。

老方面，完善农村养老服务体系，建设农村互助养老服务设施；在文化方面，推进村级综合性文化服务中心建设，加强农村文化设施网络建设。各地因地制宜推进农村公共服务设施建设，如云南省实施"一村一幼"工程，破解农村学前教育难题；浙江省推进"四个平台"建设，整合乡村治理资源。

案例：安化县以农村公共服务设施建设为抓手，推动城乡共建共享、融合发展，不断缩小城乡发展差距。聚焦教育、医疗、养老、社会保障等基础性公共服务设施，进一步优化投入、夯实基础、补齐短板，持续推进城乡基本公共服务均等化。加强村级综合服务设施建设，全面梳理和公开公共服务事项目录，制定村级公共服务事项清单及代办政务服务事项清单，优化公共服务职能。如东坪镇唐市社区，2018年至今，社区先后完成长1680米、宽8米的村级公路建设与长1380米、宽5米的组级公路建设，并全部实现硬化；完成长3.85千米的绿化工程建设，栽种桂花、紫薇、茶花、茶梅球、杜鹃球、红桎木球等花木2878株，小苗花圃面积达2932平方米；完成全村亮化工程建设，安装路灯138盏；完成32栋居民楼庭院栅栏安装、庭院绿化、美化等设施建设；完成公路沿线和菜园2000米竹栅栏的安装；全村配备大号垃圾桶140个、中号垃圾桶340个，新建垃圾收集点22处，制作人居环境整治宣传标牌20多块、垃圾分类标识牌200多块。基础设施的进一步完善，让整个村庄美了起来，灵动了起来，群众的幸福指数明显提升。[①]

3. 健全农村公共服务体系

各地正积极构建覆盖全面、运行高效的农村公共服务体系。在组织体系方面，健全以基层党组织为核心的村民自治组织、集体经济组织、农村社会组织等多元主体共同参与的治理格局；在服务体系方面，推进"一门式"办理、"一站式"服务，实现村级事务一站办理；[②] 在管护体系方面，建立健全村级公共基础设施管护机制，完善管护制度，落实管护责任。创新实施

---

① 《安化县人大常委会驻唐市社区工作队2023年工作报告》，2024年1月。
② 《云南楚雄：村级"一站式"服务"一门式"办理全覆盖》，"云南网"百家号，2022年11月9日，https://baijiahao.baidu.com/s？id=1748946086399370405&wfr=spider&for=pc。

"党建引领、多元共治、网格管理"模式，将全省农村划分为数万个网格，建立"微事不出格、小事不出村、大事不出镇"的服务机制，[①]提升村级事务决策科学化水平。促使全国农村公共服务体系不断健全，乡村治理效能明显提升，为乡村振兴奠定坚实基础。

案例：安化县以农村公共服务为抓手，建立管护公示制度，不断加强农村公共设施管护，切实把公共基础设施建好、用好、管好、维护好，确保设施发挥实效。通过坚持公开透明的民主决策、建立成熟的养老体系、构建优质均衡的基本公共教育服务体系、改善公共环境设施设备等措施，提高农民的幸福感、获得感、安全感，健全农村公共服务体系。如古楼乡鲇鱼村按照"网格化管理、零距离服务、透明式运行"的思路，将网格化管理服务和村民代表联系服务群众相结合，选出网格长5名、村民代表16名，开展禁捕巡逻、环境整治、公共设施维护、文明劝导、政策宣传等工作，构建"小事不出网，大事不出村，服务不缺位，矛盾不上交"的管理服务新格局。

（五）强化传统文化保护，凸显和美乡村特色

1. 历史文化村镇保护

传统村落与历史文化名村保护已成为国家文化保护战略的重要组成部分，自2012年起，住房和城乡建设部等七部门联合启动中国传统村落保护工程，截至2023年，全国已有6批共8325个村落列入中国传统村落名录。国家文物局与住房和城乡建设部共同实施历史文化名村名镇保护工程，截至2023年，全国共有487个中国历史文化名村。[②]国家还设立了传统村落保护专项资金，支持传统村落保护与发展。针对各地实际情况，政府创新保护模式，如浙江省推行"历史文化名城—名镇名村街区—文物保护单位和历史

---

① 《让"微事不出格、小事不出村、大事不出镇"》，"金台资讯"百家号，2023年11月11日，https：//baijiahao. baidu. com/s？id＝1782224702927451713&wfr＝spider&for＝pc。

② 《一组数字看我国城乡历史文化保护活力》，央视新闻客户端，2023年10月26日，https：//content-static. cctvnews. cctv. com/snow-book/index. html？item_ id＝15561897284661380084。

建筑"的城乡历史文化保护传承体系①；福建省实施传统村落"化'土'为'金'活态保护"；贵州省遵循"坚持保护优先、突出特色、科学规划，活态传承、合理利用，政府主导、村民自治、社会参与的原则"②。推动传统文化资源活化利用，凸显乡村特色风貌，为乡村振兴提供文化支撑。

案例：安化县是梅山文化的发祥地和革命老区，境内有较多历史文化遗迹，截至2023年，安化县拥有3个历史文化名村和14个传统村落。③通过制定历史文化名村和传统村落保护规划，安化县梳理了文化资源，划定了保护区，制定了相应的保护和利用措施，加强了保护知识宣传和历史文化资源的活化利用。例如，安化县江南镇梅山村和洞市村是重要的历史文化遗址，作为万里茶马古道的起始点，具有极高的历史文化价值，通过制定详细的保护方案和规划，强化了茶马古道的保护并开发了茶马古道旅游线路，将其打造成集文化体验与生态旅游于一体的旅游胜地，吸引了大量游客。如江南镇木溪口村，其作为茶马古道风景区的重要通道，在遵循自然规律的前提下，将乡风文明和精神文明融入基础设施和人居环境建设。通过招商引资、项目扶持和技术支持，木溪口村结合地域特色、梅山文化和湖南广电元素，建设了综合大楼、风雨廊桥等网红景点。

2. 特色资源保护利用

非物质文化遗产保护与特色文化资源是我国文化的重要瑰宝，文化和旅游部等部门持续推进非物质文化遗产保护工作，根据《中华人民共和国文化和旅游部2023年文化和旅游发展统计公报》，截至2023年，国家级非遗代表性项目共1557项，在世国家级非遗代表性传承人共2241名。实施中国传统工艺振兴计划，推动传统工艺与现代设计、旅游等产业融合发展。各地探索特色文化资源保护利用模式，推动非遗项目与文化创意、旅游休闲等融

① 《活态保护、活态传承、活态发展——浙江省历史文化（传统）村落保护发展工作经验探索》，浙江省住房和城乡建设厅网站，2023年1月18日，https：//jst. zj. gov. cn/art/2023/1/18/art_1569971_58931650. html。

② 《贵州省传统村落保护和发展条例》，贵州省住房和城乡建设厅网站，2024年9月26日，http：//zfcxjst. guizhou. gov. cn/zwgk/xxgkml/jcxxgk/flfg/202409/t20240926_85758066. html。

③ 安化县住房和城乡建设局：《安化县传统村落保护发展工作总结》，2023年12月。

合发展；培养非遗传承人，促进非遗产品开发。特别是在乡村振兴背景下，各地依托特色文化资源打造了一批特色文化产业。

案例：安化县深厚的历史文化底蕴为其发展奠定了基础。近年来，安化县通过"文化+乡村建设"工程，结合文化优势，实施了"文化+美丽乡村""文化+美丽景区""文化+美丽路桥"等项目，突出乡村的文化底蕴、乡土特色和自然生态。安化县塘镇沙田溪村作为清末书法家黄自元的故乡，依托书法文化和地理优势，在村入口处规划建设公共文化服务中心，包含黄自元生平事迹陈列馆、书法展示馆和新时代文明实践站等，打造书画研学营地，推动文化振兴，该村还将闲置小学改造为青少年活动基地，开办书法培训班等。永锡风雨廊桥作为全国重点文物保护单位，是锡潭村的重要文化象征，承载着丰富的历史文化和精神内涵。锡潭村在弘扬廊桥文化的基础上，通过技能培训、文化讲座、公益演出等丰富多彩的文化活动，提高村民的文化参与度。

3. 公共空间打造利用

乡村公共空间的打造是乡村振兴战略的重要组成部分，它有助于改善乡村环境，增强社区凝聚力。2018 年，中共中央、国务院印发的《乡村振兴战略规划（2018—2022 年）》提出，要优化乡村生产生活生态空间，合理布局生活空间，完善公共服务设施配置，构建便捷的生活圈和服务圈。通过"多规合一"统筹新型城镇化和乡村全面振兴，优化不同类型公共空间的功能布局。各地通过传承地域文化特色，打造具有文化特色的公共空间。

案例：安化县以布局美、村庄美、环境美、生活美、风尚美为导向，以美丽屋场为载体，全力打造宜居宜业宜游和美乡村，逐步实现村庄各美其美、美美与共。美丽屋场以"五微五自一特"为创建要求，共创建了155 个美丽屋场。如冷市镇大苍村美丽屋场位于冷市镇中部，与 S319 公路相连，距离高速出口仅 10 分钟车程，交通便利。安化县坚持以德治文化聚人心、特色产业得高薪、美丽环境悦身心为主题，以"五自五微一特"为标准，以文化振兴引领乡村振兴为抓手，发动群众筹资筹劳，村级以奖补形式予以帮助。按照上级 3 个 1/3 要求，由村民自发筹资 72.8 万元，村

集体经济出资 15 万元，上级补贴 50 万元，完成白果树湾美丽屋场建设、1800 米河堤建设、1.5 千米公路提质改造、800 多平方米德治文化休闲广场建设等。[①]

（六）强化乡村风貌打造，增添和美乡村亮色

1. 人居环境整治

人居环境整治是建设美丽宜居乡村的基础性工作。2018 年，中共中央、国务院印发《农村人居环境整治三年行动方案》，将农村厕所革命、垃圾污水治理和村容村貌提升列为主要任务。2021 年，中共中央办公厅和国务院办公厅联合印发《农村人居环境整治提升五年行动方案（2021—2025 年）》，持续推进农村人居环境整治。各地因地制宜开展整治行动，取得了显著成效。截至 2021 年底，全国 96.3%的村实现生活垃圾集中处理或部分集中处理。农村厕所革命扎实推进，农村改厕工作质量持续提升，农村卫生户厕普及率达 77.5%。全国 47.6%的村生活污水实现集中处理或部分集中处理。[②] 国家统筹推进农村生活垃圾污水治理等，农村生活污水治理水平不断提高。村庄绿化覆盖率不断提高，农村人居环境明显改善，群众获得感显著增强。

案例：安化县认真贯彻落实中央和省市关于农村人居环境整治各项决策部署，认真学习浙江"千万工程"经验，坚持"有序推进、分类推进、因地制宜推进"原则，以农村厕所革命、生活污水垃圾治理、村容村貌提升为重点，分区域、分步骤、分阶段地开展农村人居环境整治提升行动。在农村厕所革命、农村生活污水治理、农村生活垃圾治理、村容村貌整体提升、村庄清洁行动、建立健全长效管护机制等方面都取得了显著成效。如小淹镇肖家村，按照"五微"建设标准，着力打造大湾、永正 2 个美丽

---

① 《安化县冷市镇大苍村 2023 年工作总结》，2023 年 12 月。

② 《农业发展成就显著　乡村美丽宜业宜居——党的十八大以来经济社会发展成就系列报告之二》，中国政府网，2022 年 9 月 15 日，https：//www.gov.cn/xinwen/2022-09/15/content_5709899.htm。

屋场。肖家村建设美丽河堤 2500 米，改造农村厕所 340 户，建设文化长廊 60 米，打造美丽农户 260 户，全村白改黑 2000 米，美丽乡村建设取得显著成效，乡村面貌得到巨大变化，2022 年获评省级美丽乡村。[①]

2. 集中居民点建设

集中居民点建设是优化乡村空间布局、提高土地利用效率的重要手段。《关于加强农村宅基地管理的意见》明确提出，鼓励农村进一步加强农村宅基地管理，正确引导农村村民住宅建设合理、节约使用土地，切实保护耕地。通过"空心村"治理、宅基地整理、农房集中建设等方式，推进集中居民点建设。农业农村部等部门多次强调要积极稳妥开展农村闲置宅基地和闲置住宅的盘活利用工作，通过出租、入股、合作等方式，发展乡村旅游、休闲农业等新产业新业态。[②] 还鼓励通过整理、复垦等方式开展闲置宅基地整治，为乡村建设和产业发展提供土地要素保障。根据自然资源部的不完全统计，全国至少有 7000 万套农房和 3000 万亩宅基地闲置。[③] 部分省份如湖北通过 5 年努力，闲置农房盘活利用率提高 50% 以上，增加就业 50 万人，助推农村集体经济收入增加 5 亿元，[④] 有效缓解了耕地保护和建设用地供需矛盾，促进乡村空间布局优化和土地资源节约集约利用。

案例：安化县为有效解决村集体无地可用、乡镇无地可批等问题，盘活乡村存量建设用地，集约利用闲置农村宅基地、废旧农房和村集体低效用地等，引导农村集体经济组织集中建房。目前，在编的村庄规划征求了村集体和村民的意见，规划了集中建房点，并提供了建房图集。未来各村通过科学

① 《安化县小淹镇肖家村 2023 年工作总结》，2023 年 12 月。
② 《农业农村部关于积极稳妥开展农村闲置宅基地和闲置住宅盘活利用工作的通知》，农业农村部网站，2020 年 1 月 9 日，https://www.moa.gov.cn/nybgb/2019/201910/202001/t20200109_6334695.htm。
③ 《CCG 报告｜推进宅基地制度改革》，"全球化智库 CCG"百家号，2024 年 1 月 29 日，https://baijiahao.baidu.com/s? id=1789403314202527504&wfr=spider&for=pc。
④ 《做好闲置宅基地和闲置农房盘活利用》，农业农村部网站，2023 年 10 月 30 日，https://www.moa.gov.cn/xw/qg/202310/t20231030_6439283.htm。

规划、合理布局，将逐步形成配套完善、功能齐全、管理长效的集中居民点。如龙塘镇沙田溪村通过科学的村庄规划，对自然资源、人文资源和交通资源进行了充分利用。安化县作为全国首批自然资源节约集约示范县，同时沙田溪村作为集聚提升类村庄，规划坚守安全底线，引导偏远村民自愿搬迁至聚居点。腾退"一户多宅"及空心房44处，规划村庄建设用地占国土总面积的3%，切实推进山水林田一体化保护和修复。[1]

3. 乡村风貌提升

乡村风貌提升是彰显乡村特色和地域文化的重要手段。2020年，住房和城乡建设部印发《关于进一步加强村庄规划工作的意见》提出尊重自然地理格局，彰显乡村特色优势，要求充分尊重农民意愿，保留乡村风貌，彰显地域特色。各地结合本地历史文化和自然环境特点，通过制定乡村风貌规划、建筑风格引导、开展示范创建等措施，提升乡村风貌。同时，各地通过"美丽宜居示范村""特色小镇"等创建活动，培育了一批风貌特色鲜明、富有文化底蕴的乡村，乡村环境得到显著改善。

案例：安化县乡村风貌立足乡村地域特征，统筹考虑产业发展、人口布局、公共服务、土地利用、生态保护等需求；保留优秀传统乡土文化，赓续红色文化，传承农耕文明，保留民族特色等，发掘乡村多元价值，提升村庄整体面貌。如江南镇锡潭村，在遵循自然规律的前提下，将家风良好、民风淳朴、乡风文明的氛围渗透人居环境、基础设施建设的各个环节，形成锡潭村别具一格的乡村美景。一是建设成富有创意的文化设施，如文化广场、乡村图书馆、廊桥等，既美化了锡潭村的景观、优化了人居环境，又能满足村民的精神文化需求，提升锡潭村文化品位，彰显人文之美。二是加强永锡桥周边的配套基础设施建设，包括停车场、公共厕所、河堤、观光水车。三是锡潭村积极推进农村垃圾整治，对农户垃圾进行集中处理。锡潭村生态环境得到进一步改善。

---

① 《湖南省委宣传部驻沙田溪村工作队2023年工作报告》，2024年1月。

二　文化融入村庄规划助力乡村振兴的问题与困境

（一）保护环境与发展经济的挑战

一是生态环境保护面临持续压力。我国众多乡村地区拥有丰富的自然生态资源，这些资源是当地文化和旅游发展的重要基础。随着乡村振兴战略的深入推进，如何在促进乡村经济发展的同时保护脆弱的生态系统，避免过度开发和环境退化，成为一项严峻挑战。特别是在主导产业迅速发展的乡村，产业拓展常需要更多土地资源，这直接影响生态空间和未开发地区的保护。缺乏有效的环境监管和长远规划，容易导致不可逆的生态损害，影响乡村的可持续发展。

二是发展与保护的矛盾日益凸显。全国各地乡村在推动经济社会发展与生态环境保护之间存在明显的矛盾。一方面，乡村振兴需要加强基础设施建设、发展特色产业和文化旅游项目，以增强经济活力；另一方面，这些经济活动往往需要耗费大量土地资源，可能对原有生态系统造成破坏。如何在不超过地区生态承载力的情况下开展各类经济活动，是当前乡村振兴面临的关键问题。例如，在发展乡村特色文化旅游时，如何保持自然和文化的真实性，避免商业开发带来的文化同质化和环境破坏问题，已成为全国各地乡村振兴工作中的重要考量。

（二）历史传承与文化保护的挑战

一是乡村"空心化"导致文化传承主体缺失。随着城镇化进程加速，全国乡村普遍面临人口外流现象，特别是青壮年劳动力大量外出务工，导致乡村人口结构老龄化，形成严重的"空心村"问题。根据第七次全国人口普查结果，2020 年我国乡村人口为 5.10 亿人，与 2010 年相比，乡村人口减少 1.64 亿人。人口结构的变化直接导致传统文化技艺和习俗的传承出现断层，传统工艺、民间艺术、乡土文化等非物质文化遗产的传承人数量不断

减少，年轻一代对传统文化的学习兴趣和意愿降低，许多珍贵的文化遗产面临失传风险。

二是多元文化冲击下本土文化日渐边缘化。在全球化和信息化迅猛发展的背景下，外来文化大量涌入乡村，传统乡土文化生态受到强烈冲击。特别是年轻一代更倾向于接受现代时尚文化，对本土传统文化关注不足。根据全国多地的调查数据，18~35岁年轻人参与现代娱乐活动的比例远高于参与传统文化活动。现代媒体和互联网的普及使年轻人更易接触外来文化，导致他们对本土文化的认同感和归属感有所减弱，传统乡土文化面临被边缘化甚至遗忘的风险。

三是文化保护意识不足导致文化资源流失严重。尽管国家高度重视文化遗产保护，但部分地区政府和民众对传统文化价值的认识仍然不足，缺乏主动保护和传承的意识。在经济发展优先的理念驱动下，一些地方忽视了对文化资源的保护，甚至在村庄改造和基础设施建设中破坏文化遗址和历史建筑。近年来我国出现了具有历史文化价值的传统乡村建筑被拆除或不当改建的状况，传统村落景观遭到破坏。现行的传统文化保护法律法规体系尚不完善，使得文化资源保护工作难以深入开展。

（三）公共基础设施不足与文化活动空间受限

一是乡村基础设施建设滞后，制约文化活动开展。长期以来，我国城乡基础设施发展不平衡，乡村地区基础设施建设普遍滞后于城市，特别是在交通和通信网络方面存在明显差距。《中国交通运输发展报告（2022）》显示，截至2021年底，全国乡村公路总里程达到446.6万公里，但农村地区"油返砂""晴通雨阻"等问题仍然存在，一些偏远乡村道路通行条件较差。基础设施条件不足严重制约了文化资源的流通和文化活动的开展。同时，尽管农村互联网普及率不断提高，但数字差距仍然存在，影响了网络文化教育和线上文化宣传的效果。

二是文化活动场所不足影响文化振兴成效。全国乡村地区普遍面临文化活动场所不足、设施陈旧等问题。虽然国家持续推进公共文化服务体系建设，但乡村文化设施的覆盖率和服务能力仍有待提高。据文化和旅游部数据，截至 2021 年底，全国建成乡镇（街道）综合文化站 4.19 万个，村（社区）综合性文化服务中心 57.1 万个，但仍有部分乡村缺乏标准化、功能完善的文化活动场所。许多村庄的文化活动主要依赖村委会或临时搭建的简易场所，无法满足村民多样化的文化需求。文化设施不足不仅限制了文化活动开展的频次和质量，还降低了村民的文化参与度和获得感，制约了乡村文化振兴的深入推进。

（四）全民参与的积极性不高

一是村民参与乡村文化活动积极性不高。尽管近年来各地政府和相关机构积极组织文化活动，但全国范围内村民参与的积极性普遍不高。生活压力是主要原因，特别是中青年劳动力因务工和农业生产而无暇参与文化活动。相当比例的村民认为文化活动与日常生活和经济收益无关，缺乏参与动力。老年人对现代文化活动形式感到陌生，参与意愿较低。部分地区文化活动内容和形式过于单一，缺乏创新性，难以吸引年轻人。

二是缺乏有效的教育和宣传手段。全国农村地区的文化教育和宣传工作普遍存在不足，许多村民对政府组织的文化活动和相关政策了解不多，现有的宣传方式主要依赖公告栏和村广播，影响力有限，难以吸引年轻人关注。全国农村地区互联网普及率虽有所提高，但仍落后于城市地区。截至 2023 年底，城乡互联网普及率的差距为 16.8 个百分点，这严重制约了现代信息传播手段在乡村文化建设中的应用效果。

（五）项目管理不力阻碍文化项目的有效实施

一是项目规划与执行脱节。全国乡村在推动文化项目时，普遍存在项目规划与实际执行脱节的情况。许多乡村文化基础设施建设项目在规划阶段没有充分评估当地的地理条件和居民需求，结果在实施时因场地不合适、资源不足等而进展缓慢或中途搁浅。有研究指出，乡村文化建设中存在供给与需求脱节的问题，部分项目未能充分调动村民的主体性，导致文化项目的效果不佳。① 这不仅浪费了宝贵的资源，还挫伤了村民对文化项目的信心。

二是项目管理机制不完善。全国范围内，乡村文化项目普遍缺乏科学的管理机制，导致项目执行过程中的协调、监督和反馈环节不到位。基层文化工作者和项目管理人员缺乏专业培训和系统管理经验，往往依赖临时决策和个人判断，使得项目管理效率低下，导致项目进展缓慢、质量不达标，甚至出现返工现象。

（六）政策执行力度不足

一是现行政策在支持文化融入乡村振兴中存在问题。虽然国家和地方政府制定了多项支持文化振兴的政策，但在实际操作中由于理解偏差和执行力不足，这些政策未能充分发挥作用。全国各地普遍存在文化政策宣传不到位、理解不深入的问题，基层干部和村民对政策内容把握不准确。部分政策在制定时可能未充分考虑地区差异和实际情况，缺乏针对性和可操作性，致使许多文化保护和传承项目效果不佳，甚至引发基层抵触情绪。

二是政策执行力度不足，导致政策效果大打折扣。全国基层文化机构普遍存在力量薄弱、人员素质不高、监督机制不完善等问题，且专业人才占比较低，缺乏文化管理和项目执行的专业知识与技能，导致政策执行过程中出现拖延和疏漏，或工作人员未接受过系统的文化管理培训，严重影响了政策的有效落实。此外，个别地区存在政策执行透明度和监督力度不足的问题，资金使用效率低下，部分文化项目存在资金浪费和管理不善的问题。乡村文化基础设施项目管理不善，导致设施建成后长期闲置，未能发挥应有的作用。由于监督和反馈机制缺失，村民对文化政策的知晓率和参与度较低，进一步削弱了政策效果。

---

① 毛一敬：《农村文化建设实践路径的类型化分析——基于对农民文化需求实践的分析》，《重庆社会科学》2020 年第 3 期。

三 将文化融入村庄规划助力乡村振兴的建议

（一）处理好生态保护与经济社会发展的关系

建立生态与发展协同的村庄规划机制。应在全国范围内推广生态优先的村庄规划理念，将"三区三线"作为村庄规划的刚性约束，确保生态空间得到有效保护。建立差异化的发展管控体系，针对不同类型的生态功能区实施分级分类的发展策略。在生态敏感区域实施更为严格的开发管控，推行点状开发、微度开发模式，避免大规模、高强度的开发活动。

推动乡村产业转型升级与生态化改造。着力发展绿色低碳循环经济，优先培育对生态环境影响小、文化附加值高的特色产业。鼓励农业生产向生态化、循环化方向转变，减少化肥农药使用，推广生态种养模式。对传统产业进行绿色化改造，通过技术创新和管理优化，提高资源利用效率，减少环境污染。在旅游开发方面，严格控制旅游规模和强度，推行低干扰、低密度、小体量的旅游开发模式，避免过度商业化带来的生态破坏和文化同质化。

建立多元化的生态保护与补偿机制。完善生态环境损害赔偿制度和生态补偿机制，探索建立"谁开发、谁保护，谁破坏、谁修复"的环境保护责任制。拓宽生态补偿资金来源渠道，通过财政投入、市场机制、社会募集等多种方式筹集资金，加大对重点生态功能区和乡村生态保护的补偿力度。创新生态产品价值实现机制，探索绿水青山向金山银山转化的有效路径，通过生态产品认证、品牌打造、生态旅游等方式，提高生态资源的经济价值。

（二）促进文化传承与活化利用

构建系统化的乡村文化遗产保护体系。开展全国性的乡村文化资源普查和数字化记录工作，建立乡村文化遗产数据库，为文化保护提供基础支撑。完善乡村历史文化遗产的分级分类保护制度，对重点文化遗产实施名录制保护。将文化遗产保护要求纳入国土空间规划和村庄规划编制中，划定文物保护控制线，严格管控开发活动。对传统村落、历史建筑、古树名木等物质文化遗产，采取整体保护与修缮更新相结合的方式；对传统技艺、民俗活动等非物质文化遗产，通过记录、传习、展示等多种方式进行保护和传承。

创新文化传承人培养与激励机制。建立多层次的文化传承人认定、培养和扶持体系，通过专项资金支持、政策优惠等方式，鼓励传承人开展传习活动和创新实践。重点支持青年传承人的培养，通过学校教育、专业培训、师徒传授等多种渠道，建立新一代文化传承队伍。设立文化传承示范基地和传习所，为传统文化传承提供稳定场所和平台。鼓励传承人通过互联网平台展示传统文化技艺，扩大传统文化的影响力和吸引力。

推动传统文化的创造性转化和创新性发展。支持传统文化与现代科技、创意设计融合，开发具有传统文化元素的创意产品和服务，提高传统文化的市场竞争力和经济价值。建立乡村文化创意产业园区和孵化基地，吸引设计师、艺术家、创业者等参与乡村文化创新。鼓励利用数字技术对传统文化进行记录、展示和传播，开发数字化、虚拟化的文化体验产品，拓展传统文化的传播渠道和方式。探索"互联网+传统文化"模式，通过电商平台、社交媒体等渠道，推广传统文化产品和服务，扩大市场空间。

（三）加强乡村公共文化基础设施建设

加强乡村文化基础设施统筹规划与建设。将文化设施建设纳入乡村基础设施统一规划，明确不同层级文化设施的服务半径和功能定位，形成县、乡、村三级公共文化设施网络。优先保障基层综合性文化服务中心建设，在人口集中的村庄和中心村建设标准化的文化服务中心，在人口分散的地区采用流动服务与数字服务相结合的方式，确保基本公共文化服务全覆盖。创新文化设施建设模式，通过整合闲置建筑、共享公共场所等，盘活存量资源，减少重复建设。

完善乡村文化设施运行管理机制。建立专业化与社会化相结合的文化设施管理模式，培育专业管理队伍，提高设施运营水平。实行文化设施开放共享制度，鼓励学校、企业等机构的文化设施向社会开放。建立文化设施运行保障机制，通过财政补贴、政府购买服务等方式，保障文化设施的正常运行和长效使用。建立文化设施绩效评估制度，定期对设施使用效果进行评估，不断优化设施功能。

推动城乡文化资源均衡配置与共享。加强城乡文化一体化建设，促进优质文化资源向乡村地区流动和下沉。建立城市文化机构与乡村文化服务中心的结对帮扶机制，定期开展城市文化资源下乡活动。创新公共文化服务供给方式，发展"互联网+公共文化服务"模式，建设乡村数字文化平台，通过网络实现优质文化资源共享。加强农村地区宽带网络建设，提高农村互联网普及率，缩小城乡数字鸿沟。鼓励各类文艺院团、文艺工作者定期深入乡村开展文化服务和文艺创作，丰富乡村文化生活。

（四）激发村民参与文化建设的内生动力

创新村民参与机制。构建以村民为主体的文化治理体系，建立村民文化理事会、文化志愿者队伍等组织形式，让村民真正成为文化活动的主人。在文化项目规划和实施过程中，充分征求村民意见，吸收村民代表参与决策，确保文化项目符合村民需求。设计多元化的参与形式，使不同年龄、不同职业的村民都能找到适合自己的参与方式。探索建立文化参与激励机制，通过积分制、评比表彰等方式，提高村民参与的积极性。针对返乡青年和留守老人设计差异化的参与项目，充分发挥他们在乡村文化建设中的作用。

组织丰富多彩的乡村文化活动。结合传统节日和农事活动，开展具有地方特色的文化活动，增强村民的文化认同感和参与意愿。鼓励村民自主组织各类文化活动，如农民文艺汇演、民俗展示、传统技艺比赛等。创新活动形式和内容，将传统文化与现代元素相结合，提高活动的吸引力和影响力。建立乡村文化活动品牌，通过持续性、系列化的活动安排，形成固定的文化活动模式。利用新媒体技术扩大文化活动的影响范围，通过网络直播、短视频等形式，让村民成为文化活动的传播者和受益者。

加强文化教育与宣传引导。将文化知识教育纳入农民培训体系，通过讲座、培训班、线上课程等多种形式，提高村民的文化素养和参与能力。组织开展多种形式的文化艺术培训活动，培养村民的艺术表现力和创造力。加强文化政策宣传和文化价值引导，增进村民对文化活动重要性的认识。创新宣传方式，充分利用村委会公告栏、广播、微信群等多种渠道，扩大宣传的覆盖面和影响力。鼓励村民通过自媒体平台分享乡村文化活动和成果，扩大文化活动的社会影响力。

（五）完善文化项目管理与实施机制

完善项目规划与决策机制。加强文化项目的前期调研和科学论证，全面评估项目的必要性、可行性和预期效益。建立多方参与的项目决策机制，吸收专家、基层干部和村民代表共同参与项目规划和评估。制定切实可行的项目实施方案，明确项目目标、建设内容、实施步骤、资金来源和责任分工。建立项目储备库，根据轻重缓急和资源条件，合理安排项目实施顺序，避免盲目上项目、铺摊子。加强项目之间的统筹协调，促进不同类型文化项目的互补和联动，形成整体效应。

建立科学规范的项目管理体系。实行项目责任制和目标管理，明确项目负责人和工作团队，细化工作任务和时间节点。建立项目全过程管理机制，从立项、设计、招标、施工、验收、运营的各个环节进行全方位监管，确保项目质量。推行标准化管理，制定文化项目建设和运营标准，规范项目实施流程。建立项目风险管理机制，识别项目实施过程中可能出现的风险点，制定应对措施。实施动态评估和调整机制，根据项目进展情况及时调整优化实施方案。建立项目信息公开制度，定期向社会公布项目进展情况和资金使用情况，接受社会监督。

提升项目管理团队的专业能力。加强基层文化项目管理人员培训，提高他们的专业知识和管理技能。探索项目管理专业化模式，引入专业机构和人才参与项目管理，提高管理效率和质量。建立项目管理专家智库，为乡村文化项目提供咨询、指导和技术支持。开展项目管理经验交流和案例分享活动，总结推广成功经验，提高项目管理水平。加强项目管理人员的考核和激励，根据项目实施效果和管理绩效，实行奖惩措施，调动管理人员的积极性。

（六）提升政策执行力与服务能力

强化政策宣传与解读。创新文化政策宣传方式，通过简明易懂的图文资料、短视频等形式，将复杂的政策内容转化为通俗易懂的信息。建立多层次、多渠道的政策宣传网络，利用村务公开栏、广播、微信群等传统媒体和新媒体平台，扩大政策宣传覆盖面。组织开展政策巡回宣讲活动，邀请专家学者和政策制定者深入基层，面对面解读政策要点和执行要求。编制政策操作指南和案例汇编，通过典型案例展示政策执行的具体做法和有效经验。针对不同对象实施分层分类的政策宣传，确保政策信息精准传达到基层干部和普通村民。

提升政策执行力与协调性。建立健全政策执行责任制，明确各级政府和部门在乡村文化振兴中的职责分工和工作任务。加强部门间协调配合，建立跨部门协作机制，形成政策执行合力。简化政策执行流程，减少繁文缛节，降低基层执行成本。实施差异化的政策执行策略，根据不同地区的发展水平和文化特点，制定具有针对性的实施细则和支持措施。

加强基层执行力量建设。加强基层文化工作队伍建设，通过招聘、培训等方式，充实基层文化执行力量。建立健全基层文化管理体系，明确各级文化工作机构的职能定位和工作职责。加强基层文化工作者的培训和能力建设，提高他们的政策理解能力和执行水平。建立基层文化工作指导团队，选派专业人才定期到基层开展指导服务，解决实际问题。鼓励社会组织和专业机构参与政策执行和服务提供，增强政策执行的社会支持力量。

构建政策反馈和完善机制。建立政策执行情况的收集和反馈渠道，通过座谈会、问卷调查、基层走访等方式，了解政策执行中存在的问题和困难。定期开展政策评估和修订工作，根据执行效果和基层反馈，调整完善政策内容。建立政策创新试点机制，在不同类型的乡村地区开展政策试点，探索政策优化和创新的有效路径。加强政策研究和理论支撑，组织专家学者对文化

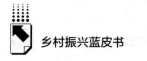

振兴政策进行深入研究，为政策调整和创新提供理论依据。建立政策宣传与执行的长效机制，形成政策制定、宣传、执行、反馈、完善的良性循环。

参考文献

孟建锦、杨鑫、王涵：《坚持生态立县赋能乡村振兴》，《十堰日报》2024 年 7 月 29 日。

张南：《文旅融合与乡村振兴的耦合共生、现实困境及优化策略》，《安徽乡村振兴研究》2024 年第 4 期。

陈任思遥：《新时代乡村文化振兴的现实挑战、核心要义及实践路径》，《智慧农业导刊》2024 年第 15 期。

沈洁、宋威：《乡村振兴视域下乡村文化产业发展路径探究》，《现代农机》2024 年第 4 期。

张书涵：《"两个结合"赋能乡村振兴的内在逻辑和推进路径》，《南方农机》2024 年第 14 期。

张誉：《乡村振兴背景下农村经济协调发展的路径探究》，《中国市场》2024 年第 20 期。

赵志浩：《以传统孝善文化推动乡村文化振兴》，《西安文理学院学报》（社会科学版）2024 年第 3 期。

丁海涛：《习近平文化思想引领新时代乡村文化振兴的三重维度与实践路向》，《北方民族大学学报》2024 年第 4 期。

《乡村振兴既要塑形也要铸魂——从安化县沙田溪村看乡村文化振兴路径》，《党建》2024 年第 5 期。

陈文胜：《以文化振兴推进全域乡村振兴——安化县推进乡村文化振兴的实践探索与启示》，《新湘评论》2023 年第 23 期。

田钰、周丽娟：《乡村振兴视域下农户参与电商营销行为影响因素研究——基于 158 位安化黑茶农户的调查》，《绿色科技》2023 年第 19 期。

方珊珊：《乡村振兴下农业文化遗产地旅游发展路径探析——以湖南省安化县黑茶文化系统为例》，《农村经济与科技》2023 年第 2 期。

B.4
激活红色文化资源赋能乡村振兴

孙 倩 李家华*

摘 要： 乡村地区的红色文化资源丰富且独特，是助力乡村经济、文化、生态各领域全面振兴的重要动力。各地普查红色文化资源，创新发展载体；发挥红色文化优势，促进产业兴旺；挖掘红色文化内涵，涵育乡风文明；厚植红色文化底蕴，实现生态宜居。但是存在红色文化资源管理体制机制不健全、红色文化资源开发利用不高效、红色文化资源产业体系不完善等问题。建议各地进一步创新红色文化资源利用宣传机制，赋能乡村振兴凝心聚魂；创新红色文化资源产业发展路径，赋能乡村振兴经济引擎；创新红色文化培育传承方式方法，赋能乡村振兴人才支撑。

关键词： 红色文化 乡村振兴 红色旅游

党的二十大报告强调，全面推进乡村振兴，坚持农业农村优先发展。2024年中央一号文件明确，要加强乡村优秀传统文化保护传承和创新发展。在乡村振兴大潮中，红色文化资源因其独特的价值而获得发展的契机。红色文化是中国共产党领导广大人民群众与人民军队在新民主主义革命实践中形成的，并在社会主义革命和建设时期、改革开放和社会主义现代化建设时期、中国特色社会主义新时代不断创新发展的中国特色社会主义先进文化。而红色文化资源，是指与红色文化相关的人、事、物及其所承载的精神财

---

* 孙倩，管理学博士，教授，研究生导师，中国城市经济学会学科建设委员会常务理事，湖南城市学院党委委员、副校长，主要研究方向为城市经济学、公共政策与乡村治理；李家华，湖南城市学院在读本科生，主要研究方向为乡村振兴与乡村治理。

富。这种精神财富在实现中国式现代化的道路上必不可少，需要我们世代传承并加以弘扬。习近平总书记多次强调，要把红色资源利用好、把红色传统发扬好、把红色基因传承好。①

乡村地区的红色文化资源丰富且独特，流传着革命的火种和优良传统，是助力乡村经济、文化、生态各领域全面振兴的重要动力。激活红色文化资源赋能乡村振兴，对绘就乡村振兴的壮美诗篇，实现乡村产业兴旺、生态宜居、乡风文明、治理有效、生活富裕的全面振兴具有重要作用。

一　激活红色文化资源赋能乡村振兴取得显著进展

中国的红色文化资源非常丰富，涵盖革命历史、革命人物、革命事件等多个方面，包括历史遗址、纪念地、烈士陵园、红色故居等多种形式。《全国红色旅游经典景区名录》共收录 300 处标志性的红色旅游景点。这些红色旅游资源历史跨度长，见证了中国革命历程的各个阶段，具有极高的历史价值和丰富的文化内涵。

我国政府高度重视红色文化资源的内在价值和潜力，认识到这些资源在乡村振兴战略中扮演至关重要的角色。在具体实践中，政府将红色文化资源与旅游业深度融合，发展红色旅游，不仅丰富了旅游产品，吸引了大量游客，还带动了当地经济增长和居民收入的提升。此外，红色文化资源的保护和利用也被纳入城乡规划和生态建设中，促进了乡村的生态宜居环境建设，提高了居民的生活质量。同时，红色文化资源被广泛应用于思想政治教育中，通过建立红色教育基地、开展红色主题教育等方式，强化人民群众特别是青少年的理想信念教育，传承红色基因，激发全民族的爱国情怀和历史责任感。

---

① 《用好红色资源，总书记再次强调》，求是网，2021 年 6 月 27 日，http://www.qstheory.cn/zhuanqu/2021-06/27/c_ 1127602915. htm。

（一）普查红色文化资源，创新发展载体

1. 实现红色文化资源建设的信息化数字化

我国政府高度重视红色文化资源的内在价值和发展潜力，全面梳理红色文化资源，并进行数字化处理以便学习传播。万方数据开发的文化建设专题数据库——"红色文化专题数据库"于 2021 年全面上线。该数据库从地方志资源中抽取红色文化领域相关的志书条目，将地方志资源内容碎片化，以栏目为单位进行资源组织，按照栏目主要内容对志书条目数据进行分类标引，栏目根据资源数据以及时事热点打造。目前，该数据库设有红色头条、红色基地、红色记忆、红色事迹、红色人物、红色文物、红色资料 7 个栏目，红色文化资源数据动态更新，用户可以实现数据的检索、阅读、下载。

国家图书馆出版社于 2021 年开发了包含"红色图书""红色期刊""红色报纸"的"红色文献数据库"。用户不仅可以按类别浏览相应内容，还能够执行跨库搜索功能。该数据库收录的文献总数超过 100 万页，总数据量达到 200GB。其中，"红色图书"收录了 6300 多种红色文献，涵盖马克思主义的早期译本和经典著作，毛泽东《论持久战》的各个版本，以及新华书店、解放社等出版机构的政策文件、宣传读物、文艺作品等。"红色期刊"上线 100 余种红色期刊，其中有《共产党人》《北方红旗》《布尔塞维克》等在延安出版的刊物，也有中国左翼作家联盟等革命团体在国统区出版的进步刊物。"红色报纸"展示了 70 多种红色报纸，有《冀中导报》《冀热察导报》《冀晋日报》等在解放区、根据地出版的珍贵报纸，更有《邯郸日报》《新洛阳报》《豫西日报》等在中华人民共和国成立前后短期出版的 30 多种独家报纸，这些报纸是宝贵的历史资料。

谷浪远景（北京）科技发展有限公司提供的红色报刊档案数据库包含自 1921 年 7 月 1 日中国共产党诞生至 1949 年 10 月 1 日中华人民共和国成立期间，由中国共产党直接领导或间接创办的党报党刊。档案资源涉及我国政治、军事、经济、文化、社会和国际等各个领域，为人们全面了解中国近现代历史，解读中国共产党发展历史提供了一个资料宝库，具有极高的文献

价值、史料价值。目前，该数据库收录了 4 项重要的红色报刊档案，包括《八路军军政杂志》《群众》《解放日报》《新华日报》，可检索文献条目 20 余万条、图片 3 万余幅，内容持续更新。

2. 各地普查整合红色文化资源

各级政府也非常重视红色文化资源的整合工作，强调深耕红色文化热土，细挖红色文化资源，涵养红色文化气质。在中共四川省委部署下，自 2021 年 6 月起，中共四川省委党史研究室组织领导全省市（州）、县（市、区）党史部门，历时两年多对全省范围内的红色遗址进行普查。为此，中共四川省委党史研究室组建了一支近千人的普查队伍，深入 15 个市（州）30 多个县（市、区）进行实地考察和资料收集，推进普查工作。截至 2024 年初，中共四川省委党史研究室共普查 10805 处红色遗址，这些遗址涵盖自"五四运动"以来四川省党的各个历史阶段。具体而言，包括重要历史事件发生地、重要机构旧址以及重要党史人物活动地 3730 处，革命领导人故居 145 处，烈士墓 183 处，一般红色资源 6747 处。此外，已有 182 处红色遗址被公布为省级各类基地，214 处被公布为四川省文物保护单位，32 处被公布为国家级各类基地，22 处被公布为全国重点文物保护单位。在摸清底数的基础上，中共四川省委党史研究室建成红色遗址永久电子档案库，组织全省党史部门汇总普查成果，精选全省重要的红色遗址 260 处，编辑出版《四川省红色遗址普查成果汇编（省卷）》一书。同时，21 个市（州）党史部门陆续推出《四川省红色遗址普查成果汇编（市州卷）》。

上海上线"红色文化资源网"，从历史脉络、革命遗址、典型人物、研究探索、教育基地、红色旅游等方面对上海市红色文化资源进行详细介绍。截至 2023 年 12 月，上海已认定革命遗址 456 处。其中，重要历史事件与机构旧址共计 174 处；重要历史事件及人物活动纪念地 190 处；革命领导人故居 21 处；烈士墓 21 处；纪念设施 50 处。革命遗址中损毁遗址 184 处。新考定出的近 400 处红色纪念地，覆盖中国共产党在上海领导的各个领域和行业的革命斗争纪念地，以及抗战时期党的革命活动纪念地。按时间轴线全面梳理上海红色文化资源，将红色文化资源串联成线，规划红色起步线、蓝色开放线、绿色生态线三条轴线，形成特色鲜明、时空一体的中国故事场景。红色起步线彰显建党初心，将新民主主义革命、社会主义革命时期的纪念馆、名人故居、烈士陵园、革命遗址遗迹等串联起来，回顾历史、缅怀先烈、牢记使命，激发爱国主义情怀；蓝色开放线彰显改革开放初心，串联起社会主义建设、改革开放时期取得的伟大成就，如浦东开发陈列馆、上海城市规划展示馆、上海自贸试验区、进博会等，展示上海在我国不断扩大对外开放历程中起到的先锋作用；绿色生态线彰显绿色发展初心，串联起上海在新时代生态文明建设中取得的成绩，如长三角生态绿色一体化发展示范区、九段沙湿地国家级自然保护区、崇明东滩鸟类国家级自然保护区等，主要体现上海在新时代生态文明建设中先行先试的成果。围绕"百年红色历史在上海"这一主线，传播中国故事。遵循红色起步线、蓝色开放线、绿色生态线，拍摄全景式反映中国共产党百年历史传奇的纪录片；采用红色旅游模式，引导游客在三条"初心"特色线路中体会中国共产党百年征程波澜壮阔、百年初心历久弥坚。

（二）发挥红色文化资源优势，促进产业兴旺

产业振兴是乡村振兴的根本，只有产业发展壮大，农民收入才能稳定增长，乡村才能实现全面振兴。作为一种人文资源，红色文化资源可以转化为旅游资源和文化产业资源，进而实现社会价值与经济利益的双重提升。

1. 加强红色品牌建设

在历史的长河中，红色文化以其独特的精神价值和历史意义，成为增强文化自信的坚实基石。红色文化品牌塑造，不仅是对革命历史和英雄事迹的传承与纪念，更是对民族精神和时代价值的弘扬与传播。红色文化品牌建设能够增进人们对国家历史的理解，提升国民的文化认同感，同时在全球范围内展示国家的文化魅力和精神追求。红色文化品牌塑造的重要性在于它能够将抽象的历史转化为具体可感知的文化符号，通过故事化、形象化的传播方式，激发公众尤其是年轻一代的情感共鸣和文化认同。这不仅有助于弘扬社

会主义核心价值观,也有助于推动社会主义文化繁荣发展、提升国家文化软实力。在全球化的今天,红色文化品牌塑造显得尤为重要。它不仅是对外文化交流的重要资源,也是构建国家形象、增强国际影响力的重要手段。通过红色文化品牌的国际化推广,我们可以向世界传递中国声音,讲述中国故事,为促进世界文化多样性和人类文明进步做出贡献。

2019年,中国社会科学院大学品牌领导力研究中心在北京中冶大厦主办了首届中国红色文化品牌和服务创新研讨会暨"中国红色文化品牌30人论坛"成立大会。该论坛旨在推动红色文化品牌研究,深入挖掘红色文化品牌的价值,推动红色文化与文创产业融合发展。

江西省瑞金市高度重视红色文化品牌的建设和推广,致力于提升其影响力。一是突出特色,塑造品牌。瑞金市作为红色故都、共和国摇篮、中央红军长征出发地,拥有独特的红色文化资源,这些资源具有稀缺性、独特性和不可复制性。基于这些特点,瑞金市积极打造具有地方特色的红色文化品牌,将塑造"红色故都·七彩瑞金"的城市形象作为一项重要的城市品牌工程,进行广泛的文化品牌推广。二是挖掘内涵,提升品牌。在全市范围内大力弘扬苏区精神和优良革命传统,让红色文化深入人心、融入血脉。加大对苏区历史文化、客家文化和民俗文化的挖掘力度,研究旧址、文物背后鲜为人知的历史和故事,加强对文化史料的收集整理,突出瑞金文化的鲜明个性,赋予红色文化品牌旺盛的生命力。三是丰富载体,打响品牌。着力在红色旅游中丰富红色文化内涵,在城市建设中融入红色文化元素,建设红色影视基地、红色文化艺术村、红色收藏品市场等重大项目。大型音乐报告剧《八子参军》、苏区经典历史情境再现、胡耀邦纪念园、"共和国摇篮"大型雕塑园项目等20多个红色文化创意产业项目,有力支撑了该市红色文化产业发展,提升了瑞金市红色文化的影响力和吸引力。

长征沿线留存了大量长征文物和文化资源,这些资源见证了长征历史、展示了长征文化,并承载着长征精神。它们是弘扬革命传统、传播革命文化、激发爱国热情和振奋民族精神的重要载体。江西省赣州市于都县作为中央红军长征集结出发地、南方三年游击战争的起源地,以及长征精神的发源

100

地，拥有丰富的不可移动革命文物资源。于都县以国家 AAAA 级旅游景区中央红军长征集结出发地纪念园为核心，在长征第一渡——于都河东门渡口两岸高标准建设长征国家文化公园主题展区，改扩建中央红军长征出发纪念馆，新建长征大剧院、长征学院、胜利大桥等标志性建筑，打造长征国家文化公园于都核心展示园。

2. 推动红色旅游产业发展

红色旅游产业是红色文化与旅游产业相结合的产物，是兼具教育意义和商业性质的活动。从 2005 年开始我国每年举办中国红色旅游博览会，2019 年之前在江西省举办，从 2019 年开始，由湘赣两省联合举办，是两省红色旅游高质量融合发展的具体实践，并推动全国红色旅游产业健康有序发展。2021 年 10 月 26~29 日，中国红色旅游博览会在江西井冈山举行，主题为"万山红遍　重上井冈"。2022 年中国红色旅游博览会以"贯彻二十大，奋进新征程"为主题，于 11 月 26~28 日在湖南省韶山市举办。2023 年 12 月 9 日中国红色旅游博览会以"新长征　再出发"为主题，在江西省赣州市于都县开幕。博览会包括三大主体活动和四个配套活动，旨在展示中国红色旅游产业的发展成果和潜力。每年的中国红色旅游博览会都包括主题展、推介会、年会等一系列活动，集中展示全国各省份的红色文化资源、文创产品和智慧文旅成果，促进红色旅游高质量发展。

《2016—2020 年全国红色旅游发展规划纲要》紧密围绕习近平总书记关于红色旅游的重要指示精神，强调加强红色景区基础设施建设，提升景区配套服务水平，助力老区振兴和脱贫攻坚；深入挖掘红色精神内涵，发挥其教育功能。贵州、湖南、江西等地都是红色资源丰富的地区，这些地方政府依据中央文件，结合本地的独特历史背景，制定了一系列推动红色旅游产业发展的政策措施。例如，《贵州省红色旅游发展实施方案》致力于打造黔中红色革命旅游区，《湖南省红色旅游专项整治工作方案》推动全省红色旅游产业规范化发展，《江西省红色旅游五好讲解员管理办法》旨在提升红色旅游景点的服务水平。

我国红色旅游依据消费者需求，呈现多样化发展模式，其影响力持续增强。一是传统的实地旅游。每逢节假日，国内的红色旅游景点、纪念馆及博物馆均会迎来显著的人流增长，游客纷至沓来。黑龙江省哈尔滨市博物馆举办的"红色之路——庆祝中国共产党成立一百周年哈尔滨党史图片展"吸引了来自全国各地的群众前来参观。这不仅让游客享受了旅行的乐趣，而且让游客深刻领悟到今日幸福生活的来之不易。湖南省益阳市安化县充分利用红色文化遗产，出版《毛泽东与安化》《中国共产党安化历史大事记（1921-2021）》，并依托梅城镇的红色文化遗产资源，探索出"红色文旅+"的融合发展新模式。"青年毛泽东游学社会考察之旅"已纳入"建党百年湖南六大精品红色旅游路线"，其中梅城文武庙古建筑群与史实陈列馆每年接待游客近9万人次，成为开展红色教育的重要场所。二是基于互联网技术的红色旅游在线课堂。中国红色旅游网推出的"红色课堂"项目，邀请了包括厉新建、张鹏、尚伟在内的多位专家学者，就新时期如何有效发展红色旅游进行了深入探讨。该视频课程发布后，受到全国各地红色文化爱好者的广泛关注，并引发热烈讨论。三是红色旅游产业的创新衍生物。例如，河北省石家庄市西柏坡景区利用红色旅游资源发展农家乐，不仅让游客体验地道的乡村美食和重走革命道路，还促进了当地农民收入的增加。导游在介绍毛泽东故居时，也会推荐相关的纪念品，巧妙地将文化遗产转化为经济收益。四川省巴中市将红色旅游与绿色生态相结合，开发了一系列高质量旅游项目，实现了红色文化产业的跨越性提升。

《中国红色旅游发展报告（2023）》显示，2023年全国红色旅游接待人数突破20亿人次，市场规模接近万亿元。这一增长不仅体现了人们对历史和文化关注度的提升，也反映了红色旅游在传承红色基因和推动地方经济发展中发挥的重要作用。红色旅游的兴起，已成为地方经济和文旅产业发展的强大引擎。例如，江西省通过实施赣南等原中央苏区革命遗址保护工程，推动革命文物保护利用与乡村振兴、民生改善等融合发展，构建了红色旅游产业链。此外，红色旅游的年轻化趋势显著，成为青年游客和学生们主动选择的一种新潮流。中国旅游研究院和马蜂窝旅游联合发布《中国红色旅游消费大数据报告（2023）》，调查显示41.7%的游客参加红色旅游的次数达到 3 次以上，7.1%的游客红色旅游的次数超过 5 次，这体现出游客对红色旅游有较高的参与度。

3. 推广红色文创产品

一般认为，红色文创产品是以中国红色文化为主题，经由创意转化后，借助现代科技手段对红色文化资源、传统文化用品进行创造与提升后形成的高附加值产品。在我国红色旅游文化产业的发展过程中，红色文化创意产品的开发扮演着不可或缺的角色。这些产品不仅具备普通文化创意商品的社会经济价值，而且承担着弘扬爱国主义精神与传播红色文化的使命。

"一大文创"是红色文创产品开发的一个典型例子。"一大文创"是中国共产党第一次全国代表大会纪念馆（以下简称"中共一大纪念馆"）创立的红色文创品牌。自 2021 年 6 月 3 日中共一大纪念馆正式开馆以来，"一大文创"商店正式亮相，以红色文化为载体，通过创意产品讲述建党故事，弘扬伟大建党精神。"一大文创"产品线丰富，覆盖图书、文具、电子产品、体育用品、纺织工艺品、收藏纪念品、食品等领域。2021 年 6~12 月，在 65 平方米的线下门店，总销售量超过 100 万件，销售额达到 3300 万元，微博上超过 130 万网友关注并互动。"一大文创"在设计上别具匠心，例如，与沈大成联名推出的"真理的味道"粽子文创组合，灵感来源于陈望道先生翻译《共产党宣言》的故事，墨鱼红糖汁蘸料包再现了陈望道先生错把墨汁当红糖的情节。此外，"一大文创"还与国民奶糖大白兔等品牌进行跨界合作，推出具有红色文化特色的产品。2023 年，"一大文创"亮相第六届中国国际进口博览会，展示了包括兴业系列笔记本、卡包、纪念章、《中国共产党章程》楷书字帖钢笔套装等多样的文创产品，并通过线上线下相结合的方式，为观众呈现丰富的"一大文创"产品。

其他红色场馆也推出了各种各样的红色文创产品。如中国国家博物馆推出了"社会主义核心价值观"系列、"新青年"笔记本等文创产品，这些产品不仅实用而且设计独特，深受游客喜爱。南昌八一起义纪念馆推出的"军旗升起"书立，以南昌起义总指挥部旧址为设计元素，展现了革命历史，同时具有现代设计感。北京鲁迅博物馆旁的鲁博书屋，以"新青年"

为主题设计的帆布袋、笔记本、徽章等文创产品，受到年轻人的青睐。抚顺市雷锋纪念馆推出的"你的样子"系列文创产品，以及深圳博物馆推出的"深圳改革开放系列"文创产品，都是以红色文化为设计灵感，结合现代生活需求，创造出具有情感价值、审美价值与实用价值的红色文创产品。中共四大纪念馆以纪念馆主题雕塑为原型，开发了5个代表不同社会群体的"工农联盟"Q版人物盲盒。上海大剧院设计了"祖国的光辉照我心"系列红色文创产品，包括"积极分子专用包"编织袋、"打了鸡血"笔记本等，设计灵感来源于红色经典剧目形象。

（三）挖掘红色文化内涵，涵育乡风文明

乡风文明是乡村振兴的灵魂和重要保障。作为乡村振兴的"软力量"，在内部乡风文明能够提升村庄的凝聚力与向心力，在外部乡风文明能够提升村庄的吸引力与影响力。红色文化是党领导人民在革命中锻造出来的，彰显中华优秀传统文化的价值观念和审美品格，体现中国人民追求的君子风范，蕴含舍身报国、顾全大局、无私奉献、追求真理等精神内涵，是乡风文明形成和发展的文化源泉。推动红色文化与乡村生产生活全面融合，将红色文化体现和倡导的价值观与发展观纳入乡村日常生产、教育、文化、娱乐活动，提高群众的红色文化素养。在实施乡村振兴战略的过程中，用好用足用活红色旅游资源，有利于凝聚思想共识和激发奋进力量，为培养乡风文明、涵养乡土情怀注入新动能。

1. 坚定民族文化自信

红色文化作为中国革命和建设的历史见证，是坚定民族文化自信的重要基石。它通过记录和传承中国共产党领导下的革命斗争历程，为民族提供了深厚的历史底蕴和强大的精神支撑。红色文化中蕴含的井冈山精神、长征精神、延安精神等，不仅是对民族过往不屈不挠、勇于斗争的精神的赞颂，更是为民族未来的发展提供源源不断的信心与力量。这些精神财富，随着时间的推移，不断激励着中国人民在新的征程上继续前进，成为民族文化自信的坚实基础。

红色文化的教育和传播，对坚定民族自信产生深远影响。它通过各种形式，如教育培训、纪念活动、文艺作品等，让红色故事和英雄事迹走进公众视野，尤其是青少年心中，增进他们对民族文化的认同。这种文化教育不仅强化了民族的历史记忆，也促进了社会主义核心价值观的内化与实践，为构建和谐社会和推动文化发展提供了强大的精神动力。

此外，红色文化的创新发展和国际交流，进一步扩大了民族文化自信的影响力。在全球化的今天，红色文化与现代科技、艺术的结合，使得传统文化元素焕发新生，吸引了更多年轻人的关注和参与。同时，通过国际文化交流，红色文化展示了中国独特的魅力，提升了国家文化软实力，使世界更好地理解和尊重中国文化，从而在国际舞台上树立起民族文化自信的良好形象。

2. 提升乡村治理效能

治理有效是实现乡村振兴的保障。红色文化是党领导人民在革命、建设和改革中创造的，具有鲜明的民族性、科学性、大众性。深入挖掘红色文化资源背后的深刻内涵，对于党员干部做好乡村振兴的"领头羊"具有重要意义。通过研究和整理党在不同时期关于乡村治理和领导农村工作的经验，可以为新时代基层党员干部开展乡村工作提供现实指引，切实提升乡村治理效能。同时，红色文化具有强大的教育熏陶作用，能够鞭策基层党员干部坚守为民服务的初心，坚定为民服务的信念，自觉将其内化为崇高的理想信念与价值追求，将其转化为不懈奋斗和为民服务的强大动力，从而将基层党组织建设成坚强可靠的战斗堡垒，扎实有序推进乡村全面振兴。

江西省宜春市袁州区深入践行新时代党的群众路线，不断挖掘和利用本土红色文化资源，在楠木乡探索试点"红色文化+社会治理"新模式，不断提升基层社会治理质效。一是打造红色教育基地。坚持盘活本土红色资源，以第一届宜春县苏维埃政府旧址为载体，深入挖掘革命故事、烈士遗物等历史素材，将官溪村打造成红色思想教育基地，邀请革命烈士后代入村组、进学校讲述"宜七区苏维埃政府主席邓言信宁死不屈"等红色故事30余次。二是组建红色调解队。整合红色资源，凝聚红色力量，组建"革命烈士后

代+五老人员+红色宣讲志愿者"的红色调解队，为群众提供高效便捷的解纷服务，让红色故事、红色思维融入调解全过程。自 2023 年以来，袁州区排查各类矛盾纠纷 170 起，彻底化解大小矛盾纠纷 168 起，化解成功率在 98% 以上。三是召开"红色网格+屋场"恳谈会。整合党建、综治、卫健、应急管理等多个功能型网格，探索"红色网格+屋场"恳谈会新模式，让党员干部沉下去、问题矛盾浮上来；组建红色宣讲队伍，开展法治讲座、宣传活动 30 余场次，派发宣传资料 2000 余份，覆盖人群约 1.2 万人。

湖南省益阳市安化县充分利用本地红色文化资源加强农村基层党组织建设，通过挖掘红色资源、打造红色阵地、融入红色元素、发挥红色优势等措施，不仅树立了党员干部的理想信念和党性观念，也为乡村振兴和基层治理注入新的活力和动力。安化县以村民（党群）服务中心红色阵地群建设为依托，健全"村（社区）党组织—村民小组（网格）党组织—党员联系户"三级党组织体系。大力推行"党建引领·三员两长网格化管理"模式，选优配强河长、路长和专职保洁员、义务劝导员、兼职督导员，成立"五老"工作室，充分发挥老干部、老党员、老教师、老军人、老医生的作用，形成横向到边、纵向到底的网格化管理格局。

（四）厚植红色文化底蕴，实现生态宜居

1.提供思想道德指引

乡村振兴既要让老百姓的腰包鼓起来，又要为他们营造一个良好的生态环境，真正提升他们的生活质量。红色文化，作为中华民族宝贵的精神财富，不仅承载着革命先辈的奋斗历程和崇高理想，更以其对和谐共生、艰苦奋斗的倡导，为当代社会的生态宜居建设提供了丰富的思想资源和道德指引。红色文化强调的是对自然的尊重、对资源的珍惜以及对环境的保护，这些理念与生态宜居的追求完美契合。在红色文化的影响下，我们倡导的是一种与自然和谐相处的生活方式，一种注重可持续发展的社会态度，以及一种促进人与自然和谐共生的价值追求。弘扬红色文化，能够增强公众对生态环境的责任感和保护意识，推动形成绿色发展方式和生活方式，为实现生态宜

居的目标奠定坚实的文化基础和提供强大的精神支撑。

2. 促进生态环境改善

生态环境持续改善有助于乡村可持续发展，是乡村全面振兴的关键环节。一方面，红色文化资源的开发利用可以帮助村民增强生态环境保护意识和使命感，鼓励村民积极投身村庄清洁行动；能够帮助企业树立绿色生态发展理念，减少环境污染和资源浪费；能够激励政府加大改善生态环境的扶持力度，最终倒逼乡村实施生态环境保护、优化生产生活环境。另一方面，红色文化资源产业化在给村民带来实际收入的同时，对当地的生态环境提出了更高的要求。特别是红色文化与旅游产业的结合，除了红色实体和自然景观以外，与之相配套的优良生态环境也是吸引和留住游客的重要因素。只有红色文化资源与生态环境共同建设，村民才能切实获得红色文化与乡村振兴结合带来的收益，才能进一步发挥主体作用，自觉投身乡村生态环境保护，并以此获得更多的幸福感。

二 激活红色文化资源赋能乡村振兴面临严峻挑战

各地在激活红色文化资源赋能乡村振兴方面取得了较为明显的成效，但是在具体推进过程中面临红色文化资源管理体制机制不健全、红色文化资源开发利用不高效、红色产业体系不完善等问题。

（一）红色文化资源管理体制机制不健全

1. 管理主体权责不清，协调机制不健全

当前，红色文化资源的开发利用存在多部门管理或者交叉管理的现象。例如，在红色文化遗址、纪念馆和文旅产业的管理上，有的划归民政部门，有的划归文旅部门，有的划归党史研究或档案管理部门，有的划归退役军人事务部门，有的下放到当地乡镇或村委会，有时出现民政、文旅和乡镇政府等多部门共同管理的现象，还出现由居民或村民个人代为管理的现象。由于管理权属多元，遇到突发问题时，容易出现权责不清的问题，极易产生相互

推诿的现象。这种多头管理模式导致权责不清，不利于红色文化资源的整体开发和产业化利用。

2. 建设主体存在认知偏差，激励机制不完善

一方面，部分地方对红色文化在乡村振兴中的价值认知稍显落后，存在借助红色文化获取经济价值的强烈欲望，对红色文化的挖掘利用与保护不足，对其所蕴含的当代价值重视不够，区域之间各自为战，缺乏整体性、系统性思维。另一方面，乡村人才分布不合理，年龄结构断层，专业人才匮乏，出现"在编不在岗，专职不专干，专干不专用"的权责错位现象，红色文化人才知识结构和技能水平与乡村振兴实际需求出现偏差。同时，部分乡村基层组织动员群众方式过于陈旧，常出现"上传下达闷头做"的现象，未能发挥乡村振兴的主体作用，主动意识与创新意识不足。

（二）红色文化资源开发利用不高效

1. 红色文化资源整合不充分

目前，乡村红色资源、乡村休闲旅游资源、乡村绿色生态资源等总体融合程度还不高，"红色+"创新模式还不够丰富，运用人工智能、大数据、云计算等技术整合红色资源的力度和强度还有待提升，红色资源数据信息共享服务水平还有待提高。红色遗存多地处革命老区和偏远山区，点状开发居多，连片开发偏少。红色资源的修缮保护、价值挖掘、传承弘扬多以红色展馆展示，雷同布展居多，精品展陈偏少。此外，红色旅游与文化产业的融合尚处在探索阶段，缺少具有地方特色的红色产业链。

2. 红色文化资源开发主体力量不足

推进乡村全面振兴的关键在于明确"为了谁"和"依靠谁"的问题。当前乡村红色文化传承实践中，存在两个主要问题。一是专业人才短缺。目前，基层文化建设部门的工作人员要么缺乏必要的专业知识，要么因忙于其他工作导致红色文化资源开发工作缺失。二是村民参与度不高。随着城乡差距扩大，流动性增强，不少村民追随经济利益涌向城市，导致本土人员流失严重，严重压缩了红色文化的生存发展空间。当地的部分农民对红色文化传

承的认识也比较薄弱，缺乏参与意识和积极性，导致红色文化传承创新的本土环境不理想。

（三）红色文化资源产业体系不完善

1. 红色文化资源产业化发展筹资渠道单一

目前，红色文化资源的开发多以政府投入为主，多元参与格局尚未形成，筹资渠道单一。红色文化资源的开发是一项极其复杂的工程，资金需求巨大。一是红色文化资源开发前期，设计难度大、投入多、回报速度慢，严重依赖上级财政投入；二是在红色文化资源开发过程中，道路、住宿、停车场、通信等基础设施建设需要占用大量资金；三是红色文化资源后期保护修缮、运营管理等也需要一定资金。红色遗存多位于欠发达地区，当地经济发展水平总体不高，本级财政投入不足，上级财政支持有限，制约红色文化资源的建设发展。

2. 红色文化资源产业集群尚未实现规模化

目前，各类红色文化经营实体呈点状分布，缺乏有效的整合和协同发展。在产业规模上，红色文化演艺业、红色主题休闲业、红色旅游业等关键领域普遍表现出"小而弱"的特点。红色文化产业的市场化、专业化水平不高，产业链条尚未完全打通，从创意设计、内容制作到营销推广、品牌建设等各环节之间存在明显的脱节。此外，红色文化产业的国际影响力有限，与国际上成熟的文化产业集群相比，还有较大的提升空间。整体来看，我国红色文化产业尚未形成具有强大竞争力和影响力的产业集群，仍需在资源整合、产业链完善、市场化运作、创新能力提升等方面进行深入发展和系统构建。

三 激活红色文化资源赋能乡村振兴的对策建议

（一）创新红色文化资源利用宣传机制，赋能乡村振兴凝心聚魂

积极推动乡村红色文化的宣传工作并增强乡村红色文化资源的利用意识是实现乡村全面振兴的重要环节。为此，需要从以下几个方面着手：改进红

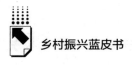

色文化的传播方式、丰富传播内容、精准锁定目标受众群体以及拓展多样化的传播渠道。

1. 多维度理顺体制机制

在乡村振兴的伟大征程中，红色文化资源扮演着举足轻重的角色。为有效利用这一宝贵的资源，必须精心构建一系列制度体系。首先，需要完善红色资源相关法律法规，这不仅是法治保障的体现，更是对红色文化传承的有力支撑。地方立法的加强，将促进区域红色文化资源的保护与利用，确保其在乡村振兴中的积极作用得以充分发挥。其次，明确权责分工，建立以党委宣传部门为核心的协调议事机制，党史、文旅、民政等部门共同参与，彻底解决"谁都管，谁都不管"的问题。同时，建立健全红色文化资源开发利用制度体系，既要有效保护，又要适度开发，科学利用，并设立专门机构或专业人员进行全过程监督，确保资源利用的合规性和高效性。此外，乡村振兴主管部门与红色文化资源保护单位之间的紧密联系和协作是不可或缺的。特别是在红色旅游、红色非物质文化遗产传承等方面，应通盘考虑，共同规划有效衔接的路径和措施，实现资源共享、优势互补。最后，构建多元主体参与的红色文化品牌宣传推广机制，吸引更多社会力量参与红色文化的传承与发展，形成全社会共同推动乡村振兴的强大合力。综上所述，通过一系列精心设计的制度，红色文化资源在乡村振兴中的潜力得到最大限度的激发，助力乡村经济社会全面繁荣。

2. 全方位树立文化自信

乡村振兴战略是新时代背景下乡村发展的基本实践方向。坚定文化自信对维护乡村红色文化的精神内核至关重要，同时有助于加强乡村精神文明建设和乡村文化认同。推动红色文化发展，需要关注其物质、精神和制度三个维度的协调并进。红色文化的精神层面对物质层面和制度层面具有推动作用，物质层面是精神层面和制度层面传播思想的重要媒介，制度层面则为精神层面和物质层面提供保障。三个维度相互依存、相互促进。因此，在利用红色文化推动乡村振兴的过程中，必须综合考量这三个层面，以实现红色文化资源的最大化利用。此外，整合多元文化资源对提升红色文化的软实力至关重要。这要求红色文化主动与乡土文化融合，同时不断创新其表现形式，突出其在地化特征，从而增强乡村居民的文化认同。通过这种文化融合与创新，可以增强乡村内部的文化凝聚力。总之，乡村振兴战略的实施需要在保护和传承红色文化的基础上，通过采取多方面措施，包括推动文化要素之间的协同发展、整合多元文化资源以及创新文化表现形式，增强乡村文化自信，促进乡村文化认同，为乡村振兴提供强大的精神动力和文化支撑。

3. 多形式拓展传播渠道

现代社会，传播红色文化需要与时俱进，以适应媒体发展新趋势和公众接受方式的多样化。不仅要利用电视、广播和报纸等传统渠道，更要利用如小红书、抖音等新兴多媒体平台传播红色文化，以触达更广泛的受众。宣传策略应根据不同的目标群体进行差异化设计。对于学生和青少年群体，可以通过将红色文化内容融入学校教育，并运用微博、微信公众号和短视频等新媒体工具，以更符合年轻人习惯的方式传播红色文化。利用社交网络的传播优势，可以加快红色文化的传播速度，扩大其影响力。对于中老年人，可以通过组织红色文化节、展览和讲座等方式，扩大红色文化的社会影响力，并与他们产生情感共鸣。同时，特别需要利用多媒体技术、虚拟现实（VR）、增强现实（AR）等现代信息技术，以更具互动性和沉浸感的方式展现红色故事，使红色文化成为公众文化生活的重要组成部分。总之，红色文化的传播应采取创新手段，结合现代信息技术，实现传播方式的多样化和个性化，以提高红色文化在不同群体中的吸引力和影响力。这种多元化和互动性强的传播策略，可以有效地将红色文化的精神内涵传递到现代社会的每一个角落，使其成为增强民族自豪感和凝聚力的重要力量。

（二）创新红色文化资源产业发展路径，赋能乡村振兴经济引擎

1. 重视红色文化资源的开发利用

红色文化资源开发利用是一项重大工程，需要进行一系列综合考量，制定科学开发的有效路径。一是坚持科学规划。坚持把红色文化资源保护、开发纳入县域国土空间总体布局，高水平规划建设红色文化走廊，推动"红"

"绿"文旅融合发展，助力乡村振兴。二是坚持保护与开发多措并举。例如，在革命老区红色遗存点的开发过程中，加强对重点红色遗址等的保护，同时积极做好周边环境整治、生态系统修复、水土流失防治等工作。三是深入挖掘红色历史事件和重要人物，结合当代社会价值导向和发展需求进行汇编和阐释，强化红色文化在培育社会主义核心价值观、促进社会和谐等方面的作用。四是构建包括政府、企业、社会组织等在内的多方合作机制。政府负责制定相关政策，支持和引导资源的合理开发和利用；企业和社会组织投入资金和技术，对红色文化资源实施开发和运营；文化和旅游业利用自身的专业知识和经验助力提升开发项目的品质和效益。五是提高红色文化资源开发的专业化水平。将专业知识和技术引入红色文化资源的开发过程中，并进行科学规划和管理。聘请文化历史、旅游管理、市场营销等方面的专家进行项目规划和指导，确保开发项目既具有历史真实性，又具有市场竞争力。专业化的培训和教育同样是提升红色文化资源开发水平的重要手段，比如对从事红色文化资源开发的工作人员进行专业培训，提升他们的业务能力和服务水平。

2. 延伸红色文化资源产业链条

运用红色文化资源，促进产业融合发展，拓展农村产业链。首先，要进行系统规划，形成可行的发展路径。基层政府部门需要结合本地区的特色文化资源，充分考虑当地的产业优势、区位优势、环境优势、科技优势、人力资源等现实条件，统筹规划，长远布局，力图实现最大效益。其次，可以以党建引领为抓手，搭建村社共建平台。成立村级供销合作社有限公司，开展农资供应、农产品购销等生产经营活动，带动乡村劳动力就业与村集体经济增收。通过宣传红色文化资源，吸引客流量，实现农村产业布局合理、产业转型升级。再次，推动红色文旅产业深度融合。一方面，重点打造追寻革命足迹的红色旅游、研学游等精品线路；另一方面，要将地方传统音乐、舞蹈、戏剧等与红色故事相结合，打造经典红色展演，讲好红色故事。最后，可以将红色文化与数字技术相结合，使红色文化焕发新生。利用人工穿戴装备、AI虚拟技术等手段进行图像展示和红色文化讲解，以增强其直观性和感染力，为游客提供更加深刻和生动的体验。

（三）创新红色文化培育传承方式方法，赋能乡村振兴人才支撑

1. 落实人才引进机制，加强人才培育

人才的培养与引进是乡村振兴战略成功的关键因素之一。2021 年，中共中央办公厅、国务院办公厅联合发布的《关于加快推进乡村人才振兴的意见》明确提出，应采取培养与引进并重、引才与引智并举的方针，以扩大乡村人才库，吸引更多优秀人才。在利用红色文化推动乡村振兴的过程中，人才的作用同样不可或缺。首先，需要以促进乡村振兴为目标，制定人才引进政策，并确保这些政策在待遇落实、平台建设和合作深化等方面得到有效执行。具体而言，应加强人才驿站和服务站的建设，以及与地方高等院校合作，选拔如"农村职业经理人"等关键岗位的专业人才，以促进信息和科技资源向乡村流动，解决乡村在信息和科技方面滞后的问题。其次，鉴于当前乡村青壮年人口大量向城市迁移，留下的主要是老年人和儿童，乡村发展策略需要针对这一人口结构特点，加强对留守农民的教育培训和能力提升。通过合理引导，鼓励他们积极参与红色文化旅游等产业的发展。在此过程中，要不断增强农民的责任感，并通过定期的专题讲座和专业培训，培养出一支既懂技术又具备高度责任感的乡村专业人才队伍。总之，通过系统化的人才培养和引进策略，可以为乡村振兴注入新的活力和创造力，同时确保红色文化的传承与发展，为乡村的全面振兴提供坚实的人才支撑。

2. 完善传承机制，强化教育引导

完善红色文化传承机制，利用红色文化资源进行教育引导，有助于加强乡村振兴的人才保障。可以在乡村学校和社区中心定期举办以红色文化为主题的教育活动，深化村民对红色文化社会意义和精神价值的认识。可以结合当地特色，在乡村学校开设红色文化相关课程，邀请亲历者或其他相关人员举办讲座，让学生直观感受红色文化的深刻内涵。可以利用现代信息技术，建立红色文化主题的社交媒体论坛，鼓励乡村青年积极参与互动交流。可以在乡村公共空间布置红色文化宣传栏、背景墙等，进行红色文化展览，使红

色文化融入乡村日常生活，潜移默化地增强村民的文化自信、精神动力和价值认同。更重要的是，要加强红色文化与乡村振兴实践的融合，政府在实施乡村振兴战略过程中，不仅要弘扬红色文化精神，更要将红色文化精神体现在为村民服务的行动中，让村民在推动红色文化产业发展的过程中，实现集体经济繁荣发展和个人收入增长。通过采取这些措施，红色文化不仅能够从精神层面激励村民，而且能够推动乡村经济社会发展，为乡村的高质量发展提供动力，真正做到有效利用和传承红色文化精神。

新时代，要立足乡村振兴，科学利用红色文化资源，全力以赴做好"红色管家"。唯有如此，红色文化资源才能为乡村振兴长蓄力、久赋能。

参考文献

詹檐鹏：《红色文化赋能乡村振兴的意义与实践》，《中国文化报》2024 年 2 月 2 日。

江玲、易开刚：《价值·掣肘·对策：红色文化赋能乡村振兴的三重探究》，《老区建设》2024 年第 3 期。

周介伟：《红色文化赋能乡村振兴的研究》，《产业与科技论坛》2024 年第 2 期。

孙于麟：《红色文化赋能乡村振兴的现实困境与优化路径》，《农村经济与科技》2023 年第 10 期。

郑洁琼：《红色文化赋能乡村振兴高质量发展的路径研究》，《山东农业工程学院学报》2024 年第 1 期。

《挖掘"红色文化"赋能"乡村振兴"》，光明网，2024 年 4 月 16 日，https：//topics. gmw. cn/2024-04/16/content_ 37266374. htm。

《激活红色文化资源，为乡村振兴赋能》，"光明网"百家号，2023 年 7 月 5 日，https：//baijiahao. baidu. com/s？id=1770583628641165288&wfr=spider&for=pc。

B.5
以城乡文化融合驱动乡村振兴

王冰 朱琳 可一峰 杜帛谣*

摘 要： 本报告深入分析为贯彻中国特色社会主义的乡村振兴方针，重新构建城乡关系，通过城乡文化融合促进乡村发展、乡村建设和乡村治理的全面提升，推动城乡融合发展。城乡文化融合在学术研究领域具有非常深远的意义，其对促进城乡融合发展具有重要作用。但在以城乡文化融合助力乡村振兴目标的实现过程中，存在文化要素流动受限、以民为本理念贯彻不到位、文创产业创新力度不足、文化创新体制机制不健全和公共文化服务设施有待完善等一系列风险与现实挑战。在新的历史起点上，要畅通城乡要素流动渠道、为新质生产力发展注入新动能，以文惠民、以文兴业、以文资政、以文强供、以文化人，推动乡村振兴实现高质量发展。

关键词： 乡村振兴 文化振兴 城乡文化融合 农业农村现代化

党的二十大报告强调，着力推进城乡融合和区域协调发展，推动经济实

---

* 王冰，教授，中国乡村振兴发展网总编辑，《中国乡村振兴发展报告》主编，中国农村发展学会理事，主要研究方向为城乡融合、县域经济规划与乡村振兴产业运营；朱琳，风景园林学博士，湖南城市学院教师，中国乡村振兴发展网和美乡村科学研究院副院长，湖南省风景园林学会理事，主要研究方向为乡村景观规划、乡村文化服务等；可一峰，中国乡村振兴发展网融媒体中心编辑制作部实习编辑，主要研究方向为区域经济政策、农业绿色创新；杜帛谣，中国乡村振兴发展网生态人口新经济专业委员会实习助理，"中国乡村振兴生态新经济系统理论与实践"课题组成员，主要研究方向为生态人口新经济、乡村人类学、农村经济学。

现质的有效提升和量的合理增长。① 党的二十届三中全会提出乡村改革要更加注重系统集成、突出重点、改革实效。文化具有广泛的学术边界和丰富的研究主题，在中华民族伟大复兴中具有突出地位。因此，探索城乡文化融合在乡村振兴发展中的具体影响，并充分发挥其赋能作用，对加快城乡融合具有重要的理论和现实意义。

城乡融合发展事关国家的稳定与人民的福祉。然而，现阶段的城乡融合发展面临内部差异与分化较大、融合水平偏低②、城乡要素流动不畅③、公共资源分配不均衡④、城乡空间格局有待优化⑤等难题。城乡融合发展的滞后直接影响了农村地区的进步，进而对实现中国式现代化构成了严峻挑战。在这一背景下，为城乡融合发展注入新的活力和动力，破除城乡融合发展的体制机制障碍，推动城乡融合高质量发展，不仅关系乡村的全面振兴，更是中国经济社会持续健康发展、迈向更高水平现代化的关键因素。

城乡融合是一个城乡文明互鉴的过程，是一种在城乡文明与城乡文化互鉴、发展意义上的融合。文化是反映城乡融合的"晴雨表"。文化融合是城乡融合的重要组成部分，并且能够在城乡融合中发挥重要作用，成为促进城乡各类要素流动并产生化学反应的"催化剂"。⑥ 文化新质生产力是新质生产力在文化领域呈现的新质态、新类型，其通过科技创新和文化创新共同发力，以高科技、高效能、高质量为特征，在文化生产、消费、交换等领域形

① 习近平：《高举中国特色社会主义伟大旗帜　为全面建设社会主义现代化国家而团结奋斗——在中国共产党第二十次全国代表大会上的报告》，《人民日报》2022年10月26日。
② 谭鑫、曹洁：《城乡融合发展的要素集聚效应及地区差异比较——基于省级面板数据的实证研究》，《经济问题探索》2021年第7期。
③ 李琳、田彩红、廖斌：《外来劳动力技能多样性对城乡融合的影响——基于长江经济带县域的实证研究》，《湖南大学学报》（社会科学版）2024年第1期。
④ 涂圣伟：《城乡融合发展的战略导向与实现路径》，《宏观经济研究》2020年第4期。
⑤ 潘子纯等：《东北三省城乡融合发展的时空演变与区域差异及其收敛性研究》，《自然资源学报》2023年第12期。
⑥ 《孙若风：文化是撬动城乡融合的新杠杆》，中国经济网，2021年8月24日，http://www.ce.cn/culture/gd/202108/24/t20210824_36839908.shtml。

成新产业、新模式、新动能。发展文化新质生产力，可为新时代的中国式现代化提供文化根基和精神引擎。

一 城乡文化融合对乡村振兴的重要意义

党的二十届三中全会发布的《中共中央关于进一步全面深化改革、推进中国式现代化的决定》（以下简称《决定》），提出完善公共文化服务体系，建立优质文化资源直达基层机制，健全社会力量参与公共文化服务机制。发展公共文化服务，是保障人民文化权益、改善人民生活品质、补齐文化发展短板的重要途径。城乡文化融合作为推动乡村振兴与新型城镇化协同并进的重要纽带和精神动力，其核心在于促进城乡之间文化资源的均衡配置、文化生态的和谐共生以及文化价值的共创共享。在这一进程中，城乡文化融合不仅关乎文化本身的传承与创新，更是实现经济社会全面发展的重要支撑。

（一）城乡文化融合促进公共服务均等化

1. 信息化服务普及

截至 2023 年 12 月，我国网民规模达 10.92 亿人，较 2022 年 12 月新增网民 2480 万人，互联网普及率达 77.5%（见图 1）。信息化服务的普及，无疑是城乡文化融合发展背景下农村居民向现代生活方式转变的重要契机。电商平台、短视频平台、在线教育等的兴起加速了城乡信息流通，有效填补了长久以来城乡之间存在的信息鸿沟，使得农村居民能够便捷地获取各类互联网资讯与最新动态，丰富了农村居民的生产生活。电商平台的普及使得乡村居民能够方便地购买到城市中流行的商品和服务，提高了生活品质。此外，在线教育和远程医疗的普及，使得乡村居民享受到与城市居民同等的教育和医疗服务。这种由封闭向开放、由孤立向互联的生活方式转型无疑将有利于乡村振兴工作开展，赋能城乡发展，打通融合链路。但是，目前城乡间的数字鸿沟对乡村地区的资源配置和服务供给产生不利影响，抑制乡村地区经济

效益的提升。因此，推动新质生产力在信息技术、人工智能、大数据等领域的发展，以缩小城乡鸿沟、提升乡村地区的生产效率和生活服务水平，是推动城乡融合的关键。

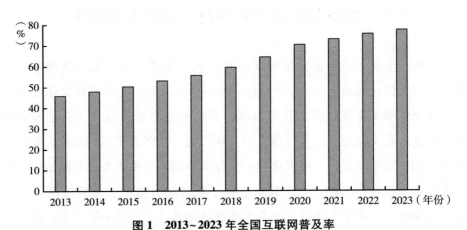

图1　2013~2023年全国互联网普及率

资料来源：历年《中国统计年鉴》。

2.社会保障体系不断完善

"十四五"规划提出，加快健全覆盖全民、统筹城乡、公平统一、可持续的多层次社会保障体系。统一城乡居民养老保险制度改革取得突破，截至2022年6月，社会保障卡持卡人数超过13.6亿人，其中电子社保卡领用人数超过5.75亿人。[①] 各地积极探索，完善社会救助体系，推动实现城乡居民基本生活保障水平的同步提升。医疗保险覆盖面进一步扩大，新农合和城镇居民医保整合顺利推进，城乡居民参保率稳步提高，基本实现全民医保。失业保险和工伤保险制度逐步健全，为劳动者提供更加全面的保障。政府加强社会保险基金管理，确保资金安全运行和保值增值。通过信息化手段提升服务水平，社保业务实现"一网通办"，大大方便了群众办事。未来将继续深化改革，健全社会保障体系，增强人民

[①] 《中国这十年：就业保持总体稳定　社保体系不断完备》，中国政府网，2022年8月26日，https：//www.gov.cn/xinwen/2022-08/26/content_ 5706883. htm。

群众的获得感和幸福感。但我们也应认识到，在当前新质生产力推动城乡融合的过程中，不仅面临空间布局的挑战，还需要解决城乡公共服务供给不均衡的问题。

3. 城乡教育资源公平分配

2023 年《关于构建优质均衡的基本公共教育服务体系的意见》指出，聚焦人民群众所急所需所盼，以公益普惠和优质均衡为基本方向，全面提高基本公共教育服务水平，加快建设教育强国，办好人民满意的教育。[①] 2024年，我国教育支出超 4.2 万亿元，其中，基础教育方面采取诸多举措：多渠道增加普惠性学前教育资源，推进学前教育普及、普惠、安全、优质发展；中央财政补助资金安排 120 亿元，支持改善县域普通高中基本办学条件；学生资助补助经费安排 723 亿元，减轻困难家庭教育负担等。[②] 城乡文化融合触达优质均衡公共教育体系的方方面面，有助于逐步缩小城乡教育差距，推动教育资源均衡配置。政府加大对农村地区教育的投入力度，加强农村学校基础设施建设，壮大师资力量和提高教学质量。通过实施"互联网+教育"行动计划，实现优质教育资源共享，促进城乡教育融合发展。各地展开积极探索，通过对口支援、教师交流等方式，提升薄弱学校教育水平，确保每个孩子都能享有公平且有质量的教育。同时，加强职业教育和成人教育，满足城乡居民多样化的教育需求，推动终身学习体系建设。注重培养创新型人才，增强教育服务经济社会发展的能力。未来，将继续深化教育改革，推动城乡教育一体化发展，为实现教育现代化、建设教育强国奠定坚实基础。但同时，受教育水平较高的农村人口通过升学、参军等途径进入城市，致使留在农村的人大多受教育水平较低，阻碍城乡融合发展。

---

① 《中共中央办公厅　国务院办公厅印发〈关于构建优质均衡的基本公共教育服务体系的意见〉》，中国政府网，2023 年 6 月 13 日，https：//www.gov.cn/zhengce/202306/content_6886110.htm。

② 《超 4.2 万亿元！2024 年我国教育支出继续增加》，中国政府网，2024 年 3 月 8 日，https：//www.gov.cn/yaowen/liebiao/202403/content_ 6937763.htm。

（二）城乡文化融合引导"产业+"发展

1. "农业+"业态蓬勃发展

2023年，全国农业生产信息化率达到27.6%。2024年，中央一号文件提出持续实施数字乡村发展行动，发展智慧农业。[①] 智慧温室大棚较普通大棚节水14%，节约化肥和营养素31%，并使作物生长周期进一步缩短，产量提高10%~20%。智慧农业作为城乡文化融合在技术层面的全方位系统集成，具备先进生产力特征，能够有效破解传统农业粗放经营、竞争力弱、资源利用率低、农民收入低等难题，实现对种植养殖对象的精准化管理、生产过程的智能化决策和无人化作业，大幅减少自然条件对农业种植养殖活动的影响，从而拓展农业生产空间，提高劳动生产率、土地产出率和资源利用率。

2. "旅游+"业态以农促旅、以旅兴农

通过培育生态旅游、乡村游、休闲游、农业体验游等农旅融合产业，促进农业产业链延伸、价值链提升、增收链拓宽，可以带动农民增收、农村发展、农业升级，从而很好地解决"三农"问题。各类农旅融合模式繁荣发展，主要包括田园农业旅游模式、民俗风情旅游模式、农家乐旅游模式、村落乡镇旅游模式、休闲度假旅游模式、科普教育旅游模式和回归自然旅游模式。

3. "电商+"业态规范发展

2023年，全国农产品网络零售额达5870.3亿元，比上年增长12.5%，呈现东中西竞相发展、各类农产品加速覆盖的良好态势。[②] 农村电商是推动城乡文化融合和乡村振兴的有力抓手，农村电商规模持续扩大、农村网民数量持续增加、农村物流体系更加健全、新业态新模式加速涌现。农村电商在

---

① 《智慧农业前景广阔》，新华网，2024年5月31日，http：//www.xinhuanet.com/politics/20240531/98eac9515b5c4313a4e70d0e7fd77474/c.html。

② 《2024中国农产品电商发展报告：我国成全球最大农产品电商国拼多多等引领数字转型》，"齐鲁电视台"澎湃号，2024年3月20日，https：//www.thepaper.cn/newsDetail_forward_26751299。

保持良好发展势头的同时助力农村产业转型、推动农村创新创业，为乡村振兴注入新动能。浙江省义乌市小商品、山东省曹县演出服、江苏省徐州市睢宁县小家具等传统产业借助农村电商实现快速发展。"电商+"业态已成为农村创新创业的新舞台，吸引越来越多的农民工、大学生返乡创业。由农业农村部科技教育司、中央农业广播电视学校组织编写的《2023年全国高素质农民发展报告》指出，我国高素质农民平均年龄为45岁，高中及以上文化程度的农民占比为60.68%，大专及以上文化程度的占比为21.95%，队伍结构持续优化；2022年获得农民技术人员职称、国家职业资格证书的比例分别比2021年提高6.64个百分点、3.46个百分点。

（三）城乡文化融合助力新质生产力高质量发展

1.智慧乡村建设取得创新性突破

当前，网络化、数字化和智能化技术快速融入城乡经济社会发展各领域和全过程，在农村经济社会发展中广泛应用，推动城乡各类资源要素加速流动、各类市场主体加速融合、各类组织模式加速重构，乡村生产方式和生活方式悄然改变，农业农村现代化转型发展步伐明显加快，数字化为城乡融合发展带来了新变量、注入了新动力、拓宽了新路径。① 在农业领域，智慧农业技术的发展显著提高了生产效率和资源利用率。通过采用精准农业技术，农民能够更有效地管理农田，提高作物产量和质量。大数据分析使农作物的种植、灌溉、施肥与病虫害防治更加精准和科学，减少了资源浪费，提高了农业生产的可持续性。此外，物联网设备的广泛应用使农民能够实时监测农田环境和作物生长状况，及时做出科学决策。

数字技术还推动了农村经济多元化发展。电子商务平台的普及使农产品可以直接进入市场，减少了中间环节，提高了农民收入。线上销售渠道的开通，使地方特色产品走出乡村，走向全国乃至全球市场。同时，农村

---

① 《以数字化赋能新时代城乡融合发展》，《经济参考报》网站，2022年11月8日，http://www.jjckb.cn/2022-11/08/c_1211698712.htm。

旅游业因数字化营销手段的发展而焕发新机,吸引了更多城市居民前来体验乡村生活,促进农村服务业发展。智慧乡村建设取得显著进展。通过建设智慧基础设施,如智能交通系统、智慧能源管理系统和智慧医疗系统,农村居民的生活质量得到明显提升。智能化公共服务平台的搭建,使农村居民能够享受到与城市居民同等的公共服务,缩小城乡差距。智慧教育的发展,使优质教育资源得以共享,促进了城乡教育的公平与均衡发展。数字化为城乡融合发展注入新动力,拓宽新路径。在城乡文化融合方面,数字技术促进了文化资源的共享与交流,丰富了城乡居民的文化生活,增强了文化认同感和归属感。数字文化产业的发展,为城乡居民提供了更多就业和创业机会,提升了城乡居民的整体素质和能力。

2. 城乡公共文化服务创新性配置

公共文化服务体系城乡一体化建设是城乡可持续发展最重要的基础性保障,2023 年全国"村晚"示范展示活动共举办 2 万余场次,参与人次达 1.3 亿人次。2023 年前三季度,全国营业性演出达 34.2 万场次、票房收入达 315.4 亿元、观演人数达 1.11 亿人次,分别比 2019 年同期增长 121.0%、84.2%、188.5%。[①] 党的二十大以来我国城乡积极完善文化经济政策,实施重大文化产业项目带动战略,积极培育新业态新模式,推出一系列消费促进活动,开展演出票务、剧本娱乐等专项整治,公共文化服务体系不断完善。

3. 文化产业深度转型升级

党的二十大报告提出,要扎实推动乡村产业、人才、文化、生态、组织振兴,要以文化产业强健乡村振兴之体。[②] 2022 年,我国文化产业实现营业收入 165502 亿元,比上年增加 1698 亿元,增长 1.0%。文化新业态特征较为明显的 16 个行业小类实现营业收入 50106 亿元,比上年增长 6.7%,增速快于全部文化产业 5.7 个百分点。文化新业态营业收入占全部文化产业营业

---

① 《国务院新闻办就加快建设文化强国、推动文化和旅游高质量发展举行发布会》,中国政府网,2023 年 12 月 14 日,https://www.gov.cn/lianbo/fabu/202312/content_ 6920451.htm。
② 《【理响中国】以文化赋能乡村振兴》,人民网,2023 年 12 月 11 日,http://theory.people. com.cn/n1/2023/1211/c40531-40136134.html。

收入的 30.3%，占比首次突破 30%，比上年提高 1.6 个百分点。① 在新质生产力的推动下，城乡文化融合正加速推进，成为乡村振兴的重要驱动力。数字技术和创新模式的广泛应用，促进了文化产业与农业、旅游、手工艺等传统产业的深度融合，催生了乡村文创产品、数字文化体验、在线文化服务等新业态，极大地丰富了乡村文化的内涵和形式。

智慧文化设施的建设和网络平台的发展，使得乡村文化资源得以数字化、网络化传播，打破了空间和时间的限制，极大地提升了乡村文化的影响力和参与度。乡村文创园区和文化旅游项目的蓬勃发展，吸引大量游客和投资者，推动地方经济和文化发展，促进乡村产业结构优化升级。

二 城乡文化融合驱动乡村振兴面临的主要问题

（一）文化要素流动受限

1. 城镇化的"不完全性"

《"十四五"新型城镇化实施方案》提出，到 2025 年，全国常住人口城镇化率稳步提高，户籍人口城镇化率明显提高，户籍人口城镇化率与常住人口城镇化率差距明显缩小。基本社会保障是人口自由流动的前提条件之一。户籍制度不单纯限于人口登记制度，它同时捆绑着一系列基本公共服务保障，如教育、医疗、社保等。这造成人口流动、户籍却不能随之流动的"人户分离"局面，限制了人口的合理高效流动，并引发一系列社会问题。我国城镇化的"不完全性"，不仅制约城镇化质量的提高，也给乡村进一步发展带来了一定的风险。

2. 土地管理制度的"不适应性"

我国农业农村经历了改革开放以来的快速发展，但从 1985 年以后，农业农村发展增速放缓，甚至停滞不前。土地是稀缺、不可再生的资源，城乡

---

① 《2022 年全国文化及相关产业发展情况报告》，国家统计局网站，2023 年 6 月 29 日，https：//www.stats.gov.cn/sj/zxfb/202306/t20230629_ 1940907.html。

中布局散乱、利用粗放、用途不合理的存量建设用地不仅降低了土地价值，也难以体现乡村振兴发展中以民为本的发展理念。现有的土地资源在城乡之间，以及建设用地指标在不同区域之间的配置仍然阻碍城市资本与人才的顺利下乡。在实践中，城市和农村土地市场仍处于分割状态，农村土地的权益难以实现，土地抵押、宅基地转让依旧面临制度障碍；且由于农村土地经营权流转价格的确定缺乏科学合理的参考标准，农户土地经营权的流转收益和承接流转经营权的承包人权益缺乏有效的制度保障。

3. 资金要素流动不畅

预计未来 5~10 年，农业农村投资需求近 15 万亿元。[①] 但我国农村消费水平仍然较低，市场潜力巨大。资金是推动乡村发展的关键要素，确保粮食安全、产业振兴、人居环境整治等都需要强有力的资金保障。但是农村金融市场发展滞后，农村融资难、融资贵问题突出，农村资金投向城市的"抽血式"金融屡见不鲜。

（二）以民为本理念贯彻不到位

1. 城乡收入差距依然较大

国务院发展研究中心发布的《中国发展报告 2023》显示，2022 年，中国城镇居民和农村居民人均可支配收入分别为 49283 元和 20133 元，同比分别增长 3.9% 和 6.3%。农村居民收入增速持续快于城镇居民，城乡居民收入差距也从 2018 年的 2.69 倍缩小到 2022 年的 2.45 倍。国家统计局数据显示，2023 年城镇居民和农村居民人均可支配收入分别为 51821 元和 21691 元，收入差距降至 2.39 倍，比 2022 年缩小 0.06。[②] 尽管城乡居民收入差距持续缩小，但需要注意的是，近几年城乡居民之间的年收入比缩小幅度逐步收窄，且就绝对收入差距而言，城乡居民的收入差距自 1985 年以来一直呈扩大趋势。农村居

---

① 《预计未来 5 到 10 年农业农村投资需求近 15 万亿元》，央视网，2023 年 4 月 20 日，https://news.cctv.com/2023/04/20/ARTIZGvSKZTyLQjE9fQmOuTs230420. shtml。

② 《2023 年居民收入恢复性增长 城乡地区间差距继续缩小》，央视网，2024 年 1 月 26 日，https://news.cctv.com/2024/01/26/ARTIwZoF6nFiPgc6jG63nZkY240126. shtml。

民收入的大部分来自工资性收入和家庭经营性收入。一方面，随着数字经济时代的到来，受经济增速放缓以及智能机器人替代等因素影响，农民的工资性收入增长趋势有可能出现扭转；另一方面，农民家庭经营性收入受制于农业生产成本"地板"和农产品价格"天花板"的双重挤压，增长空间有限。此外，由于集体土地等制度性约束，农民的财产性收入微薄。总之，农民增收面临诸多障碍，增收空间受到压缩，农民持续增收面临较大挑战。

2. 文化人才的城乡流动失衡

《中国农村发展报告》指出，预计到 2025 年，保守估计新增农村转移人口在 8000 万人以上，也就是说，未来 5 年中国会有 0.8 亿人口进入城镇；而农业就业人员比重将下降到 20% 左右，农业人口会继续减少；乡村 60 岁以上人口比例将达到 25.3%，约为 1.24 亿人，中国农村将进入老龄化社会。① 据第七次全国人口普查，居住在城镇的人口占 63.89%，居住在乡村的人口占 36.11%，与 2010 年相比城镇人口占比上升 14.21 个百分点。同时，流向城镇的人口占比仍在提高。2020 年流向城镇的人口为 3.31 亿人，其中从乡村流向城镇的人口为 2.49 亿人，较 2010 年增加 1.06 亿人。② 人才出生并成长于乡村，对乡村社会比较熟悉并具有深厚的感情，建设和发展家乡的愿望强烈。然而，现实情况是，优秀文化人才回乡返乡意愿不强，而留守乡村的本土人才数量较少、结构失衡、素质和层次都不高。这一现象严重影响了乡村文化的发展和城乡文化融合。一方面，乡村文化人才的流失严重制约了乡村文化的发展。大量有知识、有技能的文化人才流向城镇，使得乡村文化活动的组织和开展面临巨大困难。缺乏专业人才，乡村文化设施的利用率和效能难以提升，文化活动的质量和创新性受到限制，农村居民的文化生活相对单调且贫乏。另一方面，留守乡村的本土人才数量有限且结构失衡。大多数留守人口为中老年人，文化水平相对较低，难

① 《中国农村发展报告：未来 5 年农业就业人员比重降至两成》，"中国城市中心"澎湃号，2022 年 8 月 30 日，https://www.thepaper.cn/newsDetail_ forward_ 8954916。
② 《年轻人比例低于30%！乡村"空心化"困境如何化解？》，"北京民生智库"澎湃号，2023 年 10 月 23 日，https://www.thepaper.cn/newsDetail_ forward_ 25037771。

以适应现代文化产业的发展需求。青年人才和高素质人才匮乏，使得乡村文化发展缺乏新鲜血液和创新动力，难以跟上时代的步伐。文化人才的城乡流动失衡，导致城乡文化资源配置不均衡。城镇文化资源相对丰富，文化设施完善，各类文化活动频繁，吸引了大量文化人才集聚。而乡村因资源匮乏，缺乏吸引力，难以留住和吸引优秀文化人才。城乡文化融合发展因此呈现"城强乡弱"的不平衡态势。

（三）文化产业创新力度不足

1. 田园综合体建设存在文化短板

田园综合体建设能够推动农业现代化与城乡一体化互促共进，加快培育农业农村发展新动能，提高农业综合效益和竞争力。然而，在国家级田园综合体建设试点的推进过程中，文化层面的短板逐渐显现。

首先，田园综合体在建设过程中，对乡村文化资源的挖掘明显不够深入。乡村拥有丰富的历史建筑、民俗文化、传统手工艺等独特资源，但很多田园综合体项目仅仅停留在表面的景观打造和简单的农家乐模式上，缺乏对这些文化资源的深度挖掘和有效整合。这导致田园综合体在文化内容上显得单一、雷同，缺乏独特的文化内涵和吸引力。其次，田园综合体在文化创意产业的发展上尚未形成规模。文化创意产业是提升田园综合体附加值、实现产业升级的重要途径。然而，目前很多田园综合体在文化创意产业方面仍处于起步阶段，缺乏有效的市场推广和产业转化机制。乡村绘画、摄影、文学创作等文化创意活动未能与田园综合体项目紧密结合，导致文化创意产业未能充分发挥其应有的经济和社会效益。此外，田园综合体建设还面临文化传承的挑战。随着现代化进程的加快，许多传统技艺和民俗文化逐渐消失。田园综合体作为乡村文化传承的重要载体，本应承担起保护和传承这些文化遗产的责任。然而，由于缺乏有效的保护和传承机制，很多传统技艺和民俗文化在田园综合体项目中未能得到应有的重视和展示，文化传承面临严峻挑战。最后，田园综合体在文化产业创新方面存在明显不足。城乡融合是田园综合体建设的重要目标之一，但目前的田园综合体项目在文化产业创新上大多局限于乡村旅游和农产品销售等传统领域，缺乏与城市文化产业的深度融合和创新发展。这导致田园综合体在文化产业方面缺乏竞争力，难以满足城市居民对高品质、多元化文化产品的需求。

2. 文化品牌塑造的城乡差距明显

2011 年，美丽乡村的发源地浙江省湖州市安吉县，注册了"中国美丽乡村"商标，成为中国乡村文化品牌。然而，目前乡村文化品牌建设"有符号，无品牌"的现象较为普遍，"政府热，企业冷"的建设者缺位现象存在，"品牌多，关系乱"的品牌株连风险较大。[①] 在城乡文化品牌建设中，城市地区的文化品牌多样化、系统化，而乡村地区多以单一的景点或活动为主，缺乏整体的品牌策划和市场化运作。在城镇化进程中，城市文化品牌得以快速塑造和推广，形成了较强的市场影响力和较高的知名度，而乡村因资源、资金和人才不足，难以形成具有竞争力的文化品牌，导致城乡文化品牌发展存在明显差距。在乡村文化品牌的建设中，政府的推动力度较大，出台了一系列扶持政策和项目，但在实际操作过程中，企业和市场的参与度较低，缺乏创新和活力。企业对乡村文化品牌的投资和推广意愿不强，导致品牌建设缺乏市场化运作，难以形成良性的循环发展机制，影响乡村文化品牌的长远发展和市场竞争力提升。在乡村文化品牌建设过程中，存在品牌数量众多但关系复杂的现象，导致品牌之间的竞争和合作关系模糊，品牌效应难以显现。例如，一些乡村品牌因缺乏统一的规划和管理，出现同质化竞争、品牌形象不统一等问题，加剧了品牌株连风险，影响品牌的市场认知度和影响力。

（四）文化创新体制机制不健全

1. 市场秩序规范与产权保护仍存在进步空间

当前，文化市场发展与管理面临许多新形势新要求。城乡文化市场存在一些突出问题，如不良文化产品和服务泛滥，有害文化信息不断出现，损害

---

① 《马健：如何破解区域文化品牌建设的困境?》，中国经济网，2016 年 11 月 4 日，http：//finance. people. com. cn/n1/2016/1108/c1004-28843906. html。

未成年人的文化权益，侵犯知识产权等行为屡禁不止。随着信息化的推进和乡村振兴战略的实施，城乡文化创意产业发展面临种种挑战，其中最为突出的是山寨盗版、创意复制、技术窃取等侵犯和损害知识产权的问题。这时就需要借助知识产权保护，维护文化创意产业的发展秩序和环境。知识产权保护与文化创意产业发展之间的"失衡"问题主要表现为城乡知识产权保护力度不足和过度保护。

2. 文化创新政策的规划与执行力度不一致

部分欠发达乡村地区的财政部门和税务部门，因税收、财政收入等原因，往往在落实减税政策和财政补助政策时难以协调，以致与文化创新相关的部分政策难以落实或者落实力度很小，对创新主体的吸引力也较弱。[1] 在城乡融合发展的背景下，国家层面出台了一系列促进文化创新和文化产业发展的政策措施，但在具体执行过程中，往往存在城乡政策执行力度差异大等问题。城市地区由于资源集中、信息畅通，往往能更快更好地享受政策红利，而农村地区因基础设施薄弱、信息闭塞等，政策落地效果大打折扣。这种政策规划与执行力度的不一致，严重制约了城乡文化融合创新体制机制的协同发展。

3. 评价体系与激励机制不健全

文化创新成果的评价与激励机制对激发创新活力、推动文化产业发展具有重要意义。然而，当前城乡文化融合创新的评价体系尚不完善，评价标准单一、主观性强，难以全面、客观地反映创新成果的实际价值和社会影响。同时，激励机制不健全，如缺乏针对农村地区的专项扶持政策、创新成果转化渠道不畅等，这些都影响了创新主体的积极性和创造性。

（五）公共文化服务设施有待完善

1. 文化资源场所配置的城乡差异显著

我国城乡文化要素流动仍受到一定的限制。文化设施和文化场所拥有率

---

[1] 《我省科技创新政策面临"落地难"》，中国人民政治协商会议广东省委员会网站，2017年1月18日，https://www.gdszx.gov.cn/zxhy/qthy/2017/dhfy/content/post_14146.html。

方面的城乡差距、区域差距较为显著。2023 年中国居民文化发展满意度调查显示，农村地区休闲文化场所和专业文化场所的拥有率都低于城镇地区。27.75%的受访城镇居民表示所在社区有美术馆、博物馆或纪念馆，仅 17.25%的受访农村居民表示所在村有此类专业文化场所；61.24%的受访城镇居民表示所在社区有休闲运动广场，仅 50.69%的受访农村居民表示所在村有休闲运动广场。此外，从区域差距来看，东部地区的文化设施和文化场所数量显著高于中部、西部和东北地区。以图书馆为例，40.49%的东部地区受访者表示所在社区有图书馆，这一比例为中部地区相应数值（35.31%）的 1.15 倍、西部地区相应数值（32.66%）的 1.24 倍、东北地区相应数值（34.32%）的 1.18 倍。① 这种文化资源配置的不平衡，不仅影响城乡居民文化生活质量的提高，也制约了城乡文化融合的发展进程。城乡文化要素流动不畅，导致农村地区文化资源匮乏，文化发展滞后，文化消费不足。这不仅削弱了农村居民的文化获得感和幸福感，也制约了农村文化产业发展，进一步拉大了城乡文化差距。

2. 乡镇（社区）公共文化空间建设不足

城乡公共文化基础设施和公共投入失衡，城乡之间缺乏要素的双向流动和融合机制。中心城区往往优于县级市（区），县级市（区）又优于乡镇（街道），城市集中的资源和便利的交通使公共文化服务的可获得性优于发展水平和人口密度均偏低的乡村地区。一是部分乡村仍然存在群众家门口没有公共文化空间的问题；二是部分乡村虽然有公共文化空间，但是存在群众不想去的问题；三是有些乡村公共文化空间，尤其是一些新型公共文化空间运维困难多，存在可持续发展受限的问题。公共文化空间低水平覆盖，无论其"颜值"还是"内涵"，在广大农民生活中"存在感"不强。② 广场舞、小剧场表演等群众需求突出的文化活动

① 《发展多样文化，添彩美好生活——2023 年中国居民文化发展满意度报告》，中国孔子网，2024 年 3 月 21 日，https://chinakongzi.org/whyw/202403/t20240321_572015.htm。
② 《紧贴需求创新拓展城乡公共文化空间》，《学习时报》网站，2024 年 2 月 26 日，http://www.legaldaily.com.cn/Village_ruled_by_law/content/2024-02/26/content_8964744.html。

也因缺乏空间成为困扰各方的问题。乡村地区公共文化事业发展长期投入不足，文化基础薄弱，设施建设落后，基层文化设施管理和利用不到位，功能发挥严重不足。

三 以城乡文化融合驱动乡村振兴的对策建议

当前，城乡发展不均衡的根源在于城乡关系的不对等。为打破这一僵局，需要通过新质生产力重塑城乡关系。这不仅能够为乡村注入新的发展动能，还能促进城乡资源的优化配置与共享。以新质生产力带动城乡融合发展，不仅契合国家统筹推进城乡融合发展的战略需求，也是新时代赋予城乡文化融合的重要使命。城乡文化融合的关键在于激发各种要素的潜力，推动全社会参与城乡融合与现代化进程。新质生产力在文化资源优化配置、城乡文化产业升级、乡村资源活化、农村公共服务质量提升和城乡一体化进程中起到重要作用。需要通过畅通城乡要素流动渠道、为新质生产力发展注入新动能，以文惠民、以文兴业、以文资政、以文强供、以文化人等措施，推进城乡融合发展，加强城乡经济联系，畅通城乡经济循环。

（一）要素流动是推动城乡文化融合的保障

1. 打通城乡人力资源双向流动的通道

促进城乡文化融合发展的重要一步是要改变城乡人力资本配置不均衡的现状。首先，需要重视对农民的教育培训和农业科技推广。根据农业科技人才的实际需要，逐步建立由学历教育、职业教育、技术培训等构成的多层次农民教育培训体系。同时，构建由政府部门、高等院校、企业、农民组织等多元主体共同参与的产、学、研"三位一体"的农业科技推广服务体系。其次，构建顺畅的城市人力资源下乡通道。这些通道包括鼓励返乡创业就业机制、乡贤参与机制、大学生村官计划、农村特岗教师、"三支一扶"计划、志愿服务西部计划等。通过营造良好的营商环境减少人力资源下乡的成本，打通城乡人力资源双向流动的通道。这些措施有利于促进人口要素的顺畅流动，解决人力资源要素配置效率低的问题，为加快构建新发展格局和实现城乡融合发展提供助力。

2. 盘活土地资源，激活农村土地要素

调动地方政府积极性，以工业用途集体经营性建设用地入市为切入点，通过土地综合整治、耕地进出平衡等办法，将工业园区土地调整为集中连片的集体经营性建设用地。以"城中村"集体建设用地入市为切入点，提升社会治理成效，坚持科学规划指引，以集体经营性建设用地入市的方式对"城中村"进行更新改造，合理布局城市空间。合理确定土地用途，并允许入市交易，能够开垦成耕地的优先开垦成耕地，能够收回用作其他用途的，收回使用，并建立土地流出和流入综合保障机制。

3. 鼓励资金要素流入农村，改善金融环境

为更好地促进资金要素流动，一要创新金融产品和服务，政府通过各种金融工具如政府补贴、税收优惠、低息贷款等鼓励资金流入农村，扶持农村经济发展，充分发挥财政的引领作用。二要改善金融环境，完善金融法规，加强金融监管，降低金融风险和不确定性，提高投资者信心。三要加强城乡信息共享，提高资金要素流动的透明度和效率。

（二）以文惠民是促进城乡文化融合的目标

1. 稳岗就业、富民增收，助力城乡文化融合发展

促进城乡文化融合，推进中国式现代化，归根结底是要实现全体人民共同富裕，不断满足人民对美好生活的向往。城乡文化融合对拉动投资、促进消费与实现居民生活富裕意义重大。特别是随着城乡文化进一步融合发展，城乡基础设施和公共服务一体化进程加快，结合创建文明城市及和美乡村文化建设等，可以统筹开发一批绿化、治安巡防、保安、扶残助残、养老护理、网格员等基层公益性岗位，发掘潜在的劳动力价值，从而促进城乡居民收入稳步提升、城乡居民的消费潜力释放、城乡文化融合成果惠及群众。

2. 建立城乡人才自由流动机制, 推动城乡文化融合发展

城市入乡人才是促进城乡其他要素流动的重要力量, 对城乡文化融合发展起到关键作用。目前, 城乡文化融合发展过程中存在乡村基层农业技术人员严重短缺、乡村经济管理人才稀缺、农村劳动力出现断代风险的问题。因此, 应建立健全城市人才入乡激励机制, 吸引人才、留住人才、用好人才, 为乡村振兴和城乡融合发展提供动力。充分发挥入乡人才的主观能动性, 最大限度地优化资源配置, 拓宽城市人才入乡渠道, 形成入乡支持长效机制。

(三) 以文兴业是推动城乡文化融合的基础

1. 实现城乡产业互补, 重视城乡产业协调发展

要解决产业要素过度集聚导致的农业副业化问题, 城市与乡村首先要明确各自的功能, 根据各自的资源禀赋实现城乡产业的差异化发展。要重视工业发展质量, 打造更多产业集聚片区, 重视城乡产业协调发展。推动城乡产业融合发展, 将工业和农业、县城和乡村作为一个整体统筹谋划, 在县域内实现产业链条优化。同时要减少工业发展对农村地区环境造成的破坏, 实现经济发展与环境保护协同推进。

2. 以现代化产业体系建设赋能城乡文化融合发展

进一步加大对现代产业的投入力度、引导要素资源配置到现代农业文化发展的重点领域和薄弱环节、健全适合现代农业文化发展的新型支撑体系, 是推动以现代化产业体系建设赋能城乡文化融合发展的必要措施。一是加大支农投入力度, 持续提高土地出让收益用于农业农村发展的比例, 优化农业农村投入结构, 出台更多政策支持现代农业发展。二是优化农业补贴方向和重点领域, 将资金资源更多投向与现代农业相关的规模化经营、生态保护与绿色生产、农业科技创新等领域。三是创新涉农信贷产业和服务, 强化现代农业发展资金保障, 发挥好农业保险的积极作用。引导信贷资金更多投向现代农业领域, 开发支持新型农业经营主体和农村新产业、新业态的专属金融产品。四是进一步发挥现代化产业体系中科技创新要素对现代农业发展的驱动作用。强化创新在现代农业发展中的引领作用，推动现代农业高质量发展。

（四）以文资政是促进城乡文化融合的手段

1. 构建促进城乡要素双向流动的体制机制

实现深层次城乡融合发展必须构建促进城乡要素双向流动的体制机制，适当从区域全局考虑出台更多强农惠农富农政策，建立健全城乡融合发展机制；要充分发挥市场在城乡要素配置中的关键作用，实现要素的双向流动、平等交换。在促进城乡基本公共服务均等化的过程中，政府也要充分发挥职能，让农村居民获得与城镇居民同等的发展机会。此外，地方政府应以农村社区为基本单位，实施农村公共服务供给增量政策，建立共生共荣的城乡共同体。

2. 推动现代化乡村空间治理体系建设

推动现代化乡村空间治理体系建设是持续培育乡村文化发展新动能，推动以现代化文化产业体系建设赋能城乡融合发展的关键手段。一是以人口结构转型为导向完善乡村空间治理体系。赋予乡村居民更多的空间处置权等，调动多元主体参与乡村文化建设的积极性，增强多元主体参与的凝聚力，着力破解乡村地区"不留人、不养人"的发展困局。二是以土地利用转型为导向完善乡村空间治理体系。建立健全推动乡村空间有序、高效、生态化开发利用的制度体系，对宅基地、农用地、生态用地和污损废弃工矿用地等开展整治工作，实现乡村土地经营模式多样化、完善土地利用价值分配机制、提高土地利用效率和提升土地规模化经营水平。三是以文化产业发展转型为导向完善乡村空间治理体系。通过提供产业发展所需的物质条件和软环境，为城乡现代化产业体系建设提供保障。以乡村生活空间有序化、文化空间高效化、生态空间清洁化为目标，打造乡村文化空间综合治理体系，为乡村地区凸显文化资源非农价值、开展多元化产业经营、实现三产融合发展创造有利条件。

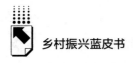

3. 推进城乡规划融合

在城乡规划中，充分考虑文化的因素，将城乡文化融合融入规划的各个环节。在规划理念上，要坚持以人为本，尊重城乡文化的差异性和多样性，实现文化的共融与发展。在规划内容上，要充分考虑城乡文化的传承与保护，合理布局文化设施和文化产业，打造具有地方特色的文化空间。在规划实施过程中，要广泛征求各方意见，确保规划的科学性和可行性。城乡建设是城乡发展的物质基础，也是实现城乡融合的重要途径。在城乡建设过程中，充分利用城乡融合文化资源，统筹推进城乡建设。要加强乡村基础设施建设，改善乡村的居住环境，为乡村文化的传承和发展提供物质保障。要发展乡村文化产业，挖掘乡村文化的经济价值，为乡村经济发展注入新的活力。加强城市与乡村的交流与合作，实现资源共享、优势互补，推动城乡共同发展。城乡治理是保障城乡发展秩序和公平的重要手段。在城乡治理过程中，充分发挥城乡融合文化的作用，推动治理的现代化和科学化。加强对城乡文化的教育和宣传，提高公众的文化素养和文明素质，为治理提供良好的社会环境。建立健全城乡治理的法律法规体系，保障治理的公平性和有效性。鼓励社会组织和公众参与，形成多元共治的社会治理格局。

（五）以文强供是城乡文化融合的支撑

1. 坚持政府的主导地位

坚持政府主导和推动是公共文化服务城乡一体化建设的重要保障。将公共文化服务城乡一体化建设纳入各级政府和职能部门的工作任务中，统筹规划城乡一体化公共文化服务体系建设目标、财政投入、运行机制、工作重点、网点布局等，推进区域内公共文化资源整合与调配，实现其效用最大化，服务城乡居民。

2. 加强服务设施网络建设

积极探索"互联网+公共文化服务"的有效模式，构建智慧管理与服务平台，突破时空限制，平衡乡村地区公共文化资源的输入和输出，最大限度实现城乡公共文化资源共建共享，为公共文化城乡一体化建设注入新的动力。推进公共文化服务数字化、网络化发展。

3. 鼓励社会力量有序参与

为满足个性化、多样化需求，应积极吸纳社会力量有序进入公共文化服务领域。通过文化立法、税收等，引导、鼓励社会力量参与公共文化服务，乡村地区实现提供主体和方式的多元化。

4. 挖掘农村传统文化资源

广大农村有丰富的节庆、民俗及自然历史文化遗产等资源，应充分挖掘、整合、利用好农村文化资源，丰富"送文化下乡"活动形式和内容，把推广现代文明与发展农村特色文化有机结合起来，除满足农民自身文化需求外，还可以到城市进行展演或带动乡村旅游蓬勃发展。

5. 推动城乡基本公共服务普惠共享

城乡基础设施一体化和城乡基本公共服务普惠共享，是劳动力等要素在城乡自由流动的重要纽带，也是促进城乡融合发展的重要基础。要建立城乡教育资源均衡配置机制，优先发展农村教育事业，保障农业转移人口随迁子女的平等受教育权，实现教育公平；健全乡村医疗卫生服务体系，改善乡村基本医疗卫生条件，提高乡村医疗人员的工资待遇，建立城市医疗机构对口帮扶机制；健全城乡公共文化服务体系，统筹城乡公共文化资源，鼓励文化资源向乡村倾斜；完善城乡社会保障制度，扩大社保覆盖面，建立统一的城乡居民基本医疗保障体系。

（六）以文化人是城乡文化融合的目的

《中共中央关于全面深化改革　推进中国式现代化的决定》指出，中国式现代化是物质文明和精神文明相协调的现代化。必须增强文化自信，发展社会主义先进文化，弘扬革命文化，传承中华优秀传统文化。文化作为国家发展的灵魂，对城乡融合的推进起到不可替代的作用。以文化人的核心在于通过文化的力量，促进城乡之间的交流与融合，实现城乡协调、均衡和可持续发展。农民是农村文化的主体，也是城乡融合发展的重要力

量。通过以文化人，使广大农民"感党恩、听党话、跟党走"，积极投身乡村振兴，勇于创新，为农业农村现代化建设贡献力量。

1. 增强城乡居民文化自信

在城乡融合发展中，必须坚定文化自信，使城乡居民认识到中华文化的博大精深和独特魅力。要深入挖掘和利用各地文化资源，发挥地方文化的特色和优势，增强城乡居民的文化认同感和归属感。同时，要积极学习借鉴其他国家和地区的优秀文化成果，为城乡融合发展提供文化支撑。城乡文化融合是乡村振兴的重要动力。城乡文化融合能够促进农村地区优秀传统文化的传承与发展，提高农民的文化素质和文明程度；同时，城乡文化融合有助于推动城市资源向农村流动，促进农村地区产业升级和经济发展；城乡文化融合能够增强农民的归属感和认同感，激发他们的积极性和创造力，为乡村振兴提供强大的精神动力，使广大农民以奋进姿态创建宜居宜业和美乡村。

2. 发展社会主义先进文化

社会主义先进文化是引领社会前进的文化力量，是城乡融合发展的重要动力。要坚持以社会主义核心价值观为引领，弘扬社会正气，传播正能量。通过加强公共文化服务体系建设，提高城乡居民的文化素质和审美水平，促进城乡文化交流与融合。创新是文化发展的不竭动力。要鼓励城乡居民积极参与文化创新活动，发挥他们的创造力和想象力。通过举办文化创意大赛、设立文化创新基金等方式，为城乡居民提供展示才华的平台和机会。同时，要推动文化产业发展，为城乡居民提供丰富的文化产品和服务。

3. 弘扬革命文化

革命文化是中华民族的精神财富，是推动社会发展的强大精神力量。革命文化强调爱国主义、集体主义，是习近平新时代中国特色社会主义思想的重要组成部分。在城乡发展中，革命文化的传承与发展对提升民众的民族自豪感和国家认同感具有重要意义。要深入挖掘革命文化的内涵和价值，传承和弘扬革命精神。通过举办各种纪念活动、文化展览等，让城乡居民了解革命历史、传承革命传统。同时，要将革命文化与现代文化相结合，创新表达方式，使革命文化在城乡融合发展中发挥更大的作用。

4.传承中华优秀传统文化

中华优秀传统文化是中华民族的瑰宝，是中华民族精神的重要载体。继承和发扬传统文化，不仅需要保护好文化历史遗产，更要推动传统文化创新发展。这需要结合现代社会需求，挖掘传统文化的现代价值，使之与现代社会相融合，为推动社会进步提供精神动力。要加强对中华优秀传统文化的保护和传承，让城乡居民了解和认同中华优秀传统文化的价值。通过开展各种文化活动、建设文化遗址公园等形式，让中华优秀传统文化在城乡融合发展中焕发新的生机。推动传统文化与现代文化的交流互鉴，挖掘传统文化的现代价值，使之与现代社会相融合。例如，可以通过举办传统文化展览、文艺演出等活动，让更多人了解和认同传统文化。要推动传统文化产业创新发展，推动文化产业与科技、旅游等产业深度融合，为城乡融合发展注入新的活力。如中华龙舟承载着中华优秀传统文化，当前就是要通过开展一系列以"龙舟"为主题的活动，激发城乡居民拼搏奋进的精神，为乡村全面振兴贡献力量。

参考文献

习近平：《高举中国特色社会主义伟大旗帜　为全面建设社会主义现代化国家而团结奋斗——在中国共产党第二十次全国代表大会上的报告》，《人民日报》2022年10月26日。

《习近平在黑龙江考察时强调　牢牢把握在国家发展大局中的战略定位　奋力开创黑龙江高质量发展新局面》，《人民日报》2023年9月9日。

李勇坚等主编《乡村振兴蓝皮书：中国乡村振兴发展报告（2023~2024）》，社会科学文献出版社，2024。

谭鑫，曹洁：《城乡融合发展的要素集聚效应及地区差异比较——基于省级面板数据的实证研究》，《经济问题探索》2021年第7期。

李琳、田彩红、廖斌：《外来劳动力技能多样性对城乡融合的影响——基于长江经济带县域的实证研究》，《湖南大学学报》（社会科学版）2024年第1期。

涂圣伟：《城乡融合发展的战略导向与实现路径》，《宏观经济研究》2020年第4期。

潘子纯等：《东北三省城乡融合发展的时空演变与区域差异及其收敛性研究》，《自然资源学报》2023年第12期。

《孙若风：文化是撬动城乡融合的新杠杆》，中国经济网，2021年8月24日，http：//www.ce.cn/culture/gd/202108/24/t20210824_36839908.shtml。

《我国网民规模达10.92亿人》，中国政府网，2024年3月22日 https：//www.gov.cn/yaowen/liebiao/202403/content_6940952.htm。

《中国这十年：就业保持总体稳定 社保体系不断完备》，中国政府网，2022年8月26日，https：//www.gov.cn/xinwen/2022-08/26/content_5706883.htm。

《关于构建优质均衡的基本公共教育服务体系的意见》，中国政府网，2023年6月13日，https：//www.gov.cn/zhengce/202306/content_6886110.htm。

《超4.2万亿元！2024年我国教育支出继续增加》，中国政府网，2024年3月8日，https：//www.gov.cn/yaowen/liebiao/202403/content_6937763.htm。

《智慧农业前景广阔》，新华网，2024年5月31日 http：//www.xinhuanet.com/politics/20240531/98eac9515b5c4313a4e70d0e7fd77474/c.html。

《2024中国农产品电商发展报告：我国成全球最大农产品电商国拼多多等引领数字转型》，"齐鲁电视台"澎湃号，2024年3月20日，https：//www.thepaper.cn/newsDetail_forward_26751299。

《大学生、海归、企业家…10年间1220万人返乡当了新农人》，人民网，2023年12月18日，http：//politics.people.com.cn/n1/2023/1218/c1001-40141655.html。

《以数字化赋能新时代城乡融合发展》，经济参考报网站，2022年11月8日，http：//www.jjckb.cn/2022-11/08/c_1211698712.htm。

《国务院新闻办就加快建设文化强国、推动文化和旅游高质量发展举行发布会》，中国政府网，2023年12月14日，https：//www.gov.cn/lianbo/fabu/202312/content_6920451.htm。

《【理响中国】以文化赋能乡村振兴》，人民网，2023年12月11日，http：//theory.people.com.cn/n1/2023/1211/c40531-40136134.html。

《2022年全国文化及相关产业发展情况报告》，国家统计局网站，2023年6月29日，https：//www.stats.gov.cn/sj/zxfb/202306/t20230629_1940907.html。

《为什么户籍人口与常住人口的城镇化率差距会扩大?》，"中国区域经济50人论坛"澎湃号，2022年9月26日，https：//www.thepaper.cn/newsDetail_forward_20068123。

《预计未来5到10年农业农村投资需求近15万亿元》，央视网，2023年4月20日，https：//news.cctv.com/2023/04/20/ARTIZGvSKZTyLQjE9fQmOuTs230420.shtml。

《2023年居民收入恢复性增长 城乡地区间差距继续缩小》，央视网，2024年1月26日，https：//news.cctv.com/2024/01/26/ARTIwZoF6nFiPgc6jG63nZkY240126.shtml。

《中国农村发展报告：未来5年农业就业人员比重降至两成》，"中国城市中心"澎

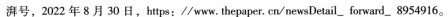

湃号，2022 年 8 月 30 日，https：//www. thepaper. cn/newsDetail_ forward_ 8954916。

《年轻人比例低于 30%！乡村"空心化"困境如何化解?》，"北京民生智库"澎湃号，2023 年 10 月 23 日，https：//www. thepaper. cn/newsDetail_ forward_ 25037771。

《马健：如何破解区域文化品牌建设的困境?》，中国经济网，2016 年 11 月 4 日，http：//finance. people. com. cn/n1/2016/1108/c1004-28843906. html。

《我省科技创新政策面临"落地难"》，中国人民政治协商会议广东省委员会网站，2017 年 1 月 18 日，https：//www. gdszx. gov. cn/zxhy/qthy/2017/dhfy/content/post_ 14146. html。

《发展多样文化，添彩美好生活——2023 年中国居民文化发展满意度报告》，中国孔子网，2024 年 3 月 21 日，https：//chinakongzi. org/whyw/202403/t20240321_ 572015. htm。

《紧贴需求创新拓展城乡公共文化空间》，学习时报网站，2024 年 2 月 26 日，http：//www. legaldaily. com. cn/Village_ ruled_ by_ law/content/2024-02/26/content_ 8964744. html。

乡村文化传承篇

B.6
重塑传统文化助推乡村振兴

汤放华　周文娟*

摘　要：　传承中华优秀传统文化既能彰显乡村特色、提升乡村文化软实力，又能促进乡村经济、社会全面发展，为乡村振兴注入新的活力。本报告从文化传承与保护加强、乡村公共文化服务水平提升、乡村文化活动丰富、乡村经济与文化协调发展、乡村文明风尚形成以及乡村社会治理加强等方面总结了重塑传统文化在助力乡村振兴中发挥的重要作用，并指出在重塑传统文化的过程中，依然面临文化传承困境、经济支撑不足、社会认同危机、人才资源短缺等问题，针对上述问题提出进一步加强文化传承与保护、促进文化产业融合发展、提升村民社会认同感与参与度、加强乡村文化人才队伍建设、完善乡村基础文化设施与公共服务等对策建议，旨在进一步发挥传统文化的作用，推动乡村振兴战略的深入实施。

* 汤放华，工学博士，教授，湖南城市学院原党委书记，主要研究方向为城乡规划、城乡治理；周文娟，湖南城市学院宣传部副部长，主要研究方向为乡村文化、公共政策。

关键词： 传统文化　文化振兴　乡村振兴

自党的十八大以来，习近平总书记多次强调乡村文化振兴的重要性，指出要加强农村思想道德建设和公共文化建设，以社会主义核心价值观为引领，深入挖掘优秀传统农耕文化蕴含的思想观念、人文精神、道德规范，培育挖掘乡土文化人才，弘扬主旋律和社会正气。[①] 党的二十大报告进一步强调，坚持农业农村优先发展，坚持城乡融合发展，畅通城乡要素流动。加快建设农业强国，扎实推动乡村产业、人才、文化、生态、组织振兴。在乡村振兴的宏伟蓝图中，文化振兴被置于至关重要的位置，它是推动乡村全面发展不可或缺的内在动力。作为中华文化的根与魂，传统文化始终是我国文化体系的核心与精髓，在乡村振兴中发挥着不可替代的作用，它不仅承载着历史的记忆，更是激发乡村活力、塑造乡村特色的关键要素。

一　重塑传统文化助推乡村振兴取得明显成效

在乡村振兴战略的大背景下，传统文化以其独特的魅力和深厚的底蕴，成为推动乡村全面发展的重要引擎。近年来，各地乡村充分挖掘和弘扬中华优秀传统文化，将其融入村民生产生活、产业发展、乡村治理、生态保护等各方面各环节，不仅实现了乡村经济的快速增长，更在精神文化层面取得了显著成就，村民的文化自信和归属感明显提升，为乡村振兴战略的深入实施奠定了坚实基础。

（一）促进了文化传承与保护

挖掘和传承乡村优秀传统文化，保护和弘扬民族文化，防止传统文化流

---

① 《以文化建设赋能乡村振兴》，光明网，2024 年 4 月 16 日，https：//epaper. gmw. cn/gmrb/html/2024-04/16/nbs. D110000gmrb_ 06. htm。

失和断层，维护文化的多样性和独特性。一是对传统村落的保护工作取得显著进展。许多具有历史和文化价值的村落被列入保护名录，并实施了挂牌保护制度。根据《住房和城乡建设部办公厅关于实施中国传统村落挂牌保护工作的通知》要求，各地要按照"一村一档"建立完善中国传统村落档案，并于2023年9月底前完成挂牌工作。目前，已有8155个传统村落列入国家级保护名录、实施挂牌保护制度。这不仅防止这些村落在城市化进程中遭到破坏，还保留了乡村的原始风貌和文化底蕴，为乡村旅游和经济发展提供了独特的资源。[①] 二是大量历史建筑和传统民居得到有效保护。截至2020年，先后有5批6819个具有重要保护价值的村落列入中国传统村落名录，通过实施传统村落保护工程，53.9万栋历史建筑和传统民居得到有效保护。[②] 三是许多非物质文化遗产代表性项目得到传承和发展。通过建立非物质文化遗产保护机构、制定保护名录、设立传承人制度、开展传统技艺培训等措施，许多濒临失传的文化项目得到有效保护和传承。2022年末，全国共有非物质文化遗产保护机构2425个，从业人员17716人。[③] 同时，通过举办展览、演出、民俗活动等形式，更多的人了解和认识非物质文化遗产的独特魅力，进一步推动非物质文化遗产的发展。2022年，全国各类非物质文化遗产保护机构举办演出57762场，举办民俗活动13664次，举办展览18107场。[④] 非遗传承人的培养和扶持力度持续加大。制订非遗传承人研修研习培训计划，提高传承人的专业技能和综合素质，为非遗项目的传承和发展提供有力的人才保障。截至2022年11月，国家级非物质文化遗产代表性传承人共计3057人。[⑤]

---

① 《全国已有8155个传统村落列入国家级保护名录》，中国政府网，2023年3月21日，https：//www.gov.cn/xinwen/2023-03/21/content_ 5747704.htm。

② 《全国已有8155个传统村落列入国家级保护名录》，中国政府网，2023年3月21日，https：//www.gov.cn/xinwen/2023-03/21/content_ 5747704.htm。

③ 《中华人民共和国文化和旅游部2022年文化和旅游发展统计公报》，中国政府网，2023年7月13日，https：//www.gov.cn/lianbo/bumen/202307/content_ 6891772.htm。

④ 《中华人民共和国文化和旅游部2022年文化和旅游发展统计公报》，中国政府网，2023年7月13日，https：//www.gov.cn/lianbo/bumen/202307/content_ 6891772.htm。

⑤ 中国非物质文化遗产网（中国非物质文化遗产数字博物馆），https：//www.ihchina.cn/representative。

案例：湖南省益阳市安化县根据自身特有的黑茶文化、梅山文化等，不断加强非物质文化遗产的挖掘及保护，为推进"文化强县"建设做了大量卓有成效的工作。制定《益阳市安化黑茶文化遗产保护条例》等地方性法规，为安化县非物质文化遗产的保护提供了法律保障。安化县成立申遗调研队伍，先后深入全县23个乡镇进行调查走访，采访民间艺人，汇编安化非物质文化遗产普查成果八册和非物质文化遗产安化资源分布图集。组织专业团队对全县范围内的非物质文化遗产进行普查，建立详细的非遗项目数据库、档案库。建立传承人和传承机制，认定并公布各级非遗代表性传承人，支持他们开展传承、传播活动。建立传承培训基地，如为安化千两茶制作技艺设立传习所，传授千两茶制作技艺，根据千两茶制作技艺的艺术特征，编排歌伴舞"安化千两茶号子"，赴山东、广州等地以及台湾、香港地区交流演出，极大地提高了安化黑茶品牌的知名度。截至2023年底，安化全县共拥有各级非物质文化遗产代表性项目68项，其中国家级2项、省级7项、市级28项、县级31项。安化千两茶制作技艺、梅山剪纸、梅山传说、江南傩戏、清塘山歌等一大批非物质文化遗产得到有效保护和传承。[①]

（二）提升了乡村公共文化服务水平

党的十八大以来，随着国家对乡村文化建设重视程度的不断提高，各级政府加大了对乡村文化设施建设的投入力度，乡村公共文化服务水平进一步提升。这种投入不仅体现在资金的显著增加上，更体现在规划的科学性、设施的多样性和服务的普惠性上，形成全方位、多层次、立体化的乡村文化建设格局。

在基础设施建设上，各级政府加大了对乡村文化设施的财政投入力度，建立健全县（市、区）、乡、村三级公共文化服务网络体系，确保每个乡村都拥有自己的文化活动场所，乡村农家书屋、村级文化服务中心等基础设施如雨后春笋般涌现。同时，政府还巧妙地利用乡村现有资源，如祠堂、礼堂、闲置

① 安化县文化振兴引领乡村振兴工作领导小组办公室：《安化县文化振兴引领乡村振兴2024年上半年工作总结》打印稿。

校舍等进行改建、扩建，使这些场所焕发新生，成为乡村文化活动的重要载体。

在规划布局方面，各级政府充分考虑乡村的实际情况，如地理位置、人口分布、文化传统等因素，制定了具有针对性的文化设施建设规划，确保文化设施能够均衡布局，覆盖每一个乡村，让每一位农村居民都能享受近在咫尺的文化服务，促进文化公平。据统计，就全国范围来看，几乎所有乡镇都有图书馆和文化站，70.6%的乡镇有休闲健身广场，近60%的村庄有体育健身场所，41.3%的村庄有农民业余文化组织。①

在设施多样性上，各级政府不断创新思路，既保留了传统文化设施的经典元素，如图书馆、文化站、演艺舞台等，又紧跟时代步伐，积极探索新型文化设施的建设路径。数字文化服务平台、流动图书馆、文化主题公园等新型设施的涌现，不仅丰富了乡村文化的内涵和外延，也满足了农村居民日益多元化、个性化的文化需求。

案例：湖南省益阳市安化县充分挖掘本地特色，把湖湘文化、红色文化、黑茶文化等乡村文化融入农家书屋建设，将一座座农家书屋打造成村民家门口的"精神粮仓"，让田间地头书香洋溢。安化县小淹镇陶澍村，是清代名臣、湖湘文化先导陶澍的出生和长眠之地，文化底蕴深厚，素有"耕读传家"的传统。当地以传播陶澍文化和发扬耕读传统为目标，打造了一家以综合服务、特色文旅、休闲阅读、自主借阅为主要功能的示范性农家书屋。书屋集中展示与陈列了陶澍、左宗棠等湖湘文化代表人物的生平与相关书籍，同时加入史实、农耕技术、少儿科技等类型的读本2000多册，实现全天候开放，成为当地村民农闲时节的好去处。在特色农家书屋的带动下，全县组织读书活动3840场次，全民阅读蔚然成风，在全县形成爱读书、读好书、善读书的良好氛围。② 仙溪镇大溪村全力推进农家书屋建设，首创"书生管书"制度，鼓励大溪村中小学生主动参加，充当农家书屋的"书生管理

① 《中国乡村文化发展研究报告发布》，光明网，2021年10月20日，https://kepu.gmw.cn/agri/2021-10/20/content_35245093.htm。

② 《湖南安化：全力推进农家书屋建设 让田间地头书香洋溢》，人民网，2024年4月25日，http://hn.people.com.cn/n2/2024/0425/c356887-40823417.html。

员"。针对高考考上本科院校的"书屋管理员",优先推荐其参评"三湘阳光助学金",真正让农家书屋成为村民学习文化知识的好场所。近年来,安化县积极推动全县村(社区)综合性文化服务中心、脱贫村文化活动室和文化广场等文化基础设施改造提升,建立健全现代公共文化服务体系,建立联席会议制度和公共文化服务考核评价制度,出台建立现代公共文化服务体系的相关意见,投入专项资金2000多万元,撬动各类社会资金近亿元用于文化建设,实现全县23个乡镇综合文化站全覆盖,完善391个村级综合文化服务中心、517个村级图书阅览室。目前,安化县公共文化设施面积突破150万平方米,基本建成覆盖城乡、便捷高效,保基本、促公平的县、乡(镇)、村(社区)三级公共文化服务体系。

(三)丰富了乡村文化活动

随着公共文化服务水平的日益提升和文化氛围的精心营造,乡村文化活动呈现日益丰富多彩的态势。各地纷纷结合自身独特的传统文化特色和资源优势,为乡村文化活动注入了新鲜血液。在社会发展与科技进步的有力推动下,这些活动正逐渐摆脱以往传统单一的模式,向着更为多样化、现代化和个性化的方向蓬勃发展。

一是乡村文化活动的内容日益多样化。从传统的节庆活动、民俗表演到现代的文艺演出、文化展览,再到新兴的网络直播、在线教育等,乡村文化活动涵盖更广泛的领域和形式。尤其是近年来,"村晚""村超""村 BA"等文化体育活动遍地开花,广受关注和好评。2023年全国"村晚"示范展示活动共举办2万余场次,参与人次约1.3亿人次。[1] 2024年中央一号文件指出,要繁荣发展乡村文化,坚持农民唱主角,促进"村 BA""村超""村晚"等群众性文体活动健康发展。[2] 二是乡村文化活动的组织形式更加现代

---

① 《"村晚"正成为乡村最灿烂的舞台——山东、湖南、贵州的三个村庄调研见闻》,人民网,2024年2月9日,http://paper.people.com.cn/rmrb/html/2024-02/09/nw.D110000renmrb_20240209_1-13.htm。

② 《中共中央 国务院关于学习运用"千村示范、万村整治"工程经验有力有效推进乡村全面振兴的意见》,中国政府网,2024年1月1日,https://www.gov.cn/gongbao/2024/issue_11186/202402/content_6934551.html。

化。利用现代信息技术，如微博、微信、抖音、快手、视频号等新媒体，乡村文化活动可以突破时间和空间的限制，实现线上线下有机结合，让乡村文化活动被更多人"看见"。2023年5月19日，第十四届浙江省网络文化活动季暨"'浙'村超有料"乡村网络文化传播活动启动，切实讲好浙江乡村振兴的好故事、新故事。① 三是乡村文化活动的主题更加个性化。根据不同地区的特点和村民的需求，乡村文化活动可以设计不同的主题和形式，如以农业为主题的农耕文化节、以民俗为主题的传统节日庆典、以旅游为主题的文化旅游节等。这些主题活动不仅满足了村民的个性化需求，也有助于塑造乡村文化的特色和品牌，还可带动当地经济发展和村民增收。

案例：湖南省益阳市安化县不断发掘并整合具有地方特色的优秀传统文化，连续10年精心打造"欢乐潇湘·神韵安化"月月乐、"安化好声音"等群众才艺展示活动，先后5年获全省"欢乐潇湘"文艺汇演特等奖和一等奖，"欢乐潇湘·神韵安化"月月乐被评为益阳市十大品牌活动，荣获第六届湖南艺术节项目类"三湘群星奖"。积极组织开展戏曲进乡村、农村公益电影放映、"百姓春晚"等各类群众活动，累计受益观众达100万人次。同时，安化县结合地域特色和主流文艺活动举办特色培训，给予群众文化活动有力支撑。每年邀请省内外知名专家，对基层文艺骨干和村级文艺积极分子进行培训，培训一批带动一片。目前，全县组建各类文体协会50多个、民间表演队200多支、广场舞队400多支、志愿者队伍600多支，共有11万余名群众参与，群众成为乡村振兴的真正主体。②

（四）推动了乡村经济与文化协调发展

传统文化的保护与传承不仅在于"守旧"，即保持和尊重原有的文化特

---

① 《第十四届浙江省网络文化活动季暨"'浙'村超有料"乡村网络文化传播活动在温州启动》，中央广播电视总台国际在线，2023年5月20日，https://news.cri.cn/2023-05-20/8d7caaf8-c35a-6d9e-cfca-b8a811c3e2dc.html。

② 《湖南安化坚持文化引领 助推乡村振兴》，中央广播电视总台国际在线，2023年12月4日，https://news.cri.cn/2023-12-04/e09c6801-982a-e648-8772-709763267f01.html。

色与价值，确保这些珍贵的文化遗产不被遗忘，更在于"创新"，在传统文化的基础上融入现代元素，使其焕发新的生机与活力。在乡村振兴的浪潮中，传统文化与文化产业的融合发展成为拓宽乡村经济新路径的重要探索。各地依托丰富的文化资源，积极发展文化创意、乡村旅游、民俗体验等产业，实现文化与经济的共同发展。2024年上半年，全国规模以上文化及相关产业企业实现营业收入64961亿元，按可比口径计算，比上年同期增长7.5%。其中，文化新业态特征较为明显的16个行业小类实现营业收入27024亿元，比上年同期增长11.2%。①

一方面，文化创意产业在乡村地区蓬勃兴起。随着对传统文化资源的深入挖掘与整理，一系列独具地方特色的文化创意产品应运而生。这些产品不仅承载着乡村的记忆与故事，更融入现代设计理念和审美元素，展现出前所未有的魅力。手工艺品，如精美的竹编、古朴的陶瓷、细腻的刺绣等，通过精湛的工艺与创意设计，焕发新的生命力，成为市场上备受追捧的热门商品。农产品通过科技手段提升品质，结合创意包装与文化故事，将普通的农产品打造成具有品牌价值的高端商品，极大地提高了农产品的附加值。乡村旅游纪念品融合当地的历史文化、自然景观、民俗风情等元素，既能让游客在旅行中留下美好回忆，又能作为文化传播的载体，将乡村的独特魅力传播到更广阔的地域。

另一方面，乡村旅游成为推动乡村经济发展的重要引擎。各地依托独特的自然风光、人文景观和民俗文化，打造了一批具有鲜明特色的乡村旅游景点和线路。这些景点和线路不仅展现了乡村的原始魅力与生态之美，还融入现代旅游元素，如生态农业体验、亲子互动项目、户外探险活动等，满足了不同游客群体的多元化需求。乡村旅游的兴起不仅带动了当地餐饮、住宿、交通等相关产业的发展，也促进了农产品的销售和农民就业增收，许多农民通过参与乡村旅游服务，实现家门口就业创业的梦想。据统计，2023年中

---

① 《2024年上半年全国规模以上文化及相关产业企业营业收入增长7.5%》，国家统计局网站，2024年7月30日，https：//www.stats.gov.cn/sj/zxfb/202407/t20240730_ 1955888.html。

国乡村旅游业产值超 9000 亿元，旅游业直接及间接创造就业岗位超 6000 万个，是创造农民就业岗位的重要产业。2024 年，中国乡村旅游发展势头依然强劲，第一季度中国农村接待游客 7.84 亿人次，创同期历史新高。①

案例：自唐代起，安化黑茶就被史料记载在册，经过长期发展，到现在已成为湖南省益阳市安化县的特色产业之一。近年来，安化县持续聚焦黑茶产业，在政策支持、产业引导、品牌培育上持续发力，推动黑茶产业主体壮大。2023 年，安化县茶业综合产值达 252 亿元，比上年同期增长 6%，连续15 年上榜中国茶业百强县十强，实现"一片树叶成就一个产业、富裕一方百姓"。2024 年 3 月 23 日，安化县黑茶开园节正式举行，标志着"中国黑茶之乡"安化县 36 万亩茶园进入全面开采期，新茶将陆续上市。安化县黑茶开园节从 2016 年开始，分别在县内各重点产茶乡镇举办，赢得外地茶商、游客的广泛关注，今年黑茶开园节以"安心、安康、安化黑茶"为主题，旨在向外界全面展示安化县黑茶产业的独特魅力与无限活力。在现场，湖南安化黑茶集团有限公司与湖南省古和茶业有限公司签订战略合作协议，安化县打造新式茶饮原料供应新高地迈出坚实一步。同时，发布茶旅融合精品线路"寻茶之旅"，推荐 5 条精品旅游线路作为茶乡"旅游指南"，邀请嘉宾、游客前来感受黑茶之乡的独特魅力。

（五）形成了良好乡村文明风尚

中华优秀传统文化中蕴含的天下为公、民为邦本、为政以德、革故鼎新、任人唯贤、天人合一、自强不息、厚德载物、讲信修睦、亲仁善邻等，是中国人民在长期生产生活中积累的宇宙观、天下观、社会观、道德观的重要体现，其中蕴含的家国情怀、社会伦理、个人修养等价值理念，为新时代乡风文明建设提供了文化滋养和道德支撑。在推进乡村振兴的过程中，各地

---

① 《中国乡村旅游发展白皮书 2024》，"CAU 国家农业市场研究中心"微信公众号，2024 年 7月 8 日，https：//mp.weixin.qq.com/s?_biz=Mzk0NTMyOTYyOQ==&mid=2247490711&idx=1&sn=552bd06fac7ce08e2a43799dc8c42c3a&chksm=c2322cf6aa0bf9292e48b3a2e3b1ade8c0c49784b882dd9eaee574031ed16a6903c137ac98af&scene=27。

积极挖掘中华优秀传统文化中蕴含的宝贵资源,通过举办传统文化节庆活动、修建文化礼堂、传承传统技艺、建设家风家训展示馆等多种形式,将其融入乡村社会生活的各个方面,使乡村居民在潜移默化中接受传统文化的熏陶和滋养。在优秀传统文化的滋养下,乡村社会风气得到显著改善,农民群众的思想道德水平不断提升,社会公德、家庭美德和个人品德得到进一步提升。邻里之间更加和睦,互帮互助蔚然成风,家庭关系更加和谐美满,尊老爱幼、夫妻和睦成为乡村社会的常态,乡村面貌焕然一新。

案例:湖南省益阳市安化县积极探索推动"政府引导+乡贤协调+村民自治"的模式,聚焦村规民约,破陈规、除陋习、树正气,探索移风易俗新路径。在制度层面,引导全县 433 个村(社区)把"刹人情歪风"写进村规民约,督促各村(社区)成立红白理事会、道德评议会、村民理事会等,选取德高望重的"五老乡贤"担任会长,实现乡村"刹人情歪风"自治组织覆盖率 100%。定期开展文明新风宣传活动,自 2023 年以来,全县共发放移风易俗倡议书 1 万余份、廉政短信 2 万余条。同时,安化县纪委监委立足监督职责,推行"督查组+乡镇纪委"协作联动模式,乡镇纪委负责日常巡查,由县纪委监委、县委组织部、县委宣传部等部门联合成立督查组,对各乡镇整改落实情况进行抽查。自 2023 年以来,全县已劝阻大操大办婚丧事宜 296 场次,劝拆气球、拱门以及搭棚设拱 960 余个。①

(六)加强了乡村社会治理

通过加强乡村文化建设,大力弘扬社会主义核心价值观,乡村培育了文明乡风、良好家风、淳朴民风,乡村社会的道德水平和文明程度不断提升。这种良好的社会风气反过来促进了乡村社会治理的现代化,使乡村社会更加和谐、有序。一是村民自治实践进一步深化。民主决策机制日益完善,通过村民大会、村民代表会议等形式,广泛听取民意,确保村级事务决策的科学

---

① 《湖南安化:推进移风易俗 树立文明新风》,人民网,2024 年 6 月 4 日,http://hn.people.com.cn/n2/2024/0604/c356887-40868295.html。

性与民主性。建立健全村规民约、村民自治章程等制度，促进村庄治理的规范化和制度化，民主管理得到切实加强。二是人居环境整治进一步加强。自2018年以来，农村通过分类稳步推进户厕改造，开展问题厕所摸排整改及"回头看"。目前，全国农村卫生厕所普及率超过73%。农村生活污水治理（管控）率达到40%以上。推动农村生活垃圾收运处置体系建设和运行管理，生活垃圾得到收运处理的行政村比例保持在90%以上，全国开展清洁行动的村庄超过95%，村容村貌得到明显改善。① 三是数字赋能乡村治理成效进一步凸显。截至2023年12月，农村网民规模达3.26亿人，较2022年12月增长1788万人，城乡数字鸿沟加速弥合。② 数字技术的发展使公共服务更加便捷与包容，在线政务服务用户规模达9.73亿人，同比增长超4700万人。全国一体化政务服务平台基本建成，实名注册用户占网民整体的比例提升至接近九成，③ 真正让百姓少跑腿、信息多跑路。同时，"互联网+基层治理"深入实施，截至2022年底，全国基层政权建设和社区治理信息系统已覆盖全国50万个村委会、超11.3万个居委会，实现行政村（社区）的基础信息和统计数据"一口报"。④

案例：湖南省益阳市安化县冷市镇大苍村将"和为贵"价值追求纳入乡村治理，创新"党建+人民调解""网格员+人民调解""辅警+人民调解"工作机制，聘任1465名人民调解员，建立456个镇村人民调解委员会和13个专业性调解委员会，做好"谌小菊工作室""五老工作室""好商量调解中心""爱心妈妈"特色品牌。安化县城南区中砥社区以"谌小菊工作室"为总网格，四个片区为片网格，居民小组为组网格，组网格联系居民。由党

---

① 《加快提升乡村治理水平》，《经济日报》2024年4月1日。

② 《第53次〈中国互联网络发展状况统计报告〉发布 互联网激发经济社会向"新"力（大数据观察）》，中华人民共和国国家互联网信息办公室网站，2024年3月25日，https：//www.cac.gov.cn/2024-03/25/c_1713038218396702.htm。

③ 《第53次〈中国互联网络发展状况统计报告〉发布 互联网激发经济社会向"新"力（大数据观察）》，中华人民共和国国家互联网信息办公室网站，2024年3月25日，https：//www.cac.gov.cn/2024-03/25/c_1713038218396702.htm。

④ 中国信息通信研究院：《数字乡村发展实践白皮书（2024年）》，2024年6月，http：//www.caict.ac.cn/kxyj/qwfb/bps/202406/P020240604545842789562.pdf。

员干部担任网格长，形成"总网格+片网格+组网格+居民"工作模式，收集民意、处理矛盾、调解纠纷，年接待群众 1200 人次以上。运用"网格+微信群"治理新方式，为群众提供诉求反映、矛盾化解、政策宣传等便民服务，全县共建立 757 个网格微信群。2023 年，共办理群众诉求 14000 余件，满意率达 99.99%，实现"小事不出组、大事不出网格"。

二 重塑传统文化助推乡村振兴面临的困境

重塑传统文化虽然已经取得了一定的成效，但在具体推进过程中，还存在文化传承困境、经济支撑不足、社会认同危机、人才资源短缺等问题。

（一）文化传承困境

在探索乡村振兴的宏伟蓝图中，传统文化不仅是乡村的灵魂与根基，更是推动乡村可持续发展的不竭动力。然而，随着时代快速变迁与社会结构深刻转型，传统文化面临前所未有的传承挑战与困境。

一是"空心村"的文化断层导致传承主体缺失。随着城市化的加速，大量青壮年劳动力外出务工，乡村成为"空心村"。据第七次全国人口普查，居住在城镇的人口占 63.89%，居住在乡村的人口占 36.11%，与 2010 年相比城镇人口占比上升 14.21 个百分点。2020 年流向城镇的人口为 3.31 亿人，其中，从乡村流向城镇的人口为 2.49 亿人，较 2010 年增加 1.06 亿人。[①] 这些均表明，乡村"空心化"问题日益严峻。这直接导致传统文化技艺和习俗的传承链条断裂，这种代际的文化断层，使得许多宝贵的文化遗产面临失传的风险。

二是多元文化冲击导致本土文化边缘化。随着全球化的深入和外来文化的冲击，乡村居民尤其是年轻一代的价值观、审美观发生了深刻变化，他们

---

① 《年轻人比例低于 30%！乡村"空心化"困境如何化解？》，"人民论坛网"百家号，2023 年 9 月 21 日，https：//baijiahao.baidu.com/s？id = 1777608969277400028&wfr = spider&for = pc。

更倾向于追求现代、时尚的文化元素，对本土传统文化的认同感逐渐减弱，从而使得传统文化在多元文化的碰撞中难以保持其独特性和吸引力，传统文化中的某些习俗和观念因与现代生活脱节而逐渐被边缘化或遗忘。

三是保护意识薄弱导致文化资源流失或破坏。部分地方政府和公众对传统文化缺乏主动保护和传承的意识与行动。他们往往将经济发展放在首位，忽视了文化资源的保护，导致政府在传统文化保护方面的投入不足，政策执行不力，公众对传统文化保护的认识和参与度较低。传统文化保护意识薄弱，不仅侵蚀了传统文化的物质形态，更削弱了其精神内核与传承根基。

（二）经济支撑不足

在乡村振兴战略中，经济支撑是不可或缺的关键要素，特别是对于乡村文化的保护与传承，经济基础的薄弱往往成为其发展的最大桎梏。

一是文化建设资金不足。一方面，政府投入有限。地方政府在推动经济发展的同时，承担繁重的民生保障任务。尽管政府加大了对乡村文化建设的投入力度，但面对巨大的乡村发展需求和文化建设需求，这些资金仍是杯水车薪。政府财政资金有限，导致许多文化项目难以实施或只能停留在规划阶段，无法真正落地见效。另一方面，社会资本参与度低。由于乡村地区经济相对落后，投资回报周期长，风险相对较高，社会资本对乡村文化产业的投资意愿不强。再加上缺乏有效的激励机制和政策引导，社会资本难以有效进入乡村文化领域。

二是文化产业模式单一。乡村文化产业模式相对单一，缺乏创新性和竞争力，这直接导致文化产品高度同质化，难以满足日益多元化和个性化的市场需求。首先，文化产业创新力不足。受限于人才资源稀缺、技术引进滞后以及资金投入有限，乡村文化企业在创新开发上显得力不从心。这不仅体现在文化产品的原创性缺失上，更导致企业难以跳出模仿与复制的怪圈，加剧了市场上文化产品的同质化竞争。其次，市场需求对接不畅。乡村文化产业在发展过程中，缺乏对市场动态的敏锐洞察和深入分析能力，难以精准捕捉消费者偏好的变化与新需求。这种供需错配不仅削弱了文化产品的市场吸引力,也阻碍了文化产业向更高层次、更广领域的转型升级。最后,产业链不完善。在乡村文化产业从资源挖掘到产品呈现的全链条中,各环节之间缺乏有效的沟通与协作,使得文化资源难以高效转化为具有市场竞争力的文化产品。产业链的断裂不仅增加了生产成本和市场风险,也限制了文化产业在产业链上下游的延伸与拓展,影响了整体产业的健康发展和传统文化的传承。

(三)社会认同危机

在现代社会,不少村民认为传统文化与现代生活脱节,缺乏实用性和吸引力,这种认同危机不仅削弱了传统文化的社会影响力,还限制了其在乡村振兴中积极作用的发挥。

一是文化价值认同危机。现代文化以其新颖性、时尚感和便捷性迅速赢得了大众的喜爱。相比之下,传统文化因缺乏创新和活力而显得相对单调和乏味,这使得人们在文化选择上更加倾向于现代文化元素。同时,随着社会变迁的加速和人们生活方式的改变,一些传统习俗和仪式因与现代生活方式不符而逐渐被遗忘,一些传统技艺和手工艺因缺乏市场需求而面临失传的风险。这种社会变迁对传统文化的冲击使得人们在文化认同上产生困惑和迷茫。

二是文化服务供需矛盾。乡村文化服务供给与村民需求之间存在较大差距,形成了供需矛盾。这一矛盾的产生,一方面,由于供需信息不对称,文化服务供给方难以准确把握村民的实际需求和偏好,而村民也难以及时获取所需的文化服务信息;另一方面,乡村地区文化服务平台建设相对滞后,缺乏完善的设施和活动场所,以及有效的运营和管理机制,难以满足村民日益增长的文化需求。

(四)人才资源短缺

全面推进乡村振兴,人才振兴是关键。乡村文化创新需要具有创新思维

和实践能力的人才支撑，但当前乡村地区普遍缺乏这样的文化创新人才。

一是专业人才匮乏。乡村地区在文化遗产保护、文艺创作、文化活动策划与执行等关键领域普遍缺乏专业人才。这些岗位需要具备深厚的专业知识、丰富的实践经验以及创新的思维能力，但现实是，农村地区的吸引力相对较弱，城市提供了更为优越的生活条件、更广阔的就业前景、更丰厚的待遇，严重影响了他们到农村工作的意愿和积极性。

二是人才流失严重。由于乡村地区经济发展水平相对滞后，生活条件、教育资源和公共服务设施等方面与城市存在较大差距，许多有才华的年轻人不愿意留在乡村发展，而是选择到城市或其他发达地区寻求更好的机会。这种"孔雀东南飞"的现象进一步加剧了乡村文化人才的短缺。

三是创新能力不足。许多乡镇的文化管理岗位是由非专业人员或兼职人员担任，他们在文化工作上的专业性和创新力不足，难以胜任复杂的文化工作，乡村文化活动往往缺乏新鲜血液和创意，难以形成具有地方特色和时代感的文化产品和品牌，这也进一步削弱了乡村文化在市场上的竞争力和影响力。

三 重塑传统文化助推乡村振兴的对策建议

（一）进一步加强中华优秀传统文化传承与保护

一是建立健全文化传承人制度。首先，明确传承人身份与职责。综合考虑传承人的技艺水平、社会影响力、道德品质等多个维度，建立严格的传承人认定机制，确保传承人的身份具有权威性和公信力。明确传承人的资格条件和职责范围，如传授技艺、整理文献、保护文化遗产等，确保他们在文化传承中发挥核心作用。其次，提高传承人待遇。给予传承人相应的待遇，为他们提供稳定的生活补贴、项目资助、医疗保险、养老保险等，以减轻他们的经济压力。同时，提升传承人的社会地位和荣誉感，增强他们的职业认同感。最后，加强传承人培训与交流，定期组织专业培训，邀请专家学者进行授课和指导；建立传承人交流平台，促进他们之间的经验分享和技艺交流。鼓励传承人参与国内外文化交流活动，吸收借鉴其他文化的精髓，为本土文化的传承与创新注入新的活力。

二是促进本土文化与多元文化融合创新。首先，创新文化交流活动。多形式、多渠道举办文化节、展览、演出等文化交流活动，增强本土文化的传播力和影响力。邀请其他地区的文化团体和个人参与，促进文化的相互了解和尊重，为文化创新提供丰富的素材和灵感。其次，坚定文化自信。通过教育引导、媒体宣传等多种方式，公众对本土文化的认同感和自豪感不断提升。鼓励年轻一代积极学习和传承中华优秀传统文化，让他们在了解、体验中感受传统文化的魅力和价值，从而自觉成为文化传承的参与者和推动者。最后，创新文化产品。在挖掘传统文化精髓的基础上，积极探索与现代生活相结合的创新方式，开发具有时代特色的手工艺品、文化创意产品、数字文化产品等，满足人们日益增长的精神文化需求。

三是加强文化资源的保护与利用。首先，增强保护意识。通过宣传教育引导人们树立正确的文化观和资源观，增强保护文化遗产的自觉性和主动性。其次，完善法律法规。建立健全文化遗产保护的法律法规体系，明确保护对象、保护原则、保护措施和法律责任等。加大对破坏文化遗产行为的打击力度，提高违法成本，形成有效的法律震慑力。最后，加强传统文化资源普查与保护。对传统文化资源进行全面普查和评估，建立档案数据库，摸清资源底数和分布情况，根据资源的重要性和濒危程度制定相应的保护措施和规划方案。加强对重点文化遗产的抢救性保护和修复工作，鼓励社会力量参与文化遗产保护工作，形成政府主导、社会参与的多元化保护格局。

（二）进一步促进文化产业融合发展

一是促进乡土文化与其他产业融合发展。强化文化赋能，积极培育乡村振兴文化产业支柱，推动"文化+"等产业融合发展。深度挖掘乡村的文化底蕴、自然景观、民俗风情，打造特色乡村旅游线路，将乡村文化资源转化为旅游产品，形成"文化+旅游"模式；发展农耕文化体验园、生态农业观光园等，将农业与文化、旅游相结合，推广有机农产品、特色农产品加工及文创农产品，形成"文化+农业"模式；建立乡村文化教育基地，开展农耕文化、传统手工艺等研学活动，让青少年在体验中学习乡村文化，形成"文化+教育"模式；利用电商平台和社交媒体，推广和销售乡村特色文化产品，增加农民收入，形成"文化+电商"模式。

二是推动科技赋能文化产业。充分利用现代科技手段，如虚拟现实（VR）、增强现实（AR）、大数据、5G、云计算、人工智能等，为文化产业提供强有力的技术支撑。推动文化内容与科技深度融合，打造沉浸式文化体验项目，提升文化产品的吸引力和传播力。鼓励文化企业加大科技创新和研发投入力度，提升自主创新能力。支持企业与高校、科研机构等建立产学研合作机制，共同开展文化科技研发和应用推广。推动文化产业数字化转型和智能化升级，构建线上线下相结合的文化产业生态体系。

三是推动城乡文化一体化发展。首先，要充分发挥城市作为文化中心和创新高地的带动作用。城市是引领城乡文化发展的核心引擎，通过举办各类文化节庆、艺术展览、文化交流等活动，城市可以向乡村传播先进的文化理念、优秀的文化作品和创新的文化模式，激发乡村文化的内在活力。其次，要加快城乡间文化要素的双向流动。一方面，鼓励城市的文化人才、艺术家、文化企业等向乡村流动，为乡村注入新的文化元素和创意灵感；另一方面，深入挖掘乡村的文化资源，将其引入城市，丰富城市的文化内涵和表现形式。通过文化要素的双向流动，实现城乡文化资源的共享与互补。

（三）进一步提升村民社会认同感与参与度

一是加强传统文化教育与普及。当地政府通过学校教育、社区讲座等途径，向村民进行传统文化知识传授和文化价值传播，提高他们的文化素养。组织专家学者编写适合村民阅读的本土文化教材，讲述本土的历史故事、英雄事迹等，激发村民的爱国爱乡情感，增强他们对本土文化的认同感和归属感。同时，政府、媒体共同发挥作用。政府制定相关政策，加大对乡村文化教育的投入力度，优化资源配置，确保文化教育工作顺利开展；媒体可以通过新闻报道、专题节目等形式，广泛宣传乡村文化的独特魅力和价值，提高社会关注度。

二是挖掘本土优秀传统文化。充分挖掘具有地域特色和历史价值的传统文化资源，既要深入挖掘那些隐藏于田间地头、村落街巷中的非物质文化遗产，也要重视那些承载着历史记忆的物质文化遗产。通过专业团队的田野调查、口述历史记录、影像资料拍摄等手段，将这些宝贵的文化遗产系统地记录下来，确保它们不因时间的流逝而消失。鼓励村民讲好乡村故事，用他们的语言和视角，展现最真实的乡村生活。或邀请作家、艺术家等创作反映乡村生活的文艺作品，增强外界对乡村文化的亲切感和认同感。通过讲述乡村故事、传播乡村文化，提升乡村文化的知名度和美誉度。

三是促进文化交流与融合。定期举办各种文化活动，结合当地资源和节庆习俗，注重创新与融合，打造具有品牌效应的文化活动，使之更加贴近村民生活和兴趣，让这些既有深度又有温度的文化活动吸引广大村民参加，切实增进他们对本土文化的认同。鼓励村民与其他地区进行交流互动，借鉴其他地区文化的优点和长处，同时保持本土文化的独特性和价值。

（四）进一步加强乡村文化人才队伍建设

一是加大人才培养力度。针对不同层次、不同需求的文化人才，设计个性化培养方案，建立从基础技能培训到高级管理人才培养的多层次培训体系，例如，对于基层文化工作者，可以开展基础文化知识与技能培训；对于具备潜力的中青年骨干，向其提供高级研修班、海外交流等机会，拓宽国际视野。同时，与高校、研究机构建立合作关系，开设文化传承、文化创意、文化产业运营、非物质文化遗产保护等专业课程，提高文化工作者的专业素养和综合能力。在培训方式上可以采用线上与线下相结合的方式，利用互联网平台开设网络课程，方便广大文化爱好者自主学习；线下则通过工作坊、讲座、实地考察等形式，增强其实践操作能力。

二是建立人才激励机制。首先，明确职业发展路径。为文化工作者设定明确的晋升通道、规划清晰的职业发展路径，让他们看到在乡村发展的广阔前景。如从初级文化员、中级文化师到高级文化专家等，每个阶段设定具体的晋升条件和评价标准。同时，提供多样化的岗位选择，满足不同人才的职业需求。其次，实施绩效奖励制度。根据工作业绩、创新能力、贡献大小等因素，对文化工作者进行绩效评估，并给予相应的物质奖励和精神鼓励。设立乡村人才贡献奖、科技创新奖、文化创意奖等专项基金，对有突出贡献的文化人才给予表彰和奖励。最后，强化社会认同与尊重。通过媒体宣传、公众活动等方式，提高文化工作者的社会地位和影响力，增强他们的职业荣誉感和归属感。鼓励社会各界关注和支持乡村文化事业，形成尊重文化、崇尚创新的良好氛围。

三是积极发挥乡贤作用。首先，深入挖掘乡贤资源。建立乡贤档案，记录他们的生平事迹、文化成就和社会贡献。通过走访调研、座谈会等形式，加强与乡贤的联系，了解他们的意愿和需求。其次，搭建乡贤服务平台。为乡贤提供政策咨询、项目对接、资金扶持等全方位服务，支持他们参与乡村文化建设和治理改革。建立乡贤顾问团，邀请他们在文化产业发展规划、项目评审等方面提供专业意见。最后，发挥乡贤引领作用。鼓励乡贤通过举办讲座、工作坊等形式，分享经验、传授技艺，带动乡村文化人才成长。此外，还可以利用乡贤的影响力，吸引更多社会资本投入乡村文化产业发展，为乡村文化产业发展注入新鲜血液。

（五）进一步完善乡村基础文化设施与公共服务

一是加大基础设施建设投入力度，构建全面覆盖的文化设施网络。拓宽资金来源，结合政府投入与社会资本，积极探索政府与社会资本合作（PPP）模式、社会捐赠、文化资金等多种融资渠道，吸引更多社会资本参与乡村文化设施建设。科学规划设施位置与功能，结合乡村发展规划、土地利用规划等，确保文化设施的位置选择既符合乡村空间布局，又能有效服务村民及周边地区。注重精准施策，在设施设计中，将乡村传统文化元素融入设施设计中，如建筑风格、装饰细节等，使文化设施成为展示乡村文化的窗口和地标。针对不同乡村的文化特色和资源优势，制定差异化的建设方案，避免同质化竞争，实现文化设施的差异化发展。

二是丰富公共文化产品内容供给，提升村民文化获得感。注重多元化内容开发，深入挖掘乡村传统文化资源，结合现代审美与科技手段，创作出具有地方特色的文化产品。除了静态的文化产品展示外，还可组织各种互动体验式的文化活动，增强村民的参与感和体验感，让文化在互动中传承与发展。针对村民的多样化需求，根据村民的年龄、兴趣、职业等特点，通过问卷调查、意见征集等方式了解村民的文化偏好和需求，量身定制个性化的文化服务，例如，为儿童打造亲子阅读区，为老年人开设书法、国画等传统文化课程等。

三是创新服务模式，健全公共文化服务体系。利用现代科技手段保护传承乡村文化。通过高清摄像、3D 扫描等技术对文物古迹进行数字化建档，确保文化资源得以永久保存和广泛传播。建立数字文化平台，提供在线阅读、电子图书、网络课程、虚拟现实体验等多样化的数字文化资源，提供沉浸式文化体验，让村民随时随地享受便捷的文化服务。利用微博、微信、抖音、快手等社交媒体平台，发布与乡村文化相关的短视频、图文资讯等，吸引更多年轻人关注和参与乡村文化的传播与传承。

重塑传统文化助推乡村振兴是一项长期而艰巨的任务，需要政府、社会、市场以及广大村民的共同努力。通过采取上述措施，我们可以逐步激发乡村文化的内在活力，塑造具有鲜明地域特色和时代风貌的乡村文化新形态，为乡村振兴注入强大的精神动力和提供有力的文化支撑。同时，我们也应认识到，乡村文化振兴是一个系统工程，需要各方协同推进、持续用力，最终实现乡村全面振兴的美好愿景。

参考文献

《中共中央　国务院印发〈乡村振兴战略规划（2018—2022 年）〉》，中国政府网，2018 年 9 月 26 日，https：//www.gov.cn/zhengce/2018-09/26/content_ 5325534. htm。

《中共中央　国务院关于做好 2023 年全面推进乡村振兴重点工作的意见》，中国政府网，2023 年 2 月 13 日，https：//www.gov.cn/zhengce/2023-02/13/content_ 5741370. htm。

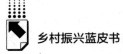

《习近平：高举中国特色社会主义伟大旗帜　为全面建设社会主义现代化国家而团结奋斗——在中国共产党第二十次全国代表大会上的报告》，中国政府网，2022 年 10 月 25 日，https：//www.gov.cn/xinwen/2022-10/25/content_ 5721685.htm。

《中共中央办公厅　国务院办公厅印发〈关于实施中华优秀传统文化传承发展工程的意见〉》，中国政府网，2017 年 1 月 25 日，https：//www.gov.cn/zhengce/2017-01/25/content_ 5163472.htm。

王娟：《文化引领乡村振兴的有效途径》，《人民论坛》2018 年第 6 期。

B.7

涵养乡风文明助力乡村振兴

张文弢　周文娟*

摘　要：　乡村振兴战略的总要求之一就是乡风文明，乡风文明是乡村振兴的根本保证。首先从农民思想道德建设、农村公共文化服务、农村移风易俗、农民文化素质、农村医疗健康意识等方面，对当前农村乡风文明建设的现状和成效进行总结。在乡风文明建设过程中仍存在党建引领存在薄弱环节、公共文化服务发展不均衡、农村人才流失严重、移风易俗任务艰巨、人居环境整治需进一步加强等一些短板与不足。针对上述问题，本报告提出几点对策建议，旨在为涵养乡风文明、助力乡村振兴发展提供有益参考和借鉴，包括坚持党建引领、加强平台建设、抓实道德建设、坚持化风成俗、弘扬传统文化等方面。

关键词：　乡风文明　文化振兴　乡村振兴

乡风文明是乡村全面振兴的"灵魂"。2020年12月，习近平总书记在中央农村工作会议上强调，坚持把解决好"三农"问题作为全党工作重中之重，举全党全社会之力推动乡村振兴，促进农业高质高效、乡村宜居宜业、农民富裕富足。① 全面推进乡村振兴，是党的二十大报告所强调的。《中共中央　国务院关于实施乡村振兴战略的意见》指出，乡村要振兴，乡

---

* 张文弢，湖南城市学院驻安化县清塘铺镇苏溪村第一书记、工作队队长，主要研究方向为乡村治理；周文娟，湖南城市学院党委宣传部副部长，主要研究方向为乡村文化、公共政策。

① 习近平：《坚持把解决好"三农"问题作为全党工作重中之重举全党全社会之力推动乡村振兴》，《农村工作通讯》2022年第7期。

风文明是保障。加快农业强乡建设步伐，扎实推进乡村产业、人才、文化、生态、组织振兴，与促进和巩固乡风文明建设是分不开的。乡风文明建设在乡村振兴战略的宏伟蓝图中具有举足轻重的地位，也是乡村振兴的内在动力和重要保障，关系到农村社会的精神面貌和文化生态。党的十六届五中全会正式提出乡风文明理念，明确乡风文明是建设社会主义新农村的要求之一。党的十九大提出乡村振兴战略，乡风文明是乡村振兴战略的总要求之一。中国特色社会主义进入新时代，乡风文明也在新时代下被赋予新的要求。乡村振兴，不仅仅是经济的发展，更重要的是文化的整体提升、社会的整体改善、生态的整体提升。乡风文明作为乡村文化的核心，承载着乡村的历史记忆、文化传统和道德观念，是乡村居民共同的精神家园。一个拥有良好乡风的乡村，能够激发村民的归属感和自豪感，形成积极向上的社会氛围，为乡村振兴提供强大的精神支撑。乡风文明建设有助于提升乡村的治理水平。乡村治理是乡村振兴过程中的一个关键环节，而乡风文明作为乡村治理的软环境，对提升乡村治理效能具有重要作用。特别是通过弘扬社会主义核心价值观，倡导勤劳节俭、尊老爱幼等传统美德，能够有效引导广大村民达成共识，增强乡村社会的凝聚力和向心力，从而为乡村治理奠定坚实的基础。乡风文明建设是推动乡村产业发展的重要力量。产业发展是乡村振兴的经济基础，乡风文明能够为乡村产业发展提供独特的文化资源和持久的精神动力。很多地方的实践证明，具有鲜明地方特色的文明乡风，可以成为乡村产业发展的品牌标识，能够有力提升农产品的附加值和市场竞争力。同时，乡风文明建设还能激发村民的创新创造活力，为乡村产业发展注入新的动力。乡风文明建设对改善农村人居环境具有积极意义。在乡风文明建设过程中，倡导绿色生活方式和生态文明理念，可以有效引导村民树立环保意识，积极参与人居环境整治和生态保护，为打造宜居宜业的和美乡村奠定坚实的群众基础。乡风文明建设是实现农村社会和谐稳定的重要保障。文明乡风作为农村社会的精神纽带，能够通过道德教化、文化熏陶等方式，化解矛盾、增进理解、促进和谐，为农村社会的稳定提供有力的保障。

综上所述，乡风文明建设在乡村振兴中具有重要的地位和作用。它是乡村振兴的灵魂所在，是提升乡村治理水平的重要途径，是推动乡村产业发展的强大动力，是改善乡村人居环境的有力抓手，也是实现乡村社会和谐稳定的重要保障。因此，在推进乡村振兴的过程中，我们必须高度重视乡风文明建设，通过一系列切实可行的措施，不断提升乡村社会的文明程度和精神风貌，为乡村振兴战略的顺利实施提供有力的支撑和保障。

一 涵养乡风文明助力乡村振兴的现状与取得的成绩

乡村振兴战略深入实施，乡风文明建设取得显著成效。各级政府将其作为推动农村全面发展的关键任务来抓，通过加强组织领导、完善工作机制、加大投入力度等方式，形成政府主导、社会参与、农民主体的乡风文明建设新格局，为农村社会的全面发展注入强大动力。在具体实施过程中，各地紧密结合自身实际，创新工作思路和方法，积极探索符合当地特点的乡风文明建设路径。农民的思想道德素质明显提升，文明意识显著增强。他们更加注重个人品德修养和社会公德建设，积极参与乡村治理和公共事务管理，成为乡村振兴的重要力量。乡村社会风气明显改善，文明新风蔚然成风。过去一些不良的社会现象得到有效遏制，健康向上的生活方式成为主流，乡村社会更加和谐稳定。

（一）农村思想道德建设得到强化

乡村振兴战略的实施，不仅推动了社会主义核心价值观在农村的广泛传播，引领农民群众树立正确的价值观念，还促使农民群众的思想道德素质、法治意识和文明素养明显提升，形成了崇德向善、和谐理性的良好风尚。在社会主义核心价值观的传播方面，农村地区通过多种渠道和形式，如举办讲座、开展主题活动、利用村广播和宣传栏等，使社会主义核心价值观逐渐深入人心。例如，在浙江省，当地党委、政府通过"千村示范、万村整治"工程，不仅改善了农村环境，还在村庄中广泛宣传社会主义核心价值观，使

农民群众在潜移默化中接受了正确的价值观念。河南省通过"星级文明户"评选活动，将社会主义核心价值观融入评选标准，引导农民群众积极践行。广东省通过"乡村振兴大讲堂"等平台，鼓励专家学者深入农村，为农民群众解读社会主义核心价值观的内涵和意义，引导他们积极践行。这些省份的实践表明，社会主义核心价值观在农村的传播已经取得了显著成效，农民群众的价值观念得到正确引领。

在农民群众的思想道德素质、法治意识和文明素养提升方面，众多典型案例涌现。如山东省在"文明乡村"建设中，通过设立"善行义举四德榜"，表彰在助人为乐、见义勇为、诚实守信、敬业奉献等方面表现突出的村民。江苏省通过实施"法治进村"工程，定期邀请法律顾问为村民提供法律咨询和援助，显著增强村民的法治意识。湖北省在"荆楚家风"建设中，通过挖掘和传承优秀家风家训，引导农民群众注重家庭、家教、家风，弘扬中华民族传统美德，显著提升了村民的道德素质。湖南省益阳市安化县通过举办"农民丰收节"等活动，丰富了村民的文化生活，提升了乡村的文化品位。这些地方的实践表明，农民群众的思想道德素质、法治意识和文明素养已经得到显著提升，崇德向善、和谐理性的良好风尚正在逐渐形成。

（二）农村公共文化服务得到完善

我国农村地区在公共文化服务体系建设与精神文化生活丰富方面取得了显著成效，不仅构建了较为完善的乡村公共文化设施网络，还极大地丰富了公共文化服务内容，有效满足了农民群众的基本文化需求，提升了乡村文化软实力。乡村公共文化设施网络基本建成。随着乡村振兴战略的深入推进，各地政府高度重视农村公共文化设施建设，通过加大投入、科学规划，逐步构建起覆盖广泛的乡村公共文化设施网络。这一网络以图书馆、文化广场等为核心，为农民提供丰富多彩的公共文化服务。在江苏省，当地政府将公共文化设施建设作为乡村振兴的重要内容，通过实施"农家书屋"工程、"乡村文化礼堂"建设等项目，实现了行政村公共文化设施全覆盖。截至2023年7月，"江苏数字农家书屋"平台注册用户为659万人、阅读使用量为

8626 万人次、日活量为 8.4 万人次。农家书屋已经成为农民群众学习知识、休闲娱乐的重要场所。[①] 这些设施不仅丰富了农民的精神文化生活，还促进了乡村文化的传承与发展。在湖南省，当地政府创新思路，利用农村闲置的祠堂、民房等资源，将其改造成小广场、小书屋等公共文化空间，有效解决了农村公共文化服务场所不足的问题。同时，还通过政府购买服务等方式，引入专业团队运营这些设施，确保公共文化服务的持续性和有效性。在贵州省，面对地理条件复杂、经济基础薄弱的现实情况，当地政府采取集中连片推进的方式，建设了一批集图书阅读、文化娱乐、体育健身等功能于一体的综合性文化服务中心。这些中心不仅设施完善、功能齐全，还注重与当地特色文化相结合，形成独特的乡村文化品牌。在公共文化设施不断完善的同时，各地积极创新公共文化服务内容，丰富活动形式，努力满足农民群众日益增长的文化需求。湖南省益阳市安化县充分挖掘本地特色，把湖湘文化、红色文化、黑茶文化等乡村文化融入全县 364 个农家书屋建设中，将一座座农家书屋打造成村民家门口的"精神粮仓"，全县已建成特色农家书屋 6 家，在建特色农家书屋 21 家。在特色农家书屋的带动下，全县组织读书活动 3840 场，全民阅读蔚然成风，在全县上下形成爱读书、读好书、善读书的浓厚氛围。

（三）农村移风易俗取得初步成效

党的十九大报告提出，开展移风易俗、弘扬时代新风行动。近年来，农村移风易俗工作在全国范围内如火如荼地开展，各地积极推动，力求革除陈规陋习，树立勤俭节约、婚事新办、丧事简办的文明新风。通过不懈努力，农村移风易俗工作取得了初步成效，乡村社会风气持续好转，文明新风蔚然成风。各地积极推动移风易俗，革除陈规陋习。在推动农村移风易俗的过程中，各地政府积极响应，出台了一系列政策措施，力求从根本上改变农村长

---

① 《我省数字农家书屋用户 659 万人》，江苏省人民政府网站，2023 年 9 月 20 日，http://www.jiangsu.gov.cn/art/2023/9/20/art_ 84323_ 11020268. html。

期存在的陈规陋习。高价彩礼、大操大办等不合理的婚丧习俗曾一度成为农村社会的负担，不仅浪费了资源，也歪曲了社会风气。为此，各地党委政府通过宣传引导、政策扶持、法律约束等多种手段，推动农民群众树立勤俭节约、婚事新办、丧事简办的新观念，许多地区的高价彩礼现象得到有效遏制。河南省濮阳市濮阳县、宁夏回族自治区吴忠市利通区等地通过设定彩礼上限、鼓励低彩礼或零彩礼等方式，有效减轻了农民的经济负担，也改变了社会对彩礼的过度追求，让婚事新办、丧事简办成为农村新风尚。许多地方通过举办集体婚礼、文明丧葬等方式，引导农民群众以更加文明、节俭的方式办理婚丧事宜，既节约了资源，也体现了对传统文化的尊重与创新。与此同时，在推动农村移风易俗的过程中，红白理事会等自治组织发挥了不可替代的作用。这些自治组织通过制定和执行具体的村规民约，将移风易俗的要求转化为农民群众的日常行为规范，从而推动乡村社会风气持续好转。村规民约作为农村社会治理的重要工具，在移风易俗中发挥了基础性作用。各地通过修订和完善村规民约，将勤俭节约、婚事新办、丧事简办等要求纳入其中，明确对违规行为的处罚措施，增强约束力和可执行性，使村规民约成为农民群众共同遵守的行为准则。湖南省益阳市资阳区长春镇先锋桥村制定简单易记的村规民约，依托村民服务中心、红白理事会及新时代文明实践站，向全村群众宣传村规民约，倡导婚丧嫁娶简办，破除陈规陋习，提倡"反对浪费、崇尚节约"的文明行动，弘扬文明新风。常态化开展反对邪教迷信、黄赌毒等主题警示教育活动。安化县通过村科普宣传栏、网格群等，广泛宣传健康知识、安全常识、应急避险知识、法律法规等。安化县通过引导全县433个村（社区）将"刹人情歪风"条款列入村规民约，督促各村（社区）成立红白理事会、道德评议会、村民理事会等，选取德高望重的"五老乡贤"担任会长，实现乡村"刹人情歪风"自治组织覆盖率100%。

（四）农民文化素质有所提升

随着国家对农村教育事业的高度重视和持续投入，农村教育事业取得长足进步，农民群众的文化素质得到显著提升。这一变化不仅体现在农村学校设施和教学条件的改善上，更体现在农民对子女教育问题的重视和尊师重教、崇尚知识良好风尚的形成上。农村教育投入持续增加，教学设施和教学条件得到改善。过去，由于历史、经济等多方面的原因，农村教育事业发展相对滞后，学校设施简陋，教学条件艰苦。随着国家对农村教育的重视，政府不仅加大了对农村学校的资金投入力度，还实施了多项改善农村教育环境的政策，如农村义务教育经费保障机制、农村学校校舍安全工程等，使得农村学校硬件设施得到显著改善，教学条件得到显著提升，教学场所焕然一新。与此同时，多地党委、政府通过提高农村教师待遇、加强农村教师培训、引进优秀教育人才等措施，促进农村学校教学质量提升。高质量的农村基础教育，不仅提高了乡村人口的知识水平，也为农村的未来发展奠定了坚实的人力资源基础。随着农村教育事业的进步和农民群众文化素质的提升，农民更加重视子女的教育问题，愿意投入更多时间和金钱支持子女教育，也在一定程度上促进了农村尊师重教、崇尚知识良好风尚的形成。农村教育事业的进步和农民文化素质的提升还带来了其他方面的积极影响。例如，农村社会的文明程度得到提高，农民的思想观念也更加开放和包容。他们更加注重科学文化知识的学习和传播，积极参与各种文化活动。这不仅丰富了他们的精神生活，也提升了他们的文化素养和综合能力。此外，农村教育事业的进步为农村经济的发展提供了有力的人才支撑。越来越多的农村孩子通过接受教育获得就业机会和发展空间。成为乡贤的他们回到家乡后，运用所学知识技能和自身影响为家乡的经济发展做出贡献，不仅促进了农村经济发展，也为农民群众带来了更多的实惠和福祉。湖南省益阳市安化县坚持"实用、够用"原则，培育新型职业农民 1100 余名。大力开展技能和创业知识培训，受训群众达 4683 人次，推荐就业 3698 人。抢抓数字经济和直播产业发展机遇，累计培养本土电商人员 1.1 万名，近 1000 人成为线上销售专业人才。

（五）农民医疗健康意识得到增强

随着文明乡风不断培育，农民群众的健康意识和健康素养得到显著提升；而农民群众健康意识的增强又进一步推动了农村医疗卫生事业的发展。

农民群众越来越注重个人和家庭的健康管理，健康意识和健康素养显著提升。首先是健康知识的普及。各级党委、政府和卫生部门高度重视健康教育工作，通过组织健康知识讲座、发放宣传资料、开展义诊活动等多种形式，让农民群众了解基本的健康知识和疾病预防方法，农民群众的健康素养逐渐提高，也更加关注自身和家人的健康状况。其次是健康生活方式的养成。在健康知识的引导下，农民群众开始逐渐改变原有的不良生活习惯，注重合理膳食、适量运动、戒烟限酒等，减少疾病发生的风险。同时，农民群众积极参与健康检查和健康干预服务，及时发现和治疗疾病，维护自身健康。健康行为的养成不仅提高了农民群众的生活质量，也为农村医疗卫生事业的发展奠定了坚实基础。最后是健康责任意识的增强。随着健康责任意识的增强，农民群众开始更加注重个人和家庭的健康管理，更加积极地参与健康管理。关注自己和家人的健康状况，学习健康知识，养成健康行为。这种健康责任意识的增强，不仅促进了农民群众自身的健康发展，也推动了农村医疗卫生事业和农村社会的整体进步。在国家政策的强力推动下，农村医疗卫生基础设施得到大幅改善。新建和改扩建的村卫生院、村卫生室，不仅数量增加，而且设施先进、环境整洁。这些基础设施的完善，为农民群众提供了更加便捷、高效的医疗服务，极大地缓解了看病难的问题。随着时代的发展，农村医疗卫生服务模式也在不断创新。家庭医生签约服务、远程医疗、专科医疗联盟等新型服务方式逐渐普及，为农民群众提供了更加个性化、连续性的医疗服务。这些服务模式的创新，不仅提高了医疗服务的可及性和质量，也提高了农民群众对医疗服务的信任感和满意度。

二 涵养乡风文明助力乡村振兴的短板与不足

涵养乡风文明助力乡村振兴虽然取得了一定的成效，但在具体推进过程中，还存在党建引领存在薄弱环节、公共文化服务发展不均衡、农村人才流失严重、移风易俗任务艰巨、人居环境整治需进一步加强等短板与不足。

（一）党建引领存在薄弱环节

农村党建作为引领农村发展的核心力量，在推动乡风文明建设中扮演着至关重要的角色。然而，在实践中，农村党建引领在乡风文明建设方面仍存在诸多薄弱环节，这些薄弱环节主要体现在组织建设、党员队伍建设、乡村治理等多个方面。在组织建设方面，部分农村基层党组织设置不够完善，存在组织体系不健全的问题。一些基层党组织在组织架构、职责划分、工作机制等方面缺乏科学性和系统性，导致党组织在乡风文明建设中的引领作用难以充分发挥。农村基层党组织政治建设虚化、政治功能弱化是一个突出问题。部分党组织在政治引领方面不到位，导致乡风文明建设缺乏强有力的政治保障。部分农村基层党组织自身组织建设不足，凝聚力不强。党组织内部存在不团结、不协调的现象，党员干部之间缺乏有效的沟通和协作，难以形成推动乡风文明建设的强大合力。在党员队伍建设方面，党员整体素质不高。农村党员队伍整体素质不高是制约乡风文明建设的重要因素。部分党员年龄偏大、文化程度偏低，思想观念陈旧，缺乏创新意识和市场经济意识，难以适应新形势下农村发展的需要。受经济社会发展的影响，农村人口流失严重，群众入党的积极性逐年下降，基层党组织发展党员的难度加大。部分农村党组织面临党员老龄化、发展党员难的问题，导致党员队伍结构不优、活力不足。农村党员教育培训工作存在缺乏针对性的问题。部分农村基层党组织在组织党员教育培训时，未能结合本村发展实际制订培训计划，导致培训内容空洞、形式单一，缺乏吸引力和感染力，党员干部群众参加培训的积极性不高。在乡村治理方面，治理能力偏弱。部分村干部学历偏低、工作能力偏弱，在乡村治理中缺乏明确思路和长远规划。他们开展工作因循守旧、被动等靠，对农村发展缺乏前瞻性和科学性，导致乡村治理效果不佳、乡风文明建设进展缓慢。部分党员服务意识薄弱，片面重视自身经济利益，缺乏为群众服务的意识和能力。流动党员大多选择在外务工，对村内事务不了解，回村发展意愿不强，难以在乡风文明建设中发挥积极作用。农村党建引领乡村治理的机制不健全，部分制

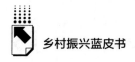

度落实不到位，工作流于形式。党组织与群众的联系不够紧密，不能及时了解群众的需求和意见，影响了党组织的凝聚力和号召力。同时，农村党建工作经费不足，一些村党组织没有固定的活动场所和办公设备，影响了工作的正常开展。

（二）公共文化服务发展不均衡

乡风文明作为乡村振兴的重要一环，是农村社会精神风貌、文化底蕴和道德风尚的集中体现。然而，当前公共文化服务在城乡之间，尤其是经济欠发达地区的农村，存在显著的不均衡现象。这种不均衡不仅制约了农村文化的发展，也对乡风文明的建设构成了严峻挑战。

在经济相对滞后的农村地区，文化基础设施建设往往面临诸多困难。受到经济条件的限制，这些地区难以投入足够的资金用于文化基础设施建设和维护。因此，图书馆、文化活动中心等文化设施在农村地区尤为稀缺。文化基础设施的匮乏，直接导致农村文化活动的匮乏和农民文化生活的单一。农民接触丰富文化资源的机会不多，他们的文化素养提升受限，也在一定程度上导致乡风文明建设乏力。这一现象的背后，既有宣传推广不足的问题，也有运营和管理不善的原因。一方面，由于宣传不足，许多农民并不知晓这些文化设施的存在，因此无法充分利用它们。另一方面，由于缺乏专业的运营和管理，这些文化设施往往难以发挥相应的作用。这使得农村文化设施的使用效率不高，特别是文化传播和社区凝聚方面的功能无法充分发挥。除此之外，农村文化活动在内容和形式上与农民的需求不相适应。由于资金和人才匮乏，农村地区往往难以投入足够的资金用于文化活动的策划和执行。由于缺乏专业人才，文化活动在内容和形式上较为单一，缺乏创新和吸引力。农民对文化活动的参与度不高，这使得文化活动的效果不够理想。农村公共文化服务供需不匹配，不利于乡风文明的建设。

（三）农村人才流失严重

随着城市化进程的加速和农村经济结构的调整，农村人才流失问题日益严重，对乡风文明建设构成了严峻挑战。近年来，随着工业化、城市化的快速推进，大量农村青壮年劳动力选择离开家乡，涌向城市寻求更好的就业机会和生活条件。国家统计局数据显示，截至 2023 年底，我国常住人口城镇化率达到 66.16%。农村地区常住人口虽有 4.7 亿人，但青壮年劳动力流失严重。这一现象直接导致农村出现"空心化"，即村庄中只剩下老人、儿童和少数中年妇女，社会活力显著下降。青壮年劳动力的短缺，不仅影响了农业生产效率和农村经济发展，更对乡风文明建设构成了重大挑战。他们本是乡村文化传承与创新的主力军，是乡村公共活动的主要参与者，也是乡村社会治理的重要力量。然而，随着他们的离开，乡村文化活动参与度降低，公共道德约束力减弱，乡村社会凝聚力下降，乡风文明建设面临主体缺失的困境。青壮年劳动力的流失，直接导致乡风文明建设主体功能弱化。一方面，他们在乡村中扮演多重角色，既是家庭的核心支柱，也是乡村社会网络的节点，更是乡村文化传承的载体。青壮年劳动力流失导致的村庄"空心化"，使得乡村文化传承的链条断裂，许多传统习俗、民间艺术等面临失传的尴尬境地。另一方面，青壮年劳动力在乡村公共活动中往往发挥引领作用，他们的缺席使得乡村公共活动难以组织，乡村社会的公共生活变得单调乏味，乡风文明建设的氛围难以形成。此外，青壮年劳动力的流失还加剧了乡村社会的老龄化问题。老年人的体力、精力有限，难以承担起乡风文明建设的重任，这不仅影响了乡村社会的治理效率，也制约了乡村文化的创新发展。农村人才流失的另一个重要原因是人才成长环境欠佳，农村地区在教育资源、就业机会、生活设施等方面与城市相比存在明显差距，这使得许多农村青年在选择未来发展方向时，更倾向于离开家乡前往城市。人才成长环境欠佳，不仅导致农村难以吸引和留住本土人才，也使得外来人才对农村望而却步，更进一步加剧了农村人才短缺的问题，对乡风文明建设构成了长期制约。乡村振兴需要大量具备专业知识和技能的人才，由于农村发展相对滞后，难以提供足够的吸引力和发展空间来留住这些专业人才。以乡村文化产业发展为例，随着人们生活水平的提高和文化消费需求的增长，乡村文化产业发展前景广阔。然而，由于农村地区缺乏专业的文化创意人才、文化经营管理人才

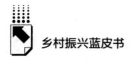
等，乡村文化产业发展步履维艰。这不仅影响了乡村经济的多元化发展，也制约了乡风文明建设。

（四）移风易俗任务艰巨

在推进乡风文明建设的过程中，移风易俗的任务依然艰巨，面临多方面挑战与困境。

首先是陈规陋习根深蒂固，难以根除。在乡村社会，红白喜事作为重要的社交活动，往往伴随一系列烦琐的仪式和习俗。然而，其中不乏一些陈规陋习，如大操大办、铺张浪费、攀比之风等。这些陋习不仅加重了农民的经济负担，还助长了乡村社会的虚荣心和浮躁风气。尽管各级党委、政府已经意识到这一问题的严重性，并采取了一系列措施进行整治，但效果并不理想。数据显示，在某些地区，一场婚礼的平均花费已经占到农民年收入的相当一部分。这种不理性的消费观念和攀比心理，无疑是对乡村社会资源的极大浪费，也是乡风文明建设的一大障碍。其次是宣传教育仍有死角，难以触及。在乡风文明建设中，宣传教育起着举足轻重的作用。然而，现实情况是，宣传教育在乡村地区仍然存在不少死角。一方面，由于乡村地域广阔、人口分散，宣传教育资源分配不均衡。一些偏远地区或相对贫困地区的农民，很难接受高质量的文化教育。另一方面，宣传教育的内容和形式往往过于单一和僵化，难以激发农民的兴趣和共鸣。这使得宣传教育的效果大打折扣，难以在乡村社会中形成广泛且深入的影响。公共文化设施的数量和质量与农民的需求不匹配，直接导致乡村居民文化生活的匮乏和道德教育的不足，进而导致部分传统道德失范现象频发，如诚信缺失、孝道沦丧、邻里关系疏远等。这些现象的存在不仅破坏了乡村社会的和谐稳定，也严重影响了乡风文明建设的进程。以诚信为例，在一些乡村地区，诚信缺失导致的经济纠纷和社会矛盾时有发生。这不仅损害了农民的利益，也破坏了乡村社会的信任基础。再如孝道沦丧，一些年轻人对老人不敬不孝，甚至虐待老人，这种行为严重违背了传统道德和法律法规，也败坏了乡村社会风气。与此同时，一些不良习气也在乡村地区有所抬头，如赌博、酗酒、迷信活动等。这些不良习气不仅浪费了乡村居民的时间和金钱，还败坏了乡村社会风气，甚至引发一系列社会治安问题。以赌博为例，在一些乡村地区，赌博现象屡禁不止。一些农民沉迷赌博，不仅耗费了大量时间和金钱，还导致家庭破裂和社会关系紧张。这种不良习气的蔓延无疑是对乡风文明建设的巨大挑战。

（五）人居环境整治需进一步加强

在乡村振兴的宏伟蓝图中，乡风文明与人居环境整治紧密相连，共同构筑乡村美好生活的基石。乡风文明不仅体现在农民的精神风貌和文化素养上，更深刻地影响着乡村的人居环境。然而，在推进人居环境整治的过程中，仍存在一些亟待解决的问题。首先是规划引领的缺失，即缺乏合理的村庄规划或现有规划没有落地。合理的村庄规划是人居环境整治的前提和基础。然而，在现实中，许多乡村地区缺乏科学、系统的村庄规划，导致人居环境整治工作缺乏明确的方向和目标。即使有规划，也往往因为资金不足、执行不力等难以落地实施。这种规划引领的缺失，直接影响了乡村人居环境的整体提升。村庄规划的缺失不仅体现在空间布局上，更涉及基础设施建设、公共服务配套等多个方面。缺乏规划的乡村，往往出现道路狭窄、房屋杂乱无章、公共设施不足等问题，严重影响农民的生活质量。同时，由于缺乏长远的规划，一些乡村在发展过程中盲目跟风，建设了大量与乡村实际不符的项目，造成资源浪费和环境破坏。其次是内在动力的缺失，即农民环保意识不足。农民是乡村人居环境整治的主体和受益者，他们的环保意识直接关系整治工作的成效。但是在现实中，许多农民的环保意识仍较为淡薄，环境保护的自觉性和主动性不足。这种内在动力的缺失，严重制约了人居环境整治工作的深入开展。一些农民对环境保护的重要性认识不足，认为保护环境是政府和企业的责任，与自己无关。这种观念导致他们在日常生活中忽视环境保护，随意丢弃垃圾、排放污水等。一些农民缺乏科学的环保知识和技能，不知道如何有效地保护环境。例如，在处理农业生产废弃物时，他们往往采用传统的焚烧或填埋方式，既浪费了资源又污染了环境。除此之外，垃圾清运是人居环境整治的重要环节之一。现实中，许多乡村地区存在垃圾清

运不及时的问题，导致垃圾堆积如山、污水横流，严重影响了乡村的人居环境。这种管理机制的缺失，反映了乡村环境治理体系的薄弱和不完善。

三 涵养乡风文明助力乡村振兴的对策与建议

（一）坚持党建引领，明确导向

一是思想上高度重视，奠定乡风文明的思想基础。思想是行动的先导。涵养乡风文明，从思想上高度重视，将乡风文明建设作为乡村振兴的重要组成部分，纳入各级党组织的重要议事日程。强化理论武装。通过组织学习、培训、宣讲等多种形式，深入学习党的理论和路线方针政策，特别是关于乡村振兴和乡风文明建设的重要论述，增强广大党员干部和群众的思想认识与行动自觉。树立文明新风。积极引导村民树立社会主义核心价值观，弘扬中华优秀传统文化，倡导尊老爱幼、邻里和睦、勤劳节俭、诚信友善等良好风尚，为乡风文明建设提供坚实的思想支撑。强化宣传教育。充分利用村广播、宣传栏、文化墙等载体，以及新媒体平台，广泛宣传乡风文明建设的重要意义、目标任务和具体要求，营造良好的舆论氛围。

二是加强规范引导，强化乡风文明的制度约束。制度建设是乡风文明建设的保障。只有建立健全相关制度体系，才能确保乡风文明建设有章可循、有据可依。完善村规民约。结合本地实际，制定或修订村规民约，明确村民的行为规范和道德准则，将乡风文明建设的具体要求纳入其中，使之成为村民共同遵守的行为准则。建立激励机制。设立乡风文明建设专项基金，对在乡风文明建设中表现突出的个人或集体给予表彰和奖励，激发广大村民参与乡风文明建设的积极性和创造性。强化监督约束。建立健全乡风文明建设的监督约束机制，通过村民自治组织、道德评议会、红白理事会等渠道，对违反村规民约、破坏乡风文明的行为进行监督和约束。

三是抓牢"关键少数"，发挥先锋模范和战斗堡垒作用。在乡风文明建设中，党员、党支部以及"片组邻"三长是"关键少数"，他们的作用发挥直接影响乡风文明建设的成效。发挥党员先锋模范作用。广大党员要带头践行社会主义核心价值观，遵守村规民约，积极参与志愿服务和公益活动，用自己的实际行动影响和带动身边群众。发挥党支部战斗堡垒作用。党支部要切实担负起乡风文明建设的主体责任，制定具体实施方案，明确目标任务和时间节点，确保各项工作落到实处。同时，要加强与上级党组织的沟通协调，争取更多的政策支持和资源倾斜。发挥"片组邻"三长的带动作用。"片组邻"三长作为基层治理的重要力量，要积极参与乡风文明建设，通过走访调研、召开座谈会等方式，了解村民的需求和诉求，及时化解矛盾纠纷，推动形成和谐友善的乡村氛围。

（二）加强平台建设，构建矩阵

一是用好新时代文明实践站，打造乡风文明传播新高地。新时代文明实践站是涵养乡风文明的重要平台，必须充分发挥其作用，使其成为传播文明、引领风尚的新高地。首先，加强新时代文明实践站建设。在硬件设施上要确保新时代文明实践站有固定的场所、完善的设施和丰富的活动资源。在软件建设上要加强新时代文明实践站的队伍建设和管理，培养一支热心公益、素质较高的志愿者队伍。其次，开展丰富多样的实践活动。围绕乡风文明建设的主题，开展如道德讲堂、文明家庭评选、志愿服务等形式多样的实践活动，吸引村民积极参与，提升村民的道德素养和文明程度。最后，强化宣传引导。充分利用宣传栏、电子显示屏、微信公众号等媒介，广泛宣传乡风文明建设的重要意义和具体要求，营造良好的舆论氛围。

二是开好屋场会、院坝会，搭建乡风文明交流新平台。屋场会、院坝会是农村传统的聚会形式，具有接地气、聚人气的特点，要将其打造成涵养乡风文明的新平台。首先，创新会议形式，屋场会、院坝会要注重形式的创新和内容的丰富，可以结合文艺表演、知识讲座、互动游戏等元素，增强会议的吸引力和感染力。其次，聚焦热点话题，要围绕村民关心的乡村治理、环境保护、家庭教育等热点话题展开讨论，引导村民积极发言、建言献策，增强村民的参与感和归属感。最后，弘扬正能量，表彰先进典型，传播好人好事，激励村民向善向上，形成崇德向善的良好风尚。

三是打造多样化教育服务平台，拓宽乡风文明涵养新渠道。教育服务平台是涵养乡风文明的重要载体。建设乡村学校少年宫或假期培训营，依托乡村学校现有的场地和设施，为青少年提供丰富多彩的课外活动和道德教育，提升他们的文明素养。开设乡村道德讲堂。定期邀请道德模范、身边好人等先进典型走进乡村，讲述他们的感人故事和道德感悟，提升村民的道德修养。完善乡村图书室和网络学习平台。提供丰富的书籍和场地，满足村民的阅读需求。同时，利用互联网技术，建立网络学习平台，为村民提供便捷的学习渠道和丰富的学习资源。

（三）抓实道德建设，提升素质

一是加强社会主义核心价值观教育。社会主义核心价值观是习近平新时代中国特色社会主义思想的价值观体系，是全体人民共同的价值追求。在乡村，加强社会主义核心价值观教育，对引导村民树立正确的价值观、提升道德素质具有重要意义。加强理论宣讲。组织专家学者、志愿者等深入乡村开展社会主义核心价值观宣讲活动，用通俗易懂的语言和生动的案例，让村民理解和认同社会主义核心价值观。强化学校教育。将社会主义核心价值观融入乡村学校的教育教学中，通过课堂教学、主题活动等形式，让学生在潜移默化中接受社会主义核心价值观的熏陶。创新宣传方式。利用乡村广播、宣传栏、文化墙等传统媒体，以及微信、短视频等新媒体，广泛宣传社会主义核心价值观，形成全方位的宣传态势。

二是发挥道德榜样的示范作用。道德榜样的言行举止对村民具有极大的示范和引领作用。因此，要充分发挥道德榜样的示范作用，引领乡风文明的新风尚。树立道德榜样。在乡村中深入挖掘那些具有高尚品德、良好道德风尚的村民，如孝老爱亲、助人为乐、见义勇为等道德模范。通过举办道德模范评选、表彰大会等活动，对道德榜样进行广泛宣传，让他们的先进事迹和崇高精神在乡村中传颂开来。组织村民开展向道德榜样学习的活动，如座谈会、交流会等，让村民与道德榜样面对面交流，感受他们的人格魅力，从而激发村民向善向上的动力。

三是完善村规民约。村规民约是乡村社会的重要规范，是全体村民共同遵守的行为准则。村规民约对规范村民行为、维护乡村秩序、培育乡风文明具有重要意义。首先，要制定科学合理、操作性强的村规民约。制定村规民约时要充分考虑村庄实际和村民需求，确保村规民约既符合法律法规要求，又贴近村民生活实际。其次，强化村规民约的执行力。村规民约一旦制定就要严格执行、落实到位。对于违反村规民约的行为，要及时进行纠正和处理，以维护村规民约的权威性和严肃性。最后，要不断完善村规民约。建立村规民约的修订机制，定期听取村民的意见和建议，根据乡村社会的发展和村民需求的变化，对村规民约适时进行调整和优化。

（四）坚持化风成俗，移风易俗

一是反对婚丧大操大办，充分发挥红白理事会等村民自治组织的作用。首先，制定红白事操办标准。根据当地的经济和社会发展状况，制定合理的红白事操办标准，明确酒席桌数、车队规模、礼金数额等具体事项，引导村民理性、节俭地办理婚丧事务。其次，加强宣传教育。通过广播、宣传栏、村民会议等多种形式，广泛宣传节俭办理婚丧事务的重要性和必要性，引导村民树立正确的消费观和价值观。最后，强化监督执行。建立监督机制，对违反操办标准的村民进行及时劝导和纠正，确保红白事操办标准的有效执行。

二是抵制封建迷信，倡导科学文明的生活方式。封建迷信是乡村社会中的一种不良风气，它不仅阻碍了乡村文明的建设，还可能给村民带来身心上的伤害。抵制封建迷信首先要加强科学教育，让孩子们从小接触和了解科学知识，培养他们的科学思维和理性精神。同时开展科学普及活动，提高村民的科学素养和辨别能力。其次，打击封建迷信活动。依法取缔非法宗教场所和迷信活动点，对从事封建迷信活动的人员进行严肃处理。最后，倡导健康的娱乐方式。组织文艺演出、体育比赛等活动，丰富村民的精神文化生活，降低他们参与封建迷信活动的可能性。

三是反对铺张浪费，培养勤俭节约的好习惯。首先，树立勤俭节约的榜样。利用"一创多评"等途径，积极树立勤俭节约的榜样，如表彰勤俭持家的家庭、宣传勤劳致富的典型等，引导村民学习他们的节俭精神和勤劳品质。其次，开展节俭教育活动。让村民了解节俭的重要性和必要性，学习如何合理安排家庭开支、节约使用资源等。最后，建立节俭激励机制。对勤俭持家、勤劳致富的村民给予一定的物质和精神奖励。

（五）弘扬传统文化，守正创新

一是保护和弘扬农村优秀传统文化。首先，建立健全农村优秀传统文化保护机制。加大对农村优秀传统文化的保护力度，完善相关政策和法规，明确保护责任和主体。同时，建立农村优秀传统文化保护名录，对具有历史、艺术和科学价值的传统文化进行重点保护，确保其得到传承和发扬。其次，加强农村优秀传统文化的宣传和推广。通过举办农村传统文化节庆活动、建设农村传统文化展示馆、开展农村传统文化进校园等活动，增强农民对传统文化的认同感和自豪感。同时，利用现代传媒手段，如互联网、电视、广播等，将农村优秀传统文化传播到更广泛的社会层面。最后，鼓励农民参与传统文化的传承活动。由政府和社会组织提供必要的支持和指导，鼓励农民自发组织传统文化传承活动，如民间戏曲演出、传统手工艺展示、民俗活动体验等，通过亲身参与，让农民更深刻地理解和传承中华优秀传统文化。

二是培养壮大农村传统文化人才队伍。农村传统文化人才是涵养乡风文明的重要力量。他们承载着传统文化的精髓，是推动乡村文化创新发展的关键。因此，培养壮大农村传统文化人才对涵养乡风文明至关重要。首先，加强农村传统文化教育。鼓励和支持农民参与传统文化培训和学习活动，提高他们的文化素养和传统文化技能。由政府和社会组织提供资金、项目支持，鼓励更多年轻人投身农村传统文化的学习和传承。其次，扶持农村传统文化传承人。划拨专项资金用于资助农村传统文化传承人的传承活动和为其提供生活保障。同时加强对传承人的宣传和推广，提高他们的社会认知度和影响力。鼓励传承人通过学徒制、工作室等方式，培养更多后继人才。最后，搭建农村传统文化人才交流平台。定期举办农村传统文化人才座谈会、研讨会等活动，通过交流经验、分享成果，促进农村传统文化人才的成长和发展。

参考文献

中共中央党史和文献研究院编《习近平关于"三农"工作论述摘编》，中央文献出版社，2019。

习近平：《高举中国特色社会主义伟大旗帜为全面建设社会主义现代化国家而团结奋斗——在中国共产党第二十次全国代表大会上的报告》，《人民日报》2022年10月26日。

《中共中央国务院关于实施乡村振兴战略的意见》，人民出版社，2018。

田琨主编《乡村振兴战略·乡风文明和治理有效篇》，中国农业出版社，2018。

《习近平总书记在参加十三届全国人大一次会议山东代表团审议时的重要讲话》，《小城镇建设》2018年第4期。

《中央1号文件：壮大乡村人才队伍》，《中国人才》2024年第2期。

周春霞：《新乡贤助力乡村振兴：村庄差异、新乡贤类别与作用模式选择——以粤西地区Z市四类村庄为例》，《西南大学学报》（社会科学版）2024年第3期。

张力文：《中华优秀传统文化助力乡村振兴的内在逻辑与实践路径》，《北方民族大学学报》2023年第3期。

尚子娟、陈怀平：《农村公共文化服务与乡村振兴双向赋能的价值逻辑和推进路径》，《中州学刊》2022年第11期。

邱星、董帅兵：《新时代的乡愁与乡村振兴》，《西北农林科技大学学报》（社会科学版）2022年第3期。

赵廷阳、张颖、李怡欣：《乡村振兴背景下的乡风文明建设——基于全国村级"乡风文明建设"典型案例分析》，《西北农林科技大学学报》（社会科学版）2021年第3期。

刘欢、韩广富：《中国共产党推进乡风文明建设的百年历程、经验与展望》，《兰州学刊》2021年第6期。

王亚民：《现代乡贤与乡村振兴——基于乡贤回乡的"上虞现象"的研究》，《晋阳学刊》2020年第5期。

应小丽：《乡村振兴中新乡贤的培育及其整合效应——以浙江省绍兴地区为例》，

 乡村振兴蓝皮书

《探索》2019 年第 2 期。

陈娟:《培育文明乡风、良好家风、淳朴民风》,《红旗文稿》2024 年第 9 期。

张兴宇:《精神文明建设视野下移风易俗的行动逻辑》,《南京农业大学学报》(社会科学版)2024 年第 3 期。

刘晓航:《村规民约在乡风文明建设中的作用分析》,《中国农业资源与区划》2023 年第 11 期。

陈仁秀、冉绵惠:《中国式现代化视域下乡村精神文明建设路径探析》,《贵州社会科学》2023 年第 11 期。

刘雪丰、刘璐:《新时代乡风文明建设的价值蕴涵与具体实践》,《湖南社会科学》2023 年第 5 期。

程同顺、杨明、李鑫涛:《强制、互惠与乡风文明的养成机制——基于文村红白理事会的实践考察》,《江苏行政学院学报》2023 年第 4 期。

邱世兵、邱婧璇:《乡村振兴背景下乡风文明建设的使命、逻辑与进路》,《重庆社会科学》2023 年第 6 期。

赵紫燕、许汉泽:《再造新民风:"政-社"互动视角下乡风文明实践的新路径》,《南京农业大学学报》(社会科学版)2023 年第 1 期。

谭志满、罗淋丹:《乡村振兴背景下新乡贤参与民族地区乡风文明建设的路径》,《民族学刊》2022 年第 8 期。

范波:《乡风文明建设的实证研究:以清水江流域一个苗族村寨为例》,《广西民族研究》2022 年第 4 期。

魏程琳:《乡风何以文明:乡村文化治理中的嵌套组织及其运作机制》,《深圳大学学报》(人文社会科学版)2022 年第 3 期。

张明海:《论新时代文明实践中心的功能及其拓展》,《理论视野》2021 年第 12 期。

蒙象飞:《农村社会主义精神文明建设现状探析》,《毛泽东邓小平理论研究》2021 年第 11 期。

郭胜男:《乡村振兴战略背景下大连市乡风文明建设问题及对策研究》,硕士学位论文,大连海洋大学,2024。

钟兴梅:《新时代天祝县农村精神文明建设的实践路径研究》,硕士学位论文,兰州财经大学,2024。

段满玉:《乡村振兴背景下乡风文明建设研究——以遵义市 X 村为例》,硕士学位论文,湖北师范大学,2024。

周雅雯:《乡风文明建设中 H 乡政府作用研究》,硕士学位论文,吉林大学,2023。

娄斌:《杭州市农村乡风文明建设问题研究》,硕士学位论文,西南大学,2023。

王超:《乡村振兴视域下乡风文明建设路径研究——以泰安市乡风文明建设为例》,硕士学位论文,山东农业大学,2023。

刘伟应:《中华优秀传统文化融入乡风文明建设研究》,硕士学位论文,中共黑龙江省委党校，2023。

　　邓丽文：《乡村振兴战略背景下乡风文明建设路径探索——以江西省资溪县 W 镇为例》，硕士学位论文，东华理工大学，2023。

　　邓凌波：《乡村振兴背景下新乡贤参与乡风文明建设的路径研究》，硕士学位论文，太原理工大学，2023。

　　管青云：《新时代文明实践中心促进乡风文明建设研究——以福建省为例》，硕士学位论文，福建师范大学，2023。

　　明亮：《乡村振兴战略背景下科左中旗乡风文明建设研究》，硕士学位论文，内蒙古民族大学，2023。

　　武宇阳：《乡村全面振兴背景下山西省乡风文明建设的提升路径研究——以运城市 L 村为例》，硕士学位论文，山西财经大学，2023。

　　吴可：《湖南省醴陵市 W 镇乡风文明建设研究》，硕士学位论文，湖南工业大学，2023。

　　肖丽敏：《新时代文明实践中心的建设成效与困境研究——以 Z 市为例》，硕士学位论文，华中科技大学，2023。

　　蔡幸龙：《新时代孔美村乡风文明建设研究》，硕士学位论文，华南理工大学，2023。

　　黄贝贝：《乡村振兴战略背景下的乡风文明建设路径研究——以山东省聊城市 D 区为例》，硕士学位论文，山东财经大学，2023。

B.8
推进多元共治促进乡村振兴

汤 勇*

摘　要：　乡村治理现代化是国家治理现代化的基础和重要组成部分，是协调推进城乡融合发展，实施乡村振兴战略的重要举措。近年来，在乡村治理方面，政策引导与支持、农村基层党组织、村民自治实践、农村公共服务水平、农村基础设施建设、"三治融合"、信息赋能乡村治理等持续向好，但也存在基层治理面临诸多风险、农村"三治融合"存在明显短板、乡村治理机制不健全、乡村治理干部结构有待完善、文化传承与保护压力大等问题，对此需要进一步强化农村基层党组织建设，深化以农民为主体的治理体系建设，发展集体经济，打造城乡融合体、充分发挥文化振兴对乡村多元共治的推动作用、健全"三治融合"农村基层治理体制机制、加强乡村治理改革试点和经验借鉴。

关键词：　乡村治理　"三治融合"　文化建设

乡村治理现代化是国家治理现代化的基础和重要组成部分，是协调推进城乡融合发展、实施乡村振兴战略的重要举措，也是适应社会主要矛盾转变的正确选择。近年来，我国坚持把夯实基层基础作为固本之策，全面加强农村基层党组织建设、推动基层"三治"特别是深化村民自治、大力推进乡风文明建设、提升乡村公共服务水平，乡村治理体系和治理能力现代化建设取得长足进展。

＊　汤勇，管理学博士，教授，湖南城市学院管理学院院长，主要研究方向为城乡治理、公共政策。

一 推进多元共治促进乡村振兴的总体进展

（一）乡村多元共治的发展现状

1. 政策引导与支持力度持续加大

习近平总书记在浙江工作时亲自谋划推动"千村示范、万村整治"工程，狠抓乡村治理，以农村环境整治为切入点，由点及面、以点带面、逐级深化，造就了万千美丽乡村，为创造性地推进乡村全面振兴提供了成功经验和实践范例。

党的十九大明确将"治理有效"作为实施乡村振兴战略的总要求之一。2017 年中央农村工作会议提出创新乡村治理体系，走乡村善治之路，要求建立健全党委领导、政府负责、社会协同、公众参与、法治保障的现代乡村社会治理体制，为深化自治、法治、德治相结合的乡村治理体系建设提供了基本遵循。

2018 年中央一号文件从加强农村基层党组织建设、深化村民自治实践、建设法治乡村、提升乡村德治水平、建设平安乡村五个方面，对构建乡村治理新体系进行了总体安排和部署。同年，中共中央、国务院印发《乡村振兴战略规划（2018—2022 年）》，围绕健全现代乡村治理体系，提出了加强农村基层党组织对乡村振兴的全面领导、促进自治法治德治有机结合、夯实基层政权等重点任务。2021 年 4 月，《中共中央　国务院关于加强基层治理体系和治理能力现代化建设的意见》提出，统筹推进乡镇（街道）和城乡社区治理，是实现国家治理体系和治理能力现代化的基础工程。党的十九届四中全会提出治理目标是"建设人人有责、人人尽责、人人享有的社会治理共同体"。2024 年中央一号文件提出以提升乡村产业发展水平，提升乡村建设水平，提升乡村治理水平为重点，集中力量抓好办成一批群众可感可及的实事。2024 年《农业农村部办公厅关于推介第五批全国乡村治理典型案例的通知》，从加强农村基层党组织建设，健全治

理机制；聚焦网格化管理、精细化服务、信息化支撑，完善治理平台；创新务实管用乡村治理方式，提升治理效能；着力解决乡村治理突出问题，促进治理有效四个方面优中选优，精心选取了 32 个典型案例供各地学习借鉴。

2. 农村基层党组织进一步建强

乡村要振兴，关键是把基层党组织建好、建强。近年来，基层组织工作不断规范，各地普遍形成村党支部、村民小组党小组、党员联系户的基层党组织体系。

自 2020 年 10 月开始的全国村"两委"换届工作全部完成，村班子结构特别是带头人队伍实现整体优化，村"两委"成员高中（中专）以上学历占 74.0%，村党组织书记大专以上学历占 46.4%，村党组织书记中致富带富能力较强的占 73.6%，村"两委"成员平均年龄为 42.5 岁，村党组织书记、村民委员会主任"一肩挑"比例达 95.6%。①

贵州省以"黔进先锋　贵在行动"为载体，在省级层面制定《关于推动基层党建高质量发展的指导意见》，将抓党建促乡村振兴和抓党建引领基层治理作为基层组织建设的两大重点任务，全面建强基层党组织。②

陕西省渭南市白水县将"分类指导、争先进位"三年行动与党建示范点创建工作相结合，在全县打造 2 个村企联建示范村、2 个产业发展示范村、2 个基层治理示范村、1 个综合党建示范村、1 个集体经济示范村。③

湖北省枝江市仙女镇向巷村通过"'三会一课'+湾子会+户主会"开展党建引领乡村治理，创设党员先锋岗，充分发挥党员先锋模范作用，实行"1+X"联户形式，分片联系党员和群众。

四川省德阳市中江县白果乡、湖北省阳新县白沙镇山口村泉井湾健全党

① 《完善政策体系推进乡村治理现代化》，《经济日报》网站，2024 年 4 月 1 日，http：//www. jingjiribao. cn/static/detail. jsp？id=515683。

② 《红色引领当先锋　作表率》，"天眼新闻"百家号，2024 年 7 月 31 日，https：//baijiahao. baidu. com/s？id=1806106599241327663&wfr=spider&for=pc。

③ 《白水县："三个聚焦"建强基层组织　赋能乡村振兴》，陕西党建网，2024 年 6 月 25 日，http：//www. sx-dj. gov. cn/jcdj/ncdj/18054310521264742. html。

组织，推动建设自治、法治、德治相结合的乡村治理体系，实现产业强、乡村美、农民富。①

湖南省益阳市安化县把抓实软弱涣散党组织整顿作为建强战斗堡垒，提升基层组织力的重要抓手，通过"拉网式"排查、"联动式"整改、"立体式"考评，助推全县基层党组织全面进步、全面过硬。2023年，全县集中整顿软弱涣散村（社区）党组织10个，已全部高标准完成转化升级。②

3. 村民自治实践进一步深化

全国范围内，全面建立起由基层党组织、村民委员会、村民会议、村民代表会议、村务监督委员会等组成的村民自治组织体系。

近年来，在全国村"两委"换届选举中，群众参选率达90.2%，村党组织、村委会一次性选举成功率分别为99.7%、98.3%。③ 据中国社会科学院农村发展研究所调研统计，在2021年参与村内公共事务的村民中，参与重大事项决议、公益事业活动的占比分别为35.97%、31.00%、35.99%的村民对乡村发展提出过建议，36.59%的村民对村内重大事项进行了监督。④ 农村公共文化建设进一步加强，全国村级综合性文化服务中心覆盖率达98%，县级以上文明村、文明乡镇占比分别超过65%、80%。

广西全区推广"党建+网格+大数据"乡村治理模式，截至2023年，共划分农村地区网格8.81万个、配备19万名网格员，坚持和发展新时代"枫桥经验"，3785个行政村推广积分制，2325个行政村推广清单制，11613个行政村实施数字化治理。⑤

① 《「智库圆桌」加快提升乡村治理水平》，"经济日报"百家号，2024年3月30日，https：//baijiahao.baidu.com/s？id=17949027103848820685&wfr=spider&for=pc。
② 《安化县："三式联动"根治软弱涣散党组织》，红星网，2023年12月14日，https：//www.hxw.gov.cn/content/2023/12/11/14415370.html。
③ 《完善政策体系推进乡村治理现代化》，《经济日报》网站，2024年4月1日，http：//www.jingjiribao.cn/static/detail.jsp？id=515683。
④ 中国社会科学院农村发展研究所：《中国乡村振兴综合调查研究报告2021》，中国社会科学出版社，2022。
⑤ 《广西：学习运用"千万工程"经验 加快建设宜居宜业和美乡村》，《人民日报》2023年12月19日。

新疆博尔塔拉蒙古自治州通过开展农村人居环境"十一乱"（乱搭、乱建、乱占、乱挖、乱倒、乱堆、乱放、乱排、乱烧、乱写、乱画）整治和"双八点"（每天早上 8 点到 10 点围绕庭院经济、房前屋后八件事）行动等查找问题，以点带面推动农村人居环境优化，村庄面貌得到大幅改善。①

湖南省益阳市安化县自 2019 年起启动全县 433 个村（居）规范制定修订村（居）规民约工作，联合县相关部门相继出台《关于进一步做好村规民约和居民公约的实施意见》等文件，坚持完善制度与加强监督相结合，进一步发挥村（居）规民约在城乡基层治理中的制度约束和道德引领作用。2023 年，唐市社区、长通村等 4 个村（居）获得"第三批湖南省优秀村（居）规民约"称号。②

4. 农村公共服务水平持续提高

习近平总书记指出，要建立健全城乡基本公共服务均等化的体制机制，推动公共服务向农村延伸、社会事业向农村覆盖。③ 全国建成超过 57 万个村、社区综合性文化服务中心。农村居民基本医疗卫生服务需求可以从基层诊疗机构得到满足，村级医疗卫生服务覆盖率在九成以上，大多数村民对基层医疗卫生服务机构服务水平的提升持肯定态度。

截至 2021 年，全国超过 35% 的村有幼儿园，超过 26% 的村建有居家养老服务中心。为缓解中西部地区农村学校师资短缺、师资力量薄弱等问题，2006 年，教育部等四部门联合启动实施"农村义务教育阶段学校教师特设岗位计划"，已累计为中西部地区的农村学校输送了超过 100 万名大学毕业生，覆盖中西部地区的数万所农村中小学校。同时，中西部地区的 715 个原连片特困地区县的 7.3 万所乡村学校为教师提供生活补助，受益教师约 130

① 《四举措 让乡村"自治"更有为》，博尔塔拉自治州政府网站，2023 年 5 月 29 日，https：//www. xjboz. gov. cn/info/2343/134048. htm。
② 《湖南安化：村规民约执行好 乡村治理添"法宝"》，"学习强国"，2023 年 4 月 6 日，https：//article. xuexi. cn/articles/index. html？art_ id=8045077726994516988。
③ 《习近平主持中共中央政治局第八次集体学习并讲话》，中国政府网，2018 年 9 月 22 日，https：//www. gov. cn/xinwen/2018-09/22/content_ 5324654. htm。

万人。截至 2022 年，农村义务教育阶段本科以上学历专任教师占比为 76.01%，乡村教师队伍结构不断优化。[①]

截至 2022 年底，全国有基层医疗卫生机构 98 万个，其中乡镇卫生院 3.4 万个，村卫生室 58.8 万个，社区卫生服务中心超 1 万个。[②] 从 2019 年开始，国家卫生健康委确定山西、浙江、新疆 3 个试点省份开展紧密型县域医共体建设试点，另外在其他省份的县（市、区）设置了 828 个试点县，力争到 2027 年底让老百姓不离乡就能获得高水平医疗卫生服务。[③]

自 2019 年起，针对特困人员供养服务的设施条件、设备配置和安全管理，实施为期三年的改造提升工程，农村养老服务兜底保障网络进一步完善。《"十四五"国家老龄事业发展和养老服务体系规划》提出，以村级邻里互助点、农村幸福院等为依托，构建农村互助式养老服务网络。据《关于加快发展农村养老服务的指导意见》，全国建有各类农村互助养老服务设施 14.5 万个。

5. 农村基础设施建设持续加强

近年来，以保障和改善农村民生为优先方向，我国不断改善农村基础设施、公共服务以及人居环境，农民群众获得感、幸福感、安全感不断增强。

党的十八大以来，我国新建改建农村公路超过 250 万公里，交通物流联通水平大幅提升。2023 年，全国累计建成 1267 个县级公共寄递配送中心、28.9 万个村级寄递物流综合服务站和 19 万个村邮站，邮快合作建制村覆盖率超 70%。[④] 自 2020 年以来，中央财政共支持建设 7.5 万个产地冷藏保鲜设施，新增库容 1800 万吨以上，县级覆盖率超 70%。[⑤] 2023 年全国开工建

---

① 《农村义务教育本科以上学历专任教师达 76.01%》，教育部网站，2023 年 4 月 10 日，http：//www.moe.gov.cn/jyb_ xwfb/s5147/202304/t20230410_ 1055013.html。

② 《加快提升乡村治理水平》，中国经济网，2024 年 3 月 30 日，http：//www.ce.cn/cysc/newmain/yc/jsxw/202403/30/t20240330_ 38953126.shtml。

③ 《2027 年底基本实现紧密型县域医共体全覆盖》，中国政府网，2024 年 1 月 14 日，https：//www.gov.cn/lianbo/bumen/202401/content_ 6925891.htm。

④ 《全国将新增 10 万个村级物流综合服务站 实现抵边自然村稳定通邮》，中国政府网，2024 年 1 月 27 日，https：//www.gov.cn/lianbo/bumen/202401/content_ 6928549.htm。

⑤ 《一箱巫山脆李的三次"飞行"》，《人民日报》2024 年 7 月 30 日。

设农村供水工程 2.3 万处，惠及 1.1 亿农村人口，农村自来水普及率达 90%，规模化供水工程覆盖农村人口比例达 60%。① 新型基础设施建设方面，农村地区户用分布式光伏累计安装户数超 500 万户，带动有效投资超 5000 亿元。② 全国已实现"县县通 5G""村村通宽带"，江苏率先实现所有行政村"村村有 5G"，广东、广西、海南、贵州、云南实现充电基础设施乡镇全覆盖；持续实施国家智慧农业建设项目，累计支持建设 31 个国家智慧农业创新中心、分中心和 97 个国家智慧农业创新应用基地。③

自 2018 年以来，通过分类稳步推进农村户厕改造，开展问题厕所摸排整改及"回头看"，全国农村卫生厕所普及率超过 73%。④ 目前，农村生活污水治理（管控）率达到 40% 以上。推动农村生活垃圾收运处置体系建设和运行管理，生活垃圾得到收运处理的行政村比例保持在 90% 以上，全国开展清洁行动的村庄超过 95%，村容村貌明显改善。⑤

6. 自治、法治、德治"三治融合"成效显著

2019 年《关于加强和改进乡村治理的指导意见》提出，健全党组织领导的自治、法治、德治相结合的乡村治理体系。2023 年，《农业农村部　中央宣传部　司法部关于公布第三批全国乡村治理示范村镇名单及前两批全国乡村治理示范村镇复核结果的通知》，认定 100 个乡（镇）为第三批全国乡村治理示范乡镇、1001 个村为第三批全国乡村治理示范村。

浙江省衢州市把基层治理放在重要位置，强调要坚持大党建统领大联动治理，真正实现党建、治理"一张皮"。该市上洋村自 20 世纪 90 年代起就

---

① 《我国农村自来水普及率达到 90%》，中国政府网，2024 年 1 月 11 日，https：//www. gov. cn/lianbo/bumen/202401/content_ 6925449. htm。

② 《全国户用光伏装机突破 1 亿千瓦》，东方财富网，2023 年 11 月 15 日，https：// caifuhao. eastmoney. com/news/20231115162319973619320。

③ 《智慧农业建设取得积极进展》，农业农村部网站，2023 年 12 月 27 日，http：//www. moa. gov. cn/xw/zwdt/202312/t20231227_ 6443621. htm。

④ 《农业农村部：中国农村卫生厕所普及率超过 73%》，"光明网"百家号，2023 年 5 月 21 日，https：//baijiahao. baidu. com/s? id=1766458164482640833&wfr=spider&for=pc。

⑤ 《我国农村人居环境整治提升取得新成效》，中国政府网，2024 年 2 月 28 日，https：// www. gov. cn/lianbo/bumen/202402/content_ 6934790. htm。

自发制定了第一部村规民约，2018 年第 8 次修订村规民约。^①

湖南省永州市东安县在全县 344 个村（社区）推行乡村振兴月例会，以村为主体，让村民说事、民主议事、民主监督。率先建立健全首席法律专家库，实施"法律明白人"工程，推动村居法律顾问实现全覆盖。在各村倡导中华优秀传统道德文化，完善红白理事会、道德评议会、村民议事会、禁毒禁赌会、村规民约"四会一约"。^②

北京市大兴区礼贤镇龙头村通过深挖历史资源弘扬传统文化，修建了乡情村史馆和红色教育长廊，修缮了革命烈士陵墓，形成了龙头红色文化教育展示带。村内建有 60 余米文化墙和街道两侧 30 余块宣传展板的文化宣传阵地，学校及周边设立"三字经""千字文"漫画宣传栏，宣传礼义廉耻、勤勉思想、处世哲学、严谨精神等优良传统和民族精神。^③

湖南省益阳市安化县进一步推动"五治"融合，强调以政治强引领，推行"县—乡镇—社区—网格—楼栋"五级治理模式。以法治强保障，免费为全县 433 个村（社区）提供法律顾问。以德治强教化，全县 433 个村（社区）均制定村规民约，做到"一村一规"。以自治强活力，各行政村逐步建立起以村党组织为领导机构、村民议事会为村民会议常设议事机构、村民委员会为执行机构、村务监督委员会为监督机构的自治组织体系。以智治强支撑，推行"一村一辅警"，推动"城市快警"，引入"社会治安综合治理保险"，推广"行车卫士"，推进"雪亮工程"建设。^④

7. 信息技术赋能乡村治理

党的二十大报告提出，完善网格化管理、精细化服务、信息化支撑的基

① 《"三治"融合，推进基层治理现代化》，"光明网"百家号，2023 年 4 月 29 日，https：//baijiahao. baidu. com/s？id=1764469627473709147&wfr=spider&for=pc。
② 《东安："三治"融合推进基层社会治理现代化》，红网，2023 年 9 月 1 日，https：//hn. rednet. cn/content/646743/83/13010688. html。
③ 《以产业发展促农民增收 北京大兴打造乡村振兴"龙头样板"》，光明网，2022 年 8 月 15 日，https：//m. gmw. cn/baijia/2022-08/15/35954587. html。
④ 《安化县坚持"五治融合" 着力打造基层社会治理新模式》，人民论坛，2019 年 12 月 31 日，http：//www. rmlt. com. cn/2019/1231/565485. shtml。

层治理平台，健全城乡社区治理体系。大数据、云计算等数字技术日益渗透到社会各领域，引发社会治理的深刻变革，乡村治理迎来新的发展机遇，数字技术为乡村治理数字化转型提供了有效路径。

湖南省益阳市积极推进数字乡村平台建设，打造"数字乡村示范点"，为解决乡镇日常安防、党建宣传工作提供智能方案。安化县小淹镇是"数字乡村示范点"，中国电信益阳分公司支撑该镇建成了涵盖数字乡村智慧大屏、天翼云播、高清 AI 监控等应用的数字乡镇平台，平台通过高分辨率摄像头和图像识别技术实时监控重点路段、重要渡口、水库。[1]

贵州省安顺市紫云苗族布依族自治县创建线上办事窗口，开发村民直通车、酒席报备、文明随手拍等功能模块，拓宽村民办事、共建家乡渠道。村民在平台申报后，村级部门第一时间响应、及时解决，村级部门无法解决的，及时上报、相关部门联动解决。推动"互联网+政务服务"向乡村延伸，连接国家政务服务平台、安心干、安心住、多彩宝、远程医疗等端口，实现村中事务网上办、掌上办、指尖办。[2]

浙江省建德市打造"建村钉"数字化平台，建立"市、镇、村、组、户"五级数字治理体系，通过"建村钉"实现一键直达农民和"基层四平台"全面打通。[3] 浙江省宁波市象山县加大数字应用开发力度，拓展村民参与村级事务的线上渠道和村级事务决策形式，建立村级事务网办系统。村民们拿出手机就能实现村民说事一键智达、村务决策一体联动、村级事务一网通办、村社管理一屏掌控、监督监管一览无余、评价反馈一触即可。[4]

---

① 《打造数字乡村平台 赋能乡村振兴》，网易，2024 年 7 月 21 日，https：//www. 163. com/dy/article/J7LBOKV60525IO34. html。

② 《贵州紫云县探索建立"数字乡村平台"赋能基层治理》，贵州省大数据发展管理局网站，2024 年 4 月 18 日，http：//dsj. guizhou. gov. cn/xwzx/snyw/202404/t20240418_ 84229462. html。

③ 《浙江省杭州市建德市："建村钉"敞开乡村数字治理大门》，澎湃网，2023 年 1 月 13 日，https：//www. thepaper. cn/newsDetail_ forward_ 21547051。

④ 《以"数"赋能，象山线上"村民说事"入选全国乡村治理典型案例》，象山县人民政府网站，2022 年 12 月 27 日，http：//www. xiangshan. gov. cn/art/2022/12/27/art_ 1229675186_ 59085175. html。

（二）乡村多元共治的总体要求

1.构建完善的多元共治体制机制

首先，建立健全多元主体协同共治的现代化体制机制。推动单一的政府管理主体向包括村民、社会组织等在内的多元主体转变。要充分引入多元化的治理评价主体，让广大群众、社会组织及第三方机构熟悉治理的基本要求，共同参与对基层组织特别是对基层干部的考核。

其次，积极营造乡村治理中的德治、法治、自治氛围，激发各方活力，推动村民自治。要充分宣传社会主义核心价值观，全面尊重传统文化，开展多种形式的道德宣传及评议活动，制定村规民约，弘扬新时代优秀美德。增强基层党组织的法治精神和法治观念，加强法律宣传，建立能专门解决村级层面法律纠纷的机构，形成依法办事的工作作风和邻里相处模式。

最后，增强村民自治能力。增强村民的民主意识与对乡村的认同感。健全村民自治机制，规范村民委员会换届选举。完善信息披露机制，增强广大群众自我管理、自我服务、自我教育、自我监督的意识。

2.提升乡村治理现代化能力

首先，优化基层干部队伍结构、提升干部素质。一要将基层干部的选拔作为乡村治理体系和治理能力现代化建设的头等大事，注重将想干事、能干事的年轻干部作为重点选拔对象。二要利用调研学习、网络课程、老带新等方式培养干部，提高干部队伍针对具体乡情乡貌干事创业的能力。三要充分激励干部以实绩作为向上流动的主要依据，通过群众的评价、组织的认可获得晋升机会，要鼓励年轻干部到基层挂职锻炼。

其次，加强乡村现代化建设，推进城乡一体化规划布局。第一，农业和农村的现代化建设是关键，这要求加速传统农业向现代农业的转型。第二，乡村文化现代化建设同样重要，这不仅需要增强文化自信，还要通过多种文化活动丰富乡村文化生活，同时注重文化帮扶和资源整合，提升乡村文化的自我发展能力。第三，推进城乡一体化的规划布局是增强协同发展能力的重

要途径，需要加强对乡村风貌、人文与历史资源和生态环境的保护与建设，确保乡村长期可持续发展。

最后，加强基层数字化治理能力建设。第一，需要进行全局性的统一规划，将辖区内的部门、乡镇、村庄等纳入统一规划，协同推进智慧城管、智慧社区的基础设施、数据平台和终端应用建设。第二，建立数据中心，整合数据资源，通过数据平台和采集终端实现数据的收集，以实现一次采集、多次利用。第三，推进工作时应充分考虑基层的经济和文化发展现状，要特别关注大多数村民、老年人和残障人士的生活状况与行为习惯，提供适合这些群体的特殊信息服务，并保留必要的线下服务渠道。

二　推进多元共治促进乡村振兴的总体趋势

中国式现代化的发展进程为乡村治理在新时代设定了新的目标和要求。结合乡村治理现代化的时代特色和创新要求，乡村治理的重点在于强化党的领导，全面推进"三治融合"，形成乡村地区共建、共治、共享的治理格局。

（一）完善农村党组织领导的治理体系

党的二十大报告强调发展全过程人民民主，为"一核多元"的社会治理模式提供了坚定的保障。当前由行政村党组织书记同时担任村民委员会主任的"一肩挑"村级治理单元制度已普遍实施，从组织上明确了乡村党组织全面领导乡村治理的核心地位，确保了农村地区工作积极响应中央的各项要求，使得国家政策在农村地区的贯彻执行有了坚实的基础，也有利于在各村级组织之间形成相互协调、相互配合的工作局面，减少组织间的摩擦。

但要看到，这种组织制度的设计需要强有力的监督机制。当前村务公开、财务透明、民主监督以及村干部日常工作和上级党委巡察等制度都是针对有效监督制定的，也是农村基层治理体制创新的重要方向。唯有深入推动村级组织工作的规范化，加强集体决议和民主决策，不断增强党员干部的岗位责任意识和服务意识，才能有效防止权力滥用。

（二）由单一自治拓展为"三治融合"

自治作为基础，强调村民的主体性和参与性；德治发挥引导和教化作用，塑造良好的社会风气；法治为乡村治理提供坚实的法律支撑和规范。"三治融合"通过村干部的领导、制度的安排和激励机制的实施，促进乡村治理结构创新和有效运作。然而，若村民自治缺乏正确的引导和规范，便可能出现负面现象，如民主选举过程中的金钱交易，以及部分基层组织负责人的堕落。2021年全国扫黑除恶专项斗争总结表彰大会披露，在扫黑除恶专项斗争中共打掉农村涉黑组织1289个、农村涉恶犯罪集团4095个，依法严惩"村霸"3727名；排查清理受过刑事处罚，存在"村霸"、涉黑涉恶等问题的村干部4.27万名。①

为应对这些挑战，必须加强对村民自治的引导和规范，调整治理结构，强化农村的德治和法治建设。《中共中央　国务院关于加强基层治理体系和治理能力现代化建设的意见》《关于加强和改进乡村治理的指导意见》指出，自治、法治和德治是地方党委、基层党组织和村民群众共同努力、共同遵守的治理过程，三者相互依存、相互支持，是推进农村社会治理体系建设的必要手段。

（三）多方合力打造"三治融合"的格局

乡村社会治理的"共建、共治、共享"体现了新时代"共同富裕"和"团结奋斗"的特征。其中，共建是基础，共治是过程，共享是目标。共建的关键在于形成共识，共治的核心在于共同参与，共享的价值在于公平分配。"共建、共治、共享"也是实现乡村地区从传统的"单向管理""行政命令"向"总揽全局""双向互动"的现代治理路径转变的有效途径之一。

---

① 《为期3年扫黑除恶专项斗争取得胜利》，《法治日报》2021年3月30日。

一方面，地方领导和乡村干部深入理解中央精神、执行上级决定；另一方面，按照"双向互动"的要求积极探索乡村治理新模式和新路径，在广泛的基层实践中，找到符合本地区发展实际的路径和方法，推动治理模式完善。

三 推进多元共治促进乡村振兴面临的困境

乡村治理的关键在于完善乡村治理体系和提升乡村治理能力。《中共中央 国务院关于加强基层治理体系和治理能力现代化建设的意见》提出了我国乡村治理的总体要求。对照目标要求，目前我国乡村治理还存在一些不足之处。

（一）基层治理面临诸多风险

1. 基层财政与村镇集体债务风险叠加

受全面取消农业税之前的代垫农业税的旧债，城镇兴办乡镇企业、发展集体经济，政府项目要求地方配套导致的村级债务等因素影响，我国基层财政和村镇集体债务规模相对较大。村镇集体经济债务持续增长，多为非生产性支出，短期内难以降低。[①] 这要求乡村治理从政府包揽向群众自治转型，以降低治理成本。防范和化解村级集体债务是农村集体"三资"管理工作的重要内容。

2. 乡村在向生态文明转型过程中面临特殊风险

乡村向生态文明转型包括以下三个方面变化。一是改变传统初级产品的生产思路，按照绿色标准重新建立生产模式。二是乡村向生态文明转型意味着农产品的质量标准提高，在增加相关生产投入的同时，必然引发相关新产品价格上涨。三是在乡村向生态文明转型过程中，专职农业生产者或兼业农

---

① 《中国如何防范化解地方债务风险？——两会中国经济问答之三》，中国政府网，2024 年 3 月 7 日，https：//www.gov.cn/zhengce/202403/content_ 6937301. htm。

户势必挤占新的就业机会。在这种态势下,可能出现农业部门收益先低后高,农业生产部门劳动力配置先紧后松等情况。另外,在"双碳"目标实现过程中,农村作为主要的供给来源,势必会减少对国际市场初级产品、工业制成品和纺织服装等消费品的低价供给,可能表现为一种新形式的国际贸易摩擦。[1]

3. 负债压力下乡村基层公共服务供需结构失衡

在集体经济整体较弱的背景下,我国还存在较为显著的基层财政困境与宏观财政管控矛盾,政府统管的运作模式使基层治理能力相对较弱。乡村两级核心权力被上级整合,乡镇政府和村"两委"面临双重压力,导致治理难度加大。由于我国乡村治理体系和治理能力现代化水平滞后于整体的经济社会发展进程,广大农村居民享受到的公共服务不仅存在数量少、质量低、项目少、范围窄等问题,而且存在公共服务的规模、类别、质量与乡村现实需求不匹配的问题。

(二)农村"三治融合"存在明显短板

1. 在健全乡村自治机制方面,存在拓宽群众参与村级事务管理渠道等方面进展缓慢的问题

当前群众参与程度不高的问题比较普遍,主要原因是乡村治理关注的与群众息息相关的民生问题和关键事项不足,部分基层干部疲于应付上级检查,村民从治理过程中得不到上级部门的关切。在村务事项公开方面,村民受教育程度相对较低,他们对相关公开内容和数据解读能力不足,无法了解村级组织运行状况;部分地区村组织层面为保护个人私利,不主动公开核心数据,对村民发出的公开要求不予理睬。在乡村治理过程中,存在不结合乡村实际,直接套用城市管理方法等情况,这导致治理成本上升、乡

村治理过度福利化、过分依赖财政资金和补贴、数字乡村建设成本以及生态逆转成本偏高等问题。这些问题是农业农村现代化在经济治理方面亟待解决的重点问题。迫切需要将"村干部自治"转变为"村民自治",确保群众利益得到保障,充分激发农民群众的积极性和创造力。

2. 在推进乡村法治建设方面,存在民主管理制度不健全的问题

中央倡导构建法治化的乡村治理体系,旨在促使依法决策和依法行政成为公众的行为习惯和内在自觉。同时,需要完善乡村矛盾纠纷的解决机制,确保群众的诉求表达、利益协调和权益保障渠道畅通。此外,中央还强调全面实施村级重大事项决策的"四议两公开"制度,这有助于提升决策的透明度和公众参与度。然而,现实中,一些农村地区的民主管理制度还不完善,实际执行过程中"缺斤少两",没有向群众提供足够的表达诉求的渠道,加之部分乡村干部的法治意识薄弱,将个人利益或家族关系置于群众利益之上,致使乡村地区法治没有得到很好的保障。

3. 在加强乡村思想道德建设方面,不良习俗、陈规陋习不同程度存在

中央强调在农村地区加强道德建设,如提出完善村(居)民道德评议体系,强调家庭在道德教育中的关键作用,倡导抵制陈规陋习和封建迷信,弘扬传统美德等。尽管近年来我国农村地区的道德建设取得了一定进展,但在一些地区,仍存在一些不良的社会习俗,例如,在婚丧嫁娶等事宜上过分铺张、索要高额彩礼、奢侈浪费以及过分追求形式。一些农村居民忽视对老年人的赡养责任,没有破除陈规陋习,个别人的行为甚至违反国家的法律法规。在某些情况下,村干部在履行职责时可能会索取贿赂,或以传统习俗为名向群众索取财物。

（三）乡村治理机制不健全

1. 乡村治理体系不健全

首先,乡镇政府与村级组织之间在行政上并无直接隶属关系,但乡镇政府可能随意指派任务,导致村级组织行政效率降低。其次,村级组织作为基层单元,可能面临规划审批和建设许可等关键权力集中在县级政府手

中的局面，大多数乡镇政府面临权力有限而责任重大的困境。最后，乡村治理工作涉及组织、政法、宣传、民政、农业农村、公安、司法等方面，但与上级组织对接时，村委干部人数少，几名干部连轴运转、一职多岗情况普遍，导致干部处理与群众紧密相关的重大问题时疲于应付，工作无法触及深处。

2. 行政村作为重要治理单元作用发挥有限

虽然国家对农业和农村的投资规模显著扩大，但由于乡村主体的参与度不高、互动性不足，乡村治理工作与国家战略之间出现断裂，形成"政府治理悬浮"和"农民主体悬浮"的现象。在乡村治理的过程中，面临人才流失的问题，大量年轻劳动力外出打工或经商，特别是在传统农业区域，农村的空心化和老龄化问题尤为严重。一些行政村的公示制度未能发挥应有的作用，村民难以进行有效的民主监督，基于村规民约的教育、监督和奖惩机制也不完善，许多行政村缺少对村干部工作的制度化管理。

（四）乡村治理干部结构有待完善

1. 地方政府干部能力与岗位要求有偏差

一是干部过度依赖经验和资历管理，缺少应对突发事件或创新性开展工作的能力，特别是近年来紧急和临时性任务增加，基层干部因此感到压力巨大。二是干部关注重点集中在发展经济上，忽视对群众急需的人文关怀。三是在改革大背景下，各类不确定性增加，加之乡村治理体系的建设涉及多个方面，可能存在一定的责任风险。四是新时代对干部学习能力的要求不断提高，乡村治理体系建设需要丰富的专业知识，而一些地方领导心态浮躁，不愿投入必要的精力。

2. 村级组织干部引领能力不足

一是村民需求与村级干部工作内容之间的矛盾。由于工作目标的差异，村民往往在自身问题无法得到解决的情况下视村级干部为不能信任的人，造成干群之间出现裂缝。二是村干部自身发展与村级治理之间的矛盾。村干部本身非公务员和事业编序列，他们可以参与农业生产或其他经营性活动，这使得他们更易受到市场经济波动的影响，也很容易受农村不良社会风气的影响，基层存在一定的涉黑或腐败等问题。三是村干部秉公办事和人情关系之间的矛盾。村干部本身也与群众存在较为密切的地缘甚至血缘关系，在缺乏有效的上级监督和村民监督的情况下，农村传统的人情关系就可能驱使村干部违背公开、公平、公正的原则。

（五）城乡融合背景下乡村优秀传统文化传承与保护压力大

1. 乡村文化供给与需求之间匹配度不高

由于政府实施的"自上而下"投入模式，较少深入群众、了解群众对文化服务的真实需求。部分送文化下乡项目内容比较空洞，联系群众不紧密，带动参与的群众有限。"农家书屋"等由于缺少原创性、群众性、地方性，或者不能实实在在给群众带来艺术和经济上的收益，往往成为摆设。一些城市流行的文化项目或多或少影响了乡村青年，但乡村缺少引入相关文化项目的基础条件，在有限的资金支持下，一些文化项目"烂尾"。

2. 乡村文化振兴人才不足

农村地区大量"三留"人员普遍文化素质不高，对文化活动的认知和参与能力有限。目前，乡村地区大量基层文化干部为上级委派，或者由本地区有影响力的少数人担任，无论从数量还是与当地融合的角度来看都存在不少弊端，基层难以留住人才，更难以培养人才。目前，多数乡镇的文化管理服务人员业务不熟练，部分乡镇的文化领军人才极度匮乏，经常发生文化遗产保护、文艺创作、文化管理等专业人才断档的情况。非物质文化遗产代表性项目具有较高的文化价值，但一些传统技艺正面临传承人缺失的问题。由于经济压力，部分传承人难以依靠这些非物质文化遗产维持生计，非遗传承面临一定的困境。

3. 城乡联结打造文化全链条程度不深

乡村特色文化资源虽然丰富，但是在开发过程中过于关注短期经济利益，缺少对文化开发利用的长效机制，造成对文化产品的开发模式趋同、业态单一、产品粗放、三产融合度低等问题，城乡联合推动文化挖掘与利用的程度不深，难以建立城乡相互配合的完整的文化资源链条，文化产品缺少特色。一些产品在内容和视觉设计方面往往缺乏深度和独特性，缺少具有辨识度的品牌标识，没有深入挖掘产品的历史底蕴和文化内涵。

四　推进多元共治促进乡村振兴的对策建议

构建新时代乡村治理体系是一项全面而深入的系统工程。纵向来看，这一工程要求强化中央政府与地方政府、地方政府与基层组织之间的联系，确保政策的连贯性与执行力，通过有序的规划、指导和监督，形成紧密且高效的工作机制。横向来看，要求加强农村基层组织建设，通过农村社会自身的动力，推动乡村治理体系完善。

（一）进一步强化农村基层党组织建设

1. 健全党组织领导的乡村治理体系

从自治的角度来看，农村基层党组织要注重增强村民自治主体意识，提高村民参与自治活动的积极性，并规范和引导自治工作的开展。从法治的角度来看，农村基层党组织应将法治思维和法治理念贯穿乡村治理各环节，推动乡村治理规范化、公开化、透明化，大力推进法治乡村建设。从德治的角度来看，农村基层党组织应加强对中华优秀传统文化的传承与赓续，发挥优秀传统文化怡情养志、涵养品行、涵育文明、凝聚人心等作用。同时，大力弘扬社会主义核心价值观，以道德评议、典型示范、舆论引导等方式，大力营造崇德向善、友爱互助的良好氛围。

2. 提升农村基层党组织战斗力和凝聚力

要强化人才队伍建设和加强党建工作交流，通过搭建基层党员交流互动平台，派强用好驻村第一书记和工作队，将优秀年轻干部选派到农村基层挂职锻炼，并注重从返乡大学生、退役军人等群体中培养选拔基层党员干部，有针对性地进行党务知识、农村实用技术等培训，提高其综合素质，打造一支政治过硬、业务熟练的人才队伍。同时，充分发挥党员干部的先锋模范和

示范引领作用，既要"头雁"引领，又要"雁阵"齐飞，形成强大的组织凝聚力，保障政策有效落实。

3. 注重数字技术赋能农村基层党组织服务能力建设

农村基层党组织要更加注重利用新兴技术手段，打造新式服务渠道。一是利用数字技术，以当地文旅品牌和本地特色经济为依托，通过直播销售、休闲农业、生态文旅等方式，因地制宜打造符合时代需求的产业振兴路径，让产销两头的农民和消费者都切实感受到技术革新带来的实惠。二是利用数字技术提升服务农村群众的能力。以解决群众的急难愁盼为出发点，转变服务理念，努力让"群众少跑腿"、让"数据多跑路"；围绕农村生产生活方式，利用数字产销、数字电商、智能农机、创意农业等多种方式，更好实现助农惠农。

4. 进一步加强人才队伍建设

一是瞄准乡村所需，积极培育乡贤和年轻后备干部，积极倡导外地创业者回流、鼓励大学毕业生回乡就业创业以及鼓励退役军人返乡等，为乡村建设提供所需的人才保障。二是强化对村干部的培训、教育和考核。注重培养德才兼备的干部，讲究干部工作实效，要注重干部梯队的培养，制定明确的干部培训教育和考核制度，建立和完善行政村干部管理规范。三是严格规范村干部的行为，建立和完善村干部工作规范、学习机制、会议程序和群众联系制度等，确保其受到上级部门和村民群众的有效监督，以制度化手段规范村干部的工作行为。

（二）加强顶层设计，深化以农民为主体的治理体系建设

1. 建立以农民为中心的供给决策机制

必须把尊重农民的权利作为坚持农民主体地位的核心，以满足农民最紧迫的需求为导向，建立自上而下与自下而上相结合的决策机制，推进农村公共服务从"纸面"下沉到"地面"。农民公共服务需求的精准识别与响应是农村公共服务供给决策机制的核心，需要建立以农民参与为基础的需求信息收集和反馈平台，全方位掌握农民公共服务需求的实时动态。充分发挥村民

自治组织的作用，使之成为连接农民与基层政府的重要纽带。要根据农民最紧迫的需求意愿，因村施策，差异化确定公共服务供给内容，确保公共服务交由农民决定、满足农民所需。

2. 畅通农民对公共服务需求的表达渠道

要发展基于移动互联网技术的信息平台，使农民通过智能手机即可参与公共服务设计、实施、监督全过程。通过线上问卷调查、互动反馈系统以及在线公开会议等形式，提高农民参与公共事务的便利性和时效性，确保农民的利益诉求能够第一时间得到表达和收集。同时，利用大数据和人工智能技术辅助分析农民需求，帮助决策者掌握更加细微的需求变化，从而对政策进行更加精准的调整。

3. 简政放权释放乡村组织活力

要把解决形式主义突出的问题与为基层减负结合起来，作为党的作风建设重要内容进行统筹谋划、一体推进，更好地激励基层干部勇于担当作为、敢于创新干事。减轻行政事业性负担、推进治理重心下沉是释放乡村组织和乡村干部活力的前提。通过逐步整合农村基层政府部门职责，减轻乡村组织和乡村干部负担，扩大政府向社会购买基本公共服务的范围，实现公共服务职能向社会组织和市场转移。改革村级事务管理模式，引导村民自治组织发挥更大作用，把农民自己能办的事交给农民自己办，构建多元参与的乡村社会治理体系。

（三）发展集体经济，打造城乡融合体

1. 大力发展集体经济

首先，需充分挖掘农村集体经济的内在潜力，推动产业的多元化发展。这包括利用科技手段提升第一产业，合理整合第二、第三产业，促进产业间的平衡与协调发展，提高产品的整体附加值。其次，应加快农村集体经济生产方式的转型，顺应数字经济的潮流。利用数字技术优化生产经营管理模式，形成多样化的数字经济形态，实现生产方式的数字化改造。最后，深化农村集体产权制度改革。坚持精准改革方向，防止集体资产流失，通过股份

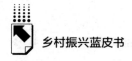

制改革，加强对农村集体资产运营的监督，确保集体经济的收益能够公平分配给所有集体成员。

2. 全面深化城乡融合

深化城乡融合的首要任务是实现城乡治理信息的整合，消除信息孤岛现象，确保城乡治理信息的无缝对接和共享，解决城乡治理脱节的问题。应打造城乡治理共同体，完善信息共享机制，避免出现城乡治理的分割现象。应加速实现城乡基本公共服务均等化，强化农村基础设施建设。通过建立和完善公共服务供给与需求反馈机制，及时响应农民群众对基本公共服务的需求，为乡村治理共同体的发展提供持久动力。要致力于消除城乡之间的二元结构，鼓励资源和要素向乡村地区流动，确保农业和农村现代化进程与时代同步。

（四）充分发挥文化振兴对乡村多元共治的推动作用

1. 保护传统农耕文化和自然生态

要从传统与现代、物质与精神、个体与社会多维度大力挖掘、整理、保护与创新乡村文化资源，提升乡村整体生活质量，促进乡村可持续发展。特别是在人文层面，通过乡愁建立情感纽带和社会支持系统，满足背井离乡者的情感需求，使人们深切感受到乡愁的呼唤。

2. 传承和弘扬传统节日与习俗

丰富多彩的节日庆典在现代社会价值观念形成中发挥积极作用，形成人们对故乡的美好记忆与对未来发展期许相结合的情感纽带，不仅增强乡村居民的自豪感，还激发城市居民回归乡村的兴趣与动力。为了让乡村传统节日与习俗焕发新的生机，必须紧密结合现代生活的特征和需要，深入挖掘乡村文化遗产的内涵和价值，满足现代社会人们多元化的精神需求，使人们能够深切感受到乡土文化的地方特色和独特魅力，以市场化、产业化的手段实现传统节日和民间习俗的创新转化与经济价值的提升，为优秀传统文化与现代文明交融奠定坚实基础。

3. 将现代创意与科技元素融入物质文化遗产

科技元素的运用和现代创意的注入，使传统建筑元素与现代建筑技术相结合，能够较好地修复和保护古村落、老宅、古桥等物质文化遗产，保存和传递其中蕴含的历史信息，实现优秀传统文化的创造性转化和创新性发展。此外，还应借助数字技术、GIS 技术和虚拟现实技术等，加快对乡村物质文化遗产的系统梳理，建立包括物质文化遗产的地理位置、历史信息及其文化内涵在内的数字化档案，并在数字平台上展示，为公众了解、认知和体验优秀乡村文化提供便捷渠道。

4. 加快乡村文化与现代教育的整合

将乡村文化内容纳入地方中小学教育体系，开设乡村文化课程，实现乡村文化传承的系统化和规范化，促进优秀乡村传统文化与现代教育相结合。通过开设与乡村文化遗产相关的课程，为青少年提供接触、了解和感受乡村文化的机会，激发他们对乡村文化的认同感与自豪感。培养具有乡村文化背景的专业人才，包括非遗传承人、乡村文化研究者等，发挥他们在乡村文化振兴中的重要作用。

（五）健全"三治融合"农村基层治理体制机制

1. 加强农村基层治理体制机制建设

首先，必须完善农村基层的民主管理体系、决策过程和监督机制，明确这些机制的主要实施平台和运作方式。其次，基层党组织应充分发挥其核心引领作用和民主议事功能，围绕重大决策问题及治理重点问题向群众收集意见，鼓励乡贤及党员参与讨论，取得群众的信任。最后，全面彰显农民组织化对基层治理的重要意义，通过村党组织带动，让群众进入各类组织中，通过组织化的教育和体验，激发群众参与组织决策讨论的积极性，持续推进乡村治理的各项任务。

2. 打造乡村治理共同体

首先，深入理解"三治融合"的内在逻辑，确保共同富裕的目标贯穿治理的全过程和各个环节。其次，通过制度设计，扩大农民参与自治的途径，赋予他们更多参与本地发展规划和表达利益诉求的权利；通过法治教育和普法活动，增强农民的法治意识，营造法治环境；挖掘整理乡村传统文化的物质载体故事，并将其融入符合社会主义核心价值观的民风民俗。最后，巩固自治基础，激发基层治理的活力；加强法治保障，增强基层治理的稳定性；充分发挥德治的熏陶作用，激发基层治理的内在动力。实现各种治理方式的优势互补，共同提升乡村治理的整体效能。

（六）加强乡村治理改革试点和经验借鉴

1. 深化改革试点

一是全面增强基层干部的乡村治理意识，特别是创新意识、民主意识和认同意识。二是对乡村治理的有效做法进行总结和提炼，形成可供复制推广和学习参考的经验。三是全力打造乡村治理的开放平台，充分听取群众意见，激发多方主体参与的积极性。四是改革试点情况接受社会检验，让群众依据自身获得感、幸福感、满足感等对试点成效进行评价，充分吸纳专家学者的意见，对试点进行完善。

2. 加强经验借鉴

从早期的青县模式、肃宁经验、中牟实践到近年来推出的乡村治理试点县、试点乡镇等，我国已在乡村治理经验模式借鉴上富有成效，要继续深入推进乡村治理的经验借鉴，将乡村治理的价值与党和人民的事业紧紧结合在一起，通过以点带面，最终形成乡村治理经典案例。

参考文献

董江爱、王文祥：《矿产资源型乡村治理能力现代化面临的困境及路径研究》，《理论探讨》2020年第6期。

储华林：《数字乡村建设创新乡村治理的内在逻辑与实践路径》，《福建农林大学学报》（哲学社会科学版）2022年第4期。

文天平、欧阳日辉：《习近平总书记关于数字乡村发展重要论述的形成逻辑、科学内涵与实践要求》，《中国井冈山干部学院学报》2023年第4期。

聂建亮、陈博晗：《村域社会资本与农村老人的社区治理参与》，《北京社会科学》2024年第3期。

徐琳、姚军亮：《青岛市乡村治理现代化的路径探索》，《中共青岛市委党校青岛行政学院学报》2022年第4期。

旦雅宁：《历史制度主义视角下我国村级监督制度变迁路径依赖：形成机理及路径取向》，《决策科学》2022年第3期。

张锐等：《江苏省农村人居环境整治提升路径研究》，《农村经济与科技》2024年第10期。

甘晓成等：《城乡居保基础养老金保障水平及其影响因素研究——基于新疆统计数据的分析》，《新疆大学学报》（哲学·人文社会科学版）2022年第2期。

王辉、陈筱媛：《地方政策创新差异的整合性解释框架——基于互助养老政策创新的比较研究》，《公共行政评论》2023年第3期。

张露露：《数智赋能村民自治：完善党领导的农村基层群众自治机制的实践路径》，《学习与实践》2023年第8期。

翁鸣：《我国乡村治理的时代要求、创新特征和现实挑战》，《中州学刊》2023年第10期。

杜明银、李昱姣：《驻村第一书记制度绩效分析与政策建议——以豫南Y村和豫西F村为例》，《农村·农业·农民》2024年第6期。

贺雪峰、桂华：《三治如何融合——制度成本的视角》，《学习与探索》2024年第7期。

杨长福、金帅：《共同富裕视域下乡村治理共同体建设的理论逻辑与实现路径》，《西安交通大学学报》（社会科学版）2024年第2期。

B.9
弘扬生态文化保障乡村振兴

任国平　尹罡*

摘　要：　在新时代背景下，乡村生态文明建设不仅是中国生态文明建设的重要组成部分，也是推动乡村振兴、实现农业农村现代化的关键路径。本报告从村容村貌和基础设施、绿色农业和资源利用、环保立法和执法监管、环保意识和环保文化四个方面总结了弘扬生态文化保障乡村振兴取得的显著成效，并提出在弘扬生态文化保障乡村振兴高质量发展过程中，依然面临农业面源污染防治形势严峻、工业污染产业转移风险加剧、生态系统退化趋势仍未扭转、农村生态文化建设任重道远等问题。针对上述问题从树立系统治理观，指导生态宜居乡村政治建设；树立绿色发展观，指导生态宜居乡村经济建设；树立和谐文化观，指导生态宜居乡村文化建设；树立普惠民生观，指导生态宜居乡村社会建设四个方面提出弘扬生态文化保障乡村振兴的对策与建议。同时，从大力开展生态文明教育、系统推进全面绿色转型、促进资源高效利用等方面提出弘扬生态文化保障乡村振兴的实践路径，为乡村振兴战略的实施提供参考。

关键词：　生态文明　乡村文化　乡村振兴　文化振兴

在新时代背景下，乡村生态文明建设不仅是中国生态文明建设的重要组成部分，也是推动乡村振兴、实现农业农村现代化的关键路径。党的十八大以来，以习近平同志为核心的党中央高度重视生态文明建设，提出了

---

* 任国平，管理学博士，湖南城市学院教授，主要研究方向为乡村可持续发展、城乡融合、乡村治理；尹罡，湖南城市学院副教授，主要研究方向为乡村治理、休闲旅游、旅游开发。

一系列新理念新思想新战略。习近平生态文明思想强调"绿水青山就是金山银山"，倡导人与自然和谐共生，强调发展必须是绿色发展、循环发展、低碳发展。这些理念深入人心，不仅成为全社会的共识，也为乡村生态文明建设提供了强大的思想武器和行动指南。随着人们环保意识的不断增强，乡村居民对干净的水、清新的空气、安全的食品、优美的生态环境等要求越来越高，这为乡村生态文明建设提供了内在动力。然而，随着工业化和城镇化进程的加快，中国乡村地区面临日益严峻的资源环境约束。一方面，乡村地区的资源总量虽然丰富，但人均占有量较低，且质量总体不高。在矿产资源中，低品位、难选冶矿多；在土地资源中，难利用地多、宜农地少。另一方面，环境污染问题日益突出，水体污染、大气污染加重，固体废弃物排放量过大，垃圾包围城市的现象逐渐向农村蔓延。同时，环境破坏也不容忽视，水土流失、土壤沙漠化、草原退化、森林资源锐减、物种加速灭绝、水资源日益匮乏等问题严重威胁乡村地区的生态安全。这种资源环境约束趋紧的现状，迫切要求乡村地区转变发展方式，加强生态文明建设。为应对资源环境约束趋紧和满足人民群众对美好生活的向往，国家出台了一系列政策措施推动乡村生态文明建设。党的十八大将"生态文明建设"纳入"五位一体"总体布局，明确提出建设美丽中国的目标。[1] 党的十九大报告进一步提出实施乡村振兴战略，强调要建设生态宜居的美丽乡村。近年来，中央一号文件多次聚焦"三农"问题，对加强农村环境保护、推进农业绿色发展等做出具体部署。此外，国家还出台了一系列政策，如《农村人居环境整治三年行动方案》《乡村振兴战略规划（2018—2022年）》等，为乡村生态文明建设提供制度保障和行动指南。[2]

---

[1] 《共同书写美丽中国建设新篇章》，湖北日报网，2024年8月15日，http：//news.cnhubei.com/content/2024-08/15/content_18291329.html。

[2] 《人民日报整版刊文：实现"两个一百年"奋斗目标的重大任务》，澎湃新闻，2020年1月2日，https：//www.sohu.com/a/364174619_260616。

一 弘扬生态文化保障乡村振兴取得显著成效

（一）村容村貌改善，基础设施完善

随着乡村生态文明建设的深入推进，中国农村的村容村貌发生了翻天覆地的变化。昔日破旧的农舍、道路以及脏乱的村庄已逐渐被整洁美观的新农居、平坦宽阔的水泥路、绿树成荫的整洁村庄取代。这一显著变化不仅提升了农村居民的生活质量，还增强了他们的幸福感和归属感。①

1. 基础设施不断完善

在乡村生态文明建设的推动下，农村基础设施得到显著改善。政府加大对农村基础设施建设的投入力度，修建道路、桥梁、水利设施等，提高了农村交通和农业生产的便利性。同时，农村电网改造、通信设施建设等取得显著进展，农村居民用上了稳定可靠的电力和便捷的通信网络，生活品质得到极大提升。②

2. 环境卫生整治成效显著

过去，一些农村地区存在环境卫生脏乱差的问题，垃圾乱堆乱放、污水横流等现象屡见不鲜。而现在，随着环境卫生整治行动的深入开展，农村环境卫生状况得到极大改善。政府引导农村居民参与环境卫生整治，建立了垃圾分类、污水治理等长效机制，农村环境变得更加整洁美观。此外，政府还加大对农村环保设施的建设力度，如建设污水处理厂、垃圾处理站等，有效解决了农村环境污染问题。

3. 生态宜居成为新风尚

在乡村生态文明建设的引领下，生态宜居成为农村发展的新风尚。农村居民越来越注重生态环境的保护和改善，积极参与植树造林、绿化美化等环

---

① 《生态文明建设引领乡村振兴》，"中国日报网"企鹅号，2022年12月26日，https://new.qq.com/rain/a/20221226A0207I00。
② 《农村人居环境整治三年行动方案》，《新农村》2018年第4期。

保活动。同时，政府加大对农村生态环境的保护力度，划定生态保护红线，严格限制对生态环境的破坏行为。如今，许多农村地区已经拥有绿树成荫、花香四溢的美好景象，成为宜居宜业的美丽家园。①

4. 乡村旅游蓬勃发展

随着农村地区村容村貌的提升和生态环境的改善，乡村旅游也迎来蓬勃发展。许多农村地区依托优美的自然风光和独特的乡村文化，发展乡村旅游产业。乡村旅游不仅为农村居民提供了增收致富的新途径，还带动了农村相关产业的发展，如农家乐、民宿、手工艺品等。乡村旅游的蓬勃发展进一步推动了农村经济的多元化和可持续发展。

（二）绿色农业优化，资源利用高效

在乡村生态文明建设的推动下，中国农业绿色发展取得积极进展。农业绿色发展不仅关乎农业生产的可持续性，还关系农村生态环境的保护和改善。② 近年来，中国政府高度重视农业绿色发展，采取了一系列有效措施，推动农业生产方式向绿色、环保、可持续方向转变。

1. 农业产业结构不断优化

为实现农业绿色发展，中国政府积极引导农民调整农业产业结构，发展高效、环保、可持续的农业产业。一方面，政府加大对传统农业的改造力度，推广科学种植、养殖技术，提高农业生产效率和产品质量；另一方面，政府还鼓励农民发展特色农业、生态农业等新兴产业，如有机农业、绿色食品、休闲农业等。这些新兴产业的发展不仅丰富了农产品种类，还提升了农产品的附加值和市场竞争力。

2. 农业科技创新成果丰硕

农业绿色发展离不开科技创新的支撑。近年来，中国在农业科技领域取

---

① 《各地开展村庄清洁行动》，人民网，2019年3月5日，http：//politics. people. com. cn/n1/2019/0305/c1001-30957180. html。

② 《首批96个美丽宜居村基本建成》，大华网，2019年3月18日，https：//strb. dahuawang. com/content/201903/18/c11842. htm。

得显著进展，为农业绿色发展提供了有力保障。政府加大对农业科技研发的投入力度，建设了一批农业科技研发中心和实验基地，培养了一大批农业科技人才。在农业科技创新的推动下，中国农业生产方式不断革新，如智能化农业装备的研发应用、精准农业技术的推广等，都极大地提高了农业生产效率和环保水平。

3. 农业资源利用更加高效

农业绿色发展注重资源节约和高效利用。为实现这一目标，中国政府采取了一系列措施，如推广节水灌溉技术、实施测土配方施肥等，提高农业资源的利用效率。同时，政府加大农业废弃物的资源化利用力度，如将农作物秸秆、畜禽粪便等废弃物转化为有机肥料或生物质能源，实现废弃物的减量化、资源化和无害化处理。这些措施的实施不仅节约了农业资源，还减少了环境污染，推动了农业绿色发展。

4. 农产品质量安全水平提升

农产品质量安全是农业绿色发展的重要内容。为保障农产品质量安全，中国政府加大对农产品生产、加工、销售等环节的监管力度，建立了完善的农产品质量安全追溯体系。同时，政府还加大了对农产品质量安全的宣传力度，提高了农民和消费者的质量安全意识。在这些措施的推动下，中国农产品质量安全水平得到显著提升，为消费者提供了更加安全、健康的农产品。

（三）环保立法完善，执法监管加强

随着乡村生态文明建设的深入推进，中国农村环境保护立法工作取得积极进展。一系列针对性强、操作性强的法律法规相继出台，为农村环境保护提供了坚实的法律保障，推动农村生态环境持续改善。

1. 法律法规体系逐步健全

近年来，国家高度重视农村环境保护立法工作，不断填补法律空白，完善法律体系。《中华人民共和国环境保护法》《中华人民共和国水污染防治法》《中华人民共和国大气污染防治法》等一系列环保法律法规都将农村环境保护纳入其中，明确了农村环境保护的法律地位和责任主体。[①] 同时，针对农村特有的环境问题，如农业面源污染、畜禽养殖污染等，出台了相应的专项法规或规章，如《畜禽规模养殖污染防治条例》等，为农村环境保护提供了更加具体、具有可操作性的法律依据。

2. 立法理念更加先进

在立法过程中，中国坚持绿色发展理念，遵循生态优先、保护优先的原则，将生态文明建设的要求贯穿于农村环境保护立法的全过程。立法不仅关注环境污染的治理和生态破坏的修复，更强调预防为主、源头治理的方针，推动农业生产方式和生活方式的绿色转型。这种先进的立法理念，为农村环境保护提供了更加科学、合理的指导。[②]

3. 法律执行力度加大

有了完善的法律法规体系，还需要强有力的执行来保障其落地生效。近年来，中国加大了农村环境保护法律执行的力度，建立了严格的监管机制和问责制度。各级政府和环保部门加大对农村环境违法行为的查处力度，对违法行为实行"零容忍"，依法追究相关责任人的法律责任。

同时，加强对农村环境保护法律法规的宣传教育，增强农村居民的法律意识和环保意识，为法律执行营造了良好的社会氛围。

（四）环保意识提升，环保文化发展

在法律法规的引导和保障下，中国农村生态环保氛围日益浓厚，广大农村居民积极参与生态环境保护活动，形成了人人关心环保、人人参与环保的良好局面。

1. 环保意识普遍增强

随着生态文明建设的深入推进和环保宣传教育的普及，农村居民的环保

---

① 《"十四五"，农业农村现代化这样推进》，中国政府网，2021 年 12 月 9 日，https：//www. gov. cn/xinwen/2021-12/09/content_ 5659607. htm。
② 《中华人民共和国乡村振兴促进法》，人民网，2021 年 4 月 29 日，http：//politics. people. com. cn/n1/2021/0429/c1001-32092362. html。

意识普遍增强。他们开始认识到生态环境保护的重要性，了解环境污染和生态破坏对个人健康和生活质量的影响。因此，在日常生活中，他们更加注重节约资源、减少污染、保护生态环境。这种环保意识的增强，为农村生态环境保护奠定了坚实的群众基础。①

2. 环保行动广泛开展

在环保意识的驱动下，农村居民积极参与各种环保行动。他们自发组织起来清理河道、山林中的垃圾和污染物；参与植树造林、绿化美化等环保活动；推广使用清洁能源和环保农具；采用生态农业和循环农业等绿色生产方式。这些环保行动的广泛开展，不仅改善了农村生态环境质量，还提升了农村居民的生活品质和幸福感。

3. 环保文化逐渐形成

随着环保行动的开展和环保意识的增强，一种独特的农村环保文化正在逐渐形成。这种文化以尊重自然、保护生态为核心价值观，倡导绿色生活方式和生产方式。在这种文化的熏陶下，农村居民更加珍惜自然资源、爱护生态环境；更加关注农业生产的可持续性和农产品的安全性；更加愿意为生态环境保护贡献自己的力量。这种环保文化的形成和发展，为农村生态文明建设提供了强大的精神动力和文化支撑。②

二 弘扬生态文化保障乡村振兴存在的问题

（一）农业面源污染防治形势严峻

农业面源污染是指农业生产活动中溶解的或固体的污染物，如农药、化肥、畜禽粪便等，从非特定的地域，在降水和径流冲刷作用下，通过农田地表径流、农田排水和地下渗漏，大量污染物进入受纳水体（河流、湖泊、

---

① 《绿水青山何以就是金山银山》，光明网，2016 年 11 月 12 日，https：//epaper.gmw.cn/gmrb/html/2016-11/12/nw.D110000gmrb_ 20161112_ 1-08.htm？div=-1。

② 《【人民日报】共建清洁美丽世界》，中国科学院网站，2022 年 6 月 6 日，https：//www.cas.cn/cm/202206/t20220606_ 4836998.shtml。

水库、海湾）引起的污染。当前，中国农业面源污染防治形势异常严峻，已成为乡村生态文明建设的瓶颈之一。

1. 化肥农药过量使用现象普遍

《全国土壤污染状况调查公报》显示，中国耕地土壤点位超标率为19.4%，主要污染物包括镉、镍、铜、砷、汞、铅等重金属以及滴滴涕、多环芳烃等有机污染物。[①] 这些污染物的来源之一便是化肥农药。据统计，中国单位面积化肥施用量远超世界平均水平，部分地区甚至达到发达国家平均水平的数倍。过量施用化肥不仅导致土壤酸化、板结，降低土壤肥力，还会通过径流和渗透作用污染地表水和地下水。同时，农药的过量使用加剧了农产品中的农药残留问题，威胁食品安全和人类健康。

2. 畜禽养殖污染未得到有效控制

随着畜禽养殖业的快速发展，畜禽粪便等废弃物排放量急剧增加，但由于处理设施不完善、处理技术落后等原因，大量畜禽粪便未经处理直接排放到环境中，造成严重的环境污染。农业农村部数据显示，中国每年产生的畜禽粪污总量巨大，但综合利用率仅为60%左右，仍有大量粪污未得到有效处理和资源化利用。这些未经处理的畜禽粪污不仅污染了土壤和水体，还通过空气传播病原体，影响公共卫生安全。

3. 农作物秸秆和农田残膜处理不当

农作物秸秆和农田残膜是农业生产中的一种重要污染源。每年农作物收获季节，大量秸秆被焚烧或随意丢弃在田间地头，不仅浪费了资源，还严重污染了大气环境。同时，农田中广泛使用的农膜在使用后往往被随意丢弃在土壤中，难以降解，对土壤结构和生态环境造成长期破坏。据估算，中国每年农膜使用量巨大，但回收率相对较低，大量农膜残留在土壤中，成为影响农业可持续发展的隐患。

[①] 《化肥用量减农业效益增》，央广网，2017 年 7 月 26 日，http：// country. cnr. cn/ gundong/ 20170726/t20170726＿ 523869545. shtml。

（二）工业污染产业转移风险加剧

随着工业化、城镇化的快速推进，一些高污染产业和企业开始向农村地区转移，导致工业及城市污染向农村地区转移的风险日益加剧。这种转移不仅破坏了农村地区的生态环境，也损害了农村居民的切身利益。

1. 高污染产业向农村地区转移趋势明显

近年来，一些地方出于经济发展考虑，盲目引进高污染产业和企业。这些产业和企业往往缺乏先进的环保设施和技术手段，生产过程中产生的废水、废气、固体废弃物等污染物未经处理或处理不达标便直接排放到环境中，对农村生态环境造成严重污染。自然资源部督察机构通报的典型案例显示，一些地方违法违规占用耕地挖湖造景、建设工业项目等行为时有发生，严重冲击了耕地红线和生态保护红线。

2. 城市垃圾向农村地区倾倒现象严重

随着城市人口的不断增加和城市化进程的加快，城市垃圾产生量急剧上升。然而，由于城市垃圾处理设施不足或处理成本高昂等原因，一些城市垃圾被非法倾倒到农村地区。这些垃圾不仅占用了大量土地资源，还污染了土壤、水体和大气环境，对农村居民的生产生活造成严重影响。相关调查数据显示，中国部分农村地区已成为城市垃圾的重灾区，垃圾围城现象日益严重。

3. 工业废水偷排漏排现象频发

一些工业企业在生产过程中产生的废水未经处理或处理不达标便通过暗管、渗井等方式偷排漏排到环境中。这些废水中含有大量有毒有害物质，严重污染地表水和地下水资源，威胁农村居民的饮水安全。环保部门通报的典型案例显示，一些地方工业企业偷排漏排废水现象频发，给当地生态环境造成了不可挽回的损失。①

---

① 《污染转移屡禁不止 中西部或再走东部"先发展后治理"老路》，人民网，2015年5月28日 http://politics.people.com.cn/n/2015/0528/c70731-27069007.html。

（三）生态系统退化趋势仍未扭转

农村生态系统作为自然生态系统的重要组成部分，其健康状况直接关系乡村的可持续发展与居民的生活质量。然而，当前农村生态系统退化趋势显著，主要表现在以下几个方面。

1.水土流失与土地荒漠化加剧

中国是世界上水土流失最为严重的国家之一。水利部发布的《中国水土流失与生态安全综合科学考察总结报告》显示，全国水土流失面积高达356万平方公里，占国土面积的37%。在农村地区，由于不合理的耕作方式、过度放牧以及缺乏有效的水土保持措施，水土流失问题尤为突出。这不仅导致土壤肥力下降、耕地退化，还加剧了洪涝、干旱等自然灾害的发生。此外，土地荒漠化也是农村生态系统退化的重要表现之一。中国荒漠化土地面积约为262万平方公里，占国土面积的比重近1/4，且荒漠化速度仍在加快。荒漠化的蔓延不仅减少了可利用的土地资源，还严重威胁农村地区的生态环境安全。

2.水资源短缺与污染并存

水资源既是农村生态系统的重要组成部分，也是农业生产和居民生活的基础条件。然而，中国农村地区水资源短缺问题严重，人均水资源量远低于世界平均水平。同时，由于农业面源污染、工业及城市污水排放等原因，农村水资源污染问题日益凸显。环保部门监测数据显示，中国农村地区有相当比例的水体受到不同程度的污染，部分地区甚至出现饮用水安全危机。水资源的短缺与污染严重制约了农村地区经济发展和居民生活质量提升。

3.生物多样性丧失与生态系统服务功能减弱

生物多样性是生态系统健康与否的重要标志之一。然而，在乡村地区，由于过度开发、滥砍滥伐、外来物种入侵等原因，生物多样性丧失问题日益严重。这不仅破坏了生态系统的平衡与稳定，还导致生态系统服务功能减弱，如水土保持、气候调节、空气净化等功能减弱或丧失。生物多样性的丧失进一步加剧了农村生态系统的退化。

（四）农村生态文化建设任重道远

生态文化是人与自然和谐共生的文化形态，是生态文明建设的重要支撑。然而，在中国农村地区，生态文化建设相对滞后，存在诸多问题与挑战。

1.生态环保意识淡薄与环保行为缺失

由于教育水平相对较低、信息获取渠道有限等原因，中国农村地区居民普遍缺乏生态环保意识。① 许多居民对环境保护的重要性认识不足，缺乏参与环保行动的积极性与主动性。在日常生活中，随意丢弃垃圾、滥用化肥农药、非法捕猎野生动物等行为屡见不鲜。这些行为不仅破坏了农村地区的生态环境，也影响了乡村生态文明建设的进程。

2.传统文化传承与生态文化融合不足

中国农村地区拥有丰富的传统文化资源，这些文化资源中蕴含丰富的生态智慧与环保理念。然而，在现代化进程中，许多传统文化元素被逐渐遗忘或边缘化，生态文化与传统文化的融合不足。② 这导致农村生态文化建设缺乏深厚的文化底蕴和广泛的社会基础。同时，由于缺乏有效的传承与弘扬机制，许多优秀的生态文化传统面临失传的风险。

3.生态教育普及程度不高

生态教育是增强公众环保意识、培养环保行为的重要途径。然而，在中国农村地区，生态教育普及程度普遍不高。许多学校缺乏专业的生态教育师资和教材资源，无法有效开展生态教育活动。同时，由于家庭经济条件限制等原因，许多农村孩子无法接受高质量的生态教育。③ 这导致农村

---

① 《民生关切"置顶" 百姓幸福指数提升》，中国日报网，2024年3月5日，https：//china. chinadaily. com. cn/a/202403/05/WS65e6e817a3109f7860dd4184. html。
② 《构建生态文明法治体系》，光明网，2021年12月29日，https：//epaper. gmw. cn/gmrb/ html/2021-12/29/nw. D110000gmrb_ 20211229_ 5-10. htm。
③ 《深刻认识新时代生态文明建设的"四个重大转变"（人民日报）》，长春市生态环境局网站，2023年11月3日，http：//hjj. changchun. gov. cn/ztzl/esd/202311/t20231113_ 3246297. html。

地区居民整体环保素质偏低，难以形成全社会共同参与生态文明建设的良好氛围。

三 弘扬生态文化保障乡村振兴的对策与建议

（一）树立系统治理观，指导生态宜居乡村政治建设

1. 注重统筹规划，做好顶层设计

乡村生态文明建设是一个复杂而系统的工程，需要全面、科学地规划和设计。注重统筹规划，做好顶层设计，是确保乡村生态文明建设顺利推进的重要前提。

制定科学合理的规划方案。乡村生态文明建设的规划方案应充分考虑乡村的地理位置、自然资源、环境条件、经济基础、文化传统等因素，确保规划的科学性和可行性。规划过程中，要广泛征求乡村居民、专家学者、政府部门等多方面的意见和建议，形成共识，确保规划的民主性和可操作性。[①]同时，规划方案应具有前瞻性和长期性，预测未来乡村发展趋势和需求，为乡村的长期发展奠定基础。

2. 树立正确的政绩观，深化生态文明体制改革

乡村生态文明建设需要树立正确的政绩观，将生态文明建设的成效作为衡量工作成果的重要标准。同时，要深化生态文明体制改革，增强全社会的生态保护意识。

政府官员应树立绿色发展的政绩观，将生态文明建设纳入政府工作的重要议程。在推动经济发展的同时，注重保护乡村的生态环境，推动绿色产业发展，提高乡村的经济质量和效益。同时，要关注乡村居民的生活质量，改善乡村的基础设施和公共服务，提升乡村的整体形象和吸引力。政府官员的政绩评价应综合考虑经济、社会、环境等多方面因素，避免片面追求经济增

---

① 《人民日报治理之道：建设生态宜居的美丽乡村》，人民网，2019 年 7 月 22 日，http：// opinion. people. com. cn/n1/2019/0722/c1003-31246839. html。

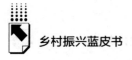

长而忽视生态环境保护。

加强生态文明理念的宣传教育。政府应加强对乡村居民生态文明理念的宣传教育，提高他们的环保意识和参与度。通过举办讲座、培训、展览等活动，向乡村居民普及生态文明的知识和理念，引导他们树立尊重自然、保护环境的价值观。同时，可以利用乡村广播、电视、网络等媒体平台，广泛宣传生态文明建设的意义和成果，形成全社会共同关注和支持生态文明建设的良好氛围。

3. 完善治理体系，改进考评制度

乡村生态文明建设需要完善治理体系，构建多元共治格局。同时，要改进考评制度，建立科学的评价体系，确保乡村生态文明建设的有序推进。

完善乡村生态文明建设的治理体系。政府应充分发挥其在乡村生态文明建设中的主导作用，负责制定规划、提供政策扶持、加强监管等工作。同时，鼓励企业、社会组织、志愿者等社会力量积极参与乡村生态文明建设，提供资金、技术、人才等方面的支持。为构建多元共治格局，政府应与社会力量建立紧密的合作关系，共同推进乡村生态文明建设的各项工作。此外，还可以探索建立乡村生态文明建设的自治组织或委员会，让乡村居民更多地参与生态文明建设。①

（二）树立绿色发展观，指导生态宜居乡村经济建设

1. 发展生态农业，带动乡村经济发展

生态农业是一种注重生态环境保护、资源合理利用和可持续发展的农业发展模式。发展生态农业不仅有助于提升乡村生态环境质量，还能带动乡村经济发展，实现生态与经济的双赢。

推广生态农业技术。生态农业技术的推广是发展生态农业的关键。政府应加大对生态农业技术的研发和推广力度，通过举办培训班、现场示范等形

---

① 《郭兆晖：坚持和完善生态文明制度体系》，中国经济网，2019 年 12 月 23 日，http：//views. ce. cn/view/ent/201912/23/t20191223_ 33950819. shtml。

式，向农民普及生态农业技术知识，提高他们的技能。① 同时，鼓励农业科研机构与乡村合作，将最新的生态农业技术成果应用于实际生产中，提升农业生产的科技含量。

2. 开发清洁能源，优化生态经济系统

清洁能源的开发和利用是优化乡村生态经济系统、实现可持续发展的重要手段。通过开发清洁能源，农村地区可以减少对化石能源的依赖，减少环境污染，提升乡村生态环境质量。

推广太阳能利用技术。太阳能是一种清洁、可再生能源，具有广阔的应用前景。政府应加大对太阳能利用技术的研发和推广力度，鼓励农民在屋顶、空地等场所安装太阳能发电设施，将太阳能转化为电能供家庭使用或出售给电网。② 同时，政府还应提供财政补贴、税收优惠等政策支持，降低农民使用太阳能的成本。

发展生物质能源产业。生物质能源是一种以农作物秸秆、林木废弃物、畜禽粪便等为原料的清洁能源。政府应引导和支持农民发展生物质能源产业，通过建设生物质发电厂、生物质燃料加工厂等设施，将废弃物转化为能源产品。这不仅可以解决乡村废弃物处理问题，还能为乡村提供新的经济增长点。

3. 构建多元投融资机制，优化成果验收程序

乡村生态文明建设的投融资机制和成果验收程序是确保建设质量和效果的重要环节。构建多元投融资机制、优化成果验收程序，可以为乡村生态文明建设提供稳定的资金支持和有效的监督保障。

多元化投融资渠道。政府应拓宽乡村生态文明建设的投融资渠道，吸引更多的社会资金参与。一方面，政府可以加大财政投入力度，设立专项资金支持乡村生态文明建设；另一方面，可以通过政策引导、市场运作等方式，

---

① 《加快农业农村现代化》，光明网，2021 年 6 月 13 日，https：//theory. gmw. cn/2021－06/13/content_ 34919780. htm。

② 《以数字技术推动工业绿色低碳转型　优化创新生态系统》，中华网，2021 年 8 月 11 日，https：//tech. china. com/article/20210811/20210811848812. html。

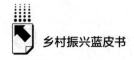

鼓励社会资本投入乡村生态文明建设领域。此外，还可以探索建立政府与社会资本合作的 PPP 模式，共同推进乡村生态文明建设。

（三）树立和谐文化观，指导生态宜居乡村文化建设

1. 重视乡村本土文化，丰富本土历史文化内涵

乡村本土文化是乡村生态文明建设的灵魂，它蕴含乡村居民世代相传的生活哲学、价值观念和生态智慧。为推动乡村生态文明建设，我们必须高度重视乡村本土文化，守护好乡村文明的根基。

保护与传承乡村文化遗产。乡村文化遗产是乡村历史记忆的重要载体，包括传统建筑、民俗活动、手工艺等。为保护和传承这些宝贵的文化遗产，我们应该采取一系列措施。首先，加强对传统建筑的保护和修缮，确保它们的历史风貌得到延续。其次，举办各种民俗活动，如传统节日庆典、民间艺术节等，让乡村居民和游客都能感受到乡村文化的魅力[1]。最后，通过传授手工艺技能，培养新一代手工艺人，确保这些传统技艺不会失传。

2. 利用当地生态资源，发展乡村特色旅游业

乡村生态资源是乡村生态文明建设的重要基础，也是发展乡村特色旅游业的重要依托。为充分利用这些资源，推动乡村经济发展，我们应该打造具有乡村特色的旅游产业。

开发乡村生态旅游产品。根据当地的生态资源特色，我们可以开发一系列乡村生态旅游产品。例如，生态观光游可以让游客亲身体验乡村的自然风光和生态环境；农事体验游可以让游客参与农事活动，了解乡村的生产生活方式；乡村民宿可以为游客提供独特的住宿体验，让他们充分感受乡村的宁静与美好。通过提供多样化的旅游产品，乡村可以满足游客的不同需求，吸引更多游客前来体验乡村生活。

3. 挖掘乡村优秀文化，体现和谐人文之美

乡村优秀文化是乡村生态文明建设的重要支撑。为营造和谐的人文环境

---

① 《赏江南水乡风情　世博溢出效应之秀洲机遇（上）》，秀洲新闻网，2010 年 4 月 15 日，http：//jxxznews. zjol. com. cn/xznews/system/2010/04/15/012023599. shtml。

和提升乡村文明水平，我们应该深入挖掘乡村优秀传统文化并让其在现代社会中焕发新的光彩。

增强乡村文化自信。文化自信是乡村居民对自己文化的认同和自豪。乡村居民应该通过举办文化活动、展示乡村文化成果等方式增强他们的文化认同感。例如，举办乡村文化艺术节、展示乡村传统手工艺作品等活动，让乡村居民感受自己文化的独特魅力和价值。同时，鼓励乡村居民积极参与文化创新活动，激发他们的创造力和想象力，进一步增强他们的文化自信。

营造和谐人文环境。为营造和谐的人文环境和提升乡村文明水平，应注重乡村社会的整体氛围营造。首先，倡导文明、友善、互助的社会风尚是关键。举办文明家庭评选、志愿服务等活动，引导乡村居民树立文明新风。其次，加强乡村公共文化建设也是必不可少的。建设乡村图书馆、文化广场等公共设施，为乡村居民提供丰富的文化产品和服务。最后，推动乡村居民之间的交流与互动也是营造和谐人文环境的重要方式。举办乡村社区活动、邻里节等活动，增进乡村居民之间的了解和友谊。

（四）树立普惠民生观，指导生态宜居乡村社会建设

1. 尊重农民主体地位，激发村民参与生态文明建设的积极性

农民是乡村的主体，也是乡村生态文明建设的直接参与者和受益者。因此，尊重农民的主体地位，激发他们的积极性和创造性，是乡村生态文明建设的基础和关键。

保障农民的权益，提升他们的参与感。要保障农民的合法权益，确保他们在乡村生态文明建设中的话语权和决策权。通过建立健全村民自治机制，让农民能够直接参与乡村规划、环境治理、产业发展等决策过程。[①] 同时，要加大对农民权益的法律保护力度，严厉打击侵害农民权益的行为，让农民在乡村生态文明建设中感受到公平和正义。

---

① 《加强文化建设　促进乡村振兴》，光明网，2021 年 10 月 4 日，https：//theory. gmw. cn/2021-10/04/content_ 35210449. htm。

增强农民的主体意识，激发他们的内在动力。通过教育和培训，农民的主体意识得到增强，他们逐渐认识到自己是乡村生态文明建设的主力军。通过开展各种形式的宣传教育活动，农民树立正确的生态观念和发展理念，他们的环保意识和创新精神得以激发。[①] 同时，通过政策扶持和资金支持，鼓励农民积极参与乡村生态文明建设，他们的努力会得到应有的回报。

2. 加大资金投入力度，补齐乡村建设人才短板

资金投入和人才支持是乡村生态文明建设的两大关键因素。只有加大资金投入力度，补齐乡村建设的人才短板，才能为乡村生态文明建设提供有力保障。

加大财政投入力度，完善人才引进机制。通过实施一系列包括住房补贴和教育优惠在内的薪酬福利政策，吸引并鼓励高素质人才投身基层工作，从而实现其个人价值。借鉴学习其他地区的成功经验，例如，为求职阶段的大学生提供免费住宿。构建科学合理的职业发展路径，以有效留住引进的优秀人才。对在工作中表现突出的工作人员，应及时给予表彰与奖励，激励其保持积极向上的工作态度，并充分发挥其专业技能与智慧。对在工作中取得卓越成就的员工，应向其提供晋升机会。本土人才的培养同样重要，应发挥其传承、帮助与引领的作用。举办乡村建设经验分享交流会议，邀请表现突出的乡村建设者分享经验，为新员工树立榜样。

3. 加大宣传引导力度，培育文明新风

宣传引导是乡村生态文明建设的重要手段。通过加大宣传引导力度，培育文明新风，营造乡村生态文明建设的良好氛围。

开展形式多样的宣传活动，提高农民对乡村生态文明建设的认知度和参与度。[②] 可以通过悬挂标语、发放宣传资料、举办讲座等方式向农民普及生态文明知识。同时，利用广播、电视、网络等媒体平台进行广泛宣传，让更

---

① 《乡村振兴要充分尊重农民的主体地位》，人民论坛网，2018 年 3 月 29 日，http：//www. rmlt. com. cn/2018/0329/515082. shtml。

② 《全国农村精神文明建设工作经验交流会发言摘要》，光明网，2017 年 6 月 27 日，https：// news. gmw. cn/2017-06/27/content_ 24899705. htm。

多人了解乡村生态文明建设的意义和价值。加强环境保护宣传和与资源环境相关的国情宣传。采用当下流行的新媒体渠道普及可持续发展理念。在该过程中积极采用可视化宣传工具，如抖音、文化墙和横幅标语等。综合考虑乡村风土人情和风俗习惯、村民受教育程度和接受能力，采用公益广告、微信公众号和短视频等形式，传播可持续发展理念。通过微信公众号、抖音作品等新媒体平台实时反映农村地区生态文明建设情况。

四 弘扬生态文化保障乡村振兴的实践路径

（一）大力开展生态文明教育，倡导绿色生活方式

生态文明教育是增强乡村居民环保意识、培养绿色生活习惯的重要途径。为推动乡村生态文明建设，必须将生态文明教育纳入乡村教育体系，通过多种形式、多种渠道普及环保知识，提高乡村居民的生态文明素养。可以通过举办环保讲座、发放环保宣传资料、开展环保主题活动等方式，向乡村居民普及环保知识，让他们了解生态环境保护的重要性，认识到自身行为对生态环境产生的影响。同时，可以利用乡村广播、电视、网络等媒体平台，广泛宣传生态文明理念，营造浓厚的环保氛围。培养绿色生活习惯，倡导绿色生活方式。在普及环保知识的基础上，积极引导乡村居民养成绿色生活习惯，倡导绿色生活方式。可以通过开展"绿色家庭""绿色村庄"等创建活动，鼓励乡村居民节约用电、用水，减少使用一次性塑料制品，推广使用环保袋、可降解农膜等环保产品。同时，还可以倡导乡村居民采取步行、骑行等低碳出行方式，减少机动车尾气排放对环境的污染。[①] 加强生态文明教育师资队伍建设。为推动生态文明教育的深入开展，加强生态文明教育师资队伍建设。乡村教师可以通过培训、进修等方式，提高其生态文明素养和教学

---

① 《新华日报：提升生态效益转化能力》，中共江苏省新闻网，2020年4月18日，http://zgjssw.jschina.com.cn/dangjianxinlun/202004/t20200418_6608106.shtml。

能力，使其更好地承担生态文明教育的重任。同时，还可以鼓励乡村教师结合乡村实际，开发具有乡土特色的生态文明教育课程，提高生态文明教育的针对性和实效性。

（二）系统推进全面绿色转型，促进产业优势转化

推进全面绿色转型是实现乡村生态文明建设的重要途径。需要通过优化产业结构、推广绿色技术、加强环保监管等措施，推动乡村产业向绿色、低碳、环保方向转型，促进产业优势转化。优化产业结构，发展绿色产业。要根据乡村的资源禀赋和产业基础，优化产业结构，大力发展绿色产业。例如，可以利用乡村丰富的自然资源，发展生态农业、林业经济等绿色产业；还可以依托乡村的旅游资源，发展乡村旅游、民宿产业等绿色服务业。通过优化产业结构，减少乡村产业对环境的污染和破坏，提高乡村产业的生态效益和经济效益。推广绿色技术，提高资源利用效率。在推动乡村产业绿色转型的过程中，还要注重推广绿色技术，提高资源利用效率。例如，可以在农业生产中推广节水灌溉、测土配方施肥等绿色技术，降低农业生产对水资源和土壤的污染；还可以在工业生产中推广清洁生产、循环经济等绿色技术，减少工业生产对环境的破坏。[1] 通过推广绿色技术，提高乡村产业的资源利用效率，降低生产成本，增强乡村产业的竞争力。加强环保监管，严惩环境违法行为。为确保乡村产业的绿色转型取得实效，应加强环保监管，严惩环境违法行为。可以建立健全乡村环保监管体系，加大对乡村企业的环保监管和执法力度，对违反环保法规的企业进行严厉处罚。[2] 同时，可以鼓励乡村居民积极参与环保监督，形成全社会共同关注环保、共同维护生态环境的良好氛围。[3]

---

[1] 《南方日报：培育崇尚自然简约的生活方式》，人民网，2017 年 6 月 14 日，http：//opinion.people.com.cn/n1/2017/0614/c1003-29337774.html。

[2] 《中国全面绿色转型步伐坚实》，中国经济网，2024 年 8 月 26 日，http：//www.ce.cn/xwzx/gnsz/gdxw/202408/26/t20240826_39116777.shtml。

[3] 《"产业准入负面清单" 助推国家生态功能区建设》，光明网，2016 年 10 月 23 日，https：//epaper.gmw.cn/gmrb/html/2016-10/23/nw.D110000gmrb_20161023_6-02.htm。

（三）逐步形成共治共享格局，促进资源高效利用

建立生态治理共同体是实现乡村生态文明建设的重要保障。我们需要通过政府引导、社会参与、市场运作等方式，构建多元化的生态治理体系，统筹水土资源保护与节约利用。政府引导，制定科学规划。政府在生态治理中发挥重要的引导作用。需要制定科学的生态治理规划，明确水土资源保护与节约利用的目标和措施。例如，可以制定乡村水土保持规划、水资源管理规划等专项规划，确保水土资源的合理利用和有效保护。同时，还可以制定相关政策措施，鼓励和支持社会资本投入生态治理领域。社会参与，形成共治格局。社会参与是构建生态治理共同体的重要基础。需要鼓励和支持乡村居民、企业、社会组织等多元主体积极参与生态治理。在生态治理中，我们需要充分发挥市场机制的作用，促进水土资源的优化配置和节约利用。例如，可以建立水土资源交易市场，允许土地使用权、水资源使用权等权益进行交易，通过市场机制调节水土资源的使用和分配。同时，还可以引入社会资本参与生态治理项目的投资和运营，通过市场化运作提高生态治理的效益和可持续性。科技创新，提升治理效能。科技创新是推动生态治理现代化的重要动力。需要注重科技创新在生态治理中的应用，提升治理效能。例如，可以利用现代信息技术手段建立生态监测网络，实时监测水土资源的变化情况；我们还可以研发和推广节水灌溉、水土保持等新技术、新设备，提高水土资源的利用效率和保护效果。

五　湖南省益阳市安化县案例

习近平总书记强调，建设好生态宜居的美丽乡村，让广大农民在乡村振兴中有更多获得感、幸福感。湖南省第十二次党代会明确提出，全面贯彻习近平生态文明思想。安化县认真学习宣传贯彻党的二十大精神，认真执行中央、省委关于实施乡村振兴战略和文化强国战略的决策部署，坚定不移走生态优先、绿色发展的路线，践行"两山"理念，做好"治山理水、显山

露水"，先后获得"国家生态文明先行示范区""全国生态建设与保护示范区""湖南省生态文明建设示范县"等荣誉称号。安化县国家级自然保护区、森林公园、湿地公园、地质公园、石漠化公园"一区四园"交相辉映，享有国家重点生态功能区、全国生态文明建设示范区的美誉，安化县形成"天人合一、敬天爱人、和谐共生"的生态文化。

（一）安化县弘扬生态文化保障乡村振兴取得的成效

1. 守好蓝天碧水净土，助力美丽安化建设

全年空气质量优良天数为349天，空气质量优良率达95.6%；全县集中式饮用水水源地和"千吨万人"饮用水水源地水质均达标，水源达标率为100%，柘溪水库、株溪口、渠江入资江口、红岩水库、城南水厂、敷溪、京华村7个省控断面达到《地表水环境质量标准》Ⅱ类水质，沂溪断面达到Ⅲ类水质；土壤环境状况总体稳定，未发生涉镉等重金属超标环境污染事件。

清新的空气、清洁的水体、洁净的土壤，既是群众关切、社会关注，又是发展之基、治污之要。2023年，安化县全面贯彻落实省、市污染防治攻坚战有关精神，锚定全年生态环境质量主要工作目标，加大污染防治攻坚任务推进力度。出台有关文件，坚持问题导向，从扬尘污染、移动源污染、工业源污染、社会面源污染着手，开展蓝天保卫战专项整治行动。强化断面水环境管理，加强饮用水水源保护，聚焦重点难点，采取积极有效措施，扎实推进水污染防治工作。加强农用地安全利用和建设用地开发利用的联动监管，全面推进资江流域锑污染整治，对全县11座尾矿库全面开展环境安全隐患排查，对历史遗留矿山和有责任主体废弃矿山进行生态修复，推进农村生活污水治理等，切实开展土壤污染防治工作，以高水平的生态环保推动高质量发展，助力美丽安化建设。

2. 生态文明理念深入人心，推动法治安化建设

良好的生态环境是重要的民生福祉。2023年，安化县强化生态环境领域重点难点问题的整治和督办，开展突出生态环境问题整改"回头看""未

督先改"等行动，聚焦畜禽养殖、饮用水源地、砂石土矿、河道采砂等重点领域，开展专项排查和整治行动，集中攻克群众身边的突出生态环境问题。严格执法，打击环境违法行为。加大日常监管力度，全年全县共计下达537份现场监察文书，办理生态环境违法案件41件，罚款132.8万元；共受理、办结各类环境信访事项81件，处理率、办结率均为100%。益阳市生态环境局安化分局各成员单位联合执法，查处汽车尾气超标车辆10台、汽车检修厂生态环境违法案件2起。提前谋划，压实责任，扎实推进污染防治攻坚战"夏季攻势"，六大项68小项任务均已全部完成。加强监管，提升环境管理水平。加强对重点区域、重点行业的环境监管，安化县通过定期检查、随机抽查、专项整治等方式，做到立行立改、即知即改、真改实改、全面整改。2023年，安化县完成50个农村千人以上饮用水源地排查整治；对高明乡10个村开展拉网式排查，发现风险隐患25处，办理4起生态环境违法行为案件；对重点畜禽养殖区域开展专项执法检查，立案查处违法排污养殖场10家，罚款70.5万元。创新执法方式，以柔性执法手段优化营商环境，以"帮"代"查"，坚持执法与服务并行，久久为功，持续发力。全年办理不予处罚案件10件，免除罚款48.15万元；办理从轻案件1件，减免罚款2.96万元。详细指导企业整改，确保企业知晓改、马上改。强化宣传，增强公众环保意识。

3. 推动绿色低碳转型，赋能绿色安化建设

绿色不仅是生态的底色，也是工业经济高质量发展的必由之路。2023年，安化县坚持问题导向，强化系统治理，守牢发展和生态两条底线，推动发展方式绿色低碳转型。安化县高明循环经济工业园部分企业的安全和环保意识不强，导致企业的安全和环保设施严重滞后，限制了园区的良性发展。为此，安化县提出了"扩容、提质、延链"的园区发展方针和"壮大一批、整合一批、淘汰一批"的产业发展思路，并于2023年5月组织开展了"高明园区扩容提质、安全环保整改整治攻坚战"，现已取得阶段性成效。安化县对公共区域排水沟实行暗沟改明沟，共计建设雨水明沟750米和生活污水管道1300米。为解决雨污分流存在

的偷排隐患，切除园区工业污水管、废旧管道和无主管道 3200 米。聘请省市专家对园区内 10 家企业开展排查，查出涉嫌规避监管超标排放污染物问题 86 个，安化县经开区督促指导企业抓好问题整改落实。在园区公共区域和企业内部生活污水池、工业废水池、初期雨水收集池等重要点位安装视频监控 115 个，实时监测园区水排放情况。安排专班人员 24 小时在园区内开展巡查和监管。聘请专家对现有污水处理厂提质改造和新建污水处理厂两种方案进行比选，确定了新建污水处理厂，正在进一步优化新建污水处理厂实施方案。

（二）安化县弘扬生态文化保障乡村振兴的策略与实践

1.河湖长治，岸美水清

以河湖长制为抓手，通过落实河湖日常管护、强化农村供水保障、抓实柘溪库区水生态环境治理、加大巡查执法力度等举措，安化县持续加大河湖治理力度，水生态环境明显改善，河湖面貌持续向好。全县明确各级河长 600 余名，聘请河道保洁员 2000 余人，组织"河小青""民间河长"等志愿者 500 余人，累计开展巡河 2 万余人次，解决河湖问题 460 个；开展"清河净滩"活动 50 余次。2023 年，安化县实施农村小水源蓄水能力恢复项目 475 处，新增蓄水能力 76 万立方米，恢复和改善灌溉面积 5.6 万亩，农村自来水普及率达 83.5%。各部门累计查处违规垂钓人员 1000 余人，收缴钓竿 676 根、探鱼设备 6 台，收缴活饵虾、泥鳅 1200 余公斤，放生渔获物 850 余公斤，查办行政案件 7 起，移送非法捕捞刑事案件 31 起。此外，2023 年6 月，安化县政协开展"改善生态环境"专项民主监督，坚持问题导向，多措并举助推采砂行业健康绿色发展。安化县政协多次开展专项视察活动、召开工作调度会，督促出台《安化县城投公司所属 9 家砂场污染防治整改方案》，同时监督属地乡镇、采砂制砂企业全面落实生态环境保护主体责任，采取切实措施保障生态环境。

2.流域治理，河清岸绿

渭溪河位于安化县龙塘镇境内，属资江流域一级支流，全长 28.2 千米。

伴随流域沿岸经济发展，河岸带生态退化、面源污染等多种水环境生态问题日益凸显，严重影响流域水环境质量。结合实地调研情况，采取"生态护坡+生态缓冲带"等相关生态保护措施，修建生态护坡长度为7128.8米，建设生态缓冲带15340平方米。该河段生态护坡及缓冲带建设后，对下游的水质和生态环境有一定的提升作用，且该项目的实施具备试点、示范效果。群策群力建成民心工程。安化县按照"治理保护发展"的思路，逐步实现河湖生态功能向经济价值功能转换，打造美丽幸福河湖，让百姓享有更多的获得感和幸福感。依托中央专项2000万元治理资金，带动沿线群众积极改厨改厕、连管纳管，大力改善渭溪流域局部"垃圾堆、杂草乱、污水流"现状，提升水生态与硬环境，打造生态休闲文化美丽岸线，用民心工程换群众幸福感。开展"清河行动"，坚持问题导向，沿线排查排口、畜禽养殖等问题，对重点问题通过河长令、督办函等方式跟踪督办，做好项目实施"后半篇文章"。目前，安化县渭溪河滨岸缓冲带生态修复工程已完成工程验收，共建设生态护坡7128.8米，生态缓冲带15340平方米，经治理后脏乱差状况得到明显改善。减少污染物入河量指标均达到预期目标，水体水质得到明显改善，沿线真正实现河清岸绿。

3. 当好卫士，守护自然

安化县系统组织与推进自然保护地整合优化工作，由原来的"两区四园"6个自然保护地，整合优化为湖南六步溪国家级自然保护区、湖南云台山国家石漠自然公园、湖南九龙池国家森林自然公园和湖南雪峰湖国家湿地自然公园"一区三园"4个自然保护地后，县域内自然保护地区划更优、核心更显、地位更重、保护更强，生态效益明显提高，有效化解了部分保护与发展间的矛盾，同时解决了自然保护地交叉重叠的问题。为全面稳固提升县域自然保护地森林火灾预防、火情早期处置能力，有效应对森林防火严峻形势，确保自然保护地森林资源生态安全和社会稳定，安化县按照队伍精干、素质过硬、装备到位、保障有力的要求，建成4支自然保护地森林消防队伍，有效提升重点生态脆弱区森林消防应急能力。同时，开展自然保护地森林消防队伍业务培训和技能拉练，全面提升森林消防队员综合素质和业务技能，培养出一支"召之即来、来之能战、战之必胜"的森林消防队伍，彰显森林卫士本色。组建"县+乡镇+村"森林消防应急队伍网格群，以县和乡镇50人、村30人标准组建森林消防队伍，各乡镇、村实现全覆盖。坚持底线思维，全面推进县域林火阻隔系统和森林消防蓄水池建设两年行动，2023年度建设任务已全部完成，建设完成林火阻隔系统710.07千米，对比年度任务的334.35千米，增长112.4%，其中建设生物防火林带165.51千米、隔离带133.5千米、防火道53.0千米；新建或改造森林消防蓄水池取水设施25977立方米，为年度任务3449.25立方米的7.5倍。全年开展业务培训和实战演练10次，建立防灭火物资全链条保障机制。安化县林业局森林消防队荣获首届湖南省林业系统森林消防队伍业务技能大赛团体三等奖。

4. 生态改善，候鸟翩跹

安化县位于中国东部候鸟迁徙路线上，是许多珍稀濒危鸟类的重要停歇处。位于中亚热带南缘，毗邻南亚热带，丰富的水热条件为鸟类栖息提供了适宜的环境和丰富的食物，特别是雪峰湖湿地公园等丰富的水体湿地资源，为各类留鸟、候鸟和旅鸟提供了优良的栖息环境。全县已记录的鸟类共163种，其中白颈长尾雉为国家Ⅰ级保护动物，有白鹇、勺鸡、红腹角雉、鹰类所有种、隼类所有种和锦鸡所有种等21种国家Ⅱ级保护动物。全县有留鸟81种、候鸟64种、旅鸟18种。近年来，安化县委、县政府高度重视野生动植物保护工作。开展野生动物保护专业知识宣讲，强化宣传引导。开展野生动物栖息地保护，特别是鸟类栖息地——湿地保护，为野生动物营造一个与人类共生的空间。开展严厉打击违规交易野生动物、破坏野生动植物资源等专项行动，系统推进野生动物禁食、禁养、禁猎工作等，加大野生动物违法行为打击力度。开展鸟类专项保护行动，对全县候鸟迁徙路线进行四季监测，在鸟类栖息地开展红外线监测，跟踪鸟类，发现问题及时采取措施。通过采取一系列保护措施，全县生态环境得到改善，保护野生动植物的社会参与度得到全面提升，各种鸟类逐渐回归。县域境内已成为候鸟第二故乡、留鸟欢乐海洋、旅鸟假日天堂；绝迹的寿带鸟在资江边上曼舞，难见的国家一级保护动物白颈长尾雉飞进百姓家，有"世界上最神秘的鸟"之称的国家二级保护动物海南虎斑鸦乡野"露营"，国家二级保护动物红头潜鸭首次在资江"畅游"。每年都有数以千计的白鹭和其他水生鸟类在此繁衍生息。

5. 生态文明理念深入人心

生态文明建设不仅要塑"形"，更要铸"魂"，多渠道加强绿色生活理念宣传普及，让绿色发展理念深入民心。文化振兴引领，以文化软实力促进生态文明建设。"欲新一国之民就必先新一乡一村之民"，文化振兴的一个重要指标就是要求人的思想观念、素质能力等要跟上甚至超越现代化步伐，乡村振兴关键靠人，灵魂在文化。安化县马路溪村以文化人，开展丰富多彩的文化下乡活动，满足农民精神文化需求，邀请建党百年、全面小康主题音乐创作采风活动组来村采风，为马路溪村创作村歌；联系市县剧团，举办文化下乡活动，先后在马路溪村举办戏曲和电影演出 4 场；按照"最美潇湘文化阵地"创建要求，积极打造乡村"家前十小"；建立村级图书馆，加大农村文化设施建设力度。设立新时代文明实践站，组织村阳戏班、舞蹈队、腰鼓队、秧歌队等，并通过文旅志愿服务下乡、院团送戏等活动培养基层文化团队。马路溪村通过加强文化建设，营造积极向上的社会氛围，获评第六届中国文旅 IP 大会"乡村之光"、湖南省历史文化名村，入选湖南省首批中医药康养旅游精品线路和益阳市乡村振兴旅游线路。

深入调查，以乡风文明带动生态文明建设。积极推进乡风文明建设有助于提升乡村人口素质，为乡村发展提供人才支撑。2018 年龙塘镇沙田溪村摘掉"贫困村"的帽子，但村里的一些陋习依然没有改变。2021 年 5 月驻村工作队进村后，通过走访调研，把乡风文明建设作为一项重点工作来抓，相继启动《沙田溪村村规民约》《沙田溪村红白理事会章程》《沙田溪村道德积分超市（爱心超市）实施办法》的制定修订工作，设立红白理事会章程，制定和修订道德积分超市即爱心超市实施办法，注重发挥榜样的示范带动作用，培育乡风文明。沙田溪村为增强村民的卫生意识和提高他们的文化素质，推进美丽宜居乡村建设，结合改善农村人居环境工作，部署开展"五好家庭""美丽庭院"评选工作，经过小组提、网格议、村"两委"审、村公示、议事会定等程序严格把关，开展"五好家庭""美丽庭院"评

选，同时改建沙田溪村道德爱心积分超市，搭建起长期关爱扶助弱势群体、表彰倡导文明行为的平台，群众参与乡风文明建设的热情高涨，群众积极投身乡村振兴事业。

参考文献

戴圣鹏：《农村生态文明建设的实践模式探索》，《南京林业大学学报》（人文社会科学版）2008 年第 3 期。

戴迎华、张春梅：《农村生态消费模式在农村生态文明建设中的作用分析》，《安徽农业科学》2011 年第 28 期。

柳兰芳：《从"美丽乡村"到"美丽中国"——解析"美丽乡村"的生态意蕴》，《理论月刊》2013 年第 9 期。

赵明霞：《农村生态文明制度建设的框架体系》，《中国党政干部论坛》2015 年第 5 期。

于法稳、杨果：《农村生态文明建设的重点领域与路径》，《重庆社会科学》2017 年第 12 期。

崔晓莹、李慧明：《农村生态文明建设的制约因素与对策思考》，《广西民族大学学报》（哲学社会科学版）2010 年第 1 期。

王文兵：《从马克思恩格斯生态思想镜鉴中国生态文明之路》，《人民论坛》2020 年第 10 期。

邵光学：《新中国 70 年农村生态文明建设：成就、挑战与展望》，《当代经济管理》2020 年第 4 期。

吴婷：《中国农村生态文明建设存在的问题及对策研究——评〈农业绿色发展与生态文明建设〉》，《生态经济》2021 年第 4 期。

汪希、刘锋、罗大明：《邓小平生态文明建设思想的当代价值研究》，《毛泽东思想研究》2015 年第 1 期。

于法稳：《绿色发展理念视域下的农村生态文明建设对策研究》，《中国特色社会主义研究》2018 年第 1 期。

金二威：《农村生态文明建设的价值目标与路径选择》，《人民论坛》2018 年第 26 期。

陈叶兰：《论政府在农村生态文明建设中的重新定位》，《江西社会科学》2013 年第 8 期。

陈水光、孙小霞、苏时鹏：《农村人居环境合作治理的理论阐释及实现路径——基于资本主义经济新变化对学界争论的重新审视》，《福建论坛》（人文社会科学版）2020年第 1 期。

金鸣娟、卞韬：《大众传媒在农村生态文明传播中的作用及对策研究》，《东岳论丛》2015 年第 11 期。

赵明霞、包景岭、常文韬：《农村生态文明制度建设的效能、现实困境与对策探讨》，《理论导刊》2014 年第 7 期。

案例篇

B.10
湖南省益阳市安化县坚持六个
"以文"，推进乡村振兴

周文娟　谢　疆*

摘　要： 　湖南省益阳市安化县作为梅山古域、千年古县、黑茶之乡、生态大县和革命老区，拥有丰富的梅山文化、湖湘文化、黑茶文化、生态文化和红色文化资源。安化县通过强化顶层设计，明确原则路径，推进以文培元、以文兴业、以文聚才、以文促建、以文强基和以文助廉，赋能文化振兴引领乡村振兴，成功找到了一条乡村振兴的新路径，并形成了文化振兴引领乡村振兴的"安化模式"。安化县获得了以文铸魂是乡村振兴精神之基、以文化人是乡村振兴动力之源、以文赋能是乡村振兴发展之本的启示，为其他地区全面推进乡村振兴战略提供了有益的借鉴。

---

* 周文娟，湖南城市学院党委宣传部副部长，主要研究方向为乡村文化、公共政策；谢疆，高级工程师，湖南省城市科学研究会副秘书长、湖南省安化县科技专家服务团团长、湖南城市学院城市科学与乡村振兴研究院副院长，主要研究方向为城乡规划与乡村治理。

关键词：　文化振兴　六个"以文"　乡村振兴　安化县

习近平总书记在 2017 年召开的中央农村工作会议上强调：优秀乡村文化能够提振农村精气神，增强农民凝聚力，孕育社会好风尚。乡村振兴，既要塑形，也要铸魂，要形成文明乡风、良好家风、淳朴民风，焕发文明新气象。① 文化振兴是乡村振兴的重要内容，乡村文化振兴要立足乡土文化资源的保护与利用，充分挖掘其内涵与价值，提升品质与水平，繁荣乡村文化产业，为乡村全面振兴注入文化凝聚力和精神动力。

安化县地处雪峰山脉北段、资水中游，是山区林业大县、库区移民大县、革命老区县。2021 年，安化县被确定为湖南省乡村振兴重点帮扶县，安化县委、县政府大力推进乡村振兴战略，在湖南省委宣传系统联点帮扶的大力支持下，立足禀赋、深度调研、发挥优势、探索实践，以文化振兴引领乡村振兴，推动经济社会全面发展，建设"开放、创新、秀美、富饶、幸福"新安化。

湖南省委常委、宣传部部长杨浩东同志于 2022 年 5 月在安化县调研时指出，安化县应把山水资源与特色文化优势转化为发展优势，在文化振兴上率先突破，通过文化振兴引领乡村振兴，奋力书写安化新时代"山乡巨变"新篇章。自此，安化县开始迅速着手探索文化振兴引领乡村振兴的"安化模式"，走出了一条以文化振兴引领乡村振兴的安化特色路径。

一　安化县本土文化资源情况

安化县历史悠久、文化底蕴深厚，通过不断挖掘与提炼，形成梅山文化、湖湘文化、黑茶文化、生态文化、红色文化等具有特色的"五大文

---

① 《中央农村工作会议在北京举行　习近平作重要讲话》，中国政府网，2017 年 12 月 19 日，https://www.gov.cn/xinwen/2017-12/29/content_ 5251611. htm。

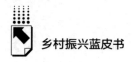

化"。"五大文化"既是中华优秀传统文化的重要组成部分，也是推动安化县永续发展、接续奋斗的重要精神力量，成为安化县以文化人、以文促兴的重要抓手和有力支撑。

（一）安化县作为梅山文化发祥地闻名遐迩

安化建县于宋，属于梅山文化中的中梅，是梅山文化的核心区，县内完好保存有蚩尤故里、梅城文武庙和风雨廊桥等诸多古迹。梅山文化，这一源自春秋战国时期的古老文化形态，在安化县得到较好的保存和传承。其名称源于楚人居住地"芈山"，后因秦汉名将梅鋗的西迁而得名"梅山"。在这片山高林密、民风强悍的土地上，梅山文化逐渐形成。宋代开梅山置新化、安化两县后，梅山文化逐渐与外来文化融合，发展为包含汉、苗、瑶、土家等多民族元素的复合文化。梅山文化的核心在于其独特的民间文化与民俗特色，如古峒落、古傩戏、古巫觋等"梅山二十古"。这些习俗不仅反映了梅山先民的生活状态，更蕴含了他们对自然、祖先的敬畏之心和勇于抗争、开拓进取的精神。在宗教、艺术、技艺等领域，梅山文化都有着丰富的表现形式。例如，以张五郎为图腾的原始狩猎神崇拜，神秘莫测的傩面具，粗犷质朴的梅山山歌等，都是梅山文化不可多得的瑰宝。梅山文化对安化县乃至整个湘中地区的影响深远。它不仅丰富了当地人民的精神文化生活，还成为连接过去与未来的桥梁和纽带。梅山文化作为湖湘文化的源头，吃得苦、霸得蛮、耐得烦的精神品质深深烙印在安化人的精神血脉之中，涵养了"坚韧不拔、崇文重教、守信重礼"的梅山文化。

（二）安化县作为千年古县，湖湘文化底蕴深厚

安化县人杰地灵，在这片土地上，诞生了许多杰出的人物，他们的卓越成就和崇高精神为安化县增添了浓墨重彩的一笔。其中，近代经济改革的先驱、湖湘文化的领军人物陶澍，以及字圣黄自元、云贵总督罗绕典等人是安化县的杰出代表。陶澍，清代道光年间的重要政治家和改革家，他提倡经世致用之学，对当时的政治、经济、文化等方面都产生了深远的影响。黄自

元，清末民初的著名书法家和教育家，他的书法作品风格独特，深受后人推崇。罗绕典，清代文学家和官员，他的文学作品和才华在当时文坛上享有盛誉。安化县还因为孕育出众多世界羽毛球冠军而被誉为"世界羽毛球冠军的摇篮"。唐九红、龚智超、龚睿那、谌利军等羽毛球、举重运动员从这里走向世界，他们凭借出色的技艺和顽强拼搏精神，在世界羽毛球锦标赛、奥运会等重大赛事中屡获佳绩，为国家和民族赢得了荣誉。值得一提的是，2001 年在西班牙塞维利亚举行的第 7 届苏迪曼杯和第 12 届世界羽毛球锦标赛上，安化籍运动员龚智超、龚睿娜、黄穗大放异彩，分别夺得混合团体、女子单打和女子双打冠军，创造了世界羽坛的奇迹。2021 年，安化籍运动员谌利军在 2020 年东京奥运会举重男子 67 公斤级比赛中获得金牌并打破挺举项目奥运会纪录。这些名人不仅以其卓越的成就为安化县赢得了声誉，更以其精神和品质激励后人不断前行。他们的故事和传奇在安化县乃至整个湘中地区广为流传，成为当地人民心中的楷模和榜样。厚重的人文底蕴让"经世致用、敢为人先、心忧天下"的湖湘文化在安化县得到传承。

（三）安化县作为黑茶之乡，黑茶文化源远流长

安化县是中国黑茶之乡、中蒙俄万里茶道的起点，安化黑茶源于秦、载于唐、兴于宋、贡于明、盛于清，是西北少数民族的生命之饮。在品饮安化黑茶的过程中，人们不仅能够感受到茶汤的醇厚与回甘，更能体会到那份跨越时空的文化韵味与情感共鸣。安化黑茶的历史可追溯至秦汉时期，最早以"渠江薄片"的形式出现，并作为皇家贡品而享有盛誉。唐大中十年（856年），"渠江薄片"的记载正式见于史册，成为安化黑茶历史的开端。明嘉靖三年（1524 年），安化黑茶正式创制，其独特的炒青工艺使得黑茶滋味更加醇厚，逐渐在茶市上崭露头角。万历年间，安化黑茶被定为官茶，远销西北边疆，成为茶马互市的重要商品，其历史地位由此可见一斑。安化黑茶的制作工艺复杂而精细，包括杀青、初揉、渥堆发酵、复揉、烘焙干燥等多个步骤，每一步都凝聚着茶农与工匠的心血和智慧。其中，渥堆发酵是黑茶制

作的关键环节，通过湿热作用促进茶叶内含物质的转化，形成黑茶独特的品质特征。自古以来，安化黑茶便是连接中原与西北边疆的重要纽带。在茶马古道上，一包包安化黑茶穿越崇山峻岭，抵达遥远的西藏、内蒙古等地，为边疆人民带去了温暖与健康。同时，安化黑茶远销苏俄及中亚地区，成为中外文化交流的重要使者。翻开安化的历史，每一页都浸润着茶香。"安化黑茶千两茶、茯砖茶制作技艺"流传至今，并列入联合国教科文组织人类非物质文化遗产代表作名录。安化黑茶文化系统入选第五批中国重要农业文化遗产。安化县连续 15 年入选中国茶业百强县十强，获得全国"三茶统筹"先行县等殊荣。安化黑茶不仅是一种饮品，更是一种文化的载体。安化黑茶具有源远流长之传承美、神奇功效之康养美、粗犷精雅之工艺美、人茶合一之文化美、久储弥珍之收藏美，它承载着安化人民对自然的敬畏、对生活的热爱以及对未来的期许，涵养了安化县"勇于开拓、中庸和谐、亲仁善邻"的黑茶文化。

（四）安化县作为生态大县，生态文化丰富多彩

安化县位于资水中游，湘中偏北，雪峰山北段，东与桃江、宁乡接壤，南与涟源、新化毗邻，西与溆浦、沅陵交界，北与常德、桃源相连。总面积为 4950 平方公里，是湖南省面积第三大的县。安化也是林业大县，林地面积位列湖南省第二，资水横贯全县，森林覆盖率达 77%，空气优良率常年在 98% 以上。安化县境内有六步溪国家级自然保护区、红岩省级自然保护区、柘溪国家森林公园、雪峰湖国家湿地公园、雪峰湖国家地质公园等自然保护地。七十二峰神奇峻秀，四十八水清洌甘甜。丰富多彩的自然生态资源成就了"神韵安化"的"天生丽质"，安化县享有"中国最美小城""中国最佳养生休闲旅游胜地"等美誉，更形成"天人合一、敬天爱人、和谐共生"的生态文化。截至 2024 年，全县已建成国家级旅游度假区 4 处、国家级自然保护区 1 处、国家森林公园 1 处、国家湿地公园 1 处、省级森林公园 2 处。

六步溪国家级自然保护区位于安化县马路镇（原苍场乡）西北部，

总面积超 12000 亩，是雪峰山北部唯一一块保存完好的原始次森林，有湖南的"西双版纳"之称。区内生态环境保持良好，自然景观瑰丽多姿，人文景观独具民族特色。保护区保存大面积原始阔叶林，有伯乐、香果、银杏等国家一、二级保护植物 30 余种，还有大量野生珍贵保护动物，其中以云豹为代表的国家一、二级保护动物多达 16 种。这里居住着土家族村民，较为封闭的生活环境使山民保留了土家族人的习俗，吊脚楼、小背篓随处可见。

九龙池位于雪峰山北麓，南与新化县大熊山接壤，海拔 1622 米，为湘中第一高峰，峰顶有一池，相传黄帝登熊山时，将九座峰峦点化成九条龙，九龙池因此得名。九龙池融人文景观、乡土风情、优美传说为一体，山、水、林浑然天成。九龙池山体整体为冰碛岩结构，被国内外地质学家认定为世界最大冰碛岩拥有地，完好保存了 6 亿年前的岩石纪录和冰期之后"热室气候"事件的岩石纪录。

（五）安化县作为革命老区，红色文化熠熠生辉

安化县域内革命文物遗存众多，红色文化底蕴深厚，涵养了"坚持真理、不怕牺牲、敢于斗争"的红色文化。1917 年和 1925 年，毛泽东两次来到安化县，开展游学和社会调查，这不仅是他个人思想成熟的重要阶段，也为后来的革命道路奠定了坚实基础。1917 年，毛泽东与萧子升徒步游历湖南五县，其中安化县是他们的重要一站。在安化县，他们住进了梅城文庙，进行了为期 3 天的深入调查。毛泽东走访了贫苦农民、地主乡绅，了解当地的风土人情和社会矛盾。这次游学，毛泽东不仅亲身体验了湖南农村的艰苦生活，还通过实地调查加深了对中国社会的认识，为他日后形成注重调查研究的工作作风奠定了基础。1925 年，毛泽东再次来到安化县，这次他的目的更加明确——发展革命组织。此时，毛泽东的革命思想已经成熟，他深入农村，与农民广泛接触，宣传革命思想，为后来的农民运动打下了坚实的群众基础。正是在这次游学的基础上，毛泽东发表了《中国社会各阶级的分析》等重要著作，为中国革命指明了方向。1925 年 6 月，随着毛泽东等革命先驱在

安化县的深入工作，中共安化支部委员会正式成立。这一历史事件标志着安化人民革命斗争进入新阶段，为后来的革命斗争提供了坚强的组织保障。中共安化支部委员会的成立，不仅推动了当地革命运动的蓬勃发展，也为安化县乃至整个湖南省的革命事业做出了重要贡献。

安化县还是红二方面军长征路上的重要节点。1935 年，红二、红六军团在贺龙、任弼时、萧克等人的率领下，撤离湘鄂川黔革命根据地，南下湘中，开始了艰苦卓绝的长征。安化县作为红二方面军战略转移的重要一站，见证了红军战士们的英勇与智慧。红军在安化县境内辗转 15 天，翻越了多座高山，途经多个乡镇，与国民党军队进行了多次激战。特别是在马路口、奎溪坪等地，红军战士们以少胜多，展现了卓越的军事才能和顽强的战斗精神。此外，红军还在安化县境内开展了对敌战斗、宣传扩红、打土豪、斗劣绅等活动，为当地人民播下红色火种，留下深刻的历史印记。

安化县还是新中国第一颗原子弹铀原料的炼就之地，是新中国核工业的重要发源地之一。309 勘探队和 715 矿旧址见证了安化人民为国家核事业做出的巨大贡献。在这里，勘探队员们克服重重困难，成功勘探出铀矿资源，为新中国第一颗原子弹的成功爆炸提供了关键原料。这段历史不仅彰显了安化人民的爱国情怀和奉献精神，也为中国核工业的发展留下了浓墨重彩的一笔。

中央调查组在安化县的"马渡调查"，闪耀着中国共产党实事求是的真理光芒。1961 年 2 月，著名经济学家于光远受党中央派遣，率中央调查组来到安化县东坪镇马渡村，展开了长达 27 天的深入调研。基于全面真实的调查，中央调查组写出了马渡大队农民一致赞同解散公共食堂的调查报告，并将报告列入 1961 年北京会议的参考资料。这一报告为中央随后制定《农村人民公社工作条例（草案）》提供了重要的事实依据，最终促使中央决定解散公共食堂和取消供给制，有效缓解了农村的经济和生活困难。"马渡调查"不仅是一次调研活动，更是一次党坚持实事求是、深入调查研究、科学决策的生动实践。它展现了老一辈共产党人以人民为中心、求真务实的工作作风，为后人树立了榜样。

二 强化顶层设计，明确原则路径

根据湖南省委常委、宣传部部长杨浩东同志 2022 年 5 月 9 日调研讲话，围绕打造文化振兴引领乡村振兴新模式，由安化县委、县政府主要领导牵头，借助省市工作队、文化人士、专家团队的力量，聘请国内知名机构智纲智库参与研究策划，汇聚国务院发展研究中心公共管理与人力资源研究所、人民日报社湖南分社、湖南省社会科学院、湖南师范大学中国乡村振兴研究院、中共益阳市委政策研究室等单位相关领导及专家的智慧，出台《安化县"文化振兴引领乡村振兴"三年行动方案（2022—2024 年）》，明确"12345"的总体发展思路，制定三年工作任务清单，把 20 项工程分解到各年度，明确到各具体责任单位。同时高规格组建工作专班。将文化振兴引领乡村振兴作为头等大事来抓，成立了县委书记任组长、县长和县委副书记任常务副组长的工作领导小组。围绕五个方面重点工作设立五个工作组，每组明确 1 名县级领导牵头负责。县委副书记兼任领导小组办公室主任，县委常委、宣传部部长及分管副县长 2 人兼任领导小组办公室常务副主任，抽调 14 名精干力量、安排专项资金集中办公，统筹推进各项工作。研究出台《安化县文化振兴引领乡村振兴工作议事调度制度》等文件，从领导小组、领导小组办公室、各工作组三个层面开展工作调度，明确时间、内容和方式，做到每周一清单、一汇总、一调度，形成县、乡、村三级有效联动的工作态势。

（一）总体思路与目标

明确"12345"的总体发展思路。"1"即紧盯"打造文化振兴引领乡村振兴样板"一个目标；"2"即培育文化产品技术创新和文化体制机制创新两大引擎；"3"即擦亮"亿年岩、千年茶、百年路"三张名片；"4"即明确"世界黑茶文化发源地、湖湘文化重要发祥地、全域生态康养目的地、羽毛球文化创新示范地"四个定位；"5"即开展以文培元、以文兴业、以文聚才、以文促建、以文强基五项重点工作（2023年又根据上级有关文件精神新增"以文助廉"）。

确定发展目标。一是到2022年底，文化振兴引领乡村振兴样板示范区顶层设计基本完成，重点示范村镇和重点项目建设启动。二是到2023年底，文化振兴引领乡村振兴样板示范区建设全面开展，重点示范村镇和重点项目建设取得重大进展，乡村文化振兴工作跻身全省先进行列，示范作用充分彰显。三是到2024年底，党的创新理论深入人心，社会主义核心价值观落地生根，农村精神文明建设卓有成效，公共文化服务特色鲜明，乡村文化产业融合稳步发展，乡村文化队伍不断壮大，文化振兴引领乡村振兴样板示范区创建成功，走在全国前列。

（二）工作原则

通过经验积累和实践总结，安化县明确了"四不四注重"的工作原则。

一是不搞推倒重来，注重做好传承文章。在谋划推进文化振兴引领乡村振兴中不追求标新立异，努力传承历届县委生态立县、绿色崛起的发展理念，围绕巩固脱贫攻坚成果、推进乡村振兴等新阶段新任务，谋划战略思路，明确工作举措，保持良好的发展态势。努力传承梅山文化、黑茶文化、名人文化、红色文化等具有安化地域特色的优秀文化，突出文化赋能提质升级，增进文化自信自强，以此更好地引领家风家教、民风民俗、行风行业和作风作为，不断养成"吃得苦、霸得蛮、耐得烦"的安化人特质，为安化县注入发展新动能。

二是不搞大拆大建，注重做好结合文章。在推进文化振兴引领乡村振兴中，除完善必要的公共服务设施外，严禁大规模、突击式新建基础设施和违规举债搞建设，充分利用脱贫攻坚工作成果，满足生产生活需求。实践中，要求乡村两级结合村庄整治拆旧不建新，加强废旧资源利用，利用村级学校、礼堂和老百姓旧房建设村史馆、微阵地等设施，既留住乡愁，也满足需要。结合美丽屋场创建推进庭院绿化亮化，鼓励村民因地制宜建设小菜园、小果园、小花园，保护和修复自然景观。充分利用茶亭、廊桥等建设百姓休闲议事场所，培育良好家风，倡导文明乡风。

三是不搞大包大揽，注重做好激励文章。牢固树立过紧日子思想，注重发挥财政资金杠杆作用，研究出台美丽屋场建设、示范村创建等验收考核方案，乡村建设项目申报一律按照1∶1比例配套，作为验收硬性指标，激励社会力量参与乡村振兴。坚持把群众参与作为重要评价标准，村组主导的小型基础设施建设，按照"党委政府补助1/3，社会捐赠1/3，群众投工投劳1/3"的三个1/3要求以奖代补。

四是不搞一蹴而就，注重做好持久文章。在谋划推进文化振兴引领乡村振兴工作中，牢固树立打基础、增后劲、利长远的工作取向，坚持从摸清每个实情实况着手，统筹安排县乡村三级规划项目，杜绝资源浪费、盲目开发和低水平重复建设。坚持从环境整治、培养群众文明卫生习惯等工作抓起，确保镇村每年重点办好1~2件事。

（三）实施步骤

一是顶层设计、重点突破阶段（2022年10~12月）。开展顶层制度和规划设计，成立领导小组及领导小组办公室，组建专家咨询团队，制定三年行动方案，编制"文化振兴引领乡村振兴"县级、乡级、村级操作手册，制定文化振兴引领乡村振兴的效果评价标准，建立文化振兴引领乡村振兴的考评体系。启动一批示范村镇建设。将龙塘镇、江南镇、马路镇3个乡镇作为试点镇，将沙田溪村、马路溪村、大溪村、木溪口村、茶乡花海社区、苏溪村、尤溪村、大溶溪社区、肖家村、南金村、大苍村11个村（社区）作为第一批试点村（社区）。采取村申报、乡镇推荐、县级审定的方式明确了18个村（社区）为第二批试点村（社区）。同时，对试点的镇村（社区）两级干部进行相关培训指导。推进实施重点项目、重大活动。强力推进省委宣传部（省文资委）对口帮扶安化县14个乡村振兴项目、"茶旅文体康"系列重点项目建设。精心举办2022年益阳市首届文旅融合发展大会。加强理论研究和经验总结。启动文化振兴引领乡村振兴系列理论课题研究，加强对现有实践经验的研究、总结和完善，并推出一批研究成果、理论文章、智

库课题、实践成果。

二是优化提升、全域推进阶段（2023年1~12月）。优化顶层制度和规划设计。针对实践过程中出现的问题，制定系列配套文件，完善重大项目规划，争取中央、省、市政策支持。推动专家智库平台常态化运行。深入推进理论、规划与实践相结合，定期发布课题成果、研究文章和举办专题培训班，组织编写《安化文化振兴引领乡村振兴发展报告》。因地制宜、分层分类，以示范镇村建设、实践经验及模式为指导，在全县有条件的地方全面推进文化振兴引领乡村振兴工作。

三是完善制度、总结提升阶段（2024年1~12月）。完善顶层制度和规划设计。完善主要政策文件、重大项目规划，持续争取中央、省、市各级政策支持。全面总结试点成果，形成"安化模式"，正式发布《安化文化振兴引领乡村振兴发展报告》。对重大项目、重大活动开展效果跟踪和综合评价工作。

三　践行六个"以文"，赋能乡村振兴

（一）推进以文培元，提振精神面貌

根据《安化县"文化振兴引领乡村振兴"三年行动方案（2022—2024年）》，安化县明确了五大工程，深入开展党的二十大精神学习宣讲，推进"学习强国"平台推广使用，全县党员干部深刻把握"两个确立"，坚决做到"两个维护"，不断增强"四个自信"，社会主义核心价值观得到大力弘扬。编辑出版《我心归处是安化》《翩翩是安化》《走进安化》等图书，举办中国·安化黑茶文化摄影艺术展，加强对本地文化内涵的发掘，讲好安化故事，传播安化声音，增强安化自信，激发安化人的奋斗精神。推进"一约两会三队"（即村规民约、红白理事会、道德评议会、移风易俗劝导队、治安巡逻队、平安志愿服务队）建设，制定《道德档案管理制度》《道德档案实施细则》等制度性文件，推广规范化道德积分超市，打造以道德档案为主抓手的德治体系，培育个人品德、家庭美德、社会公德。

1. 压实责任，筑牢意识形态阵地

意识形态工作责任制不断完善。制定并下发《关于贯彻落实〈党委（党组）工作责任制实施办法〉的实施意见》，配合省委巡视开展意识形态专项检查工作，开展全县意识形态工作专项检查和日常督查，进一步落实意识形态工作责任制。

学习基础不断夯实。制定并下发《2023年全县乡科级以上党委（党组）理论学习中心组专题学习重点内容安排》，坚持"每月一学、上下同题"，狠抓"六个环节"。落实理论学习中心组巡听旁听制度要求，2023年共巡听旁听67家单位。县委理论学习中心组累计组织集体专题学习12次。

党的二十大宣讲深入人心。"党的二十大精神县委宣讲团"走进各乡镇、县直各单位，累计开展各类宣传宣讲148场次，受众达2.6万人次。融媒体中心在安化发布、神韵安化等媒体平台分别设立三个常更新专栏，持续开展党的二十大精神宣传。

2. 赓续文脉，加强文化保护传承

积极开展非遗传承保护工作。四保贡茶传统制作技艺、黑茶制作技艺、中药炮制技艺3个项目入选第六批省级非物质文化遗产代表性项目名录推荐项目名单；第四批县级非物质文化遗产名录和传承人申报工作圆满完成，成功申报5个县级项目，传承人12人。

大力推动文化遗产保护工作。建立常态化文物保护工作机制，完成全县不可移动文物安全巡查；坚持按时间节点报送国保和省保专项资金申报计划书、申报文件，申请下达专项资金近1000万元；及时跟进各项目进度和施工情况，保障项目落地实施。

有序推进文物保护项目。对已完工的省保鹞子尖古道——德和茶行修缮项目、市保马路溪民居建筑群修缮项目，积极开展四方验评和报请初验；对正在施工的国保渠江茶园传统建筑修缮工程（4栋），国保梅城文武庙古建筑群修缮工程、消防工程，省保熊邵安故居修缮工程，积极开展实地巡查，确保工程高效、高质量、安全推进。

3. 守正创新，激发文化产业活力

落实文化惠民工程。持续完善县级文化场馆、乡镇文化综合服务站和村级综合文化服务中心组成的公共文化服务体系。2023年，县图书馆接待读者10万余人次；黑茶博物馆免费开放307天，接待观众24.2万人次，平均每天接待观众789人次，相较上年同期平均每日增加380人次。县文化馆、梅城文化馆、平口文化馆免费开放，并组织相关文艺培训40余场。完成农村公益电影放映5600余场，累计受益观众约40万人次，进一步推动乡风文明建设。

加强文化艺术创作。以学习宣传党的二十大精神为主题，结合文化振兴引领乡村振兴工作进行文化艺术创作。编排了音乐舞蹈快板节目《乡村振兴看安化》，并在益阳市"百团百角唱新歌"文艺创作活动竞选中获得一等奖的好成绩；县文化馆持续开展瑜伽、曲艺、管乐、书法、合唱、广场舞等免费培训，成功创作歌曲《起航我们一起扬帆远航》《大苍岭上披锦绣》，编排了歌曲《摸秋》和现代花鼓戏《责任》等。

推动文旅产业发展。出台《"安化民宿"扶持办法》；安化县青云洞云上九歌景区正式投入运营，并成功创建国家AAAA级旅游景区；正式公演《天下茶道》；百花寨景区试营业。2023年，全县共接待游客1144.65万人次，同比增长68.82%；旅游综合收入达83.35亿元，同比增长47.81%。

开展多样文旅艺术活动。成功举办安化黑茶开园节暨第六季中国《最美茶艺师》启动仪式；成功举办2023年湖南省（秋季）乡村文化旅游节暨湖南省秋季"村晚"示范展示活动，获得中央、省、市70余家主流媒体报道，新闻报道发稿超过150条。人民网等9家媒体在线直播开幕式，在线观看人数超1000万人次，累计制作短视频80余条，全网阅读量超6亿次；举办2023中国湖南安化黑茶杯UTV擂台赛，推介家乡美景，发布景区优惠政策、销售安化本土商品。国庆中秋双节期间，直播销售收入超30万元，观看人次超2700万人次。

聚焦文旅品牌创建。聚力推动安化黑茶文化旅游度假区创建国家级旅游度假区、茶马古道景区创建国家5A级旅游景区。雪峰湖国家湿地公园入选文化和旅游部推出的长江自然生态之旅国家级旅游线路；"茶香萦怀"主题茶海飘香之旅入选"乡村四时好风光"全国乡村旅游精品线路；雪峰湖凤凰岛民宿集聚区、茶乡花海乡村振兴示范区露营基地、探秘万里茶道旅游廊道入选"湖南省乡村旅游'四个一百'工程建设培育名单"；叶子湾生态旅游度假村、皇茶生态康养庄园创建省五星级旅游民宿；斯途·凤凰屿入选省五星级乡村旅游点；中茶安化第一茶厂被评为省文明旅游示范单位。

举办体育赛事活动。坚持以"体育强县"为目标，普及推广各类体育主题赛事活动。成功承办全国少年羽毛球（南区）冬令营活动；成功举办2023年湖南省第三届社区趣味运动会（安化县赛区）活动、第二届中年男子篮球邀请赛、第四届平安杯男子篮球赛、2023全国羽毛球后备人才基地赛（南方赛区）、安化县邮政杯广场舞比赛等大型活动；组织安化籍运动员参与益阳市第二十三届大众运动会等多项赛事，并取得良好成绩。

4. 以点带面，丰富群众文化生活

稳步推动"文化茶亭"建设试点工作。木溪口村、苏溪村、沙田溪村、茶乡花海社区、肖家村、南金村、马路溪村、大溶溪社区8个示范村立足本地新型文化阵地建设，累计吸引投资近1200万元，建设"文化茶亭"5座，新建改造风雨廊桥8座，配设文化宣传展板，配建停车场等。同时8个示范村将"美丽屋场"创建与"文化茶亭"高度融合，坚持重点打造、以点带面的原则，成功创建"美丽屋场"项目，不断激发村民集体建设美好家园的主动性，广泛发动各村（社区）居民开展筹资筹劳筹料。

积极开展多样群众活动。聚焦传统节日和国家重要节庆，精心打造"欢乐潇湘·神韵安化"月月乐、"百姓村晚"等群众文化活动，共组织开展"欢乐潇湘·神韵安化"月月乐群众文体活动12场次，戏曲进乡村活动138场次。

5. 移风易俗，推进文明乡风培育

完成"文明安化"新时代文明实践志愿服务平台的优化提升。将服务平台与"神韵安化"融媒体App相融合，实现志愿者和志愿者团队线上注册、志愿服务活动发布、活动打卡、时长统计、活动信息公示等功能模块的

全面运用，强化新时代文明实践志愿服务平台的管理和宣传。

深入推进文明村镇创建。指导冷市镇、平口镇、马路镇成功获评 2022~2023 年度益阳市文明乡镇；小淹镇肖家村、清塘铺镇苏溪村、乐安镇尤溪村、仙溪镇三丰村、平口镇兴果村成功获评 2022~2023 年度益阳市文明村；组织开展 2023 年度安化县文明单位、文明村镇评选，实现县级以上文明乡镇、文明村占比分别达到 100%、87.99%。

多种形式讲好道德模范和身边好人故事。积极向省、市推荐安化县的典型人物。2023 年推荐好人线索 30 条，其中尹志锋、李金平等入围"湖南好人"月度好人榜，侯佳获评"感动湖南"年度人物。举办安化县第五届道德模范颁奖典礼。

推动试点工作的开展，进一步完善制度和措施。完成 11 个示范村新时代文明实践站和农家书屋的全面升级，进一步完善红白理事会的制度和管理措施，推动移风易俗工作深入开展。结合主题教育，深入开展移风易俗专题调研活动，通过调研形成推进移风易俗工作方案，大力倡导"婚事新办、丧事简办、其他不办"的理念，切实刹住"大操大办"风气，有效减少"人情宴"。

6. 典型案例：江南镇木溪口村

安化县木溪口村位于湖南万里茶道起源地——安化县江南镇，因木溪与麻溪在村内交汇而得名。全村行政区划面积为 15.3 平方公里，共 24 个村民小组 612 户 2153 人。全村共有党员 63 名，村"两委"成员 6 名，另聘便民服务员、辅警各 1 人。木溪口村原属省定贫困村，2018 年摘帽。2021 年 5 月，湖南广播影视集团驻村工作队开展乡村振兴驻村帮扶。2021 年，木溪口成功创建市、县两级文明乡村，被列入益阳市古村落游和乡村振兴精品游路线，2022 年被评为省级文明村。

曾经的木溪口村是江南镇欠发达、缺乏发展后劲的村。面对经济落后的现状，木溪口村"两委"把握湖南广播影视集团驻村帮扶机遇，以文化振兴为思路，深入挖掘麻溪簰帮优秀的传统梅山文化故事，作为赋能乡村振兴的新动力，将文化兴村、文化赋能作为着力点，加强组织领导，激发村民的积极性，注重乡风文明建设，逐步发展特色产业，举办文化活动、开展教育培训等，聚焦乡村文化振兴引领乡村振兴工作，努力满足人民群众美好生活需要，书写乡村振兴新篇章。

赓续簰帮文化，组建文化队伍，开展教育培训，创建"美丽屋场"，打造梅山文化重要的展示窗口。安化自古就有"茶乡"之称，盛产茶叶，在明清时被列为朝廷贡茶，更是边疆少数民族的"生命之饮"。茶商在麻溪沿线收购茶叶，将其加工、包装，再往外运输销售，由于古时交通不便，只能人力运送，由此衍生的贸易通道陆路有茶马古道，水路有麻溪簰帮，木溪口簰帮自明清以来就是麻溪簰帮代表之一。麻溪簰帮的发展历史，是木溪口村老百姓努力追求美好生活的真实写照，是木溪口村老百姓不畏艰险、通达天下精神的体现，这种精神既是木溪口村的历史文脉，也是木溪口村文化的鲜明符号，是祖辈们为木溪口村留下的珍贵物质文化遗产。在麻溪簰帮的历史中，曾经发生过许多美好的、悲壮的故事，这些故事中蕴含的不畏艰险、积极向上、团结互助、通达天下的人文精神，值得后辈为之敬仰，也一直在老百姓口中代代相传，形成木溪口村浓郁的乡土文化气息。为此，木溪口村"两委"在赓续簰帮文化的基础上，以留守儿童教育为切入点，邀请芒果V基金与湖南科技大学"心与馨"志愿支教服务队共同组建木溪儿童之家合唱团，先后登上湖南卫视《今天你也辛苦了》《新春走基层》等节目，成为木溪口村对外的宣传"小话筒"。在乡贤能人的宣传引导下，木溪口村成立陶南山、陶秋征书法工作室，邀请名家举办大型文艺交流活动。暑期名校志愿下乡支教队在工作室教儿童书法、绘画、剪纸等传统技艺，从培养村民书法爱好开始，逐步提升村民文明素质、文化素养。积极鼓励群众参与湖南卫视《新春走基层》等活动的录制，进一步营造人人都是主人翁的村庄氛围。积极鼓励群众组建并加入广场舞队伍、"8+N"志愿者协会等群众文化队伍，开展各种技能培训，并以大型壁画《开梅山》、屋场会、展板栏和网络的形式，向村民和游客宣传梅山文化，营造更多让人民群众喜闻乐见的乡村文化场景，拓宽村民文化参与、文化表达和文化体验的公共空间，促进乡风文明和加强精神文明建设，群众的参与

感、获得感、幸福感得到大幅提升，乡风文明得到大幅提升，木溪口村逐渐成为梅山传统文化的重要展示窗口。

在乡风文明和精神文明建设的基础上，木溪口村配套建设基础设施，优化人居环境。为全面融入茶马古道风景区重要通道的古村落文化旅游集群，湖南广播影视集团驻村工作队携手村委班子成员，在遵循木溪口村自然规律的前提下，将乡风文明和精神文明建设渗透基础设施建设和人居环境的各个环节。通过招商引资、项目扶持、技术支持和销路开拓，木溪口村融合地域特色、梅山文化元素及湖南广电元素，兴建综合大楼、风雨廊桥等网红景点，生动展示陶澍文化、乡贤文化和湖南广电乡村振兴实貌，让木溪口文化有了新的标识。全村积极开展"六个一"人居环境整治，通过召开屋场会，签署环境整治协议，群众的卫生意识得到大幅提升，麻溪流域焕然一新、家禽家畜得到科学圈养、乱搭乱建得到有效治理。

木溪口村利用簰帮文化以及独有的旅游资源，充分发挥自身的地理优势，发展特色农旅融合产业，助力村民共同致富。产业振兴是乡村振兴的重中之重。富有地方特色的文化产业既是乡村文化传承创新的有效载体，也是乡村产业振兴的重要抓手。木溪口村把握湖南广播影视集团驻村的良好机遇，利用簰帮文化以及独有的旅游资源，充分发挥自身的地理优势，积极发展农旅融合产业。一是实施田园果林综合体、黄精基地、木溪口村融入茶马古道景区等项目，已建成果园 120 亩，林下中药材种植基地 600 亩。二是采取多种营销模式，《新春走基层——木溪口村梅王宴庆新年》、电商平台直播带货、送文化下乡、烧烤、垂钓、摘果比赛等各类文体活动，带动木溪口村农旅产品销售，群众在家门口就能实现创业、就业，助力群众就业增收。

加强组织建设，提升乡村治理水平。认真组织党员深入学习习近平新时代中国特色社会主义思想和开展党史学习教育，以党建引领基层治理，宣传乡村振兴方针政策，落实组织生活"三会一课"、主题党日活动，强化基层党组织核心地位，发挥党员先锋模范作用，把基层党组织建成坚强战斗堡垒。健全完善村民自治制度，积极发挥乡村各类人才作用。推动乡村治理重心下移，打造"一门式"服务平台，逐步形成完善的便民服务体系。引导村民积极参与自治，形成村委、群众之间的良性互动，激发社会活力，提高自治水平。强化法治宣传，教育引导广大居民增强法治观念，自觉学法、守法、用法。制定完善村规民约，成立村民议事会、红白理事会等，规范婚丧庆典活动，树立文明新风，让村民实现自我管理、自我服务、自我教育、自我监督、自我发展，做到私事不出家、小事不出村，建设平安和谐的木溪口村。

（二）推进以文兴业，增强发展动力

根据《安化县"文化振兴引领乡村振兴"三年行动方案（2022—2024年）》，安化县统筹实施黑茶产业倍增、文旅产业提质、体育产业拓展、康养产业培育、绿色产业品牌塑造5项工程，借势"万里茶道申遗"，安化黑茶千两茶、茯砖茶制作技艺列入联合国教科文组织人类非物质文化遗产代表作名录，安化黑茶正式进入全球视野；依托刘仲华院士专家工作站研究成果，开发高端化、时尚化、便捷化、功能化、标准化黑茶新品，搭建包括茶瓷、茶药、茶体等在内的全产业链，2023年实现茶叶加工量8.4万吨、综合产值252亿元。持续推进梅山文化"七个一"工程，打造以梅王宴、黄精宴、安化擂茶等为代表的特色餐饮；成功承办2022年益阳市首届文旅融合发展大会，现场签约项目18个，投资达183.3亿元；茶乡花海景区和青年毛泽东游学社会调查之路等成为新晋网红打卡地，青云洞"云上九歌"沉浸式神话仙侠旅游、安化黑茶文化艺术馆等一批重点项目进入试运营。2022年12月，梅山文化生态园、茶乡花海确定为国家AAAA级旅游景区。目前，全县共4家国家AAAA级旅游景区，安化黑茶文化旅游度假区获评省级旅游度假区。发掘羽毛球冠军文化，每年定期举办羽毛球培训和比赛活动，争取"我是赛车手——全民赛车运动"等一批体育赛事和培训活动落户安化。传承弘扬中医药文化，推广"安五味·养五藏"品牌，开发药茶、药膳、药妆等系列产品，安化中医药文化馆建成运营，万福山中医药健康旅游示范区项目稳步推进。

1. 打好"龙头牌"，黑茶产业价值倍增

2022年，安化县获评茶业助力乡村振兴示范县域，千两茶、茯砖茶制作技艺被列入联合国教科文组织非物质文化遗产代表作名录。安化黑茶文化艺术馆对外开放，安化黑茶文化旅游度假区创建成功。安化天尖茶白沙溪工坊、"一仓两藏"黑茶工坊、四保贡茶工坊成功入选益阳市第一批市级非遗工坊示范点，安化县获评湖南省千亿茶产业建设先进单位。筹建安化黑茶产业集团有限公司，不断推动资源整合、产业融合，持续推动产业创新发展、绿色发展和品牌发展，为茶产业链提供新技术、新标准，不断适应市场变化。成功举办湘台茶香会、安化黑茶高质量发展新闻发布会，安化黑茶成为人民大会堂专供茶，亮相益阳高铁南站，成功发布安化黑茶公共文化IP及广告语，扩大产业影响力。发挥刘仲华院士专家工作站作用，有序开展各类科研项目，实现黑茶加工技术创新，创新产品不断涌现。刘仲华院士专家工作站累计研发14款新产品和5款新设备，申请15项专利。2022年4月，刘仲华院士专家工作站被评为"2021年度湖南省模范院士专家工作站"，是益阳市首家模范院士专家工作站。安化黑茶相关实验材料随神舟十五号载人飞船奔赴太空，航天育种搭载实验将促进安化黑茶产业科技成果转化，为下一步开展品种的定向改良提供更好的繁育技术和保护机制。扎实开展高素质农民培育、农业实用技术培训等，完成培训2110人次，召开云台大叶种质资源保护与利用研讨会，安化茶叶提质增效集成技术推广应用获2019~2021年全国农牧渔业丰收奖二等奖。建设安化黑茶质量检验检测中心，提升自主开展黑茶产品研发和黑茶生产全过程质量检测控制的能力。制定安化黑茶"品鉴体系制度""价格体系和价格指数制度""原料和成品茶行业标准"三大体系，有力指导行业发展。

2023年，组织召开茶企调研座谈会、安化县茶产业链第一次链长会议、安化黑茶高质量发展研讨会。出台《安化黑茶毛茶标准样（2023年版）》，并制作黑茶毛茶实物样品，明确了安化黑茶毛茶标准样的理化指标、质量安全标准和工艺要求，于2023年5月1日正式执行；开展2023年春季名优绿茶品鉴评选活动，评选出6个"臻品奖"和11个"金芽奖"；成功举办

2023 安化黑茶开园节暨第六季中国"最美茶艺师"启动仪式，组团参加第五届中国国际茶业博览会（杭州茶博会）、北京国际茶业展，协调安化黑茶集团筹办深圳"黑茶之夜"，在安化—长沙段新增 12 块高速广告（益阳—长沙段 6 块，马迹塘段 1 块，县内段 5 块），向外界展示安化黑茶重整行装再出发、提振信心塑形象、立足产品拓市场的坚定决心。开展茶叶加工指导交流活动，组织 28 家企业在褒家冲茶场观摩学习安化松针（绿茶）的制作技艺，通过"指导+实践"的方式提高春茶生产质量。

2024 年 1~6 月，开展 2024 年安化绿茶品鉴交流指导活动，专家学者与各乡镇、各茶企人员面对面交流，共同检验 2024 年安化春季名优绿茶品质。成功举办"迎老乡·回家乡"知名乡友新春联谊会、2024 安化黑茶开园节、第一届"致安优品"推介会、第二届安化黑茶"六进"活动暨安化黑茶区域公共品牌推介活动等节会活动，积极开展 2024 安化黑茶文化节筹备工作。积极组织企业抱团参加第六届中国国际茶叶博览会、2024 北京国际茶业及茶艺博览会、2024 中非经贸博览会等国内国际展会，不断擦亮安化黑茶金字招牌。加强与院士专家工作站合作，启动安化黑茶产品差异性因素研究、安化黑茶"高端化、时尚化、功能化、便利化、标准化"产品开发研究与安化黑茶标准化生产体系建设三大课题研究，召开工作站—茶企课题承接会，积极对接课题专家，收集实验样品，做好专家与企业的沟通桥梁，确保"10+1"个子课题有序推进、科研课题落实落地。安化黑茶集团和安化褒家冲茶场成功签约，助力安化黑茶转型升级。

2. 打好"提质牌"，文旅产业增效强链

2022 年，安化县接待各类游客 910 万人次，实现旅游综合收入 95 亿元，安化县大福镇入选益阳市第一批市级非遗村镇示范点。安化县斯途·凤凰屿获评湖南省五星级旅游民宿、皇茶生态康养庄园获评湖南省四星级旅游民宿。马路镇、云台山村被评为省级乡村旅游重点镇村。梅山文化园、茶乡花海生态文化体验园成功创建国家 AAAA 级旅游景区。安化县获评湖南省文化和旅游真抓实干奖，成功举办益阳市文旅融合发展大会，出台《"安化民宿"扶持办法（试行）》，出版 2022 年安化县全域旅游地图（纸质版和

线上电子版）。全县新增非遗项目 5 个，打造县级非遗工坊示范点 9 个、非遗街区示范点 2 个、非遗村镇示范点 3 个，开发了以"梅山文脉""梅山剪纸""张五郎塑像""傩戏面具手机壳"等为主打品牌的生产生活用品、艺术文创产品。

2023 年，启动国家文化产业和旅游产业融合发展示范区、文化产业赋能乡村振兴试点县申报工作；千秋界茶业创建省级工业旅游示范点、青云洞云上九歌风景区创建国家 AAAA 级旅游景区、斯途凤凰屿创建湖南省五星级乡村旅游点、叶子湾生态旅游度假村创建湖南省五星级民宿；积极推动景区建设，召开茶马古道景区建设调度会议，拟定投资计划和设计方案，其中湖南芒果文旅投资有限公司出资 1500 万元，安化全域旅游发展有限公司出资 3500 万元，共计 5000 万元，入资安化芒果文旅发展有限公司开展茶马古道景区建设。重点推进茶马古道、百花寨、云上九歌、茶乡花海、梅山生态文化园、湖湘文化园、云台山、雪峰湖等建设。4 月 23 日，青云洞·云上九歌文旅融合项目正式运营。4 月 11~13 日，举行"到人民中去"湖南艺术摄影家走进安化活动，聚焦"文旅赋能乡村振兴"采风创作活动，来自全省各地的摄影家用镜头记录乡村振兴的新山乡巨变，用影像展示湖南文旅赋能乡村振兴取得的新进展、新成果。

2024 年 1~6 月，初步审议《安化县旅游产业链领导小组工作职责及工作运行机制》《安化县旅游产业高质量发展实施意见（2024—2026）》《安化县文化产业高质量发展政策措施（试行）》等，为安化县旅游产业高质量发展夯实基础。举办"马渡集市"、参加中央电视台新春文旅直播安化推介活动、发布茶旅融合精品线路"寻茶之旅"。举办安化首届"中远海运杯"文旅短视频大赛，各大网络平台累计点赞量超 10 万次，浏览量超 2 亿次，其中参赛作品《旅拍古城》在抖音平台湖南文旅榜单热度排名 Top1。在茶乡花海生态休闲体验园召开 2024 年安化文旅资源推介春季座谈会，现场发布了以茶乡花海生态文化体验园、云台山、青云洞、万福山、梅山生态文化园五大景区为核心的安化文旅联盟精品 A 线路，同全省 11 个地市的旅行社代表确定渠道合作内容。支持禹嘉温德姆酒店牵头策划的"中国黑茶之乡·梅王佳宴迎贵宾"——2024 安化黑茶溯源和美食文旅探秘游系列活动。

3. 打好"拓展牌"，体育产业多元发展

2022 年，安化县不断夯实"体育强县"基础，积极承办第十五届中国中学生羽毛球锦标赛、湖南省中学生羽毛球比赛、全国汽车摩托车场地越野争霸赛。举办 2022 年"健康湖南 黑茶小镇"安化县第三届平安杯男子篮球赛等活动。全力参与第十四届省运会，安化运动员在第十四届省运会上获得 2 枚金牌、2 枚银牌、1 枚铜牌。同时在参与的少儿羽毛球和成人羽毛球项目中获得 1 枚金牌、2 枚银牌、2 枚铜牌。

2023 年，安化县承办"西部风"第二届中国湖库拉力赛总决赛，主办湖南省第三届社区趣味运动会（安化县赛区）活动，广泛开展涵盖各类人群、不同消费层次、不同竞技水平的赛事，推动体育产业发展。

2024 年 1~6 月，对县域内公共体育基础设施进行摸底排查，完成 64 套村级体育器材的铺设任务。结合全国文明城市创建，对城区广场的体育设施设备进行维护修复。成功承办全国少年羽毛球（南区）冬令营活动、2023 年湖南省第三届社区趣味运动会（安化县赛区）、第二届中年男子篮球邀请赛、第四届平安杯男子篮球赛、2023 全国羽毛球后备人才基地赛（南方赛区）、安化县邮政杯广场舞比赛等大型活动。组织安化籍运动员参与益阳市第二十三届大众运动会，坚持用"强人"、抓"强项"、建"强校"，坚持"训练为本、输送为重"的思路，挖掘并培养更多优秀的青少年羽毛球运动员，为省队、国家队输送优秀选手。

4. 打好"康养牌"，中医药产业延链升级

2022 年，安化县黄精种植面积达 30.8 万亩，出产中药材 10.2 万吨，实现综合产值 31.3 亿元。"安化黄精九制传统技艺"入选益阳市非物质文化遗产名录，安化黄精成功申报国家农产品地理标志，成为市级农产品区域公用品牌，安化黄精馆获评全国性特色产业科普基地。成功举办第四届"湖南黄精"高峰论坛暨"安化黄精"推介会，2022 年"健康湖南 黑茶小镇"安化县第三届平安杯男子篮球赛等活动。

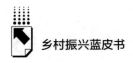

2023 年，安化县中药材种植面积达 34 万亩，出产中药材 12.4 万吨，实现综合产值 40.2 亿元；黄精种植面积达 10.55 万亩，年产黄精 1.3 万吨，实现综合产值 11.1 亿元。启动梅山黄精生物科技有限公司 10 万级净化车间建设、编制"安五味"中药材栽培技术手册；大力开发黄精的保健功效，黄精茶保健品已完成毒理试验；组建中医药健康产业科技服务团，指导 19 个乡镇开展技术培训；积极开展科技创新，湖南博瑞中药饮片有限公司专家工作站成功申报省级专家工作站，"安化多花黄精加工技术及其产品开发实验室"成功申报益阳市重点实验室。打造特色康养基地，万福山森林康养项目打造的森林康养和乡村旅游项目进展顺利，完成 2000 余亩黄精种植基地建设，成功申报"2022 湖南省首批中医药康养旅游精品线路"；选址田庄乡香岩村建设诚丰生态庄园野外采药实习基地，目前已建成 1 个游客接待中心、1 个占地面积 1800 余亩的湖湘中草药活体标本园、1 个占地面积 2 万余亩的湘中药库中药材自然保护区和 1 个湘中药库标本馆。

2024 年 1~6 月，益阳医学高等专科学校联合相关单位组建安化多花黄精加工技术及其产品开发实验室，为企业提供安化多花黄精检测和分析服务。银鸿农业、成大生物联合科研院所成功申报市级专家工作站。湖南博瑞中药饮片有限公司专家工作站开发出博阳黄精鹿参肽、免疫蛋白黄精膏、黄精咖啡（固体饮料）等一系列黄精产品。非物质文化遗产安化黄精九制传统技艺传习所、湖南省中医药管理局"信中医、用中医、爱中医"科普基地相继落户安化中医药文化馆。诚丰生态庄园完成仿古学生宿舍建设和湘中药库博物馆主体建设，成为全省最大、最优、最全的中药材学生教育实践基地。

5. 打好"形象牌"，绿色产业品牌赋能

2022 年，安化县持续打造"一县一特、一乡一业、一村一品"等优质农产品品牌，成功创建 3 个省级"一村一品"重点村。实施化肥减量增效行动，推广应用测土配方施肥技术 148.58 万亩次，推广应用化肥减量"三新"配套新技术 6 万亩。积极推动农产品质量安全追溯体系建设，219 家企业 1336 个产品入驻湖南省农产品"身份证"管理平台，新增有机产品 27

个，全县"两品一标"产品达 147 个，有机产品认证数量居全省第一。制定《"安五味"药材种植技术规范》《安化县中药材种植示范基地创建管理办法》，指导行业发展。

2023 年，安化县依托广聚供销电子商务有限公司组建安化县农业产业协会，组织安化黄精等相关特色农产品进驻湖南省优质农产品展示展销中心，推荐部分优质特色农产品入驻 832 平台和乡村振兴馆，制订组织特色生态农产品参加第 24 届中国中部（湖南）农业博览会和第 19 届中国国际农产品交易会等重大活动计划。

2024 年 1～6 月，安化县完成 2023 年促进黄精产业发展扶持项目评审，其中黄精种植基地项目 120 个、趁鲜切制加工厂建设项目 5 个、基础设施配套项目 4 个、种苗繁育基地项目 2 个、品牌形象建设项目 2 个。制定团体标准《安化黄精林下种植技术规范》《九制安化黄精加工技术规程》，"安化黄精"国家农产品地理标志授权使用企业 29 家，"安化黄精"地理标志证明商标使用备案企业 24 家。打好农业面源污染防治攻坚战，测土配方施肥技术推广 164.35 万亩次，主要农作物技术覆盖率达 95%以上，推广有机肥（"商品有机肥+堆肥"）51.5 万亩次，全县主要农作物化肥使用量继续保持"零增长"。集中做好病虫害防控工作，完成农作物绿色防控面积 78.8 万亩、统防统治面积 35.9 万亩，重大病虫害防治处置率达 95%以上，农业外来入侵物种防治率达 93%。完成"底数摸清、行动有效、问题销号"三大目标任务。

6. 典型案例：龙塘镇茶乡花海社区

茶乡花海社区位于安化县龙塘镇，地处安化县城东郊，毗邻国家 AAAA 级旅游景区——茶乡花海生态文化体验园。该社区由原大百龙村和易地扶贫搬迁集中安置区合并而成，是湖南省第二大易地扶贫搬迁集中安置区，成立于 2019 年 12 月 1 日。社区总面积为 6.6 平方公里，平均海拔 200 余米，耕地面积 1317 亩，林地面积 7650 亩。社区共有 22 个居民小组，1028 户 4025 人，其中安置区 517 户 2133 人，容纳来自安化县 13 个不同乡镇的搬迁村民。

　　茶乡花海社区不仅是一个地理上的集合体，更是一个文化和精神的家园。社区毗邻茶乡花海生态体验园景区，生态环境优美、自然风光秀丽，为"景区+社区"融合发展探索新路径，是当下风靡的近郊游、周末游、自驾游的适宜之选。这里山清水秀、茶香四溢、花海如潮，是一个集农业观光、休闲旅游、文化体验于一体的现代化美丽乡村。近年来，社区在各级党委政府的坚强领导下，在社会各界的关心支持下，坚持走文化振兴引领乡村振兴之路，取得了显著成效。社区先后被评为全国"十三五"美丽搬迁安置区、全国防灾减灾示范社区，是农村集中安置区的典范。①

　　自 2023 年以来，茶乡花海社区按照安化县文化振兴引领乡村振兴工作有关要求，发挥湖南出版集团驻社区帮扶的优势，依托优质文化资源，大力开展"文化振兴引领乡村振兴"工作，为社区全面推进乡村振兴提供强大助力。

　　强化宣传推介，唱响社区声音。依托工作队有记者的优势，茶乡花海社区深入挖掘社区故事，大力开展宣传工作，发表原创报道及新媒体作品超40 篇，自 2023 年 5 月以来这些作品被红网、红星云、"学习强国"、《人民日报》、湖南卫视、华声在线等各大媒体平台转载发布，流量高达 300 万次，各平台总流量超 2000 万次。进一步提升社区影响力、知名度，打造茶乡花海"新时代山乡巨变""中国式现代化和美乡村""全省第二大易地扶贫搬迁安置区""长在乡村里的融合型社区"等多张名片，为讲好花海故事、唱响花海好声音注入强劲动能。开设"乡村味香"视频号，以视频形式讲好社区故事，多维度生动呈现社区样貌、故事、活动，共计编辑制作发布视频 40 余条，总流量达 50 余万次。创新与居民沟通的形式，以网络媒体为媒，与广大居民对话，向居民写信、送祝福、发出倡议，吸引一名乡贤人士回乡开办制衣厂，带动就业近 100 人次，吸引一名教授回社区担任教育基金会会长，助力社区教育事业发展。

---

　　① 安化县文化振兴引领乡村振兴工作领导小组：《茶乡花海社区驻村工作队　茶乡花海社区"文化振兴引领乡村振兴"工作概况》，2024。

广泛开展文化活动，培育新风。社区"两委"与工作队通力协作，加大对社区活动的策划与投入力度，不断满足居民对文化生活的需求，进一步提升居民文化生活水平。目前，社区已形成"月月有活动、个个有主题"文化活动新风尚。目前，举办的大型活动有邀请普瑞医院来社区开展妇女爱心义诊，举办老中青少皆宜的社区首届全民趣味运动会，开展传统节日谷雨节精彩多元的"乡村PARTY"，组织全民植树活动，开设七彩暑假儿童培训活动班，邀请文艺专家开展"文艺下乡"上门教学活动，举办社区八一退伍军人座谈会，举办首届乡村文艺联欢会，开展"重阳敬老 花海有约"重阳节主题活动等，活动总计 20 余场次，总参与人数超万人次，以活动凝心聚力，培育乡风文明，社区文化氛围日益浓厚。

立足自身禀赋，拓宽文旅市场。依托社区内的茶乡花海生态文化体验园、梅山赛车运动主题文化公园、星空野奢民宿、浅斟百龙泉农家乐等丰富优质的文旅资源，进一步夯实文旅产业发展基础。湖南出版集团驻安化县茶乡花海社区乡村振兴帮扶工作队积极对接联系资源，广泛号召发动、宣传推介，湖南出版集团旗下多家公司纷纷来到社区开展团建、主题党日、工会等活动，另有不少外地游客、县镇村各级党组织慕名前来考察学习、游玩。2024 年，"社区+景区"接待游客及来访人员共计 30 余万人次，与往年相比，实现大幅增长，茶乡花海乡村文化旅游品牌更加响亮。后期，社区还将结合精品研学、劳动教育等课程做好研学产业与周末游、自驾游、乡村游、红色游相结合的文章。

社区高度重视乡村教育事业发展，成立教育基金管理委员会，设立各类奖补资金，广泛发动社会各界进行筹资，通过驻村帮扶工作队引入湖南出版集团一次性注资 20 万元，加上各界爱心人士、乡贤捐款共筹集 30 余万元。2024 年，社区为获得升学奖、成才奖的 25 名学子发放奖金近 5 万元。后期还将利用教育基金，策划一系列教育相关的活动，多方式、多层面助力社区教育事业发展。

数字赋能乡村插上腾飞之翼。顺应数字化发展趋势，社区着力推进数字乡村建设，已邀请数字乡村建设专家团队完成前期数据收集、平台搭建等工作，将全面打造社区线上平台，全方位、立体化展示社区全貌，助推社区便民服务、基层治理、对外推介等进一步提质升级，为乡村振兴插上数字化、智能化的双翼。与之同时进行的乡村规划项目，也将与数字乡村建设相辅相成，为社区量身定制发展规划、方向，助推社区多元化发展、治理水平提升。

高标准打造乡村文化综合体。在工作队帮扶下，社区高标准新建新时代文明实践站文化综合体项目，建成集"学习强国"体验馆、新时代文明实践站、农家书屋、志愿服务站、直播带货基地、多功能活动室于一体的文化综合体，为居民阅读学习、老年儿童娱乐、志愿者服务、文化活动、直播带货等提供有效载体，助推社区文化氛围日渐浓厚。2023年9月，经湖南省乡村振兴局批准，安化县茶乡花海社区正式被确认为首批"湖南省乡村振兴村级实践交流基地"。未来，安化县茶乡花海社区也将承办更多各类型的实践交流、志愿服务、文化生活等活动，积极申报国家级乡村新时代文明实践站示范点。

（三）推进以文聚才，注入发展动力

安化县以《安化县"文化振兴引领乡村振兴"三年行动方案（2022—2024年）》为纲领，立足资源禀赋和产业基础，聚焦打造"山区人才集聚高地"的工作目标，全面构建"四有两规范"乡村振兴人才服务体系，出台支持企业人才队伍建设二十条措施，建立事业单位编制周转池制度，实施"5133"人才引进工程和紧缺人才引进编制使用"五二工程"，补充了一批紧缺专业技术人才，累计引进教育、医卫、党政等领域人才4378人。培育高素质农村实用技术人才6419人、民间艺人1000余名，文化创意、乡村教育、医疗卫生、现代农业、建设规划等专业人才得到有效补充。用好用活乡友资源优势，实施服务乡友"五个一百"工程，同步运营乡贤驿站，招引508名能人返乡创业带富。自2022年以来，全县共引进湘商回归项目10个，签约乡友项目12个，合同引资额达25.9亿元。通过持续推动"以文聚才"走深走实，为安化县经济社会高质量发展注入新的强劲动力。截至

2024年10月,全县人才资源总量超4.8万人,其中党政人才4200人、企业经营管理人才1500人、专技人才21200人、高技能人才4100人、农村实用人才17400人;创建刘仲华院士专家工作站1家,省、市专家工作站7家,专家工作服务站3家,乡镇乡村振兴人才服务站24家,成立科技专家服务团,覆盖各领域成员114人;新聘用国家中药材产业技术体系岗位科学家、湖南省中药材产业技术体系首席专家、湖南农业大学教授曾建国为安化黄精产业首席专家,续聘湖南城市学院副教授李翔为安化县梅山文化研究会顾问。

1. 强化政策引导,扩大人才规模

结合地区实际情况,积极借鉴其他地区先进经验做法,研究出台《安化县聚力打造人才集聚山区高地奋力推动经济社会高质量发展实施方案》《安化县聚力打造人才集聚山区高地的二十八条措施》《安化籍在外优秀人才回归工程实施方案》《安化县引进人才联系培养服务暂行办法》等政策文件,围绕茶、旅、药、新材料、新能源、矿产建材六大产业领域,引进2314名急需紧缺人才和高校毕业生来安化县工作。采取技术合作、顾问指导、"候鸟式"聘任等方式,充分利用院士专家工作站和技术研发中心等平台,柔性引进多名科研院所专家开展科学研究和成果转化工作。出台《安化县发展壮大农村集体经济五年行动计划(2022—2026年)》《安化县发展壮大村集体经济二十二条》,坚持党建引领村级集体经济发展,支持各地立足自身资源禀赋,整合现有资源资产,吸引大批人才返乡创业兴业。

2. 坚持引育并重,激活"人才引擎"

一是培育本土人才。创新"一联四包"机制,依托专家工作服务站、乡镇乡村振兴人才服务站、湘商回归和返乡创业指导服务站等平台,深入摸排有德行、有才能、有成就、有声望的各类致富带头人、创新创业乡土导师、创新创业科技人才、"土专家"、"田秀才"等乡村产业发展人才,对8282名乡村振兴人才进行建库管理。适应劳务输出大县人才流动频繁的特点,开展"村一月一摸底、乡一季度一走访、县一年一调整",持续更新乡土人才库信息,底子清、信息全、情况明。以服务高质量发展大局为目标,以"能力素质提升行动"为抓手，全面强化干部专业赋能，近3年全县累计举办各类培训班108期，12953名领导干部丰富专业知识、提升专业能力。聚焦茶旅文体康一体化发展战略，精准实施《安化黑茶产业高质量发展行动方案（2020—2022年）》，近3年培养中高级茶艺师超1500名，转移就业率达95%，"安化黑茶茶艺师"成为益阳市特色劳务品牌。

二是引进外来人才。立足安化县在外创新创业人才多的实际，全面摸排自1977年恢复高考以来县域高学历人才家底，县、乡镇、村（社区）分级分类建立高学历人才信息库，目前在库博士生人数超450人，硕士生人数超2000人，各类人才共计6800余名。常态化开展"迎老乡、回故乡、建家乡"活动，利用传统节日举办茶话会、联谊会107场次，联络乡贤乡友1000余人。充分发挥23个乡村振兴人才服务站的"桥梁纽带"作用。2023年，全县引进乡友项目12个，湘商回归新注册企业16家，到位资金32亿元。

三是培养新兴人才。坚持"实用、够用"原则，培育新型职业农民1100余名，培育效果全省县级调度考核第二。大力开展技能和创业知识培训，受训群众达4683人次，推荐就业3698人。抢抓数字经济和直播产业发展机遇，累计培养本土电商人员1.1万名，近1000人成为线上销售专业人才。紧紧围绕茶叶、中药材、水果等"一特两辅"特色农业产业，依托涉农高校、职业院校及县职业中专学校（安化黑茶学校）、农广校、农业机械化学校等公益性培训及社会性培训机构，采取"引进来""走出去"相结合的方式，通过集中学习培训、"田间课堂"实训等灵活方式，近3年全县累计举办各类涉农培训班近500期，培训人员超2万人次。

四是集聚专业人才。围绕村级特色产业发展需要，研究出台人才新政"二十八条"，续聘高校领军型人才1名，依托项目引进各类人才344名。针对村级集体经济关联度最大的茶叶、中药材、水果、蔬菜、养殖等传统产业，建设院士工作站1家、省市专家工作站4家，集聚专家教授300余名，一对一培养本土专家63名，精准指导40余家农业实体，为乡村振兴人才培养、技术服务、产品销售等提供强劲的人力支撑。支持乡村人才创办农业合作社、家庭农场等新型农业经营主体，通过示范带动和模式推广，提升农民的技能水平和生产能力。截至 2024 年，全县各类涉农行业协会达 60 个，农民专业合作社超 2400 家。

3. 坚持链式发展，激活"创新引擎"

以党建链、产业链、价值链为村级集体经济高质量发展注入新动能。

深化党建链。紧紧抓住党建引领产业高质量发展"牛鼻子"，组建产业链联合党委，完善"组织共建、党员共管、人才共育、资源共享、品牌共创"运行机制，精选龙头企业带头打造党群服务阵地 5 个，为 407 个村（社区）集体经济产业发展提供"分片管理、分季调度、分时指导"等服务，打通产业链上下游企业、专业合作社、生产基地等协同发展壁垒。

延长产业链。立足特色资源，聚焦"茶、旅、药"三大产业链，促进集体经济增收。打好茶产业"龙头牌"。实施黑茶产业倍增工程，安化黑茶入选中国地理标志农产品区域公用品牌，实现综合产值 252 亿元，成为村集体经济稳定发展的"主心骨"。打好文旅产业"提质牌"。实施文旅产业提质工程，先后创建国家 AAAA 级旅游景区 5 个，支持民宿品牌培育和精品旅游线路打造，全年实现综合收入 83.35 亿元，青云洞、茶乡花海、百花寨、梅山文化生态园等文旅项目，凤凰峪、叶子湾等省五星级民宿成为村级集体经济加快发展的增长极。打好中医药产业"康养牌"。实施康养产业培育工程，稳定发展以安化黄精为重点的中药材产业，中药材种植面积达 34 万亩、综合产值达 40.2 亿元，造就一批"药材村"，打造"湘中药库"助力村级集体经济可持续发展。

拓宽发展链。探索发展新途径、构建发展新模式，引导村级集体经济组织创新求变、抱团取暖，提升整体发展水平。推进村社联合发展。将农户土地、劳动力等生产要素合理融入村级主导产业和优势产业，建设村社联合发展平台，实现资本运营与资源变现。推进村村联合抱团发展。打破以村为单位的发展思维，跨地域整合资源，建立"茶香四溢""瓜果飘香""鱼荷水产""湘中药库""山珍好物"5 个联合体。推进村企联合发展。大力推进"党旗领航·百社联村"助力乡村振兴行动，300 余家企

业、社会组织与村（社区）深度合作，为村集体经济提供资金、技术、销售、就业支持。

4. 典型案例：小淹镇肖家村

肖家村位于安化县中部的小淹镇，面积为5.9平方公里，人口为1815人，因80%的村民为田头萧氏子孙而得名"肖家村"。近年来，肖家村秉承先祖遗志，以"一传两带"弘扬"孝学勤俭、德信礼和"的家风，推动文明乡风提"颜"增"色"，为乡村振兴铸魂聚力。先后荣获2018年益阳市卫生村、2021年益阳市美丽乡村示范村、2022年湖南省美丽乡村示范村和湖南省卫生村、2023年益阳市文明村。

将传统的"萧氏家训"与富有时代特色的村规民约相结合，依据"三个一"建设思路，以"一个展示馆、一面文化墙、一条展示带"为载体，展示家训起源、发展历程、传承影响、八字家训详情等内容，提升村民尤其是年轻群体对家风家训的知晓率。其中，萧家知行馆正屋展示肖家村新时代家规家训及新时代成就，侧房展示肖家村古规古训及历史成就。文化墙展示萧氏家训起源、发展历程、八字家训详情、家训传承、家训影响等内容，通过文字阐述和图片刻画体现家训家风助推基层治理的重要作用。同时开设关于家风家训的宣传展示课，发动党员讲好展示课，增进村民对本村的文化认同，助力肖家村形成向好、向善的舆论氛围，最大限度地激发和调动村民的主动性、积极性和创造性，让村民在家训中找到对家园的归属感和认同感，为实施乡村振兴战略提供强大的动力源泉。"孝学勤俭、德信礼和"已成为肖家村村民入脑入心的"金科玉律"，"美丽肖家靠大家、乡里不比城里差"成为肖家村村民的共识。

积极引导走出大山的肖氏子孙不忘祖训，牢记教导，以乡愁乡情为纽带，充分发挥资源优势，关注后辈成才。乡贤反哺桑梓已成为肖家村代代相传的优良传统，村助学助优协会、老年人协会、公共文化服务队等村级组织陆续成立，汇聚磅礴的乡贤力量，为乡村振兴注入源源不断的智慧和力量，在安化县率先形成村级建设三个1/3模式（上级支持、乡贤捐赠、群众自筹各占1/3）。仅美丽屋场建设一项就累计发动乡贤筹资36.8万元。在家训家风的影响下，肖家村村民诚实守信、勤劳致富，村内种养殖业和餐饮服务业等蓬勃发展。目前，肖家村建有果园种植基地、太空莲种植基地、油菜种植基地、茶园基地和葛仙米培育基地等，年产值可达 500 万元，为肖家村提供就业岗位 100 多个，惠及 80 家农户，每年带动村民增收 23 万元，让村民"饱了"口袋。

从评选"孝、学、勤、俭、德、信、礼、和"八字家训示范户着手，深入开展"一创多评"活动，引导村民守家训、传家风，树立了一大批热心公益、注重公德、孝老爱亲、勤劳致富等典型。结合家风家训传承，加强农家书屋提质改建、乡村文化大舞台和新时代文明实践站等阵地建设，举办"庆典肖家村，家训代代传"文艺汇演、"文化振兴引领乡村振兴"文艺联欢会等活动，组织开展"红色革命故事"宣讲、《中华人民共和国未成年人保护法》宣传、"朗诵萧氏家训"等活动。通过邀请专业人士创作村歌，肖家村组织村民在村内拍摄村歌 MV、编排村歌舞蹈并上台展示，激发村民参与热情，凝聚发展共识。

（四）推进以文促建，增进民生福祉

根据《安化县"文化振兴引领乡村振兴"三年行动方案（2022—2024年）》，安化县对"以文促建"工作进行了细化，稳步推进"文化+美丽乡村""文化+美丽景区""文化+美丽路桥"工程建设。累计投资 2000 余万元，撬动各类社会资金近亿元，加强公共文化服务体系建设，实现全县 23个乡镇综合文化站全覆盖，391 个村级综合文化服务中心、517 个农家书屋、352 个村级综合文化服务中心达到"七个一"标准。依托湖南省出版集团打造乡村教育振兴服务平台"E 堂好课"，154 所偏远学校及教学点享受省级高质量教育资源。推进农村人居环境整治，完成 1 个省级、4 个市级、20 个县级美丽乡村示范村和 50 个美丽屋场创建工作。推进"四好农村公路"示范乡镇创建工作，打造"美丽路桥"，G536、S319 沿线 6 个观景平台建设完成。安化县荣获"国家生态文明建设示范区"称号。

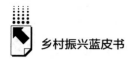

1. "文化+美丽乡村"建设有新气象

"文化+美丽乡村"建设明确由安化县农业农村局、安化县乡村振兴局牵头组织实施，2022 年完成 1 个省级、4 个市级、20 个县级美丽乡村示范村和 50 个美丽屋场创建工作，其中，小淹镇肖家村成功申报 2022 年省级美丽乡村，龙塘镇沙田溪村完成"水美湘村"示范村项目建设。2023 年，有序推进 20 个农村人居环境整治示范村（县级美丽乡村）和 100 个美丽屋场创建工作，完成对 100 个美丽屋场选址现场复核。完成位于奎溪镇新龙村、奎溪坪村、黄沙溪村、角塘村的洋溪河生态流域治理项目。安化县文联成立"百花"文艺志愿者服务队，印发《关于在全县开展"文化振兴引领乡村振兴"文艺志愿服务活动的通知》，每个文艺家协会派驻 1～10 名文艺志愿者进驻定点联系村镇，制定联村方案，已全部进驻 3 个示范镇 11 个示范村，并根据自身情况举办各类活动。2024 年 1～8 月，安化县将文化振兴引领乡村振兴第一、第二批示范村创建，同美丽屋场、美丽庭院和"五美"乡村建设有机结合起来，一体推进，新增第二批 18 个文化振兴引领乡村振兴示范村。同时完成 50 个美丽屋场创建工作，创建美丽庭院 1040 户，小淹镇肖家村通过省级美丽乡村验收。创作《魅力大苍》《好想去兴果村》《春风吹进我们村》等各具特色、充满"村味"的村歌 10 余首，用带有各村烙印的文字和歌声展现乡村新面貌，宣传推介乡村旅游产业和农特产品。在仙溪镇大溪村、小淹镇肖家村等文化振兴引领乡村振兴示范村镇举办 25 场村民文艺联欢活动，参与群众达 2.5 万余人。积极组织全县 14 支文艺家队伍，在各示范镇、村举办具有地域文化特色的村民文艺辅导培训班 160 多期，培训对象近 8000 人次，培养农村文艺骨干超过 600 人。

2. "文化+美丽景区"建设有新进展

"文化+美丽景区"建设明确由安化县文旅广体局牵头组织实施。2022年，安化黑茶文化旅游度假区被评为省级旅游度假区，梅山文化园、茶乡花海生态文化体验园成功创建国家 AAAA 级旅游景区，出版纸质版和电子线上版的安化县全域旅游地图，编制安化民宿发展规划，出台《"安化民宿"扶持办法（试行）》。2023 年，完成青年毛泽东游学社会调查史实陈列馆和梅山文化园永远的传唱红色馆布展、毛泽东社会调查纪念碑广场建设。2024年1~8月，实践出真知——青年毛泽东游学社会调查史实陈列馆纳入湖南省级爱国主义教育基地。清塘铺久泽坪村毛泽东社会调查纪念碑广场、磨石仑毛泽东农民运动考察调查之路、梅山文化园永远的传唱红色馆相继建成迎客。保护各类文物古迹。安化县在文物保护、文物价值利用等方面取得重要进展。鹞子尖古道歇伙铺至缘奇桥路段已完成青石板铺设，歇伙铺建筑修缮方案获湖南省文物局批复；启动并完成资江沿线文物（德和茶行抢救性修复）项目建设，安化松针茶非遗传承基地项目完成改造。安化县积极推进以青云洞、传统村落为核心，辐射古楼坡茶园、岩湾溪和试刀岩等区域的国家 AAAA 级旅游景区申报工作。

3. "文化+美丽路桥"建设有新提升

"文化+美丽路桥"建设明确由安化县交通运输局牵头组织实施。2022年，安化县全力推进渠江镇、清塘铺镇两个市级"四好农村公路"示范乡镇创建工作。完成东坪镇、江南镇、龙塘镇、马路镇、梅城镇、小淹镇 6 个乡镇 62.45 公里农村公路建设。完成 G536、S319 线沿途 6 个观景平台建设（建设内容主要包括路肩硬化、路肩培填、边沟修缮、边坡杂草清除、修补坑槽、标线补标、安防工程等）。完成清塘铺镇苏溪村、东坪镇唐市社区 16.5 公里入户公路建设，对清塘铺镇苏溪村、东坪镇唐市社区 8 公里通村公路进行"白改黑"提质。2023 年至 2024 年 8 月，对全县范围内国省干线和农村公路路域环境各类隐患进行排查，共清除公路建筑区地面构筑物 10 处、公路用地存有违法建筑物或构筑物 20 处、公路建筑区地面构筑物 8 处、非公路标识标牌 175 处、非公路横幅 97 条、路边乱堆乱放杂物 30 处，清理桥下空间 1 处；下达责令整改通知书 1 份，出动执法车辆 192 台次；出动执法人员 951 人次。推进公路养护工程，修复路面、硬化路肩、新建边沟、清除边坡杂草，国省干线累计清扫路面 1836 公里、平整路肩 11580 平方米、修复路面坑槽 480 平方米、修复波形钢护栏 32 米、修剪行道树遮挡标识牌 24 处、清理落石 670 立方米、清理路面两侧边沟 5 公里、隧道维护 106 次、桥梁维护 580 次、清通涵洞 2 座、标识标牌维护 116 块。以农村人居环境突出问题集中整治"百日攻坚"行动为契机,对国、省干道沿线垃圾乱扔、杂物乱放,污水乱排,摊点乱摆,广告乱贴,电线乱拉,房屋乱建等"七乱"突出问题进行清理整改,动员群众投工投劳 3000 余人次,清理各类生活垃圾 3.2 万吨。清理路域乱堆乱放 2985 处、村庄内乱堆乱放 2678 处,清理小广告 3456 处。公路沿线环境得到大幅改善。

4. 示范建设有新突破

通过调研马路镇、柘溪镇大溶溪村,全盘掌握镇村基本情况、资源禀赋、文化底蕴、产业发展状况等,与镇村两级充分沟通交流,基本确定示范镇村特色及发展方向,指导镇村做好调查研究,制定 3 年行动方案,采取清单式、条目式工作方法,细化年度工作计划并有序推进。马路镇示范镇创建工作,以发展库区生态文化为主基调,以"做活旅游、做响茶叶、做深文化、做靓乡村"为主题,做好产业与文化结合、旅游与茶产业融合文章。马路镇马路溪村示范点创建工作,以突出人文底蕴、凸显自然生态、展现新时代文化、展示产业文化为发展主题,围绕青云洞自然风光、人文自然集聚地,以及传统村落田园风光三个特色元素开展示范点打造。柘溪镇大溶溪村示范点创建工作,坚持群众主体地位,以移民特色文化为创建主基调,充分展示"甘于奉献、自力更生"的移民精神,依托柘溪水利工程烈士墓、移民文化展示馆等平台载体展示移民文化,新建香棚、修缮移民老屋,挖掘传奇故事、溪流风光、独特景观,发展民宿经济、大棚经济,做好文旅融合文章。"一镇三村"均建立人、物、问题、发展"四个清单",重点解决"文化特色在哪里""引领标杆在哪里""经验在哪里"等问题。柘溪镇大溶溪社区以示范创建为契机,以群众所思、所盼为导向,完善一批基础设施。完成 1.2 公里"白改黑",对村内文化广场进行提质升级,新增健身设施多个,铺设彩色油砂跑道,修建益阳市首座展示"移民文化"的展示馆,农民群众获得感、幸福感不断提升。马路镇马路溪村积极打造文化旅游服务中心、文化广场、户外宣传大屏、农家书屋、党员积分超市、门前十小等文化阵地,创作村标村歌,开设"马路有条溪"抖音号,组织开展 2023 全国村晚展播示范活动。冷市镇大苍村全面推进"5G+数字乡村"建设,开发

"数字化村务信息管理系统"，赋予每户家庭专属二维码，通过微信扫描二维码，即可浏览公示公开信息、反馈民情问题、出售闲置农货等，实现有事"码"上办理。

5. 典型案例：柘溪镇大溶溪社区

柘溪镇大溶溪社区由原来的大溶、白鹤两个村合并而成，辖区内有 15 个居民小组，居民 496 户 1436 人，总面积为 27.1 平方公里，有中共党员 39 人，社区"两委"及工作人员共 8 人。社区内有湘安钨业公司，紧邻柘溪水电站。社区聚焦文化振兴，以"甘于奉献，艰苦奋斗"的移民精神为社区文化切入点，助力人才振兴，推动文旅融合，不断推进文化振兴引领乡村振兴。

以文铸魂，让移民精神成为乡村振兴"向心力"。大溶溪社区发展至今，移民精神牢牢扎根于社区人民心中，传承至今。一是收集移民资料，社区居委会召开专题会议，成立专项小组，通过采访老人、拜访柘溪水电站与移民局等相关单位、网上查询资料等方法，收集修建柘溪水库时移民的影像资料、老物件、感人事迹等。二是打造移民文化阵地，社区居委会自筹资金修建柘溪库区移民文化展示馆，馆内分三部分展示移民文化，展现移民建设柘溪水电站所做的贡献，以及"甘于奉献、艰苦奋斗"的移民精神。三是弘扬移民精神，社区居委会通过张贴海报、标语，播放移民事迹广播，组织召开屋场会、专题党课、文艺晚会等形式传播移民文化，社区党员、组长、居民代表更是以身作则，秉承"甘于奉献、艰苦奋斗"的移民精神，投身社区建设。

以文聚才，让文化人才成为乡村振兴"主力军"。一是进行人才摸底。社区居委会通过召开人才摸底专题会议，联系各组组长，制作文化振兴"四张清单"，对社区人才进行统计并收录至社区人才库。二是争取能人助力。利用社区人才库，精准导向"水果大王"邓电魁，推动邓电魁承包社区大棚种植基地，确保集体经济增收。邀请安化县原文化局培训导师罗艳群亲临社区进行一对一指导，帮助社区解决专业难题。县文联委派县美术家协会进驻社区进行文化帮扶，针对社区有意愿的居民及学生开展

10期美术培训，为社区培养人才。三是创建奖励机制。社区居委会针对初升高、高升本优秀学生给予物质奖励，对考取二本及以上学生给予2000元奖学金。对社区做出贡献的居民、乡贤在社区公示栏与网格群进行通报表扬，对外起到宣传作用。

以文化人，让文化活动成为乡村振兴的"催化剂"。一是"接"文化进社区。积极对接省、市、县相关部门，争取"文化进万家"、"三下乡"和"送戏下乡"等近20场演出到大溶溪社区表演，让群众不出家门就能享受高水平的文艺表演。二是"种"文化创生活。根据村民喜好，组建腰鼓队、广场舞队、舞龙队、舞狮队、军鼓队、大鼓队等群众性文化组织6个，鼓励村民利用农闲时间积极参与会演、比赛，同时邀请文艺骨干和专业老师进行指导，节假日、村民家中有喜事时免费上门表演。三是加强社区文化宣传，将村规民约编成顺口溜；加强社区新时代文明实践中心与图书馆等硬件设施建设；组建乡风文明志愿者服务队，吸纳志愿者120余人，2023年大溶溪社区开展文化宣传活动30余次。

以文兴业，让文化遗存成为乡村振兴"产业库"。社区根据上级总体部署，制定2022~2024年文化振兴引领乡村振兴方案，确定了一批项目。一是发展乡村旅游产业。社区按照旧时图纸，重新在辖区内打造4座香榨水车，仅供游客观赏。社区利用丰富的自然资源，以人与自然和谐相处为主题，申请专项资金100万元开发溯溪游旅游项目。二是发展乡村产业。大溶溪社区依托资源禀赋，利用乡村振兴专项资金100万元，建设大棚种植基地。流转唐家山近千亩土地，大力发展中药材、小水果、大棚蔬菜等林下经济。

（五）推进以文强基，激发组织活力

近年来，安化县统筹实施了农村基层党组织固本工程、乡村自治组织增效工程和村集体经济组织壮大工程，取得明显成效。

1. 农村基层党组织有效固本

一是强化思想政治引领。持续推动城乡基层党组织共学共建、"联点单位进社区、在职党员进小区"和主题党日活动互融互促，全县100个机关、

企事业单位党组织积极开展"四个一批"专项行动，协调解决民生关注、设施建设等实际问题900余件。充分利用共产党员网、"学习强国"、红星网等平台，从红色党史、廉政警示、乡村振兴、先进典型中全面发掘精品党员教育素材，组织全县各党支部结合每月主题党日活动集中观看，并通过安化党建微信公众号发布活动预告和支部微信群推送视频链接等方式，拓宽流动党员观影渠道，推动全县党员学有标杆、行有镜鉴、做有目标，不断增强党员队伍凝聚力、战斗力。全县594名党员领导班子成员坚持参加支部组织生活，带头上好"一课"。县委主要负责人以"微党课"的形式，连续在梅城镇大湾塘村、双富村、云河村就农村基层党组织"整建提质"、农村基层"软弱涣散"党组织整治等工作内容与村民共同探讨。自2023年以来，1642名党（总）支书记、174名第一书记担当基层微党课宣讲员，率先上好"学习贯彻党的二十大精神"微党课。

二是加强村党组织书记后备队伍建设。32名县级领导挂帅联系乡村振兴重点帮扶村，45名组工干部蹲点调研指导，常态化推动软弱涣散基层党组织提质转化。实施村（社区）"两委"班子届中优化工程，逐村（社区）分析评估，联合县纪委监委、县公安局等部门对2869名在任村（社区）干部进行届中联审。县委组织部派出专项工作组，深入摸排村级班子中长期不在岗人员现象，全面排查问题线索。建立村级党务干部常态化培训制度，每期6名村级党务干部到县委组织部跟班学习，采取"业务学习、工作实践、现场交流"模式，着力训优训强。

三是健全正向激励机制。出台《关于以党的政治建设为统领全面加强基层组织建设的意见》，明确"对连续任满3个任期、表现优秀的村（社区）党组织书记可考核招聘为事业编制工作人员""每年重点扶建30个左右集体经济强村"等工作举措。评选最美村支书，树立先进典型，结合乡镇党委书记履行基层党建责任述职评议大会进行颁奖表彰，在安化党建公众号开设专栏刊播最美村支书事迹，发挥先进典型的示范带动作用。1420个党支部"五化"建设全部达标，191个软弱涣散党组织高标准转化升级，打造村（社区）党建示范点87个，基层党组织真正成为乡村振兴

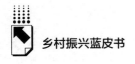

"前线指挥部"。

四是加强村（社区）"两委"干部教育培训，2023年分别组织村党组织书记和社区党组织书记开展为期5天的封闭式培训，包括政治建设、党建实效化、集体经济发展、基层治理等内容，并由县级领导组织专题研讨，全面提升村（社区）党组织书记履职能力和激发他们的工作热情。每年按计划完成农民大学生培养计划。

2. 乡村自治组织不断增效

一是村社区法律顾问工作提档升级。落实一村（社区）一法律顾问制度，在益阳市首创"政府买单村社区受益"的一村一法律顾问工作机制，由县财政安排专项资金，选聘业务能力强的律师、法律工作者担任39个村（社区）的法律顾问，签订法律顾问合同，由律师、法律工作者到村（社区）面对面为试点村（社区）和群众提供免费、便捷的公共法律服务，推动村（社区）法律顾问工作提档升级，实现从有形覆盖向有效覆盖的转变。

二是管好用好村级综合服务平台。推动集民生服务、矛盾调处、志愿服务、法律宣传、法律服务五大功能于一体的综治中心建设，与基层公共服务部门相结合，积极了解群众关切，推动诉求一站式受理，高效为民服务。规范村民服务中心功能室挂牌，规范村干部坐班值班制度，确保周一到周五有人值班，周六周日老百姓找得到人。

三是不断扩大各类群众组织覆盖面。组织开展"返家乡"社会实践活动，49名大学生在24个乡镇及县直单位实习。学生们积极参与医疗保障、残疾人保护、青少年关爱、退役军人事务、村情村务等工作，引导广大青年学子积极投身家乡建设，增强安化学子对家乡的归属感和认同感。开展2023年文化振兴之"七彩假期"关爱青少年儿童志愿服务活动，为少年儿童带来防溺水、口才训练、儿童"五防"、体育、声乐等课程，丰富其暑期生活，进一步关爱乡村留守儿童，共开设53个班，参与志愿者达504人，服务少年儿童3700人次。组织青年公益讲师团成员入村、入学校开展党的二十大精神宣讲活动，累计开展宣讲9次，参与青年达300人次。努力发掘弘扬新时代安化好青年精神，讲好安化青年故事，传播安化青年声音。自

2024年以来，全县共开展平安志愿活动5677场次，参与人数达21592人次。"平口红"志愿服务不断推出护学巡逻、结对关爱留守儿童、应急救援等多项志愿服务活动，吸纳党员、干部、群众等志愿者1125人，开展志愿服务活动60余次。

3. 农村基层治理不断加强

一是健全基层治理体制机制。践行"网上群众路线"，运用"网格+微信群"的治理新方式，为群众提供诉求反映、矛盾化解、政策宣传等便民服务。按照"一网格一群、一户一人"原则，全县共建立758个网格微信群，入群人数达30余万人。自2024年以来，全县共办理群众诉求60474件，满意率达99.97%。推进以居民公约、红白理事会、道德评议会、移风易俗劝导队、治安巡逻队、平安志愿服务队为主的"一约两会三队"建设，丰富自治载体，开展道德评议、民情恳谈、百姓议事等形式多样的协商议事活动，打造"五老工作室""好商量调解中心""谌小菊工作室""双喜调解工作室"等特色自治组织品牌。全力实施"雪亮工程"护航平安建设，依托"信息化支撑平台"等智能安全防控体系建设，打造"智慧综治中心"，加速形成线上线下融合、人防物防技防"三位一体"的立体化治安防控体系。目前，全县共建"雪亮工程"视频点位5096路，包含22台车载图传系统，2台无人机图传系统，六进六护运营商家庭视频32448路。

二是"三长制"畅通基层治理"最后一米"。自2023年以来，安化县积极推动"片长—组长—邻长"三级联系服务群众体系建设，5~15户群众就近划为"一邻"，推选邻长一名，向上对接小组长和由村干部担任的片长，闭环反馈、处置邻内群众的诉求，调处矛盾纠纷，在村级建设中发挥带头作用。结合安化县实际制定邻长20项履职清单，对离职、外出务工和履职不尽责的"三长"，及时调整处理并择优补充，动态调整邻长1130名，确保"三长"队伍始终保持高效、稳定的运行状态。通过在打造"三长"基层融合治理新格局上持续发力，"以块为主、条块结合、上下贯通、共治共建"的城乡基层治理格局逐步形成。截至2024年10月，全县累计备案登记邻长20483名，其中党员4649名，志愿者、网格员等其他治理骨干16311

名，每名邻长平均联系群众14户。2024年暑期汛情期间，安化县发动"三长"配合镇村干部和有关部门宣传防汛形势与救灾政策，协助巡查排险，开展"敲门行动"和"挪床行动"，累计转移21568人，挪床45534人，为守住"不垮一堤一坝，不死一人"的底线提供了坚强的组织保障。对表现突出、符合条件的"三长"优先发展为党员、优先作为村级后备力量培养、优先推荐提名为"两代表一委员"，不断提升"三长"队伍的积极性、主动性。截至2024年10月，安化县已有74名优秀邻长成功进入村（社区）"两委"成员行列，118人纳入村级后备干部库，67人发展为中共党员，9人被提名为各级"两代表一委员"，表彰邻长2415人次。全县邻长常态联系28万户群众，433个行政村实现户户有人联、事事有人帮，打通基层治理末梢的"最后一米"。

三是品牌效应逐渐凸显。柘溪镇通过全省基层治理创新实验，打造"爱在柘溪"志愿服务品牌，在志愿服务组织建设、制度建设、工作机制和活动开展等方面形成了一批值得借鉴和推广的基层治理创新经验，在全县基层治理工作中起到很好的示范引领作用。2023年8月，柘溪镇在全省民政工作会议上做经验介绍发言。安化县平口镇以"三长"为主体，打造"平口红"基层治理服务品牌，在1198名志愿者中"三长"志愿者有533人，占比达44.5%。平口镇通过整章建制，制定《组织实施方案》《分队管理制度》《积分细则》等，实现基层治理品牌化、制度化、规范化、常态化。安化县东坪镇建设社区结合"三长制"，积极探索"1+1+2+N"治理模式，以社区为1个大网格，由社区党支部书记担任总网格长，每个网格设置1名网格长，由社区干部担任，社区每个网格内设置专（兼）职网格员，专职网格员由社区干部担任，兼职网格员由小区党支部书记、单位联络员、物业公司经理、业主委员会主任、社区组长等多方力量组成，设置N个邻长，分别由党员、小区支部委员、楼栋长、业主委员会成员等担任。

4.村集体经济组织持续壮大

一是推动村集体经济组织比学赶超。加强村级物流整合和规范化，打通物流到农村的"最后一公里"，解决农产品上行和下行的问题。安化县争取落地跨境电商企业1家、电商集聚区企业1家、国内电商项目5家。争取集体经济项目扶持村22个，全县村级集体经济收入总额突破5000万元。

二是深入挖掘乡村特色文化资源。第六批省级非物质文化遗产代表性项目申报3个。成功申报安化县福泉村磨冲组、安化县大福镇人民政府、安化县滔溪镇人民政府为市级非遗村示范点；成功申报安化县大福镇郭记米酒厂、羊角塘黑腌菜、白沙溪非遗工坊、安化县永泰福茶号、安化黄精、湖南沂溪生态农业有限公司、安化谭记发食品有限公司、湖南省褒家冲茶场有限公司、中茶湖南安化第一茶厂有限公司等市县级非遗工坊。出台"安化民宿"扶持办法，新增凤凰屿、叶子湾生态旅游度假村、皇茶生态康养庄园3处湖南省五星级旅游民宿。形成定期申报县级非遗项目和传承人制度，全县现已成立非遗传习所5家。

三是全县已全面消除村级集体经济年收入5万元以下的薄弱村。制定"一村一策"工作方案，实现村级集体经济年经营性收入增长6%以上。涌现出南金乡南金村、柘溪镇柘杨社区等集体经济超过100万元的明星村。

5.典型案例：乐安镇尤溪村

安化县乐安镇尤溪村位于乐安镇西北部，距离安化县城100公里，村域面积为5.7平方公里，辖11个村民小组1083人。作为安化县文化振兴引领乡村振兴首批示范村之一，尤溪村深挖农耕文化特色，确立"忠孝传家，勤俭创业"的文化主题，坚持"文化引领、产业富民"的理念，积极探索"一馆一社一屋场"发展模式。

一是文创"一馆"，弘扬农耕文化留乡愁。为让尤溪人记住乡愁，回忆历史，从而汲取奋斗的精神力量，更好地在今天拼搏，尤溪村以"印象尤溪"为主题，以质朴、奋斗、智慧为主元素，融合村史文化、农耕文化、传统文化、红色文化，建成全县首个乡村振兴馆，并于2023年3月8日正式开馆。乡村振兴馆不仅是尤溪村农副产品的展示销售中心，更是商旅文一体化基地，主要有3个展区，通过引导群众自发捐献犁、打谷机等农耕用具68件，建成农耕文化展区；以奋进为基调，以脱贫攻坚为主线，以成果分享为内容，建成奋斗展区；以湖南工艺美术职业学院为依托，以特色农产品为核心，通过组织美院师生开展主题党日、文创设计赛、毕业设计采风等活动，设计出"四季尤喜"系列包装，建成特色农产品展区。在这里，可以回忆尤溪村昨天的故事、看到今天的发展、憧憬美好的未来。

二是创新"一社"，壮大集体经济惠民生。尤溪村以发展壮大村集体经济为契机，多层次、多形式注入文化元素，焕发增收活力。积极探索"党建+合作社+社会资金+农户"的产业模式，采取存量折股、土地入股等形式，推动建立集体经济产权股份制，进一步激发党员干部的干事创业热情。主动开创"农产品生产+研发+网络 IP 打造+线下体验店"的品牌运营模式，结合市场需求在湖南工艺美院创业街和梅城镇创办实体店，借助驻村工作队专业优势创建"振兴中的尤溪"抖音直播间，并孵化出电商直播带货人才培训基地，为直播带货注入"新鲜血液"。立足高山辣椒、蔬菜和"安化小籽花生"等特色农产品优势，村集体经济合作社与"秀峰专业合作社""松间谷专业合作社"等 5 家新型农业经营主体抱团发展，拓展产业链条，联合打造"四季尤喜"农副产品品牌，形成集生产、品牌建设和销售于一体的生态发展之路。村集体经济收入从 2020 年的 5.18 万元跃升至 2023 年的 50 万元，实现跨越式发展。

三是建好"一屋场"，聚力共建共治美好家园。尤溪村坚持"以点带面 精准施策"原则，积极探索"一屋一场一亭"，以易地搬迁点屋场为中心，向周边辐射，新建 400 平方米乡村振兴馆 1 座，新建"议事亭"1 个、小舞台 1 个，硬化文化广场 1000 平方米，确保把党小组建在"屋场"、把阵地建在"屋场"、把活动安排在"屋场"；依托湖南工艺美院艺术设计优势，绘制文化宣传墙 1000 余平方米，完成尤溪村 360°VR 街景的拍摄，制成全景地图，打造集思想政治教育、文化教育、传统美德教育、廉政教育于一体的文化宣传阵地；引导村民主动筹工筹劳参与公益建设，通过筹资 30000 元、义务工 352 工时，修建蓄水池 2 座，完成 20 公里产业路建设；结合积分评比奖励制度引导村民对房前屋后闲置地、自留地等零散地块进行整合规范，建设小花园、小果园、小菜园、小游道，发展庭院经济，推动形成美丽乡村共建、共治、共享的良好氛围。

（六）推进以文助廉，涵养清风正气

自 2023 年以来，安化县始终坚持把加强廉洁文化建设作为一体推进不敢腐、不能腐、不想腐的基础性工程抓紧抓实抓好，深入推进以文助廉工作，不断筑牢拒腐防变的文化堤坝，努力营造风清气正的良好政治生态。

1. 全面部署，统筹推进落实

2023 年 3 月，安化县召开茶廉文化建设座谈会，积极推进各项工作。县纪委书记带头多次深入基层调研，做出全面系统部署，有力有序压茬推进，各项工作初见成效。一是组织召开全县廉洁文化建设重点工作部署会，明确时间表、任务书、路线图，对各单位落实情况实行一月一调度、一季一督导。二是树立示范标杆，大力推进廉洁文化教育基地和示范点创建。指导"红色安化"党史陈列馆、青年毛泽东游学和社会调查史实陈列馆两家单位成功创建市级廉洁文化教育基地；指导罗绕典史料陈列室、中茶湖南安化第一茶厂、县人民检察院、龙塘镇沙田溪村、江南镇木溪口村 5 家单位成功创建市级廉洁文化示范点。三是因类施策，全域推进"清廉单元"建设。自 2023 年以来，全县共培育"清廉单元"样本 82 个，其中，清廉乡村 43 个、清廉机关 15 个、清廉学校 9 个、清廉企业 7 个、清廉医院 5 个、清廉大厅 3 个。四是将廉洁文化建设纳入落实全面从严治党"两个责任"考核内容，压紧压实各单位党委（党组）主体责任，奖优罚劣。对廉洁文化建设取得明显成效的县教育局、县文旅广体局、县城管执法局、县交通运输局等 11 家单位，在宣传推介先进经验的同时，县纪委给予 48 万元建设补助资金。

2. 因地制宜，建设特色阵地

一是指导县城管执法局、县文旅广体局依托陶澍广场、紫薇谷风光带等公共休闲场所，精心打造茶廉文化主题广场和公园。二是以安化黑茶馆为平台，高标准打造茶廉文化体验中心，并开设茶廉文化讲堂和茶艺表演。三是

指导县教育局依托安化黑茶学校，将茶廉文化融入茶文化、茶礼仪、茶叶加工等技能培训全过程，设置茶廉文化步道、茶廉文化宣传长廊等茶廉文化教育阵地。四是指导中茶湖南安化第一茶厂建设党员干部和中小学生茶廉文化研学实践基地。五是指导县交通运输局以 10 台公交车、100 台出租车为载体，开通茶廉公交专线。六是指导县文旅广体局打造中茶湖南安化第一茶厂→安化黑茶博物馆→安化黑茶馆→陶澍广场茶廉文化长廊→紫薇谷茶廉文化主题公园→安化黑茶学校的"茶廉之旅"线路。

3. 丰富形式，营造廉洁氛围

一是指导县文联创作清廉花鼓戏《责任》，编印安化县茶廉文化优秀作品集《茶乡廉韵》，在全县举办首届廉洁文化艺术作品征集活动、首届荷花文化节、首届"黄自元杯"全县中小学"清风廉韵"主题书法比赛、"茶乡廉韵　凝心聚魂　助力乡村振兴"2024 年新春文艺晚会及书法、摄影作品展等廉洁文化活动，征集茶廉文化作品 200 余幅。二是深挖茶廉文化内涵，精心打造茶廉文化精品党课"谈茶论道话清风"，拍摄廉洁文化短视频 20条，挖掘陶澍、熊邵安等名人家风故事 20 余个，整理家风诫语 100 余条。廉洁视频《茶润清风》荣获 2023 年度湖南新闻奖二等奖、县级融媒体优秀作品，《安化黑茶：不计名利　质朴求真》《今日重阳：敬老崇廉　不忘根本》在《三湘风纪》发布，《一口腊肉是忘不掉的家乡味》《从父亲这里我懂得了印心的深意》《佳节粽香　端午安康》在《清风益阳》发布。三是在安化县纪检监察"一网一微"平台开辟"清廉建设进行时"专栏，充分运用《益阳日报》、《清风益阳》、《三湘风纪》、人民网等媒体宣传推介安化廉洁文化的新做法、新成效。自 2023 年以来，全县发布市级以上相关稿件86 篇。2024 年 3 月，全县组织开展廉洁文化宣传周活动，引导各地各单位充分利用电子显示屏滚动播放廉洁电子海报及廉洁宣传标语 600 余条，在全县营造崇廉尚俭的文化氛围。

4. 拓宽载体，开展特色活动

一是引导县林业局、县总工会、县征拆办、平口镇、渠江镇等单位创新载体建设，开展写廉促廉、剪纸传廉、廉味元宵等具有地域特色和文化底蕴的廉洁文化活动 90 余场次。二是引导县人大、县法院、县工商联、东坪镇、龙塘镇等单位举办以"清廉"为主要内容的演讲比赛、家书分享、经典诵读、廉政警示教育等活动,推动廉洁文化教育实起来、活起来。三是将廉洁文化教育纳入县委宣讲团宣讲和党校课堂教育,引导全县 112 个部门单位组织党员干部到廉洁文化教育基地和示范点开展沉浸式教学 800 余批次、26100 余人次。四是与县妇联共同开展"家庭助廉"主题活动,组织各乡镇、县直机关等单位"一把手"配偶参加"家庭助廉 团团圆圆""好家风 好传承"等主题活动,签订清廉家庭建设承诺书 2383 份,发出家庭助廉倡议书、公开信 5500 封,赠送家风建设书籍 500 余本,评选县级"清廉家庭"14 户,推荐获评市级"清廉家庭"1 户。

5.典型案例:"廉"润茶乡,形成乡村振兴"清"底色

清风扬帆正当时,"廉"色满茶乡。自 2023 年以来,安化县纪委监委把廉洁文化建设作为清廉建设的基础性工程抓紧抓实,依托本土资源优势,不断厚植廉洁文化土壤,各地各部门协同推进,着力构建具有时代特征、安化特色的廉洁文化建设体系,为乡村振兴注入源源不断的"廉动力"。

让"茶廉"名片"靓"起来。"长条柱形,横跨马背,一支千两茶,踩出了一道人文景观,踩出了安化人的浩然正气……"在安化黑茶馆的茶廉大讲堂里,精湛的茶艺表演,让观众在享受艺术盛宴的过程中领略清廉魅力,在品尝醇香茶汤中感悟清廉哲理。安化县纪委监委以"激活茶廉基因 厚植廉洁文化 助力乡村振兴"工作方案为蓝本,根据地域特色,把打造茶廉文化品牌作为第一要务,明确茶廉文化建设的时间表、任务书、路线图,并实行一月一调度、一季一督导,推动全县形成分工明确、协调推进、相互促进的工作格局。中茶湖南安化第一茶厂从制度立廉、人物导廉、教育倡廉、宣传兴廉、活动筑廉等多维度出发,将廉洁文化与公司生产经营、企业文化建设深度融合。作为第一批市廉洁文化建设示范点,2023 年中茶湖南安化第一茶厂接待参观人数达 1 万人次。安化黑茶馆 5 个楼层分别以知廉、守廉、学廉、悟廉、践廉为主线,将挂饰、剪纸、窗花等赋予丰富的"廉"内涵,营造以茶敬廉、以茶养廉、以茶弘廉的浓厚氛围。安化黑茶学

校打造"清廉步道""清廉广场"等阵地，将茶廉文化融入茶文化、茶礼仪、茶叶加工等技能培训全过程，深入弘扬茶廉文化。茶廉文化主题公园依托县城南区辰溪风光带，精心展陈茶廉故事、家风家训、名言警句等内容，让人们在观景之余受到茶廉文化的浸润。茶廉公交专线以 10 台公交车、100 台出租车为载体，将茶廉文化化成一缕缕流动的清风，徐徐吹进大众的心田。"茶润清风"系列视频深入挖掘茶叶种植、生产、加工及销售等各个环节的廉洁元素，着力提炼茶文化的廉洁特质，探寻茶廉文化契合点，让人耳目一新。安化以茶兴县，茶文化历史源远流长，底蕴深厚。如今，茶廉文化逐渐成为安化县清廉建设的一张亮丽名片。

让廉洁文化"活"起来。2023 年，安化县纪委监委引导各地各部门创新载体方法，丰富教育形式，开展具有地域特色和文化底蕴的廉洁文化活动，举办以"廉"为主题的知识竞赛、演讲比赛、作品征集、文艺巡演、书画展等活动，不断增强廉洁文化的吸引力、说服力和感染力。剪纸蕴廉风，巧手传廉情。2023 年，安化县征拆办开展"梅山剪纸扬清风"廉洁文化实践活动，将廉文化蕴于剪纸艺术当中，引导党员干部修"心廉"、持"身廉"、重"行廉"。各地各部门深入开展廉洁文化宣传教育活动，弘扬新风正气，开展"家庭助廉 团团圆圆"主题清廉家书征集、"清风廉韵 美丽肖家"荷花文化节、"黄自元杯"全县中小学"清风廉韵"主题书法比赛、茶廉文化作品展、送联（廉）下乡等"接地气""有生气"的活动 100 余场次，参加群众超 2 万人次。这些活动不仅让党员干部深受教育，更是"飞入寻常百姓家"，让清廉之风吹进千家万户。为讲好"廉"故事，传递好"廉"音，坚定文化自信，在历史根基中寻求滋养，各地各部门通过查找史料、察看文物古迹、走访当地群众等方式，挖掘县内古圣先贤、清官廉吏、革命先烈、知名茶人的廉洁故事 20 余个。与此同时，县纪委监委主导建立"线上+线下"立体式、全方位、多维度的宣教模式，倾力打造网站、微信公众号、基地、示范点等"主潮流"载体，让廉洁文化"有声有色"，在全县范围内掀起廉洁文化建设新高潮。

让清廉单元"实"起来。走入县第一芙蓉学校，扑面而来的是浓郁的清廉气息，独具一格的清廉教育阶梯、清廉宣传长廊、清廉图书角……让人沉浸其中。同时，县第一芙蓉学校将清廉教育渗透校园文化建设、课堂教学、家校互动等领域，推动清廉学校建设工作与学校中心工作同频共振，让清廉之风沐浴师生、清廉之气充盈校园。2023年，安化县纪委监委高位推动，督促各地各部门切实履行清廉单元建设主体责任，强化沟通协调，绘就一幅"县委主导、单位主责、行业主抓、纪委协同"的清廉单元建设"实景图"。各地各部门将清廉单元建设与业务工作全面贯通、有机结合，统筹推进"机关、企业、学校、医院、乡村、家庭、大厅"七大清廉单元建设，建立市、县级清廉单元样本点43个。县人大常委会办公室、梅城镇等机关清廉建设如火如荼，以优良的党风带政风促作风；县第一芙蓉学校、东坪完小、小淹镇完小等一批清廉学校建设，着力营造清明政风、清净校风、清正教风、清新学风；县中医院、县人民医院、县马路镇中心卫生院等医院医德医风显著提升，群众就医环境持续向好；柳坪村、沙田溪村、木溪口村等14个村（社区）清廉建设可圈可点，为乡村振兴赋能添彩；中茶湖南安化第一茶厂、湖南安化渣滓溪矿业有限公司等扎实推进清廉企业建设，构建"清亲"政企关系和营商环境；县政务服务中心大厅凸显"廉"色，政务服务不断优化……一批特色鲜明、成效突出的"清廉单元"样本培树点得以涌现。而今，安化"廉"风如同春风般渐浓，润泽人们的心灵，助力乡村振兴高质量发展。

四 工作成效与经验启示

（一）工作成效

实施乡村振兴战略是一个庞杂的系统工程，需要久久为功。省委领导为安化点题，安化县委、县政府认真领题、积极探索、生动实践，坚持先立后破、立破并举，一条独具特色的新路子正从共识走向落实、变成现实。

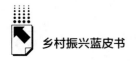

1. 找到了一条乡村振兴的新路径

安化县因地制宜、分类施策，根据县域文化资源分布情况，建设"一个中心四个片区"，重点打造形成以县城为核心的茶旅文体康综合体验中心，以江南镇为核心的茶马古道文化片区，以小淹镇为核心的陶澍文化片区，以梅城镇为核心的红色文化片区，以马路镇为核心的库区生态文化片区，通过以点带面、点面结合，全面推进文化振兴引领乡村振兴工作。

一是繁荣文化。通过实施文化保护传承与提升运用工程，安化县先后建设羽毛球冠军文化馆、陶澍生平展示馆、青年毛泽东游学社会调查史实陈列馆等文化场馆，开展风雨廊桥、古茶园修缮工作，申报一批非物质文化遗产。通过不断加强文艺创作，安化县编辑出版《我心归处是安化》《翩翩是安化》《走进安化》等书籍，大型实景舞台剧《天下茶道》正式公演，编排了乡村振兴题材的现代花鼓戏《茶山飘香》等文艺节目。充分发挥11个文艺协会作用，实行艺术家志愿者联镇村制度，指导全县23个乡镇成立文艺队伍，常态化开展文艺晚会等活动。围绕传统节假日，以乡镇为主开展赛龙舟、斗擂茶、烧宝塔、庆丰收等群众活动。

二是助推产业发展。不断传承保护利用地域文化，用梅山文化引领民风民俗、湖湘文化引领家风家教、黑茶文化引领行风行业、红色文化引领作风作为、生态文化引领绿色发展，有力促进茶、旅、文、体、康融合发展。安化县荣获全国2023年度三茶统筹融合发展县域等殊荣，安化黑茶区域公共品牌入选2023中国地理标志农产品区域公用品牌声誉百强。2023年，全县茶产业实现综合产值252亿元，税收2亿元。青云洞、百花寨等一批重点项目建成并投入运营。2023年，全县共接待游客1144.65万人次，同比增长68.82%；旅游综合收入达83.35亿元，同比增长47.81%。全县旅游民宿监测点平均入住率达90.1%。争取羽毛球、汽车拉力赛等一批全国性赛事落地安化。以安化黄精为主的"安五味、养五藏"品牌深入人心，2023年实现中医药产业综合产值40.2亿元。

三是引领风尚。绿水青山成为最美底色，有序开展"文化+美丽景区""文化+美丽路桥"等建设，累计创建省级美丽乡村9个、市级美丽乡村13

个。编制碳达峰实施方案，推广24小时健康茶生活和低碳出行方式，全域创建全国文明城市，国家卫生县城顺利通过复审。"五自"模式成为最新潮流，群众捐资投劳成为新风尚，2024年美丽屋场创建发动群众义务投工投劳1.5万天，平均每个屋场投入资金150万元，县级奖补资金达2500万元。"返乡创业"成为最热话题，安化县实施服务乡友"五个一百"和"能人回引"工程，完善县级领导、部门单位、乡镇三级联系制度。2023年，全县引进湘商回归项目16个，签约乡友项目25个。在全县169家规模以上企业中，50%以上属于回乡创业。

四是加强治理。出台发展壮大村集体经济"二十二条"，培育高素质农村实用技术人才1280人次，培训各类电商人才1.1万人次，2023年1~11月农产品网络零售额达5.64亿元，同比增长21.19%，全县433个村集体经济收入均在5.5万元以上；开展最美村支书评选，畅通村（社区）党组织书记上升通道，2023年公选3名村（社区）党组织书记为乡镇领导干部。开展道德评议、民情恳谈、百姓议事等形式多样的协商议事活动，打造"五老工作室""好商量调解中心"等特色自治组织，推动村级事务由"为民做主"转化为"由民做主"。

2. 得到了社会各界的广泛关注与充分认可

由于可信、可看、可学、可鉴、可用，文化振兴引领乡村振兴"安化模式"的影响力正在逐步扩大，得到社会各界的广泛关注、充分认可与高度肯定。

一是得到各级媒体的广泛关注。在省委宣传部的直接关心下，截至2023年12月，有关安化县的报道在中央主流媒体有200多条，省级及以上主流媒体有1200多条。2023年，安化县高质量承办湖南省（秋季）乡村文化旅游节，人民网等主流媒体进行报道或转载，全网信息量达1606条，安化县的知名度和美誉度不断攀升。

二是得到各级领导的充分认可。龙塘镇沙田溪村"文化+乡村建设"典型经验得到中央政治局委员、中央书记处书记、中央宣传部部长李书磊批示肯定；文化振兴引领乡村振兴典型经验获省政府2022年综合大督查表扬通

报；"文化赋能走出乡村振兴新路子""四个清单破题　奋力绘就山乡巨变新画卷""以文引路　五措并举　加快推动乡村振兴"等典型经验在省市相关重点刊物推广。湖南城市学院组建《以文化振兴推动乡村振兴的实践与思考》课题组，全面客观反映安化县的实践成果。

三是得到各兄弟单位的高度肯定。安化县的探索实践也引起兄弟县（市、区）的关注，省内浏阳、汝城等县（市），山东省日照市岚山区等省外单位前往安化县进行实地考察，并围绕"如何着力发挥乡村文化振兴对乡村全面振兴的引领作用"进行深入交流探讨。

（二）典型经验

安化县文化振兴引领乡村振兴的实践证明：推进文化振兴，要始终立足文化兴盛，坚持守正创新；要始终坚持问题导向，聚焦发展要务；要始终激发内生动力，笃定真抓实干。

1. 推进文化振兴，要始终立足文化兴盛，坚持守正创新

只有不断推动更多本土优秀传统文化创造性转化、创新性发展，才能更好地满足人民文化需求、增强人民精神力量，营造文化事业和文化产业繁荣发展的生动景象，达到以文化人的目的。

挖掘是前提。安化县作为梅山文化的发祥地与核心区域，文化底蕴深厚。推进文化振兴引领乡村振兴必须充分依托自身资源禀赋，挖掘地域优秀传统文化，坚定文化自信自强，提升发展精气神。为此，安化县特别注重梅山文化的保护与传承，重点发展梅山文化系列丛书、"梅山茶韵"特色小戏、梅王宴、梅山文化展示中心、梅山民俗文化博物馆等；注重保护特色传统民居、少数民族特色村寨等物质文化载体，加强传统村落、风雨廊桥、古树名木等资源保护；注重安化千两茶制作技艺、梅山传说、江南傩戏、清塘山歌等非物质文化遗产申报传承，让优秀地域文化能够真正留得住、活起来、传下去。

创新是关键。文化振兴引领乡村振兴本身就是一种工作创新，没有既定成熟的模式，也没有可供借鉴的经验，需要以守正创新的思维和手段，推动形式与方法与时俱进、内容与载体相互促进。在传统文化开发方面，通过运用现代创意设计和科技手段，开发以"梅山剪纸""张五郎塑像"为主打品牌的文创产品，逐步培育形成具有地域特色的传统工艺产品和品牌。在文化振兴引领乡村振兴实施方面，融入项目化理念，创新工作载体，聚焦5个方面实施20大工程68项子任务，做到虚功实做，让相对务虚的工作量化、细化，让相对抽象的工作更有抓手和推手。

实践是根本。再好的理论、再完美的思路，也要通过实践来检验。在文化振兴引领乡村振兴中不等不靠，在探索中实践，在实践中完善。思路和方向确定后，在省市各级各部门的支持下，安化县委、县政府立即组织专人带领本地知名专家学者深入调研，反复研究，制定行动方案。以省派工作队驻点村为基础，先后确定29个村、社区为试点。实践证明，乡村文化振兴虽需要春风化雨不能立竿见影，但可以发挥凝聚人心、塑造乡村共同体的强大功能，引领其他工作高效开展。

2.推进文化振兴，要始终坚持问题导向，聚焦发展要务

只有不断增强问题意识，敢于正视问题，善于发现问题，才能有效解决重点、难点、堵点问题，实现各项工作整体跃升。安化县委、县政府以新发展理念为统领，坚持社会效益与经济效益相统一，推动文化及文化产业的影响力、竞争力持续攀升，让群众腰包越来越鼓、日子越过越红火，乡村振兴取得更有实质性的进展。

一是聚焦在工作思路上。安化县委、县政府始终遵循"12345"工作思路，围绕思想提振、产业提级、人力提升、生态提质、治理提效，稳步开展五项重点工作、助推"五个振兴"。通过推进以文培元，实施意识形态阵地巩固、文化保护传承、文化提升运用、乡风文明培育等工程，加快文化振兴；通过推进以文兴业，实施黑茶产业倍增、文旅产业提质、康养产业培育等工程，加快产业振兴；通过推进以文聚才，实施返乡创业人才引育、生产经营人才引育、公共服务人才引育等工程，加快人才振兴；通过推进以文促建，实施"文化+美丽乡村""文化+美丽景区"建设等工程，加快生态振兴；通过推进以文强基，实施农村基层党组织固本、乡村自治组织增效、村

集体经济组织壮大等工程，加快组织振兴。

二是重点在"四个清单"上。探索建立物、人、问题、项目"四个清单"，并在县镇村三级全面推广。一方面，从村、乡镇和县级三个层面入手，围绕五个振兴，摸排各种资源、各类人才情况，广泛收集困难问题，研究讨论发展措施，建立物、人、问题、项目"四个清单"，既盘点长处，也找准短板，切实摸清家底。截至2023年12月，全县433个村（社区）全部建立"四个清单"台账资料，并上墙公示。另一方面，充分运用"四个清单"，坚持以物的清单定规划，以人的清单定主体，以问题清单定措施，以项目清单定投入，加强清单成果运用，科学制定工作计划和落实步骤，切实做到物尽其用、人尽其才、聚焦问题、实施项目。目前，"四个清单"成为抓乡村振兴的信息库、要素表和风向标。通过"四个清单"的深化运用，安化县进一步明确自身的特色优势、短板劣势和努力方向，基本解决过去存在的底数不清、方向不明、抓手不实等问题。

3. 推进文化振兴，要始终激发内生动力，笃定真抓实干

安化县委、县政府牢固树立正确政绩观，始终把心思和行动放在狠抓贯彻落实上，对标对表中央、省委、市委各项决策部署，善于发动群众、依靠群众，充分尊重群众的首创精神，不断激发人民群众的积极性、主动性、创造性，抓紧抓实本地区、本单位各项目标任务，把一件事情接着一件事情办好，以量变促质变，形成凝心聚力、团结奋斗的良好局面，推动乡村振兴行稳致远。

加强宣传推介，讲好实践故事，能够更好地让老百姓认同并参与党委政府的主张，让上级掌握发展动态，让外界了解真实情况，有利于统一思想、凝聚共识、积聚要素，形成强大的工作合力。实践中，充分借助省直宣传文化系统优势，加大工作宣传力度，较好地传播安化声音，讲好安化故事。2022年至今，中央主流媒体上稿232篇，省级及以上主流媒体上稿1486篇。其中，央视《新闻联播》上稿2篇，央视《新闻直播间》上稿1篇。在推进工作中，安化县坚持不搞推倒重来、不搞大拆大建、不搞大包大揽，在既定战略思路上谋划工作，在现有工作基础上推动工作，做到不折腾不反

复。围绕"文化振兴引领乡村振兴"主题，注重本地优质文化资源深度挖掘传承，充分依托现有的工作基础和工作成果，加强总结和提炼，扬长补短，实现提质升级，使之更加符合当前的发展需要。

"四个清单"导向更加鲜明。各镇村通过"四个清单"聚人气、清家底、补短板、定项目、谋振兴，清单涵盖历史名人、文化故事、民俗活动、特色产业等各个方面，打造了一份动态更新、指标量化的乡村调研指南。如龙塘镇沙田溪村立足实际，结合"水美湘村"本土特色和"字圣黄自元故里"的文化底蕴，科学收集物、人、问题、项目"四个清单"，在塑造乡村"形、实、魂"上下功夫，编制科学实用的村庄规划，开展省级文明村和人居环境示范村创建工作，推动沙田溪村获评益阳市文明村、益阳市美丽庭院"六个一"创建示范村等荣誉称号；清塘铺镇苏溪村挖掘提炼"崇学向善、耕读传家"文化主题，在外乡贤捐资设立苏溪教育基金会，对录取的大学生予以奖励，对生活困难的家庭的学生给予资助，6年来累计捐款32.88万元，发放奖学金28.13万元。

示范引领作用更加突出。在省直宣传文化系统和各相关单位的倾力帮扶下，29个示范创建村不断探索和推广"文化+""+文化"等模式，以特色文化为内涵、以提升风貌为标志、以发展产业为核心、以改善环境为基础、以农民增收为目的，在整合优势资源、发挥集聚效应、推动经济发展等方面充分发挥文化振兴的引领带动作用。如马路镇马路溪村作为湖南历史文化名村、最美潇湘文化阵地，持续挖掘传统文化，激活文旅资源，围绕溶洞、生态、茶叶和传统村落等村内文化载体，打造"青云洞·云上九歌"沉浸式国潮风景区，吸引各地电影、电视和自媒体节目摄制团队自发来马路溪村开展节目录制，推进文旅深度融合；平口镇兴果村以文化因子赋能微景观，打造村部景观墙、千年古樟、楹联文化走廊和诗词文化墙等，将文化元素融入微景观建设中，形成浓厚的文化氛围。

基层善治模式更加管用。深入推动文化振兴引领乡村振兴务实前行，积极探索基层社会治理善治善为的新路径，切实将文化软实力转化为乡村发展、基层治理的"硬支撑"。如冷市镇大苍村结合村情民情和党员积分管理，建立一户一档村民道德档案，实行村民积分制管理，积分情况作为评优评先和提供就业岗位的重要依据，村民可提取积分在"湘妹子能量家园"和农特产品形象店兑换不同价值的物品，在"勤劳致富户""产业发展先进户"等一创多评活动中表彰优秀村民 15 名，全面激发群众争先创优的荣誉感和参与产业发展的积极性；南金乡南金村不断完善村规民约，将文化传承、邻里关系、移风易俗等纳入村规民约，并编成 22 句 156 字的"顺口溜"进行传唱，自 2020 年村规民约落地实施以来，每年为村民节约礼金 300 余万元，减少铺张浪费 100 余万元，村民的幸福感、获得感显著提升。

（三）启示

习近平总书记指出，乡村不仅要塑形，更要铸魂。农村精神文明建设是滋润人心、德化人心、凝聚人心的工作，要绵绵用力、下足功夫。① 文化振兴不仅是乡村振兴战略的应有之义，而且对产业振兴、人才振兴、生态振兴、组织振兴具有重要引领和推动作用。安化县通过弘扬与传承中华优秀传统文化，将本土红色革命文化、社会主义先进文化嵌入乡村治理之中，带领乡村振兴始终走在时代发展与改革的前列，是新时代全面推进乡村振兴的有效探索。

1. 以文铸魂是乡村振兴精神之基

乡村人群受教育程度相对较低，社会文明程度不高，对新一轮乡村振兴理解还不到位。在以文化振兴引领乡村振兴这个重大课题上，不但要从顶层设计上做足文章，还要因地制宜用好乡村文化这个强有力的载体，根据各个村的资源特点、产业特色、文化底蕴注入文化灵魂，提振村民文化自信。例如，江南镇木溪口村把乡村特色文化融入美丽庭院、美丽屋场、美丽乡村建设，在主题定位、建筑外观、房屋内饰、装修风格等方面体现地域特色，彰显文化气质。湖南新闻联播刊播《新春走基层　新山乡巨变·木溪口村：

---

① 《习近平出席中央农村工作会议并发表重要讲话》，中国政府网，2020 年 12 月 29 日，https：//www.gov.cn/xinwen/2020-12/29/content_5574955.htm。

梅王宴庆新年》，生动展示了木溪口村的特色新面貌。清塘铺镇苏溪村通过收集民间传说、传统手工艺、特色民俗活动，编写近 3 万字的《苏溪志》，并形成"崇尚学风""恪守孝道""友爱奉献"的村风。实践证明，让乡村居民意识到乡村文化的价值与意义，并深入理解乡村文化背后的深刻含义，理解乡村文化内涵，可以将其变成有意识、有思想、有行动、有担当的乡村文化建设者，从而主动参与乡村振兴。

2. 以文化人是乡村振兴动力之源

乡村振兴，关键在人。乡村振兴的主体是广大乡村居民，他们是乡村振兴的具体实施者，也是乡村振兴的最终受益者。只有让村民成为乡村振兴的"主力军"，依靠群众、发动群众、组织群众，把乡村群众的积极性、主动性、创造性调动起来，激发他们干事创业的巨大热情，才能真正让老百姓受益。例如，马路镇马路溪村始终坚持以人为核心，秉承振兴先"振心"的理念，充分调动乡村群众积极性、主动性，探索"三个1/3"模式，即按照村民集资1/3，乡绅、社会人士捐助1/3，政府、工作队补助1/3的基础设施建设模式，打破政府大包大揽的格局，发动农户投工投劳共同参与建设。在驻村工作队的带动下，传统村落片区 95 户 357 人筹款 22 万元，近百人无偿投工投劳，不到两个月时间就竖起仿古太阳能路灯 88 盏，硬化河堤 800 余米，修建风雨亭一座，改写了马路溪村没有路灯的历史；黄家片区 263 人与驻村工作队一起两个月筹资 30 余万元，义务投工投劳 200 多人·天，免费占用 30 多户人家的山林、自留地等，修建长 1.3 千米、宽 7 米的马路，实现 4 个组可以进汽车的梦想。实践证明，村民破除"等""靠""要"思想，亲身参与乡村建设，激发创造动力，各种牢骚意见少了，建言献策多了，消极怠工少了，干劲十足。

3. 以文赋能是乡村振兴发展之本

从乡村文化中挖掘丰富的文化资源，并以此为基础对接产业发展、品牌培育等需要，寻找市场机遇，打造乡村特色文化产业，描绘出一幅生态环境优美、生活富足、人民群众获得感提升的美好图景。安化县把文化振兴作为乡村振兴的切入点，充分发挥梅山文化和黑茶文化等优秀传统文化在整合产业资源、促进产业融合、拓宽产业边界、延长产业链条、加速产业转型、提升产业价值等方面的示范带动作用，强化文化产业赋能，激发乡村振兴内生动力，培育乡村振兴文化产业支柱。根据各乡镇和村的特点，科学引导、分类施策，探索形成"文化+乡村建设""文化+现代农业""文化+特色产业""文化+自然资源""文化+文物古迹""文化+文化产业""文化+公共服务""文化+社会治理"八种模式，让文化振兴引领乡村振兴能够镇镇开展、村村落地、人人有份。如龙塘镇沙田溪村立足省直宣传文化系统工作和资源优势，借助"芒果振兴"云超市、红网"湘农荟"、"芒果严选"等平台，通过"遇见安化　云购好货"直播带货，为沙田溪村文化产品销售打开市场。村级集体经济逐年增长。实践证明，乡村振兴归根结底还是乡村要有产业、百姓要有就业、集体要有收入。推动文化产业赋能乡村振兴，文化是根本，产业是载体，只有让文化"接地气"，产业"接天线"，文化与产业才能更好地融合，文化和乡村才能实现更高质量的发展。

参考文献

甘果、陈垚：《传承移民文化　赋能乡村振兴》，《益阳日报》2024 年 7 月 17 日。

甘果、黄阳利、郭演：《文化之光耀高山》，《益阳日报》2024 年 6 月 12 日。

甘果、黄阳利、谭云鹤：《新时代　新马渡　新生活》，《益阳日报》2024 年 5 月 15 日。

《乡村振兴既要塑形也要铸魂——从安化县沙田溪村看乡村文化振兴路径》，《党建》2024 年第 5 期。

刘馨予、刘璇、夏苗：《碧水青山间的"周末花园"》，《益阳日报》2024 年 4 月 23 日。

甘果、黄阳利、谭云鹤：《以文为媒　绘就山村新画卷》，《益阳日报》2024 年 4 月 17 日。

甘果、谭云鹤、黄阳利：《于传承中见创新》，《益阳日报》2024 年 3 月 20 日。

甘果、谭云鹤：《茶乡山水美如画　花海人家光景新》，《益阳日报》2024 年 2 月 21 日。

肖琼芳、吕小艳：《联农带农视角下安化县黑茶产业发展对策探讨》，《南方农业》

2024 年第 3 期。

甘果、谭云鹤、曹文进：《此地风光无限好　何须远游觅桃源》，《益阳日报》2024 年 1 月 17 日。

李胜利、袁新念、马丹凤：《恒以移山力　打开幸福路》，《益阳日报》2023 年 12 月 16 日。

邵伟、欧阳婷：《一户一档案　一户一家训　乡村善治"码"上实现》，《中国妇女报》2023 年 12 月 5 日。

卢嘉俊、张劲夫、张佳伟：《唤醒文化之美》，《湖南日报》2023 年 12 月 3 日。

陈文胜：《以文化振兴推进全域乡村振兴——安化县推进乡村文化振兴的实践探索与启示》，《新湘评论》2023 年第 23 期。

甘果：《一座小山村的"新生"》，《益阳日报》2023 年 11 月 22 日。

颜阳：《安化县茶旅文康产业融合发展研究》，硕士学位论文，中南林业科技大学，2023。

甘果、谭云鹤、黄阳利：《用文化汇聚前行的力量》，《益阳日报》2023 年 9 月 29 日。

甘果、谭云鹤、黄阳利：《山村蜕变的密码》，《益阳日报》2023 年 9 月 19 日。

金瑛：《安化县农村劳动力职业技能培训优化问题研究》，硕士学位论文，中南大学，2023。

廖玉美：《乡村振兴背景下安化县乡村生态体育旅游开发研究》，《当代体育科技》2023 年第 17 期。

刘婧：《梅山地区农产品品牌建设研究》，《山西农经》2023 年第 4 期。

方珊珊：《乡村振兴下农业文化遗产地旅游发展路径探析——以湖南省安化县黑茶文化系统为例》，《农村经济与科技》2023 年第 2 期。

苏钢、胡彩云：《谱写"三部曲"　走好振兴路》，《益阳日报》2022 年 12 月 29 日。

周云峰等：《文化赋能　乡村振兴涌巨澜》，《益阳日报》2022 年 11 月 2 日。

陈徐文倩、刘爱：《山水灵动舒新卷　砥砺奋进迎蝶变》，《益阳日报》2022 年 10 月 18 日。

刘舒婷、封志芳：《锦绣乡村入画来》，《益阳日报》2022 年 10 月 17 日。

孙殉华、殷振宇：《竹影新田入画来》，《益阳日报》2022 年 10 月 12 日。

卢静、刘首青、蒋杰：《帮扶新思路带来腾飞新气象》，《益阳日报》2022 年 9 月 28 日。

蒋海洋：《乡村振兴中的代表担当——对话全国人大代表肖又香》，《人民之友》2022 年第 9 期。

何乐为、陈容量、程晓娟：《乡村振兴背景下脱贫地区特色产业可持续发展对策探究——以安化县烟溪镇红茶产业为例》，《农村经济与科技》2022 年第 13 期。

《安化县推动乡村文化焕发新气象调研与思考》，《乡镇企业导报》2021 年第 12 期。

中共湖南省委宣传部联合调研组：《推动乡村文化焕发新气象——安化县调研与思考》，《新湘评论》2021年第17期。

罗荣威、吴淼、周慧：《基于乡村振兴的安化黑茶文化旅游融合研究》，《当代旅游》2021年第24期。

邹芳：《乡村振兴战略背景下安化黑茶文化旅游深度开发研究》，硕士学位论文，湖南理工学院，2021。

王厅：《安化县茶乡花海旅游景区SWTO分析及建议》，《蚕桑茶叶通讯》2021年第1期。

王惜纯：《一片叶子的重量——湖南省安化县聚焦产业扶贫助力乡村振兴》，《中国质量监管》2020年第11期。

秦琴、瞿理铜：《湖南益阳乡村民宿业发展研究》，《中国国情国力》2020年第6期。

刘卉：《农村产业融合引领乡村产业振兴——以湖南省安化县农村产业融合发展示范园为例》，《中国工程咨询》2019年第12期。

王小艳、沈素素、丁丽琼：《发展特色产业　助力乡村振兴——以安化县为例》，《现代商业》2019年第34期。

文秋林、谢芬芳、杨大庆：《安化县黑茶产业推动乡村振兴的思考》，《现代商贸工业》2019年第34期。

谌喋：《安化黑茶产业发展过程中的利弊分析》，《当代经济》2019年第4期。

罗霄、肖又香：《绘就乡村振兴新画卷》，《人民之友》2018年第11期。

湖南省人大常委会调研组：《安化黑茶：湖南乡村振兴、精准脱贫的亮丽名片》，《中国经济时报》2018年3月21日。

颜阳：《安化县茶旅文康产业融合发展研究》，硕士学位论文，中南林业科技大学，2023。

金瑛：《安化县农村劳动力职业技能培训优化问题研究》，硕士学位论文，中南大学，2023。

邢书舟：《乡村振兴背景下传统手工作坊当代营建策略研究》，硕士学位论文，湖南大学，2023。

邹芳：《乡村振兴战略背景下安化黑茶文化旅游深度开发研究》，硕士学位论文，湖南理工学院，2021。

B.11

陕西省汉中市留坝县传承多彩
非物质文化遗产，赋能乡村振兴

孙 倩 张宏军*

摘　要： 中国非物质文化遗产是乡村文化的重要组成部分，其关键元素与外在表征更是中华传统农耕文明的历史见证与当代呈现。随着乡村振兴战略的深入推进，非物质文化遗产与乡村文化振兴之间存在的耦合共生的文化互洽关系，不断推动文化振兴引领乡村振兴。陕西省汉中市留坝县利用其悠久的文化历史，充分挖掘非物质文化遗产资源的社会价值、文化价值，明确提出以留坝非物质文化遗产资源为载体，凝聚各方力量，坚定不移实施文旅融合"一业突破"战略，在文旅项目建设、文旅融合发展、文创产品供给、文旅业态打造以及服务质量提升等方面持续发力，推动"非遗+"深度发展，打造多样化、特色化、品质化的乡村文化产业项目，塑造具有鲜明留坝特色的文化产业品牌，形成留坝文化产业赋能乡村振兴的"秦岭模式"，为推动建设宜居宜业宜游和美乡村贡献"留坝力量"，走出一条具有留坝特色的乡村振兴之路。

关键词： 非物质文化遗产　文化振兴　乡村振兴　陕西省汉中市留坝县

乡村振兴战略的制度设计根植于中华民族悠久灿烂、底蕴深厚的历史文化，蕴含共产党人的治国理念和方略。党的十八大以来，习近平总书记多次

---

* 孙倩，博士，教授，湖南城市学院党委委员、副校长，中国城市经济学会学科建设专业委员会常务理事，主要研究方向为城市经济学、公共政策与乡村治理；张宏军，陕西省汉中留坝县委办公室主任，主要研究方向为城乡治理。

就弘扬中华优秀传统文化做出重要指示，强调要"善于从中华优秀传统文化中汲取治国理政的理念和思维"。[①] 党的十九大报告提出，全面落实乡村振兴战略的"产业兴旺、生态宜居、乡风文明、治理有效、生活富裕"20字方针，是融合经济、政治、文化、生态、社会的系统战略工程。2021年《中华人民共和国乡村振兴促进法》规定，要"采取措施保护非物质文化遗产""挖掘优秀农业文化深厚内涵"。2022年，文化和旅游部等六部门联合发布《关于推动文化产业赋能乡村振兴的意见》，从"工艺"和"文旅"的角度提出以非物质文化遗产资源赋能乡村振兴的具体路径。

中国非物质文化遗产是乡村文化的重要组成部分，其关键元素与外在表征更是中华传统农耕文明的历史见证与当代呈现。中国非物质文化遗产以活态传承的方式赓续千年、面向未来，在人民创造与国家再造的互动关系中形成演进、历久弥新。随着乡村振兴战略的深入推进，非物质文化遗产在其中的作用日益凸显。非物质文化遗产与乡村文化振兴之间存在一种耦合共生的文化互洽关系，非物质文化遗产满足乡村文化振兴的传统性与现代性，二者实现文化延续方面的文化互洽；非物质文化遗产体现乡村文化振兴的人民性与国家性，二者实现文化主体方面的文化互洽，正确把握二者之间的文化互洽逻辑将有力赋能乡村文化振兴。

陕西省汉中市留坝县地处秦岭南麓腹地，是汉初三杰之一——张良的归隐地，是"明修栈道，暗度陈仓"的历史发生地。结合乡村振兴战略实施和自身悠久的历史文化，留坝县充分挖掘张良庙庙会、张良庙花木手杖、狮子坝地社火、留坝民歌、留坝罐罐肉等45个非物质文化遗产代表性项目，打造10个非物质文化遗产手工坊，常态化展示非物质文化遗产活态化项目6个，在张良庙博物馆建成非物质文化遗产展厅，将非物质文化遗产代表性项目与旅游、文创、餐饮等产业相结合，构建"非遗+"产业群，取得丰硕成果。2023年9月，留坝县被文化和旅游部、农业农村部等联合确定为首

---

① 《习近平的文化情怀 | "我们要特别重视挖掘中华五千年文明中的精华"》，"新华网"百家号，2022年7月3日，https://baijiahao.baidu.com/s?id=1737313811468481039&wfr=spider&for=pc。

批文化产业赋能乡村振兴试点县。2024 年，留坝县成功入选 2024 年传统村落集中连片保护利用示范县，其中 16 个村入选中国传统村落名录，占全市总数的 66.67%。

一 留坝县非物质文化遗产及其面临的传承发展困境

（一）留坝县典型非物质文化遗产

秦岭古道是中国古代建造时间最早、沿用时间最长、线路最艰险的古代交通要道。秦岭古道历史悠久，古道上不仅有乡土建筑、古树、桥梁等物质文化遗产，也有各种宗族礼制、传统文化观念、传统节日、民风习俗以及民间艺术等丰富的非物质文化遗产。秦岭古道主要由子午道、陈仓道、褒斜道、武关道、傥骆道五条古道组成。陕西省汉中市留坝县地处秦岭古道的褒斜栈道南段，有张良庙花木手杖制作技艺、留坝罐罐肉、张良庙与紫柏山的故事等传统非物质文化遗产代表性项目。

1. 褒斜栈道故事

褒斜栈道故事主要流传在留坝县的江口镇、武关驿镇、马道镇、青桥驿镇等地的乡间村落，以百姓代代口耳相传的形式流传至今。按照不同的历史时期，褒斜栈道故事包括楚汉相争时期"火烧栈道"的故事、"寒溪夜涨"的故事、"萧何月下追韩信"的故事、"木牛流马过褒斜"的故事等；三国时期"曹操两次征汉中"的故事、"曹操与遮要"的故事；唐宋明清时期"武休关抗金"的故事。

"火烧栈道"叙述了张良用计火烧褒斜栈道，以绝项羽怀疑，使汉王刘邦在汉中休养生息，最终出关中取得江山的故事；"寒溪夜涨"记录了汉丞相萧何月下追韩信于马道寒溪，借助溪水暴涨追上韩信，并向汉王力荐在汉中筑坛拜韩信为大将的故事；"木牛流马过褒斜"记述了三国时期蜀相诸葛亮屯兵汉中，七出关中，最后一出经褒斜栈道用木牛流马运军粮出斜谷的故

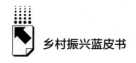

事；"武休关抗金"记述了南宋名将吴玠、吴璘于武休关大败金兵的故事。

2. 张良庙花木手杖

紫柏山坐落于留坝县之西北方，是秦岭太白山主峰的支脉，宋代大书法家米芾为紫柏山题词——"第一山"。汉初谋臣张良选此山为"归隐避谷之地"。东汉末年，张良的第十代孙——汉中王张鲁，为纪念祖先张良，在山中修庙。自此以来，拜谒张良、登山朝圣者络绎不绝。于是，居住在张良庙的手工艺人，就地取材制作手杖出售，以供登山拜庙的朝圣者使用。

手杖选择生长在紫柏山中的多年生灌木，以鸡骨头、老鼠刺、黑楂子、红枸子等坚韧木质为原料，经过繁复的手工艺程序，雕刻出龙凤虎鹤、鸟兽鱼虫、花草树木，以及拳杖、剑杖等三十多种式样不同的造型。其式样精巧别致，雕刻工艺栩栩如生，造型精美绝伦，是具有较高实用价值和珍藏价值的民间手工艺产品。著名作家贾平凹、王蓬等人曾为张良庙花木手杖撰文，并在国内外发表。

3. 张良庙与紫柏山的故事

张良庙为道教主流全真派圣地，坐落于秦岭南坡的紫柏山麓，距汉中留坝县城17公里处的庙台子街上，南距汉中101公里，北邻凤州76公里。张良庙是明清建筑，有6间大院，房舍150余间，占地14200平方米，为陕西大型祠庙之一。2006年5月25日，张良庙作为明至清古建筑，被国务院批准列入第六批全国重点文物保护单位名单，张良庙与紫柏山的故事于2015年被列入汉中市第五批非物质文化遗产名录。

在民间口头流传的有关张良拜师黄石公、椎击秦王、运筹帷幄、辞别汉王等具有神话性质的民间文学基础上，目前留坝县已搜集、整理有关张良庙、紫柏山传说故事数十件。张良庙与紫柏山的故事讲述汉朝初建之时，张良慧眼独具相中这里的山峦之高峻、树木之苍翠、云霞之深杳，于是功成身退，在此隐居辟谷，从赤松子游，对研究历代汉文化具有重要的参考价值。

4. 留坝罐罐肉制作技艺

"八里关罐罐肉"是留坝地方特色美食，位于古连云栈道南段险要关隘（现316国道）——八里关处。八里关北距留坝县城10千米，南距褒斜道著名险型驿站武关驿仅 1 千米。北自宝鸡，越秦岭、凤岭、柴关岭，过留坝厅城南至姜窝子与褒斜栈道相接的连云栈道，始修于汉，"明修栈道，暗度陈仓"之典故就发生于这两条古道上。留坝罐罐肉制作技艺于 2013 年被列入汉中市第三批非物质文化遗产名录。

清朝末年，原本居住在四川云山县磨湾斑竹林村的唐家，因世事动乱迁至留坝八里关连云古驿边，来往旅客在此歇脚、吃饭。唐新华的爷爷结合四川、留坝口味等，用土罐制作"罐罐肉"，过路旅客用一文钱即可吃到肉烂味醇的一只罐罐肉及两个火烧馍，其声名远播。留坝民谣曰"八里关罐罐肉香迄褒城"。"罐罐肉"自唐新华的爷爷传至其父唐天福，再由其父传于唐新华、唐新文。

5. 狮子坝地社火

狮子坝地社火起源至今已有一百余年，盛行于 20 世纪三四十年代，演员以家族或本村亲朋为主。以古典戏剧中的坐念唱打行当表演，着古戏装，持刀、剑、鞭等兵器，对打动作、步法、套路符合剧情，表现出各种神态，戏中道白为关中口音与狮子坝地方口音融合形成的独特语言。主要以舞蹈表现打斗的场面。与其他地社火不同的是狮子坝地社火加唱腔、响器。武戏有战灵官、三战吕布、走麦城、劈山救母、哪吒闹海等。载歌载舞，有乐器伴奏。文戏有千里护皇嫂、平贵回窑、三娘教子等。

狮子坝地社火是特殊的地方文化产物，对研究地域社会民间艺术的传承发展、民间戏曲舞蹈的产生发展及民俗风情具有重要研究价值。狮子坝地社火集世俗表演、夸张艺术、祭神仪式、身体语言于一体，对研究民间戏曲舞蹈的产生与发展具有重要的参考意义。狮子坝地社火取材于民间故事、传说、历史典故、神话、古今剧目，且加入地域文化，取材广泛，对弘扬中华优秀传统文化具有重要意义。

（二）留坝县非物质文化遗产面临的传承发展困境

留坝县丰富的非物质文化遗产包括传统口头文学、民间美术、民间音乐、民间舞蹈、传统手工技艺、传统医药等。留坝县在非物质文化遗产传承

发展方面也面临严峻挑战。

1. 文化生态遭到破坏，非物质文化遗产"脱域"

非物质文化遗产孕育于农耕文明，有其固定的文化空间。但随着我国城镇化和工业化的快速发展，大批农村人口离开原本的生活环境，导致乡村社会空心化、乡村交往原子化的现象相当普遍，传统村落面临"人去楼空"的困境。在城市文化、精英文化等强势文化的冲击下，村民们逐渐失去对乡村的归属感，传统乡土社会的价值体系和文化秩序正在瓦解。乡村文化建设往往以一种"他者"的视角，将非物质文化遗产从具体的情境中独立出来，造成文化"脱域"的现象。非物质文化遗产虽然保留着文化形式，但与村民的日常生活、精神内涵相分离，成为被展示、被建构的对象。

留坝县的非物质文化遗产传承也广泛面临文化"脱域"的困境。秦岭古道原址所在的留侯镇庙台子村等传统村落也出现了年轻人逃离乡村去城市工作，村庄仅留下老人、儿童的荒凉景象。在推动非物质文化遗产传承的过程中，留坝县也出现了非物质文化遗产与村民日常生活脱节的问题。

2. 传承人才匮乏，传播主体缺失

非物质文化遗产是以人为传承主体的"活态化"文化形态。非物质文化遗产传承人年龄普遍偏大，缺乏新鲜血液，非物质文化遗产传承面临"后继无人"的困境。非物质文化遗产传承具有内容的特殊性与局限性，技术的烦琐性与传统性。单单从事该项工作难以获得较高的经济收入，一些传承人因此转行或开展其他副业。传承人的生存状况并不乐观，其后代受经济等因素影响不愿意传承非物质文化遗产。此外，受限于传统思想，一些传承人仍然存在"传内不传外""传子不传女"的保守意识。这在一定程度上制约了非物质文化遗产传承，造成传承人的选择范围日益狭窄。

村民们原本是非物质文化遗产传播的主体，但在实际情况中，该主体往往"缺席"。大批农村人口前往城市，逐渐远离乡土文明。媒介技术加速城市文化、流行文化对乡村文化的冲击，传统的非物质文化遗产正在丧失对年轻人的吸引力。在这种情况下，年轻人很少主动了解、主动学习非物质文化遗产。实际建设过程中带来的文化"脱域"，更是让非物质文化遗产与村民生活相脱节。村民们传承和传播非物质文化遗产的主体意识缺失，保护意识淡薄，成为非物质文化遗产传播的旁观者，使非物质文化遗产的传承与传播丧失了群众基础。

在推动非物质文化遗产传承保护发展之前，留坝县的非物质文化遗产传承人面临较大困难。如张良庙花木手杖制作程序大多属于手工操作，且工序繁多，艺人制作一支手杖需要花两天时间。而当时市场售价偏低，艺人难以维持生计，为此，不少传承人放弃了手杖制作，导致张良庙花木手杖这一民间手工技艺举步维艰，面临传承困境。

3. 传播效能不足，覆盖面有限

在非物质文化遗产的传承与传播过程中，除传播主体缺失外，传播形式缺乏吸引力，传播内容碎片化、同质化等，使非物质文化遗产难以形成广泛的影响力，阻碍非遗文化的可持续发展。传统的非物质文化遗产传播方式包括举办文化节、修建展览馆、报道非物质文化遗产保护现状等。非物质文化遗产短视频的传播者主要包括传承人、兴趣爱好者、传统媒体等，由于缺乏统一的规范引导，视频质量参差不齐。可以发现，大多数视频内容简单、画质粗糙，且背景音乐、特效、文字等视频元素欠缺。在碎片化的信息环境下，为取得更好的传播效果，内容制作者不得不将非物质文化遗产项目进行切割，片面地呈现非遗文化。一些内容制作者缺乏媒介素养，为迎合受众、吸引流量，选择展示易于消费的非物质文化遗产符号，一旦某一视频成为"爆款"，便跟风模仿，缺乏对非遗文化资源的深度挖掘，使非遗文化传播同质化、娱乐化、浅层化，损害非物质文化遗产的核心价值。

二 非物质文化遗产助力文化振兴引领乡村振兴的创新实践

连接秦岭南北的"秦汉咽喉"重要交通位置给留坝县留下了丰富的历史文化遗产。秦岭文化、张良文化、栈道文化、农耕文化、"两汉"文化等都为留坝县利用非物质文化遗产助力文化振兴引领乡村振兴提供了得天独厚

的人文资源优势。依靠资源禀赋，留坝县充分挖掘非物质文化遗产资源，引导"非遗+"多业态融合发展，实现文化振兴引领乡村振兴。

（一）以科学评价为指引，充分挖掘非物质文化遗产资源

依托留坝县丰富的非物质文化遗产资源，为避免低水平重复，确保重点突出、特色鲜明，留坝县组织专家对当地的非物质文化遗产资源进行调研，并对非物质文化遗产资源进行科学评价，对有较高发展价值的非物质文化遗产资源给予重点支持。

1. 开展非物质文化遗产资源普查工作

为充分挖掘留坝县非物质文化遗产资源，留坝县组织专家、传承人、工作人员、第三方机构人员等针对全县非物质文化遗产资源开展普查工作，全面了解和记录非物质文化遗产的种类、分布、现状及传承情况，为后续的挖掘和保护提供基础数据与信息。

留坝县制订比较详尽的普查计划，明确普查的范围和对象，包括但不限于民间文学、传统音乐、传统舞蹈、传统手工技艺、岁时节令、民间信仰、消费习俗等。先后多次聘请魏小安、沈涵、刘昊等知名专家来留坝县调研，采用田野调查、文献研究、口述历史、影像记录等多种方式，深入社区、村庄、市场等非物质文化遗产的自然生境，获取第一手资料。结合留坝县乡村建设实际，打造美学集群，重点建设楼房沟、火烧店、高江路3个美学集群，将美学与红叶、民俗、民宿等主题融合，全面梳理留坝乡村非物质文化遗产资源。引进北京安哲专业设计公司对留坝县非物质文化遗产资源进行系统整理和分析，建立非物质文化遗产资源数据库，为后续的保护、研究和开发提供科学依据与数据支持。

经过全面梳理分析，发现留坝县非物质文化遗产资源涉及民间文学、传统音乐、传统舞蹈、民间美术、传统手工技艺和民俗六大类。其中，数量最多的是民间文学和民俗两类，包括民歌、传说、故事、谚语、食物、礼俗等多种类型。影响力最大的是传统手工技艺，特别是张良庙花木手杖已经实现量产，有一定的消费受众和市场。

2. 科学评价非物质文化遗产资源开发价值

非物质文化遗产作为人类文化多样性的重要组成部分，承载着民族的历史记忆、文化认同和创造力，具有较高的历史价值、文化价值、经济价值和社会价值。科学评价非物质文化遗产资源的开发价值不仅是文化遗产保护和利用的重要环节，也是推动文化多样性保护、经济发展和可持续发展的重要途径，具有较大的社会和经济意义。

2023年9月5日留坝县对接长安大学崔艳天教授团队进行实地调研，撰写文化资源与评价工作方案初稿。依据工作方案，留坝县组织人员从资源禀赋条件、可展示与体验性、遗产地旅游发展条件、承载力等方面构建科学、系统的非物质文化遗产资源开发价值评价指标体系。包括目标层、要素层和因子层，其中目标层为非物质文化遗产资源价值评价，要素层包括非物质文化遗产资源禀赋、非物质文化遗产承载力、非物质文化遗产产业生命力等5项指标，因子层包括使用价值、丰度与可组织性、传承人数量、传承技术难度等15项指标。采用德尔菲法和层次分析法综合确定各评价指标的权重。德尔菲法通过专家咨询筛选和权重赋值，层次分析法则通过9分标度进行同一层指标重要性的两两比较，获取各指标权重。

通过整理相关文献资料，结合非物质文化遗产资源实地考察，针对留坝县各项非物质文化遗产资源的各个指标进行打分，最后根据权重计算综合得分。从非物质文化遗产项目类型来看，留坝县的传统手工技艺和传统舞蹈开发价值最高。在传统手工技艺中，张良庙花木手杖开发价值最高，其次是留坝罐罐肉。在传统舞蹈中，狮子坝地社火开发价值最高，留坝的舞狮具有一定的地方特色，也有较高的开发价值。

3. 精准施策，分类支持非物质文化遗产发展

留坝县的非物质文化遗产涉及传统口头文学、表演艺术、社会实践、仪式、节庆活动等。不同类型的非物质文化遗产传承方式、传承条件等有很大差异。因此，要依据非物质文化遗产资源的不同特点精准施策，分类支持。

积极推进传统手工技艺类非物质文化遗产项目与人们的生产生活相结合，将非物质文化遗产项目转化为产品，推动产品走向市场。针对食物制作

技巧类的非物质文化遗产项目，如古法蜂蜜、罐罐肉、老酒、糍粑等，将其与现有商品相结合开发各式新型产品，推进地理商标建设，保持商品的独特性。针对日常用品制作技巧类的非遗项目，如花木手杖、竹编、综艺编织等，将其与现代生活用品相结合，设计不同类型的文创产品，突出秦岭系列特色，形成品牌效应。

采取多种形式加大对传统音乐、传统舞蹈、民间文学等类型非物质文化遗产项目的宣传推广力度。在春节等传统节日，举办以狮子坝地社火为主的舞龙舞狮、采莲船、秧歌队等民俗表演展演活动，加强非遗文化的传承与活化利用。以民间文学类型的非物质文化遗产项目为蓝本，创作《萧何月下追韩信》《武关情·栈道风》《打锣鼓草》《武关驿威风锣鼓》《古道双韵》《徐海东驻江口》等舞台剧，再现历史故事，传播留坝民间文学和民俗文化。

（二）以政府为主体，形成人人参与非物质文化遗产传承的良好氛围

在全球化浪潮和现代化进程中，非物质文化遗产作为民族文化的根脉，承载着世代相传的智慧和精神。然而，面对现代生活方式的冲击和文化多样性的挑战，许多珍贵的非物质文化遗产技艺和习俗正面临传承断层的困境。为保护和传承这些不可再生的文化资源，政府必须发挥主导作用，激发社会各界的参与热情，形成全社会共同保护和传承非遗文化的良好氛围。留坝县十分重视推动社会大众参与非物质文化遗产传承，通过政策引导、资金支持和平台搭建等方式，创新非物质文化遗产发展路径。

1. 广泛宣传非遗文化

广泛宣传非遗文化不仅可以帮助社会公众更深入地了解和认识非物质文化遗产，增强对自身文化根源和传统的认同感，增强文化自信，增强对非物质文化遗产传承重要性的认识，为非物质文化遗产传承工作提供更广泛的社会支持，还可以激发年轻一代对传统文化的兴趣，增强民族的文化认同感和凝聚力，培养年轻一代成为新的传承人，保护文化多样性，确保非遗文化的可持续发展。

留坝县委高度重视非遗文化赋能乡村振兴工作，成立以县委书记任组长的文化振兴工作领导小组，制定印发《留坝县开展文化产业赋能乡村振兴试点工作方案》，细化分解任务，完善领导机制、工作机制，着力营造全社会关心支持和积极参与的浓厚氛围。"留坝发布"公众号开辟"非遗特展"专栏，定期介绍留坝非遗文化；"留坝发布"视频号、"留坝融媒"抖音号、"爱留坝"App 以动漫、直播等各种形式介绍留坝县非遗文化。留坝县通过开展非物质文化遗产进校园活动，通过课程、讲座和实践活动等方式，增强青年学子对留坝县非遗文化的认识和兴趣。开展非物质文化遗产进社区活动，通过在社区中心举办非物质文化遗产知识讲座和工作坊，提升社区居民对非物质文化遗产的了解和参与度。打造老街万邦书吧、秦岭三农书院、青桥驿镇社火坪村稻香馆、武关驿镇河口村乡愁屋等新型文化阅读空间，帮助公众随时了解留坝县非遗文化。每月开展一期"张良书院讲读会"，让群众身临其境感受留坝县悠久的历史文化氛围。

2023 年 6 月 9 日，在第 7 个"文化和自然遗产日"来临之际，留坝县非物质文化遗产保护中心在县城老街非遗文创展厅举办以"文物保护利用与文化自信自强"为主题的文化和自然遗产日宣传展示活动，此次活动既有多姿多彩的留坝县当地非遗传统艺术作品展示，又有非物质文化遗产传承人用巧手绝活再现传统工艺制作流程。来自各地的游客，纷纷前往驻足欣赏、亲身体验独特的非遗文化。在老街非遗文创手工坊活态展示竹编、打草鞋、刺绣等非物质文化遗产项目，利用电子屏循环播放省、市级 6 个非物质文化遗产项目，在展厅展示全县 45 个非物质文化遗产项目。

经过持续不断、多种形式的宣传展示，留坝民众对留坝非物质文化遗产资源更加认可和尊重，留坝县非遗文化的价值和意义也得到广泛认同。留坝县的非物质文化遗产资源已经成为留坝县的特色文化 IP，融入留坝旅游、留坝经济、留坝社会、留坝生活等方方面面。

2. 壮大非物质文化遗产人才队伍

作为一种"活态文化"，非物质文化遗产的传承是直接依靠人、作用于人的活态传承。非物质文化遗产这一中华优秀传统文化的创造性转化、创新

性发展，其关键在于人。任何一种文化或技艺，一旦人才断层，就会面临失传的风险。

留坝县深入挖掘本土优秀传统文化，制定非物质文化遗产传承人培育方案，通过组织非物质文化遗产相关培训活动，培养非物质文化遗产特色人才，促进非物质文化遗产传承。挖掘各类民间艺人85名，持续开展民歌、刺绣等项目的技艺提升培训，特别是紫柏巧姐妹工坊组织的农村妇女就业创业培训班，非物质文化遗产苗绣传承人文世珍示范苗绣技艺，讲解其历史渊源和发展前景，带动更多妇女走上致富路；组织舞龙、舞狮、采莲船、美食烹饪等非物质文化遗产培训300余人次，打造竹编、打草鞋等8个非物质文化遗产项目活态展示体验店，举办非物质文化遗产传承人培训8期。与浙江旅游职业学院、四川大学等联合开展人才培训，提高乡村文旅产业从业者综合素养。通过摸排、评选，留坝县政府网站公示了第三批县级非物质文化遗产项目代表性传承人21名，积极申报多位市级传承人。

结合留坝县实际，按照"一村一民、一村多民、多村一民"等多种形式招募引进各类"新村民"83名，让其参与村庄经营、乡村建设和保护传承乡土文化。聘请夏雨清、陈长春等8名国内名宿、文化领军人物担任文化产业特派员，与各村形成"双轮驱动"，采取专题讲座、座谈交流等方式，围绕"农产品经纪人""农业职业经理人""乡村规划师"举办乡村振兴人才研修班3期，培训123人，并持续组织开展村致富带头人培训，育好用好乡土人才。实施"四乡"人才引留机制，培养乡村工匠、民间能人等乡土人才2000余人，形成农民主体、企业推动和人才汇聚的合力。2022年，创新实施"五个一百"人才培育工程，即培训100名乡创导师、乡村运营人才、短视频人才、非物质文化遗产传承人和引进"新村民"，充分激发人民群众的积极性、创造性，共同促进留坝县文化产业赋能乡村振兴高质量发展。

3. 以政策优惠吸引社会力量参与非物质文化遗产传承

社会大众的参与是非物质文化遗产传承的重要力量。通过参与非物质文化遗产相关活动和项目，大众不仅可以更深入地了解和体验非遗文化，还能为非物质文化遗产的保护和传承提供新的思路和动力。社会大众的参与能够增强非物质文化遗产的社会影响力和文化认同感。当更多的人了解和欣赏非物质文化遗产的价值时，非物质文化遗产就能在更广泛的社会层面得到认可和尊重。这不仅能促进非物质文化遗产的保护和传承，还能推动非物质文化遗产与现代生活的融合，使非物质文化遗产在新时代焕发出新的光彩。

为吸引社会力量加入非遗文化创新发展，留坝县采取了如下措施。一是出台《推进未来乡村十大场景示范建设的通知》和《留坝县文化产业赋能乡村振兴工作实施方案》，组建由县级领导任组长的文化产业赋能乡村振兴工作专班，建立部门联动协调工作机制，形成综合协调、上下联通、全力推进工作的"一盘棋"格局。二是强化政府引导、扶持和服务功能，制定有效的政策措施，充分发挥市场机制作用，调动市场主体积极性，以重点非物质文化遗产相关项目为载体，促进资源要素更多向乡村流动，增强农业农村发展活力。三是充分尊重农民意愿，切实调动农民的积极性、主动性、创造性，把维护农民根本利益、促进农民共同富裕作为出发点和落脚点，鼓励各方力量广泛参与，加强对乡村本土文化人才的培育和支持，建立有效的利益联结机制，不断提升获得感和幸福感。四是坚持示范引领，以镇村为单位，以农户为主体，充分发挥县域优势、资源优势，形成以推进张良文化、栈道文化、红色文化等为载体，融合推进文化产业全域发展的态势。

（三）以保护开发为核心，推进"非遗+"业态发展

非物质文化遗产是民族精神和文化多样性的重要体现，它们不仅记录了历史，也启迪着未来。然而，在现代社会的冲击下，许多非物质文化遗产项目正逐渐失去其原有的生存土壤和发展空间。为保护这些珍贵的文化遗产，不仅要保存其传统形态，更要探索其在现代社会中的新价值和新功能。通过多业态融合发展，非物质文化遗产项目可以突破传统的展示和传播方式，以更加多元和互动的形式呈现在公众面前，增强其吸引力和影响力。同时，这种融合能够为非物质文化遗产传承人提供更广阔的舞台和更多元的发展空间，激发他们的创造力和创新精神。更重要的是，多业态融合发展有助于实现非物

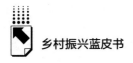

质文化遗产的经济价值和社会价值，使其在促进地方经济发展、提升文化软实力、增强民族文化自信等方面发挥更大作用。

1.＂非遗+产品＂创新产业振兴赛道

在非物质文化遗产保护的实践中，我国结合改革开放以来总结的＂文化搭台，经济唱戏＂的经验，将文化遗产保护活动与经济社会发展活动融合，探索并形成＂生产性保护＂＂活态传承＂的保护与传承新路径和新方法。2021年，中共中央办公厅、国务院办公厅印发《关于进一步加强非物质文化遗产保护工作的意见》（以下简称《意见》），明确提出＂提高非物质文化遗产保护传承水平＂的要求。生产性保护是指在保护非物质文化遗产项目真实性和完整性的基础上，通过将其转化为具有市场价值的产品或服务，实现非物质文化遗产的可持续传承。这种方式不仅能够为传承人提供经济支持，激发他们的传承热情，还能够将非物质文化遗产项目与现代生活紧密结合，增强其社会影响力和文化吸引力。通过生产性保护，非物质文化遗产项目可以更好地融入现代社会，成为促进经济发展、提升文化软实力、增强民族文化自信的重要力量。实施非物质文化遗产项目的生产性保护，不仅有助于保护和传承这些珍贵的文化遗产，还能够为相关产业的发展提供新的动力。

为推进留坝县非物质文化遗产项目的生产性保护与传承，留坝县探索出＂政府提供资源+企业投资建设和运营＂＂企业设计+政府投资+专业团队运营＂＂政府金融支持+企业投资建设+租赁运营＂＂企业投资建设+政府奖励补助＂等多种合作开发模式，鼓励各类主体积极参与＂非遗+产品＂的产业振兴。张良庙花木手杖第六代传承人李建荣、高红霞、陈翠兰等，在继承传统工艺中改革创新，制作出飞龙出海、二龙抢宝、龙凤呈祥、丹凤朝阳、马啸长空、虎踞龙盘、鸽翔云天、形象逼真、巧夺天工等几十个品类的精美艺术品。著名作家贾平凹、王蓬等人曾为张良庙花木手杖撰文，并在国内外发表。张良庙花木手杖有限责任公司在20世纪90年代鼎盛时期有技术工人50多人，年产花木手杖数十万只，产品在全国各地的旅游景点销售，当时产品出口美国、英国、法国、日本、意大利、加拿大、新加坡等十多个国家和地区，产值达上百万元，享誉海内外。

留坝县成功建成楼房沟、火烧店、高江路 3 个美学集群，将美学与红叶、民俗、民宿等主题融合，联合"留坝古法养蜂""西洋参炖土鸡"等非物质文化遗产项目，建设"三品一标"（"留坝棒棒蜜""留坝香菇""留坝西洋参"）地理商标，支持鼓励山城、秦农源、佳仕森等企业，围绕"四养一林"开发香菇脆、香菇酱、西洋参果酒、便携式勺子蜜、香肠腊肉、粉蒸肉等产品。以"张良庙与紫柏山的故事""褒斜栈道故事""陈仓古道传说""张良庙庙会"等非物质文化遗产项目为蓝本，开发设计制作了随行杯、帆布包、砚台等 40 多种具有留坝县地域特色的文创产品。

2. "非遗+旅游"促进文化活态传承

非物质文化遗产是中华优秀传统文化的重要组成部分，是旅游的重要资源，丰富了旅游的文化内涵。旅游作为一种新的大众生活方式，为非物质文化遗产提供了更多实践和应用场景，激发了非物质文化遗产的生机和活力。推动非物质文化遗产与旅游深度融合发展，对扎实做好非物质文化遗产的系统性保护、促进旅游业高质量发展、更好满足人民群众日益增长的精神文化需求具有重要意义。

为此，2023 年发布的《文化和旅游部关于推动非物质文化遗产与旅游深度融合发展的通知》（以下简称《通知》），要求找准各类非物质文化遗产与旅游融合发展的契合处、联结点。深入挖掘民间文学的价值和精神内涵，讲好当地传说故事，让游客了解地方历史文化。鼓励面向游客开展传统表演艺术类非物质文化遗产展演。积极开发传统工艺产品，丰富旅游商品内涵。将传统体育、游艺纳入旅游体验。依托传统医药类非物质文化遗产发展康养旅游。挖掘饮食类非物质文化遗产的丰富内涵，让游客体验当地民众的生活方式，体会中国人顺应时节、尊重自然、利用自然的思想理念和独特智慧。发挥传统节日、民俗活动参与性强的特点，让游客感受当地民风民俗，提升中华文化认同感。

留坝县积极落实《通知》要求，坚持"非遗+旅游"融合发展思路，利用留坝县丰富的非物质文化遗产资源，陆续开发县城老街、秦岭最美小镇、最美山村公路、营盘足球运动小镇、老电影博物馆、红色文化基地、慢行绿道、栈道渔村等一批旅游产品，形成以观光旅游、休闲度假、养生养老、精品赛事、研学旅游、红色文化为主的旅游产品体系。

打造展现秦岭原乡文化的十大民宿集群，成功推出以"田园观光"为主题的云溪·阿凌客栈，以"读书"为主题的留坝书房，以"时代文化记忆"为主题的走读秦岭，以"文化创意"为主题的山坡上文创集群，以"原乡生活体验"为主题的楼房沟，以"公路文化"为主题的道班宿，以"艺术+读书"为主题的秦岭·宿集，以"帐篷露营"为主题的月亮河谷，以"自然休闲"为主题的花筑云山阁等多种形态的民宿文化产品体系。

统筹利用乡村文化和旅游资源，打造汉服观礼、栈道寻史、红色教育等文化活化体验项目，推出"秦岭自然探秘""张良书院讲读会""足球运动夏令营"等研学课程，建设秦岭社会教育实践基地。充分挖掘本土特色文化，通过"文化唱旅游戏，旅游搭文化台"，组建留坝县业余文工团，推出《爱在山水间》《秦岭老家》《秦岭之夜》等一系列融合栈道文化、张良文化的沉浸式舞台剧，使留坝县旅游业的文化内涵和文化体验更加丰富。

举办以"秦岭春光乡遇留坝"为主题的 2023 油菜花海节、留坝第十六届紫柏山登山节暨栈道漂流节，同时开展"同心庆七一·奋进新征程"登山比赛、栈道渔村音乐节、火烧店 2023 嗨 king 第四届帐篷音乐节等活动。开展村晚、村舞活动 10 余场次，举办村舞大赛，创排《梦回火烧店》实景演出和秦岭星光秀·紫柏小剧场互动活动，提升游客体验感。打造火烧店暗夜公园，利用天文台探索星空奥秘；建设以剪纸、打洋芋糍粑等为内容的非遗工坊、手工艺体验馆，已在老街设立了两处沉浸式非物质文化遗产场景体验项目，对编草鞋和竹编工艺进行活态展示。

依托丰富的历史文化和自然资源禀赋，留坝县成功创建了张良庙—紫柏山和栈道水世界两个国家 AAAA 级旅游景区，创建全国乡村旅游重点镇 1个、全国乡村旅游重点村 2 个、国家级休闲街区 1 个，以及省级旅游特色名镇 5 个、省级乡村旅游示范村 8 个、省级旅游度假区 1 个。

3.“非遗+建设”推动村庄风貌提升

非物质文化遗产作为民族精神和创造力的结晶，不仅承载着深厚的历史文化，也是乡村文化多样性的重要体现。在推进乡村振兴的进程中，将非物质文化遗产与乡村建设相结合，不仅能够丰富乡村的文化生活，提升村庄的文化内涵，还能够为乡村发展注入新的活力和动力。将非物质文化遗产元素融入乡村建设，可以有效地保护和传承这些珍贵的文化遗产，促进乡村社会和谐与文化认同。

留坝县以“两山”理念为指引，坚持用生态理念发展文化产业，率先在全省成立县、镇两山生态资源资产有限公司，将乡村碎片化的生态资源、闲置农房资源进行规模化收储、专业化整合、市场化运营，摸排资产资源 4357 处，促成交易 89 宗，撬动 4 亿元社会资本投入乡村建设，将其有效转化为民宿、书吧、茶舍、康养等生态文化产品，推动村集体经济发展和农户收入持续增长。

坚持规划引领，持续提升绿水青山的“颜值”，做大金山银山的“价值”，将自然风貌、地域建筑、传统民俗等文化融入村庄规划，制定出台《留坝县村容村貌提升导则》，充分调动和发挥村民主体作用，聘请专业团队驻村设计乡村规划，使乡村建设有方向、有案例、有示范点。

以和美乡村建设为契机，在充分保护传统建筑、历史文化村落、乡村特色风貌的基础上，优化乡村振兴美学点。学习运用浙江“千万工程”经验，坚持把和美乡村作为“两山”转化重要抓手，深入实施“四美共建”，锚定“一村一景、一户一品”定位，遵循“微改造、精提升”原则，完成紫街办小留坝村彩虹小院打造，建成玉双美术馆、白盒子艺术之家等乡村最美文化空间；完善马道沙坝村亲水营地、亲子研学基地的配套设施；全面完成留侯镇庙台子村、闸口石村和美乡村创建工作，将美学与红叶、民俗、民宿等主题相融合，建设楼房沟、火烧店、高江路 3 个美学集群，基本形成推进非遗文化融合发展的新态势。

通过采取一系列措施和开展一系列活动，留坝县打造出一批既有含绿量，又有含金量的生态文化村，其中省级美丽宜居示范村 14 个，评选美丽家庭示范户 1000 户。① 留坝县成功入选 2024 年传统村落集中连片保护利用示范县，其中有 16 个村落入选中国传统村落名录，占全市总数的 66.67%。② 这些村落历史悠久、建筑保存完整、文化底蕴深厚、非物质文化遗产传承赓续，因此具有较高的保护价值。

三 经验启示

陕西省汉中市留坝县利用其悠久的历史文化积淀，充分挖掘非物质文化遗产资源的社会价值、文化价值，明确提出以留坝县非物质文化遗产资源为载体，凝聚各方力量，坚定不移实施文旅融合"一业突破"战略，推动"非遗+"深度融合发展，打造多样化、特色化、品质化的乡村文化产业项目，塑造具有鲜明留坝印象的文化产业品牌，总结形成留坝文化产业赋能乡村振兴的"秦岭模式"，走出一条具有留坝特色的乡村振兴之路。

（一）加强机制保障，激发非物质文化遗产助力乡村振兴的活力

乡村振兴是一项涉及广泛领域的系统工程，它不仅关乎农业和农村的经济发展，更关联社会结构、文化传承、生态保护和区域协调发展等。鉴于乡村振兴的复杂性和深远影响，其必须得到政府层面的高度重视和高位推动。政府的角色在于制定和实施全面、长远的发展战略，确保乡村振兴的各项工作能够有序推进、协调发展。同时，创新工作机制是实现乡村振兴的关键。这需要政府在政策制定、资源整合、社会动员和监督评估等方面进行创新，建立更加灵活、高效的工作机制，以适应不断变化的社会经济环境。引入先进的管理理念、激励机制和技术支持，可以更好地激发社会各界的参与热情，提高乡村振兴的实施效果。此外，政府还应加强与社会各界的沟通与合

---

① 留坝县人民政府：《坚持两山两化　深化以文塑旅创新推动文化产业赋能乡村振兴融合发展》，2024 年 6 月 14 日。

② 留坝县人民政府：《坚持两山两化　深化以文塑旅创新推动文化产业赋能乡村振兴融合发展》，2024 年 6 月 14 日。

作，形成推动乡村振兴的强大合力，确保各项政策和措施能够落到实处，实现乡村的全面振兴和可持续发展。

1. 坚持高位推动，完善部门联动协调机制

留坝县始终坚持"党委统揽、政府主导、部门联动、市场运作、社会参与"的工作机制，成立文化旅游产业突破发展领导小组，由县委书记任文化旅游突破发展领导小组组长，县长、人大常委会主任、政协主席等其他县级领导任副组长，以非遗文化为切入点高位推动留坝县文化产业赋能乡村振兴工作。出台《推进未来乡村十大场景示范建设的通知》和《留坝县文化产业赋能乡村振兴工作实施方案》，组建由县级领导任组长的文化产业赋能乡村振兴工作专班，建立部门联动协调工作机制和工作调度督办机制，持续推动文化产业赋能乡村振兴，先后督导 2 轮、督帮 3 次，召开专题调度会 1 次，形成综合协调、上下联通、全力推进工作的"一盘棋"格局。

2. 建立开发经营管理多重责任机制

留坝县明确以非物质文化遗产资源为载体，以文化旅游产业融合突破引领县域经济高质量发展。实行文旅部门抓统筹协调、景区管委会（副县级建制）抓建设开发、文旅集团抓市场经营、镇办乡村旅游公司抓执行落地。组建张良庙紫柏山风景名胜区管委会，负责全县旅游景区建设开发与运维。成立留坝县文旅投资集团有限公司，负责全县旅游市场经营、开发融合，整合优势资源变资产。建立乡村与旅游业协同发展的经营管理模式。旅游重点镇成立乡村旅游发展有限公司或乡村旅游合作社，走市场运营道路，带动乡村旅游发展。

3. 构建旅游治理体系

留坝县率先成立旅游发展委员会，建立旅游巡回法庭、旅游市场监管所、旅游警察大队及派出所，全面完成"1+3"旅游综合执法管理机制改革，创新设立乡镇旅游产业发展办公室，整合各方力量和资源，形成综合产业综合抓的强大合力。定期由旅游、市监、安监、农业、物价、公安等部门组织开展集中培训和专项检查，构建旅游综合监管体系，共同维护旅游市场良好秩序。

出台《留坝县基础设施建设项目旅游景观审核管理办法》，对全县各类

基础设施建设项目在由发改、交通、水利、林业、国土等部门批复立项之前，结合项目可研以及初设方案，对旅游景观性进行初步审核，确保建设项目既满足行业要求，具备实用功能，又符合"全域留坝，四季旅游"的基本要求，体现景观功能，符合全域旅游的发展理念。

（二）科学规划布局，发展壮大非物质文化遗产相关产业

1.高标准科学规划

乡村振兴要坚持规划先行，谋定而后动。规划是高质量发展的前提，是高标准建设的基础。依据《留坝县国土空间总体规划》，留坝县探索存量建设用地再开发的体制机制和模式，对各类基础设施建设项目在立项前进行审核，确保项目建设符合全域文化旅游发展理念。以文化旅游发展为中心，高标准编制《留坝县中国山地度假旅游示范区发展总体规划》《特色城镇概念规划》《旅游相关产业规划》《山地度假旅游技术标准》4 项专项规划，实行多规合一，把全县作为一个大景区来建设，把各镇作为景点来打造。对各镇的旅游发展方向进行了明确，确立紫柏街道为度假新镇、武关驿镇为栈道小镇、马道镇为汉风重镇、留侯镇为养生古镇、火烧店镇为养老村镇、江口镇为红色集镇、青桥驿镇为迎送小镇、玉皇庙镇为自驾山镇的发展目标，加快推进营盘村足球运动、火烧店镇农耕文化、玉皇庙镇生态休闲 3 个省级旅游度假区创建，以及县城老街省级旅游休闲街区创建工作，实现错位发展，避免旅游产品同质化。

编制《留坝县民宿产业发展规划》，制定《留坝县"四个一百"工程建设实施方案》，打造"秦岭原乡·宿在留坝"民宿品牌，发展特色乡村民宿，实现乡村旅游与民宿经济的共促共进。探索农旅产业融合发展的实践举措，打造多样化、特色化、品质化的乡村文化产业项目，塑造具有鲜明留坝印象的文化产业品牌，总结形成留坝文化产业赋能乡村振兴的"秦岭模式"，为推动建设宜居宜业宜游和美乡村贡献"留坝力量"，走出一条具有留坝特色的乡村振兴之路。

2. 高定位全力开发新产品

长期以来，留坝县依托丰富的林业、矿产资源，大力发展以木材、石材、药材为主的林业特色经济，县域经济保持快速发展的良好势头。但随着国家宏观政策的大幅调整，留坝县以"三材"为支柱的资源型经济顿时陷入困境。面对严峻挑战，县委、县政府重新审视县情、深入调研分析后认为，留坝县具有丰富的历史文化资源，发展以文旅融合为主的"三产"是富民强县的现实选择。基于此，县委、县政府明确提出发挥非物质文化遗产资源优势，凝聚各方力量，坚定不移实施文旅"一业突破"战略，持续推进全域旅游发展，倾力打造大秦岭山地度假旅游目的地，探索以乡村旅游为突破带动全域旅游发展、以旅游产业带动县域经济高质量发展的路子。为此，留坝县积极挖掘非物质文化遗产的社会价值、文化价值，在文旅项目建设、文旅融合发展、文创产品供给、文化旅游业态以及服务质量提升等方面持续发力，推动"非遗+"等深度融合发展，积极打造多样化的全域旅游新业态，千方百计为游客带来多元文旅体验，推动文旅产业高质量发展。

推动"非遗+研学""非遗+旅游""旅游+文创""非遗+节庆""非遗+美食"等文化旅游业态融合发展。累计创建中小学研学实践教育基地 5 个，打造"木工+足球""木工+文化""木工+红色" 3 条研学线路；开发栈道文化、张良文化、红色文化三大类文创产品 50 余种；精心编排大型民俗歌舞剧《爱在山水间》，连续 8 年提升改造，开展演出 160 余场次；制定《留坝县特色餐饮开发实施方案》，打造餐饮服务单位 400 家，大力发展"特色+品质"餐饮、"绿色+健康"餐饮、"非遗+文化"餐饮；建设"三品一标"（"留坝棒棒蜜""留坝香菇""留坝西洋参"）地理商标，围绕"四养一林"开发香菇脆、香菇酱、西洋参果酒、便携式勺子蜜、香肠腊肉、粉蒸肉等产品。高水平规划古营盘运动小镇，建成足球研训基地、自行车赛道，建设营盘运动员中心以及足球、滑雪学校，成功举办中国大学生户外挑战赛、省运会部分精品赛事，形成以足球、山地骑行户外运动等为主的文旅融合新业态。

先后建成张良庙—紫柏山 AAAA 级旅游景区、栈道水世界 AAAA 级旅

游景区、陕南首个国际滑雪场、国内首家栈道水世界和全省首条国际专业山地自行车赛道；陆续开发中国最美山村道路、火烧店青少年自然成长营、马道龙潭坝自驾游营地，留侯自行车漫道、县城老街、留侯老集等遍及全县的山地旅游产品，建设全省最大县级青少年足球研训基地，特色旅游产品呈现"百花竞放春满园"的喜人局面。随着县域旅游环线的全线贯通，以山地休闲观光、养生养老、精品赛事、农事体验为主的山地旅游产品体系逐步建立，留坝县旅游业也实现了从"游山、玩水、逛庙"的单一观光向复合体验的转型升级，与众不同的山地旅游特色全面彰显。

3. 高起点严要求塑品牌

塑造文旅产业品牌不仅是提升产品知名度和市场竞争力的关键，更是实现文化价值经济转化的重要途径。品牌化能够促使非物质文化遗产形成独特的文化标识和价值认同，增强消费者的情感联结。通过建立和推广知名品牌，可以有效地保护和传承传统技艺，同时促进其在现代社会中的创新应用和广泛传播。此外，品牌建设还有助于明确非物质文化遗产相关产品的市场定位，开拓更广阔的市场空间，吸引更多投资和合作机会，从而为非遗文化的可持续发展奠定坚实基础。

留坝县始终坚持高起点塑造文旅产业品牌。一是全力打造秦岭民宿品牌。顺应大众旅游、品质旅游发展趋势，按照休闲度假、养生养老的方向，积极引进民宿这一新兴业态，共建成特色精品民宿15家。其中，云溪·阿凌客栈荣获2016年陕西省十大精品民宿称号，以留坝书房、走读秦岭为主体的留坝老街民宿集群入选2017年陕西"十大民宿集群"榜单，星月空间、紫柏云居、彩云人家成为2018年游客网红"打卡地"，楼房沟精品民宿获得2021乡村复兴论坛乡建年度榜样奖，秦岭宿集·空山九帖荣获"天选·2021年度航旅榜单——年度人气民宿"等。"四个一百"工程入选中央文化和旅游管理干部学院"美丽中国学习中心"典型案例，留坝县民宿"四个一百"模式荣获"县域无界"中国文旅创新大奖。

二是全力打造留坝县旅游服务品牌。充分发挥基层党组织作用，各村成立乡村旅游合作社，组织带领群众做旅游服务经营者，参与乡村旅游接待服务，为游客提供独具特色的旅游服务。按照"统一管理、统一经营"的模式，组织当地群众开办农家宾馆，并承接青少年自然成长营活动，形成从游玩体验到住宿餐饮"一站到底"式的旅游服务模式，也锻炼培养了干部群众队伍，留坝县形成全民参与支持全域旅游发展、全民共享全域旅游发展成果的良好局面。

三是全力打造非遗文旅节会品牌。围绕重要节日，谋划"跟着节气去旅行"等特色文旅系列活动，常态化开展年度 73 项文旅活动，每周举办《秦岭之夜·yu 见留坝》《梦回火烧店》实景演出及秦岭星光秀·紫柏小剧场等文艺活动，增强游客体验感。开展村舞民歌创作传唱行动，各景区、镇村积极编排本土节目 100 余个，举办村晚、村舞 40 余场次，创作优秀民歌12 首，形成景区演出不断、乡村文艺繁荣的局面。

（三）推动共建共享，改善非物质文化遗产助力乡村振兴的环境

1. 改善乡村特色风貌

改善乡村特色风貌是乡村振兴战略中不可或缺的一环，它不仅关乎乡村的外在形象，更能深刻地影响乡村的内在活力和发展潜力。良好的村庄风貌能够提升居民的生活质量，增强村民的幸福感和归属感；优美的环境和独特的文化景观能够吸引外来游客和投资者，带动乡村旅游、文化体验等相关产业发展，从而为乡村经济注入新的活力。乡村风貌的改善要注意将乡村的传统建筑、非物质文化遗产和自然景观有机融合，保护和传承乡村传统历史文化，形成具有地域特色的文化标识，提升乡村的整体形象和品牌价值。

留坝县以和美乡村建设为契机，在充分保护传统建筑、历史文化村落、乡村特色风貌的基础上，打造乡村振兴美学点。坚持"一村一景、一户一品"定位，完成紫街办小留坝村彩虹小院打造，建成玉双美术馆、白盒子艺术之家等乡村最美文化空间；完善马道沙坝村亲水营地、亲子研学基地的配套设施；全面完成留侯镇庙台子村、闸口石村和美乡村创建工作，将美学与红叶、民俗、民宿等主题融合，建设楼房沟、火烧店、高江路 3 个美学集群，基本形成推进文化产业融合发展的新态势。

积极发展休闲农业，打造农旅融合示范点，火烧店镇中西沟村种植生态水稻 80 亩，对田间道路进行优化提升，铺设石板路，便于游客深入稻田观光。沙坝村围绕高山花卉、食用菌产业基地、亲水营地，打造集观赏花卉、蘑菇采摘、亲水休闲于一体的农旅融合示范点。河口村依托栈道渔村、黑营坝—景家坝食用菌基地、栈道水世界，打造旅游、观光环线。在紫柏街道打造小广场 1 处、微景观 6 处、文化墙 5 处；实施小留坝乡村旅游配套设施提升项目建设，完成 3 处亲水平台建设、村庄环境整治小留坝村老街段建设和 8 处旅游节点打造；以楼房沟民宿集群为引领，建设白盒子之家、玉双美术馆。

2. 优化文旅环境

在游客对旅游体验要求不断提升的背景下，完善的旅游休闲基础设施不仅能够为游客提供更加便捷和舒适的服务，还能够显著提升乡村的吸引力和竞争力。良好的交通网络、住宿设施和信息服务是吸引游客的前提。改善旅游环境，可以方便游客到达和游览乡村，提高游客的满意度和重游率。

留坝县争取专项资金 500 万元对张良庙、三圣宫等文物保护单位进行排危、抢救、维护；邀请陕西省文化遗产研究院对留坝县留坝厅故城遗址、栈道遗址等文物保护单位进行查勘，编制文物本体保护和展示项目清单，打造栈道修复示范点 2 处。

自 2021 年起，留坝县财政每年安排 4000 万元旅游发展专项基金，用于改善旅游环境。投资 3 亿元，留坝县打造以县城为中心，以 G316 姜窝子至柴关岭段为主轴线，沿 G244（姜窝子至江西营段）、高江路（全国最美乡村路）、穿越 G316 柴关岭段，经 S221 张良庙至营盘段、太狮路、武雪路到达姜窝子的闭合旅游环线。深入开展以"三改、清五堆、建六小、美化四旁"为主要内容的城乡环境整治，投资 8000 余万元实施高江路、姜眉路、土玉路等 6 条旅游交通干线的风貌提升，持续开展"三建设一整治"活动，城乡旅游环境明显改善。按照发展全域旅游的标准和要求，留坝县制定《特色村庄改造提升工作实施方案》，加快全部村庄民居风貌改造、景观节点打造、旅游配套设施完善，不断提升全域旅游整体水平。

3. 鼓励社会资本参与

乡村振兴战略的实施需要多元化的资金来源和广泛的社会参与，需要社会资本的引入。社会资本，包括企业投资、民间资本以及各类基金会和社会组织的资金，能够为乡村发展提供必要的资金支持和资源配置，缓解公共财政压力，为乡村基础设施建设、公共服务提升和产业发展提供额外的资金来源。社会资本的参与有助于带来先进的管理经验和创新的商业模式，推动乡村经济的转型升级和可持续发展。此外，社会资本还能够通过投资乡村旅游、文化创意产业和农产品加工等领域，带动乡村就业，增加农民收入，促进乡村社会的整体繁荣，推动乡村治理结构优化和治理能力提高。通过公私合作模式（PPP），留坝县可以更好地协调政府、企业和社区的利益，实现资源的优化配置和效益的最大化，增强乡村居民的参与意识和自我发展能力，推动乡村社会治理的民主化和科学化。

留坝县制定印发《留坝县社会资本参与旅游开发奖励扶持办法》《留坝县农家乐管理办法》等扶持激励政策，县财政每年拿出1000万元专项资金，重点支持民间资本投资旅游产品开发、配套服务建设、文化创意产品研发等领域，下功夫补齐旅游要素中的短板。一方面，促进全民参与旅游产业发展，累计撬动民间资本2.4亿元，解决了旅游配套服务能力不足的问题。另一方面，鼓励把农特产品转变为高附加值的旅游商品，走出一条旅游致富的创新之路。

参考文献

《留坝：在老街打造非遗美食基地》，《汉中日报》2024年2月29日。

朱江华、刘继志、王三：《文化IP赋能太极拳非遗活态传承的逻辑机理与实现路径研究——基于河南温县打造特色文体旅"太极IP"的实证考察》，《体育与科学》2024年第3期。

李优娜：《"农业+非遗+旅游"融合发展模式分析》，《中国农业资源与区划》2024年第5期。

石美玉、詹雪芳：《旅游促进非遗创造性转化与创新性发展的中国经验》，《旅游学刊》2024 年第 3 期。

《陕西留坝：农文旅融合激发乡村振兴新活力》，新华网，2023 年 10 月 27 日，http：//big5. news. cn/gate/big5/sn. news. cn/20231027/687e6106fd974464b6ddbff91f389bd1/c. html？page＝4。

《新春走基层 | 留坝：送年画、送非遗进万家》，陕西网，2024 年 1 月 29 日，https：//www. ishaanxi. com/c/2024/0129/3060070. shtml。

B.12
河南省信阳市光山县深耕文旅融合，
助力乡村振兴

周文娟　汤放华　刘子敖*

摘　要：　党的二十大报告对繁荣发展文化事业和文化产业做出重要部署，提出"推进文化和旅游深度融合发展"。本报告聚焦河南省信阳市光山县，通过推动文旅融合，以文化振兴为引擎，助力乡村振兴的实践探索与成效总结。光山县依托其丰富的自然景观与历史文化资源，实施了一系列文旅融合策略，包括顶层设计与项目引领、文旅产品体系构建、旅游服务品质提升、文化体验与互动创新以及文旅人才引进与培养等，有效促进了乡村振兴，实现经济效益与社会效益的"双丰收"。本报告深入总结了光山县的成功经验，同时提出光山县文化振兴引领乡村振兴过程中面临的困难和挑战，如建设资金不足、专业人才短缺、旅游供给结构不合理、同质化竞争激烈、文化保护与开发存在矛盾、营销规划缺乏及宣传力度不够等。针对这些困难和挑战，本报告提出加大建设资金投入力度、强化人才培养与引进、优化旅游产品供给结构、提升产品差异化竞争力、加强文化保护与传承、提升文旅市场营销效能及加大宣传力度等对策与建议。

关键词：　文旅融合　文化振兴　乡村振兴　光山县

党的十九大报告指出，农业、农村、农民问题是关系国计民生的根本性

---

* 周文娟，湖南城市学院党委宣传部副部长，主要研究方向为乡村文化、公共政策；汤放华，工学博士，教授，湖南城市学院原党委书记，主要研究方向为城乡规划、城乡治理；刘子敖，信阳市光山县文化广电和旅游局宣传推广股股长，主要研究方向为乡村振兴。

问题，必须始终把解决好"三农"问题作为全党工作的重中之重，实施乡村振兴战略。[①] 在国家现代化建设的背景下提出实施乡村振兴战略，既是开启全面建设社会主义现代化国家新征程的必然选择，也是实现"两个一百年"奋斗目标的必然要求。同时，这是我国全面建成小康社会的关键环节，是实现中华民族伟大复兴中国梦的客观要求。加强乡村振兴工作，对巩固农业农村发展的良好形势，促进农村经济社会持续健康发展具有重要意义。

在乡村振兴战略的国家大背景下，乡村旅游作为促进农村经济多元化、提升乡村综合价值的重要途径，正日益受到重视。一方面，乡村旅游可以推动乡村产业振兴。发展乡村旅游与休闲农业，可以带动乡村餐饮、住宿、交通等相关产业发展，增加农民收入，提升乡村经济发展水平。另一方面，乡村旅游可以推动乡村文化振兴。乡村文化是乡村振兴的强大精神来源，而乡村旅游是促进乡村文化资源创造性转化、创新性发展的良好契机。通过挖掘和利用乡村文化资源，开展文化旅游活动，不仅可以保护和传承优秀的乡村传统文化，还可以促进乡村文化的创新与发展，提升乡村社会的文明程度，为实现乡村全面振兴提供有力支撑。

光山县，属河南省信阳市，位于鄂、豫、皖三省交界处，是大别山革命老区县，总面积为1835平方公里，人口为93万人，辖23个乡镇（街区）。面对乡村振兴战略的新机遇，光山县积极响应国家号召，坚持以文塑旅、以旅彰文，立足自身资源禀赋，以其独特的地理位置、丰富的自然资源、深厚的文化底蕴和多彩的民俗风情，大力培育发展全域旅游，走出了一条独具特色的文旅融合发展新路径，成为探索文旅融合与乡村振兴深度融合、相互促进的典范。目前，全县已拥有国家AAAA级旅游景区2个、国家AAA级旅游景区13个、国家级水利风景区1个、国家级湿地公园1个、露营基地1个;[②]

① 《习近平：决胜全面建成小康社会 夺取新时代中国特色社会主义伟大胜利——在中国共产党第十九次全国代表大会上的报告》，中国政府网，2017年10月27日，https://www.gov.cn/zhuanti/2017-10/27/content_5234876.htm。

② 《全国80家旅行社商走进光山 助力乡村文旅发展》，腾讯网，2024年1月16日，https://new.qq.com/rain/a/20240116A06DWB00。

有国家级非遗项目 1 项、省级 3 项、市级 27 项、县级 81 项；① 光山王母观樱花节、桃花文化节、油菜花节、油茶花节、糍粑节以及有十万人围观的白雀园送灯文化节等红遍豫南，享誉省内外。② 2021 年，光山县入选全国县域旅游五十强；2022 年，入选国家乡村振兴示范县创建单位；2023 年，先后成功创建为省级旅游标准化示范县、省级文化和旅游消费示范县，并成功入选首批全国文化产业赋能乡村振兴试点名单，其案例《以文化产业赋能 焕发乡村振兴新活力》成为 2023 年度河南省经济体制改革十大案例之一。③

一 光山县文旅资源概况

（一）自然景观资源

光山县地处河南省信阳市，南枕大别山，北依淮河水，自古便有"江淮宝地、鱼米之乡"的美誉。其独特的地理位置和自然环境孕育了丰富多样的自然景观资源，为文化旅游产业的发展提供了得天独厚的条件。光山县的山水风光以秀美著称，境内山川连绵，湖泊星罗棋布，有王母观、赛山寨、毛爷山、大尖山、白露河、官渡河、龙山湖等自然景观，奇峰俏立，湖幽水静，风光迷人。其中，五岳湖风景区以其碧波荡漾、湖光山色著称，是游客休闲度假的理想之地。泼河水库位于山间，水面平静如镜，倒映着四周的山峦和树木，宛如一幅动人的山水画。库区周边植被茂密，空气清新，是远离城市喧嚣、亲近自然的好去处。光山县作为国家重点生态功能区、全国"绿水青山就是金山银山"实践创新基地、中国天然氧吧、中国气候宜居县

---

① 《全国 80 家旅行社商走进光山 助力乡村文旅发展》，腾讯网，2024 年 1 月 16 日，https://new.qq.com/rain/a/20240116A06DWB00。

② 《全国 80 家旅行社商走进光山 助力乡村文旅发展》，腾讯网，2024 年 1 月 16 日，https://new.qq.com/rain/a/20240116A06DWB00。

③ 《2023 年度河南省经济体制改革十大案例公布，光山经验入选》，光山县人民政府网站，2024 年 4 月 18 日，https://www.guangshan.gov.cn/e/wap/show.php? id=86986&classid=79。

等，水资源总量达8.6亿立方米，林木覆盖率达45.9%，空气质量优良天数连续多年位居全省前列，"光山蓝"享誉中原。① 大苏山国家森林公园内山峦起伏，林木葱郁，溪流潺潺，空气清新，是避暑纳凉、观光游览的绝佳场所。此外，光山县还拥有多处独具特色的风景区，如杏山—独山风景区、赛山风景区、牢山风景区等。这些风景区各具特色，有的以山势险峻著称，有的以湖光山色闻名，有的则以丰富的动植物资源吸引游客。游客在这些风景区中不仅可以欣赏到美丽的自然风光，还可以进行徒步、攀岩、露营等多种户外活动，享受身心的放松与愉悦。

（二）历史文化资源

光山县不仅自然景观优美，历史文化资源也极为丰富。光山县曾用四句话向世人介绍自己。第一句话是司马光在这砸过缸。光山县是司马光的出生地，司马光砸缸故事的发生地，有文字可考的历史有4000多年。第二句话是鉴真和尚在这烧过香。境内的净居寺是佛教天台宗的始祖庭，东渡日本的"唐大和尚"鉴真曾在此修行悟道。第三句话是红军在这打过枪。红二十五军在这里召开"花山寨会议"，决定开始长征；"千里跃进大别山"时，刘邓大军在这里召开著名的"王大湾会议"。第四句话是这里是邓大姐的故乡。邓颖超祖居纪念馆的两棵"西府海棠"，见证了周总理和邓大姐的革命爱情。

光山县作为司马光砸缸故事的发源地，积极致力于该历史文化的传承与弘扬。妥善保护与利用司马光故居等文化遗址，通过修缮与展示，使其成为连接过去与现在的桥梁，让游客能够亲身体验光山县厚重的历史。定期举办与司马光相关的文化节、展览等丰富多彩的文化活动，不仅重现了司马光砸缸的经典场景，还融入了互动体验项目，让公众在参与中感受传统文化的魅力。

作为大别山革命老区和中国共产党重要的建党基地之一，光山县是中国

---

① 《光山县情》，光山县人民政府网站，2024年7月30日，https：//www.guangshan.gov.cn/zhgs/gsgk/。

共产党在大别山地区的重要活动区域之一，留下了丰富的红色文化资源，见证了中华民族的奋斗历程和光辉历史。这些资源包括革命旧址、纪念馆、纪念碑等，如王大湾会议会址、徐畈革命旧址群、白雀园革命旧址群等，见证了中国共产党领导人民进行革命斗争的英勇事迹和光辉历程。另外，还有花山寨会议旧址、殷区起义纪念地、五虎岔羊战斗纪念馆等众多红色文化资源，共同构成了光山县丰富的红色旅游体系。"大别山党课别样红"主题党课生动鲜活，广受好评。

此外，光山县境内保存有大量历史古迹和文化遗产。这些历史古迹和文化遗产不仅见证了光山县的历史变迁和文化发展，也为今天的文化旅游产业发展提供了宝贵的资源。以古村落为例，光山县的"紫水古村"依山傍水，布局错落有致，保存了大量明清时期的古建筑。走在青石板铺就的小巷中，两旁是斑驳的墙壁和精美的木雕窗棂，仿佛能听见历史的回音在耳边轻轻响起。每到春节或中秋等传统佳节，村民们还会举办盛大的庙会，舞龙舞狮、唱大戏、放烟火，热闹非凡，让人深刻感受到古村落的生机与活力。在古建筑群方面，光山县的"文殊寺"无疑是一座璀璨的瑰宝。这座寺庙始建于唐代，历经千年风雨仍巍然屹立。寺内古木参天，香烟缭绕，大雄宝殿、天王殿等建筑雄伟壮观，佛像雕塑栩栩如生，展现出古代工匠的卓越技艺和虔诚的宗教信仰。此外，寺内还珍藏有大量佛经、古籍和文物，是研究佛教文化和历史的重要资料。非物质文化遗产方面，光山县是豫南地区戏曲艺术的发源地之一，地方戏曲种类繁多，其中以光山花鼓戏最为著名。光山花鼓戏以其独特的唱腔、生动的表演和贴近生活的题材，深受当地人民喜爱。每年春节期间，各乡镇都会组织花鼓戏演出，该演出成为当地重要的文化活动之一。

二 光山县深耕文旅融合的策略与实施情况

（一）顶层设计与项目引领

一是加强顶层设计。光山县政府深刻认识到文旅融合对推动县域经济转型升级、提升县域知名度与美誉度的重要作用，通过加强顶层设计，明确文旅融合的发展方向和目标，确保各项政策和措施的一致性与协调性。2024年，光山县围绕"文旅文创让生活更美好"的发展理念，坚持"龙头引领、多核带动、场景突破、创新发展"的总体思路，按照出彩出圈的工作目标，全力打造"1+2+6+44"文旅发展体系，即一个门户——光山城市会客厅，"一纵一横"两条精品旅游发展轴，打造6类新场景丰富文旅新业态，以及明确2024年要着力完成的44项具体任务，实现全县文旅融合高质量发展。

二是实施项目引领。光山县在推动文旅融合的过程中，采取项目引领的核心策略，通过精心策划与实施一系列重点文旅项目，为县域文旅产业注入强劲动力。司马光油茶园作为光山县文旅融合的标志性项目之一，不仅展现了光山县悠久的茶文化历史，还通过现代农业与旅游业的深度融合，打造了一个集观光、采摘、体验、教育于一体的综合性茶文化体验园。游客在这里不仅可以目睹油茶的种植与加工过程，还能亲手参与制茶活动，品尝到地道的茶油与茶叶，深刻感受茶文化的魅力。东岳民俗文化村则是光山县挖掘与传承本土民俗文化的重要载体。该项目通过复原与展示传统民居、民俗活动、手工艺品等，为游客营造了一个充满乡土气息和民俗风情的旅游环境。在这里，游客可以近距离接触并了解光山县的民俗文化，参与各种民俗活动，感受传统文化的独特魅力，增强文化自信。南王岗乡村会客厅则是光山县打造乡村旅游新名片的一个亮点项目。该项目以乡村自然风光和人文景观为依托，结合现代设计理念和服务理念，打造了一个集休闲、度假、会议、交流于一体的综合性乡村旅游服务平台。南王岗乡村会客厅不仅为游客提供了高品质的住宿和餐饮服务，还通过举办各类乡村文化活动、农业体验活动等，让游客在享受乡村美景的同时，深入了解乡村文化和农业知识，感受乡村生活的宁静与美好。通过重点项目的引领和带动，光山县的文旅产业正逐步向高端化、特色化、品牌化方向发展，推动文旅产业集聚发展。

（二）文旅产品体系构建

在文旅产品体系构建的深度探索中，光山县以其前瞻性的视野和创新的思维，通过多维度的融合创新，助推乡村旅游业提质升级。

一是"交通+旅游"融合织就便捷旅游交通网络。光山县通过打造"快进慢游"的交通体系，实现交通与旅游的深度融合。2023年，光山县创建国家级全域旅游示范区基础设施建设项目、国省干线公路改造提质项目、官渡河水乐汇交旅项目、红二十五军长征线路道路交旅融合项目等17个市重点项目实际完成年度投资117.93亿元。① 光山县不仅建设了高质量的公路网络，将区域内文旅资源有效串联，还注重交通节点的旅游服务功能提升，为游客提供便捷的出行体验。目前，全县已建成大别山1号旅游公路、潢河沿河公路、初心路、各条茶园绿道、河湖道路等，连接起光山县域内12个AAA级及以上景区和3个国家级水利风景区，以及200多个重要的旅游纪念地、传统村落、休闲农业和乡村旅游景点等。② 光山县通过构建完善的交通网络体系，实现景区之间的无缝衔接，游客同样可轻松实现"一站式"游览体验。这种融合不仅促进了游客的流动，也带动了沿线地区的经济发展，形成交通与旅游相互促进的良性循环。

二是"风物+旅游"融合引领乡村旅游新风尚。光山县通过深入挖掘和整合地方特色资源与文化意象，实现农业、文化与旅游产业的深度融合，促进农业增效、农民增收和农村繁荣。依托其丰富的农产品如"光山十宝"，以及独特的地理环境如大别山浅山丘陵，光山县不仅成功打造了以红薯粉条、砖桥月饼、糍粑等为代表的地方风物品牌，还通过油茶和茶叶等特色农产品，延伸休闲农业与乡村旅游产业链。在油茶产业上，光山县不仅注重油茶产品的经济效益，更将油茶基地发展成为集油茶种植、农耕文化体验、旅游休闲于一体的综合性园区，推出茶溪谷、白兰茶舍等高品质民宿，实现"卖好油"与"卖好游"的双赢。在茶叶领域，光山县凭借其悠久的种茶历史和优越的自然条件，培育了"赛山玉莲""寒茗"等名茶品牌，并建设了

---

① 《"多维融合"促发展——光山县发展乡村旅游的实践经验》，"人民网"百家号，2024年4月18日，https：//baijiahao.baidu.com/s？id=1796642805180094728&wfr=spider&for=pc。

② 《"多维融合"促发展——光山县发展乡村旅游的实践经验》，"人民网"百家号，2024年4月18日，https：//baijiahao.baidu.com/s？id=1796642805180094728&wfr=spider&for=pc。

茶叶研学基地，结合儿童研学旅游，让游客在体验采茶制茶的过程中感受中华茶文化的魅力。同时，光山县还巧妙地将禅文化与茶文化、陶瓷文化相结合，打造了"禅+茶+瓷"主题民宿"净居茶隐"，为游客提供极具地域特色的多元化旅游体验。

三是"文化+旅游"融合实现文化的活态传承与创新发展。光山县深入挖掘和传承地方特色文化，将传统文化元素融入旅游产品开发之中，通过修缮历史遗迹、建设文化博物馆、举办文化节庆活动等方式，展现光山县悠久的历史和独特的文化魅力，也为游客提供深度参与、体验当地文化的机会。作为历史名人司马光的故里，光山县通过精心策划与修缮，将司马光故居打造成为集历史展示、文化体验、学术交流于一体的综合性文化旅游区。故居内定期上演司马光砸缸的情景剧，通过戏剧的形式再现司马光童年时的著名故事。在2023年首届乡村儿童艺术嘉年华期间，为将儿童艺术与本地文化进行更好地结合与传播，中国儿童艺术剧院携"新时代种子计划"，以光山当地发生的革命故事和历史故事为创作原型，为光山县的孩子创作《少年司马光》和《灯火》两部作品，丰富了游客的文化体验。同时，光山县注重非物质文化遗产的保护与传承，成功打造"非遗+乡村旅游"融合发展模式。如文殊乡东岳村以国家级非遗花鼓戏等为核心，巧妙地将这些文化资源融入乡村旅游，打造了一系列具有地方特色的文化景点和民俗活动。通过组团营业演出、特色表演搬进景区等方式，东岳村不仅吸引了大量游客，还实现了非遗项目的活态传承，让非遗回归大众视野。此外东岳村还充分利用非遗"先天资源"，精心规划以东岳民俗文化村为主的东岳非遗产业带，发挥非遗集聚效应，吸引传统手工艺非遗工匠入驻民俗文化村非遗工坊，通过组织一系列丰富多彩的非遗展演展示、热闹非凡的非遗购物节等活动，真正实现经济效益与文化效益双赢。

四是"研学+旅游"融合创造出寓教于乐的新体验。光山县拥有丰富的红色文化资源和自然风光，是开展研学旅行活动的理想之地。该县以全域红色研学为总抓手，通过设计科学合理的研学课程，将红色教育、自然科学、历史文化等内容融入旅游活动中，让学生在游览过程中学习知识、增长见识。如在"红色光山·闪耀信仰"研学体系建设过程中，以红二十五军长征决策地"花山寨会议"旧址为阵地，打造红色故事馆，以最新潮的方式，进行穿越时空的"红色对话"，成为在文化和旅游部备案的第一个红色剧本杀。这种剧本杀形式以其高度的参与性、互动性和教育性，吸引了大量年轻游客的关注和参与，参与者在角色扮演和剧情推理中，感受红色文化的魅力，激发爱国情怀和民族自豪感。利用五岳水库丰富的生态资源，建立生态研学基地。组织学生开展水质监测、生物多样性调查、环保知识讲座等实践活动，让学生在亲近自然的同时，学习生物多样性保护、环境可持续发展等重要知识，增强他们的环保意识和社会责任感。

五是"创意+旅游"融合激发县域发展新活力。光山县以文产特派员制度为核心驱动力，有效促进文化资源与旅游资源的深度融合。在这一框架下，创意被广泛应用于乡村文旅的各个方面，从具体的创意设计、产品和服务，到 IP 的精心打造，都显著提升了乡村旅游的附加值和吸引力。例如，挂面不叫挂面，叫作"有盐在先"；茶叶不叫茶叶，叫作"陈的心肝"。好的创意设计，从包装、分量，到文化内涵，赋予传统食品新的生命，让传统农副产品实现迭代升级，成为消费新时尚。同时，光山县高度重视文化创意和艺术在乡村旅游业中的作用，从"物质文明和精神文明相协调"的高度出发，以创意思维引领乡村旅游的全方位发展。2023 年 7 月，光山县与中国儿童艺术剧院共同举办"首届乡村儿童艺术嘉年华"，以"在艺术的田野上一起奔跑"为主题，打造 7 大板块、18 个场景，以儿童视角讲述光山故事、体验乡村生活。2024 年 7 月 5~28 日，光山县成功举办"第二届乡村儿童艺术嘉年华"，汇集戏剧演出、文艺晚会、艺术展览、体育比赛等一系列体验感强、参与性高的特色文旅活动，为当地带来丰富的亲子文旅业态和儿童友好旅游要素。数字游民基地联手中国儿童电影制片厂打造"中国光山儿童电影周"，用电影艺术激活乡村文旅产业。这些创意旅游点位的广泛布局与紧密联动，形成多点开花、全面覆盖的态势，构建了一个充满生机与活力的文化创意型乡村旅游业模式，实现文化创意对乡村旅游的整体赋能。

（三）旅游服务品质提升

一是加强旅游基础设施建设。光山县深知，完善的旅游基础设施是吸引游客、提升旅游体验的关键。因此，该县坚持经济工作项目化、项目工作责任化，掀起文旅项目谋划推进新热潮，提升旅游的可达性和便利性。2023年，光山县共有20个省、市重点项目，其中县域商业体系建设项目、孙铁铺陈大湾村朱楼文旅综合建设项目、光山县文产特派员助力乡村振兴示范项目3个省重点项目累计完成投资37.02亿元；创建国家级全域旅游示范区基础设施建设项目、国省干线公路改造提质项目、官渡河水乐汇交旅项目、红二十五军长征线路道路交旅融合项目等17个市重点项目，实际完成年度投资117.93亿元。①

首先，大力推进交通网络建设，特别是交旅融合公路系统的构建，如大别山1号旅游公路、乡村茶园绿道的建设，不仅串联起县域内的主要景区和乡村旅游点，还实现"交通+旅游"的无缝衔接，让游客轻松实现"快进慢游"。同时，光山县还加强景区内的道路、停车场、游客中心、厕所等基础设施建设，提升游客的游览体验。另外，对通村公路进行升级改造，确保道路干净整洁，为自驾游、骑行游等提供了良好的条件。

其次，在住宿方面，光山县实施大别山百家主题民宿示范工程，建成钟鼓楼亲子乐园、南王岗乡村会客厅等16处民宿并投入使用，佰城乡创民宿、成皿居特色民宿、九九林场露营基地等项目都已落地动工。② 民宿工程不仅丰富了游客的住宿选择，还融入当地文化元素，让游客在住宿的同时也能感受到浓厚的乡村文化氛围。此外，县域商业体系的建设也为游客提供了更加便捷的购物体验，满足了游客多样化的消费需求。

---

① 《光山：交旅融合唱弦歌》，河南省文化和旅游厅网站，2024年1月15日，https://hct.henan.gov.cn/2024/01-15/2885500.html。

② 《乘势出重彩　文旅起高峰——信阳光山全力推动文旅融合高质量发展》，"河南省文化旅游手机报"百家号，2023年3月9日，https://baijiahao.baidu.com/s?id=1759871182757852774&wfr=spider&for=pc。

二是优化旅游环境。光山县注重自然风貌与人文景观的和谐共生，通过科学规划和精心打造，将东岳村等乡村打造成集休闲、观光、体验于一体的乡村旅游目的地。青砖黛瓦、马头墙等传统建筑元素与现代设计相融合，既保留了乡村的原始风貌，又赋予了乡村新的生命力。同时，创意花墙、儿童乐园等公共设施的建设，不仅美化了乡村环境，也为游客提供了更多互动和娱乐的空间。在环境保护方面，光山县坚持绿色发展理念，加强对旅游区域生态环境的保护和治理，确保游客在享受美景的同时，也能拥有清新的空气和宜人的环境。

三是提高旅游服务水平。优质的旅游服务是提升游客满意度、增强旅游吸引力的关键要素。光山县一方面，加强对旅游从业人员的培训和管理，提高他们的专业素养和服务意识；另一方面，注重旅游市场的规范和管理，加大对旅游市场的监管力度，打击不正当竞争和违法违规行为，维护良好的旅游市场秩序。

（四）文化体验与互动创新

为增强游客的文化参与感和体验感，光山县采取了一系列具体而富有创意的措施，让每一位踏入这片土地的旅人都能深刻感受到文化的魅力与温度。

一是精心打造沉浸式文化体验场景。光山县精心打造了一系列沉浸式文化体验场景，如复原古代街市、传统手工艺作坊、民俗表演舞台等，让游客仿佛穿越时空，亲身体验古代生活的点点滴滴。在光山县的古城复原区，定期举办"穿越古今"主题活动，利用现代科技手段，如虚拟现实（VR）、增强现实（AR）技术，将历史故事、民间传说以更加直观、互动的方式呈现，使文化体验更加生动、有趣。游客不仅可以观看，还能亲手触摸、操作，甚至参与故事情节，极大地拓展了文化参与的深度和广度。

二是推出一系列研学旅行项目。光山县结合丰富的历史文化遗产和自然资源，针对不同年龄段的学生群体设计定制化课程，从历史文化感受、自然生态探索到非物质文化遗产学习，让学生在游玩中学习，在学习中成长。光山县通过实地考察、专家讲座、互动体验等形式，激发学生对传统文化的兴

趣与热爱，培养他们成为文化传承的使者。如 2024 年光山县在暑期推出"行走的课堂"等研学旅游项目，吸引了众多研学团队参与。例如，罗山县爱画美术教育中心的研学团参与司马光故居、南王岗乡村会客厅等地点的研学活动，体验植物扎染、观看儿童剧等。

三是体验非物质文化遗产代表性项目。光山县的非物质文化遗产种类繁多，其中最具代表性的当属光山花鼓戏和光山剪纸。为推广这些非遗项目，光山县在多个景点设立了非遗体验区。在光山花鼓戏传承中心，游客不仅可以欣赏到原汁原味的花鼓戏表演，还能在演员的指导下，尝试穿上戏服，学习简单的戏曲动作和唱腔。而在剪纸工作室，游客可以跟随剪纸大师学习剪纸技巧，从简单的窗花到复杂的图案，每一步都充满了成就感。这些体验活动不仅让游客亲手触摸到了传统文化的脉搏，也促进了非遗项目的活态传承与发展。

四是鼓励文化创作与传播。光山县还积极搭建文化创作与传播平台，鼓励游客成为文化的记录者与传播者。游客可以通过摄影、绘画、写作等方式，记录并分享自己在光山县的所见所感，创作出具有个人风格的文化作品。每年一度的"光山文化旅游摄影大赛"吸引了众多摄影爱好者前来参赛，他们用镜头捕捉光山的美丽瞬间，记录下自己的文化之旅。同时，利用社交媒体、网络平台等现代传播手段，将这些作品广泛传播出去，让更多人了解光山、爱上光山。这种"人人都是文化传播者"的理念，极大地促进了文化的交流与互动，扩大了光山县的文化影响力。

（五）文旅人才引进与培养

一是实施"文化产业特派员"制度。2022 年 3 月，文化和旅游部等部门联合发布《关于推动文化产业赋能乡村振兴的意见》，鼓励各地结合实际，探索实施"文化产业特派员"制度。河南省文化和旅游厅携手清华大学文化创意发展研究院，进行体系赋能和重点帮扶，光山县成功入选试点县之一。作为制度首倡县，光山县主动作为、大胆探索，在全国范围内引入一批运营经验丰富的团队，研究制定《光山县"文产特派员"管理办法》等一系列文件，从资源投入、关爱帮扶、宣传引导等多方面为"文化产业特派员"提供全方位的制度约束和政策保障。2022年，"文产特派员之家""乡创赋能中心光山基地"在光山挂牌，省乡村赋能中心先后引荐8批27个项目团队到光山县考察调研、洽谈合作。其中，杭州余粮乡创、洛阳卡卡、景德镇成皿居等10个文产特派员项目已在光山落地生根。[①]"文化产业特派员"熟悉乡村、热爱乡村，他们通过深入调研、科学规划、项目策划与实施、资源整合与对接、文化传承与创新，以及促进产业发展与社区共建，为乡村发展提供专业策划和建设支持。

二是加强对乡村本土人才的培育和支持。在吸引外来团队的同时，光山县深刻认识到本土人才资源的重要性。因此，"文化产业特派员"制度在实施过程中特别注重本地化培养，力求实现"输血"与"造血"的有机结合。余粮乡创团队、盛巧荣团队等作为项目的先锋军，不仅带来了外部的优秀经验和资源，更将培养本地人才作为自己的重要使命。他们通过举办培训班、现场指导、案例分析等多种形式，耐心地向当地群众传授管理方法和运营技巧，帮助他们逐步掌握文化产业发展的核心要素。这种"传帮带"的模式不仅提升了本地人才的专业技能和服务水平，更激发了他们参与乡村建设的热情和信心。当合作期限届满，特派员们完成使命离开光山时，所有项目都能顺利交接给当地的优秀人才。这些经过精心培养的本土人才，凭借自己对乡土文化的深刻理解和扎实的专业技能，成功挑起大梁，实现从"输血"到"造血"的转变，彻底扭转了乡村"空心化"的局面。

三 光山县文旅融合助力乡村振兴的成效

近年来，光山县凭借其在文旅融合领域的深入探索与创新实践，实现当地经济效益和社会效益的"双丰收"，促进乡村面貌焕然一新。

[①] 《发挥资源优势 打造乡创品牌 光山县上榜首批全国文化产业赋能乡村振兴试点名单》，信阳市文化广电和旅游局网站，2023年11月3日，http：//whgdlyj. xinyang. gov. cn/index. php？m＝content&c＝index&a＝show&catid＝19&id＝2738。

（一）经济效益明显增长

一是旅游收入增长。近年来，随着全域旅游战略的深入实施，光山县成功打造了多个知名旅游景区，如钟鼓楼亲子乐园、司马光油茶园、东岳民俗文化村等，这些景区不仅吸引了大量游客前来观光游览，还带动了周边餐饮、住宿、购物等相关产业的发展，形成了良好的旅游产业链。此外，光山县还积极举办各类文旅活动，如乡村儿童艺术嘉年华、茶文化节、油菜花海节等，这些活动以其独特的魅力和丰富的体验吸引了众多国内外游客。随着游客数量激增，光山县的旅游收入实现跨越式增长。据统计，2023年春节假期光山县共接待游客33.2万人次，同比增长38.0%，实现旅游收入10800万元，同比增长52.0%；[①] 2023年"五一"假期，光山县共接待游客21.54万人次，实现旅游收入6224.92万元；[②] 2023年暑期，光山县接待游客21.63万人次，同比增长134.9%，旅游总收入达1.86亿元，同比增长323.1%；[③] 2023年中秋国庆假期，光山县共接待游客55.7万人次，同比增长11.4%，实现旅游收入2.01亿元，同比增长17.3%。[④] 旅游业成为推动县域经济发展的重要力量。

二是农民收入提升。文旅融合发展带动农民"钱袋子"鼓起来了。一方面，随着旅游业的兴起，当地农民通过参与旅游服务、经营农家乐、销售农产品等方式获得稳定收入。另一方面，文旅融合还促进当地农业和乡村旅游融合发展，使农民能够依托旅游资源发展特色农业和乡村旅游产业，进一

① 《33.2万人次！光山县春节文旅市场年味浓、人气旺！》，"光山微视"微信公众号，2023年1月18日，https：//mp.weixin.qq.com/s? _ _ biz = MzI0MTY2MTkyOQ = = &mid = 2247579061&idx = 1&sn = e560051b78ed500cef90da751a094388&chksm = e90bd733de7c5e25beb579fdaf00d92a00f54fe3943b4a9c9b9cacf7d029b2014b5ab2620c49&scene = 27。
② 《21.54万人次！"五一"假期信阳市光山县文旅市场持续火热》，国际在线，2023年5月4日，https：//hn.cri.cn/2023-05-04/576584c5-edf1-eff2-56c6-a61c881a3d61.html。
③ 《实施文化产业特派员制度，写好文化赋能乡村振兴答卷》，光山县人民政府网站，2024年4月22日，https：//www.guangshan.gov.cn/news/mtgs/2024-04-22/87021.html。
④ 《"双节"期间，光山县"乡村游"火爆出圈》，河南省文化和旅游厅网站，2023年10月7日，https：//hct.henan.gov.cn/2023/10-07/2825931.html。

步拓宽增收渠道。文旅产业的发展，激活了资源，拉动了消费，促进了村集体经济发展、群众增收。如东岳村盘活各类资产 3780 万元，村集体收入从 2018 年的不足 5 万元增长到 2023 年的 120 万元。

三是投资吸引力增强。光山县文旅项目的成功实施，吸引了越来越多投资者的关注。无论是民间资本还是政府投资，都纷纷将目光投向这片充满希望的土地。民间资本看到了文旅产业的巨大潜力和广阔前景，纷纷投入资金参与项目开发和运营；政府则通过政策扶持和资金投入，为文旅产业发展提供有力保障。这些投资的汇聚不仅为光山县的文旅产业注入了新的活力，更为乡村振兴提供了强大的资金支持。据了解，自"文化产业特派员"制度实施以来，光山县先后落地 19 个项目，拉动投资 8000 万元。[①]

（二）社会效益显著提升

一是乡村环境得到有效改善。为提升旅游景区的品质和形象，光山县加大对乡村环境的整治力度，通过实施农村人居环境综合整治工程，对乡村道路、垃圾处理、污水处理等基础设施进行全面改造和提升，乡村环境变得更加整洁美观。例如，全面开展垃圾分类试点，实行垃圾"二次四分法"，由"废品买卖型"向"环境服务型"转变。在各个乡镇回收站建立规模化、规范化和公益性的再生资源回收网络，将垃圾变废为宝，推进垃圾减量化、资源化、无害化处理。根据《光山县农村生活污水治理专项规划》的要求，光山县对 16 个乡镇建成区农村生活污水进行系统治理，采用人工湿地等生态处理方式，有效改善了农村卫生条件和人居环境。目前，全县已建成 48 个生态湿地，完成总工程量 90% 以上，项目投资 5 亿元。[②] 近年来，该县共创建美丽小镇 3 个、四美乡村 30 个、五美庭院 300 个、省级农村人居环境

---

① 《"乡村文化+"激活农文旅资源——河南省光山县试点"文化产业特派员"制度带来新气象》，中国网，2024 年 8 月 1 日，http：//f. china. com. cn/2024 – 08/01/content_ 117343 640. shtml。

② 《光山县：农村污水治理助力乡村人居环境整治上台阶》，大象新闻，2022 年 2 月 24 日，https：//www. hntv. tv/hnrxy/article/1/1496758471673864193。

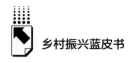
示范村 12 个和达标村 104 个。①

二是就业机会增多。文旅产业的蓬勃发展，为光山县的就业市场注入了新的活力。随着旅游服务、餐饮住宿、纪念品制作等相关行业的兴起，大量就业机会应运而生。当地居民纷纷投身文旅产业，从传统的农业劳动中解放出来，转变为旅游从业者、民宿经营者、手工艺人等。这些新兴职业不仅为当地居民提供了稳定的收入来源，还促进了他们技能的提升和观念的转变。同时，文旅产业的发展带动了周边地区的就业，形成良好的"联动效应"。据统计，2021年，光山县城镇新增就业 12178 人，新增返乡创业人员 2642 人；② 2022 年，城镇新增就业 8000 人以上，新增农村劳动力转移就业 4500 人以上；③ 2023年，城镇新增就业 0.7 万人，新增农村劳动力转移就业 1.0 万人。④

三是社会文明和谐程度得到提升。一方面，为提升旅游服务质量，当地政府和社区积极开展各类文化培训和礼仪教育，提升居民的文化素养和服务技能。另一方面，游客的文明行为也为当地居民树立了良好的榜样，激发了他们追求更高文明标准的热情。随着居民文化素养和文明程度的提升，光山县的社会风气日益改善，形成了崇德向善、和谐共处的良好氛围。经济上的繁荣也为社会公益事业提供了更多资金支持，促进了教育、医疗、养老等社会事业均衡发展，进一步巩固了社会和谐的基础。2023 年，全县医疗保险、社会保险参保率稳定在 96% 以上，县域义务教育、医疗卫生、公共服务均衡化发展基础进一步夯实，推动基层网格化治理，全县共配备网格长 1849 名、网格员 5830 名，构建起"基层吹哨、部门报到"的基层治理体系。⑤

① 《光山县　改善人居环境　建设美丽家园》，河南省农业农村厅网站，2021 年 12 月 31 日，https：//nynct. henan. gov. cn/2021/12-31/2375206. html。

② 《2022 年光山县人民政府工作报告》，光山县人民政府网站，2022 年 5 月 7 日，https：//xxgk. guangshan. gov. cn/show. php？classid＝1574&id＝46595&bid＝1。

③ 《2023 年光山县人民政府工作报告》，光山县人民政府网站，2023 年 2 月 27 日，https：//xxgk. guangshan. gov. cn/show. php？classid＝1574&id＝48591&bid＝1。

④ 《2024 年光山县人民政府工作报告》，光山县人民政府网站，2024 年 3 月 1 日，https：//xxgk. guangshan. gov. cn/show. php？classid＝1574&id＝51228&bid＝1。

⑤ 《光山县：文化赋能　乡村振兴蹚"新路"》，河南省文化和旅游厅网站，2023 年 8 月 16日，https：//hct. henan. gov. cn/2023/08-16/2797403. html。

四　光山县文旅融合的经验总结

（一）坚持党建引领与高位推动

党建引领是光山县文旅融合成功的根本保证。在这一过程中，光山县委、县政府充分发挥党的领导核心作用，将文旅融合上升至全县战略的高度，通过成立由主要领导亲自挂帅的文旅融合发展领导小组，制定了一系列科学的发展规划和政策措施，如出台《光山县"引客入光"旅游奖励补贴办法（试行）》《光山县非遗匠人入驻景区扶持奖补办法（试行）》《光山县招商引资奖励暂行办法》《光山县旅游突发事件应急预案》等文件，为文旅融合提供坚实的组织保障和政策支持。这种高位推动的模式，不仅确保政策制定的科学性与前瞻性，更在资源整合、项目落地等方面发挥了关键作用，实现决策的高效与执行的有力。光山县通过构建上下联动、部门协同的工作机制，有效打破了条块分割，形成推动文旅融合的强大合力。这一经验启示我们，在推动文旅融合等复杂系统工程时，必须始终坚持党的领导，强化顶层设计，确保各项政策措施能够精准对接发展需求，形成强大推动力。

（二）注重精准定位与特色打造

光山县在文旅融合中，精准把握自身资源禀赋，深入挖掘并充分利用自然风光、红色文化、民俗风情等独特资源，打造了一系列具有鲜明地方特色的文旅产品，如以司马光油茶园为代表的茶旅融合项目，以南王岗乡村会客厅、钟鼓楼亲子乐园等为代表的农旅融合项目，以龙山湖国家湿地公园为代表的生态旅游项目以及以"光山十宝"系列旅游商品为代表的商旅融合项目等，[①] 这种精准定位与特色打造的策略，不仅提升了旅游产品的附加值，

---

① 《信阳市光山县：打好乡村旅游牌　为高质量发展注入新活力》，国际在线，2023年6月25日，https：//hn. cri. cn/2023-06-25/92be5487-9d02-a1f5-5037-5213e26d43ed. html。

更增强了游客的参与感和体验感。同时，依托司马光文化园、东岳民俗文化村等文化地标，光山县精心策划了多条文化旅游线路，让游客在游览中深刻感受传统文化的魅力。结合当地特色农业资源，推出的茶文化体验游、果蔬采摘游等乡村旅游产品，更是满足了游客追求自然、体验生活的需求。光山县的这一经验启示我们，在文旅融合的过程中，必须深入挖掘地方特色资源，注重差异化发展，打造具有独特吸引力的文旅产品，以此吸引游客、留住游客。

（三）强化人才支撑与创新驱动

光山县的"文化产业特派员"制度是一项旨在推动文化赋能乡村振兴的重要措施。为全方位强化"文化产业特派员"项目的组织协调与高效执行，光山县坚持县委书记、县长"双挂帅"制度，成立"文化产业特派员"项目指挥部，县委、县政府、县人大、县政协"四大家"领导齐上阵，共同谋划，推动项目加快实施。先后召开47次规划汇报会、工作推进会、项目座谈会等会议，全力推进"文化产业特派员"项目。在工作机制方面，明确形成"一名县处级领导+一个省乡创赋能中心工作人员+一个县直单位负责+一个服务专班+一个平台公司"的工作机制，并及时完善《光山县文产特派员对接情况表》，保持动态更新。[①] 在具体实践中，"文化产业特派员"通过借助创意和文化的力量，提升农产品附加值，为乡村旅游增添魅力，为乡村文化传承注入新动力。例如，盛巧荣作为光山县的第一批"文化产业特派员"，成功运营"净居茶隐"艺术主题民宿，不仅挖掘了当地的茶文化，还开发了相关的文创产品。"文化产业特派员"制度的实施，不仅为光山县的乡村振兴注入新的活力，也吸引了更多优秀人才和团队来到光山县，共同推动乡村文化与产业协同发展。光山县的这一经验启示我们，在文旅融合过程中，必须高度重视人才队伍建设与创新驱动发展战略的实施，以人才引领创新、以创新驱动发展。

---

① 《光山县：引进用好"文产特派员"制度　推动文化赋能乡村振兴》，信阳文明网，2023年3月27日，http://hnxy.wenming.cn/wenmingchengshi/202303/t20230327_8021486.shtml。

（四）提升服务品质与游客体验

服务品质是文旅融合发展的核心竞争力所在。光山县在优化服务品质与提升游客体验方面下足了功夫。通过加强从业人员培训、提升专业素养和服务意识等措施，光山县确保游客在旅游过程中能够享受到温馨、专业的服务。同时，不断完善旅游基础设施、优化游览路线等举措为游客提供了便捷舒适的旅游环境。此外，光山县还特别注重细节关怀，如提供个性化服务、设置无障碍设施等，让游客在欣赏美景的同时，也能享受到贴心与便捷的服务。这种以游客为中心的服务理念不仅提升了游客的满意度和忠诚度，更为光山县文旅融合发展赢得了良好的口碑和声誉。光山县的这一经验告诉我们，在文旅融合过程中必须始终坚持以游客为中心的发展理念，不断提升服务品质与游客体验感，以此增强旅游目的地的吸引力和竞争力。

（五）推动多元参与与共建共享

文旅融合是一项系统工程，需要政府、企业、社会组织和居民等多方力量的共同参与和共同努力。光山县在推动文旅融合过程中注重构建多元参与和共建共享的发展格局。通过搭建政府、企业、社会组织和居民共同参与的平台和机制，光山县实现了各方力量的有效整合与协同作战。政府通过制定规划和政策引导、提供公共服务等方式发挥了主导作用；企业通过投资建设和运营管理等方式发挥了市场主体作用；社会组织和居民通过参与文化活动、提供志愿服务等方式发挥了积极作用。截至 2023 年 6 月，当地从事乡村旅游业的民营企业有 10 余家，建成一批以民宿客栈、农事体验、民俗文化为主要特色的乡村旅游新业态，产业范围辐射 12 个乡镇 26 个村庄。① 这种多元参与和共建共享的模式不仅促进了文旅产业的快速发展和转型升级，更增强了社会凝聚力和向心力。光山县的这一经验启示我们，在推动文旅融

---

① 《信阳市光山县：打好乡村旅游牌　为高质量发展注入新活力》，国际在线，2023 年 6 月 25 日，https：//hn.cri.cn/2023-06-25/92be5487-9d02-a1f5-5037-5213e26d43ed.html。

合过程中必须注重构建多元参与和共建共享的发展机制，充分调动各方积极性与创造性，形成推动文旅融合发展的强大合力。

五　光山县文旅融合面临的困难和挑战

尽管光山县在文旅融合发展的道路上取得了显著成绩，但仍面临一些困难与挑战，如建设资金不足、专业人才短缺、旅游供给结构不合理、同质化竞争激烈、文化保护与旅游开发存在矛盾、营销规划缺乏、宣传力度不够等问题。这些问题不仅制约了其文旅产业的快速成长，也对其可持续发展构成了严峻考验。

（一）建设资金不足

一方面，政府财政投入有限。光山县的乡村景区景点普遍面临设施陈旧、档次偏低的困境，这直接限制了旅游体验质量的提升。为提升景区品质，亟须进行路网优化、增设旅游标识以及基础设施的全面改造升级，然而，这些关键举措均需要庞大的资金支持。受限于当前的财政状况，光山县难以独立承担如此巨额的投资，这导致旅游基础设施和配套设施的建设步伐缓慢。另一方面，在经济下行压力和市场竞争加剧的背景下，社会资本进入文旅领域的意愿不强，投资者对项目的风险评估更加审慎。

（二）专业人才短缺

文旅产业的发展离不开高素质、专业化的人才支撑。这些人才不仅需要具备扎实的文化旅游理论知识，还需要拥有敏锐的市场洞察力、创新思维能力和高效的项目管理能力。然而，光山县在吸引和培育这类专业人才方面存在明显短板，一方面，县域内教育资源有限，难以自主培养符合行业需求的复合型人才；另一方面，受限于地理位置、经济发展水平等因素，光山县难以吸引外部优秀人才入驻。这种人才短缺的现状，不仅限制了文旅产品的创新设计与市场推广，也影响了文旅企业的运营管理水平和市场竞争力的提升，进而阻碍光山县文旅产业向更高层次、更广领域迈进。

（三）旅游供给结构不合理

在面对旅游业快速转型和消费升级的背景下，游客的旅行需求已从简单的观光游览转向追求深度体验、文化浸润和个性化服务。光山县以传统旅游景区和乡村民宿为主导的供给模式显得尤为单一。尽管这些传统旅游资源为光山县带来了一定的知名度和客流量，但面对游客日益增长的多元化、体验化需求，其布局显然已不足以支撑旅游业的持续健康发展。为破解这一难题，光山县亟须在新业态、新场景、新空间上做好布局，以丰富和完善旅游供给结构。

（四）同质化竞争激烈

在文旅产业蓬勃发展的过程中，光山县不可避免地遭遇了与周边县域市场同质化竞争的挑战。市场上涌现的大量相似文旅产品和服务，不仅削弱了光山县文旅产品对游客的吸引力，还限制了光山县文旅品牌市场辨识度和竞争力的提升。这种同质化现象体现在产品设计、服务内容及市场策略等多个层面，导致游客体验趋同，难以满足其日益增长的个性化需求。此外，同质化竞争还加剧了资源浪费和低效运营，企业间通过价格战等方式争夺市场，损害了行业生态，长此以往，将不利于光山县文旅产业的可持续发展。

（五）文化保护与开发存在矛盾

光山县拥有丰富的历史文化遗产和独特的民俗文化资源，这些是文旅融合发展的重要基础。然而，在文旅融合过程中如何平衡好文化保护与旅游开发的关系是光山县需要面对的重要挑战之一。一方面，过度商业化开发可能破坏文化遗产的原真性和完整性，影响文化传承的连续性和稳定性；另一方面，保护过度可能限制文旅产业的创新发展和社会经济效益的提升。如何在

保护文化遗产的基础上，合理开发利用其经济价值和社会价值，成为光山县文旅融合发展过程中必须面对和解决的重要课题。

（六）营销规划缺乏

当前，光山县内大多数景区的市场营销仍处于较为初级的生产导向阶段，即主要关注产品的开发和生产，忽视了市场调研与营销策略的制定。这种"重生产、轻营销"的思维模式，导致景区在营销过程中缺乏明确的目标定位、差异化的竞争策略和有效的市场推广手段。由于缺乏系统的营销规划，景区的营销活动往往显得零散而无序，难以形成持续的品牌效应和市场热度。同时，由于缺乏市场调研，景区在营销投入上往往缺乏针对性和有效性，资金与资源的浪费现象时有发生，投入与产出之间不成比例。更为严重的是，这种缺乏长远规划的营销方式，使得景区的营销工作与景区的长远发展目标脱节，难以实现可持续发展。

（七）宣传力度不够

光山县在景区宣传工作上的不足，导致许多优质的旅游景区未能得到广泛宣传，因此它们在外地游客中的知名度较低。由于缺乏有效的信息传播渠道和宣传策略，景区即便拥有得天独厚的旅游资源，也难以吸引游客的目光。这限制了光山县旅游业潜力的释放，影响游客对光山县旅游资源的了解和体验。

六　光山县文旅融合的对策与建议

（一）加大建设资金投入力度

一是多元化融资。一方面，光山县可以积极争取中央和地方政府的财政支持与政策扶持；另一方面，光山县可以积极探索多元化的融资模式，如政府与社会资本合作模式（PPP），这种合作模式不仅能够缓解政府的财政压力，还能借助社会资本的专业运营能力和管理经验，提升文旅项目的整体效益。通过明确合作双方的权责利关系，建立风险共担、利益共享的机制，吸引更多社会资本投入文旅项目。

二是加大财政投入力度。政府应调整财政支出结构，优先保障文旅基础设施和配套设施的建设需求，确保文旅产业的可持续发展。这意味着在预算安排中，要加大对文旅产业的支持力度，确保资金能够精准投放到最需要的地方。同时，为提高资金使用效率，可通过建立项目库制度，对拟实施的文旅项目进行科学论证和筛选，确保项目符合区域发展规划和市场需求。对入选项目库的重点文旅项目，政府给予优先支持和跟踪管理，确保项目按时保质保量完成。

三是提升项目吸引力。注重加强项目的科学规划和宣传工作。在规划阶段，充分考虑市场需求和游客偏好，创新旅游产品和服务形式，打造具有地方特色的文旅品牌。在项目宣传方面，注重宣传策划和营销推广，通过精美的宣传资料、生动的视频展示等方式展示项目的独特魅力和市场前景。同时，还应加强与媒体、旅游平台等的合作，提升项目知名度和影响力，吸引更多社会资本关注和参与。

（二）强化人才培养与引进

一是培育文旅专业人才。深化与高校、职业学校的合作，通过联合办学、共建实训基地等方式，光山县将教育资源与乡村文旅需求精准对接。高校和职业学校可依托自身专业优势，开设乡村旅游规划、乡村文化传承与创新、乡村民宿经营与管理等特色课程，不仅传授理论知识，更注重实践技能的培养。同时，设置实习实训环节，通过校企合作、校地合作等方式，鼓励学生深入乡村开展实地调研、项目策划等活动，使他们在实践中增长才干，为乡村文旅产业输送新鲜血液。

二是实施人才引进战略。积极引进外部优秀人才和团队，制定优惠政策，如提供创业扶持资金、税收减免、住房保障等，吸引具有丰富经验和创新思维的人才扎根乡村。特别是要引进那些懂市场、会策划、善运营的复合型人才，以及擅长新媒体营销、数字技术应用的新型团队，为乡村文旅产业带来新理念、新技术、新模式，激发产业创新活力。此外，还应积极挖掘并充分发挥乡贤作用，通过建立乡贤数据库、搭建乡贤与家乡发展的桥梁、实施"引贤回归"工程等，形成人才回归、资金回流、技术回乡的良好局面。

三是建立健全激励机制和保障措施。完善人才评价体系，建立以能力和业绩为导向的薪酬制度与晋升机制，让优秀人才获得应有的回报和尊重。同时，加强基础设施建设，改善乡村工作生活环境，为人才提供良好的工作、生活条件。此外，还应加强人文关怀，营造尊重人才、爱护人才的良好氛围，让人才在乡村找到归属感和成就感，共同推动乡村文旅融合事业的繁荣发展。

（三）优化旅游产品供给结构

一是丰富旅游产品，满足游客的多元化需求。紧跟时代步伐，积极开发多元化、体验化、个性化的旅游产品。加强市场调研和需求分析，根据游客需求变化及时调整旅游产品供给结构。通过优化旅游资源配置，提高旅游产品的供给质量和效率，满足游客多样化、个性化的需求。比如可以深入挖掘当地文化内涵，推出文化体验项目，如历史遗迹探访、民俗节庆体验等，让游客在亲身体验中感受文化的魅力；依托得天独厚的生态资源，发展生态休闲游，打造徒步、骑行、露营等户外体验项目，让游客亲近自然；结合红色文化资源，开发红色旅游线路，组织重走革命路、缅怀先烈等活动，传承红色基因。

二是打造特色品牌，提升市场竞争力。依托光山县独特的文化和自然资源，精心打造具有地方特色的文旅品牌。通过整合区域内优质旅游资源，形成统一的品牌形象和宣传口径，提升品牌知名度和美誉度。同时，注重品牌故事的讲述和传播，利用新媒体、短视频等渠道，以生动、有趣的方式展现光山县的独特魅力和文化底蕴，吸引更多游客前来体验。在品牌建设中，还要注重品质保障和服务质量提升，确保游客获得满意的旅游体验，从而形成良好的口碑效应。

三是推动产业升级，引领发展潮流。面对数字化、智能化的时代浪潮，光山县文旅产业必须加快转型升级步伐，积极探索"文旅+"融合发展新模式。鼓励和支持文旅企业加大技术创新和模式创新力度，运用大数据、云计算、人工智能等先进技术，提升旅游服务的智能化水平。通过建设智慧旅游平台、推广电子票务、实现景区无线覆盖等措施，光山县为游客提供更加便捷、高效的旅游服务体验。

（四）提升产品差异化竞争力

一是推动差异化发展。深入开展市场调研，精准把握消费者需求的变化趋势，特别是针对文化旅游、休闲度假等新兴消费热点进行细致分析。在此基础上，确立具有前瞻性和差异化的市场定位，明确自身在区域旅游市场中的独特价值。通过挖掘本土特色文化资源，光山县打造独一无二的旅游产品和体验项目，避免与周边地区陷入无休止的价格战和服务模仿。

二是加强区域合作。面对同质化竞争，光山县应主动加强与周边县域的合作和交流，构建跨区域旅游合作机制。通过共同策划旅游线路、联合举办旅游节庆活动、互推旅游资源等方式，形成资源互补、市场共拓、利益共享的发展格局。此外，加强区域间旅游信息的互联互通，实现旅游资源的共享与优化配置，积极参与区域旅游市场的营销推广活动，提升整体旅游竞争力。

三是提升游客体验。持续优化旅游服务流程，从游客预订、接待、游览到离开的每一个环节都力求做到便捷、高效、贴心。通过加强旅游从业人员的培训和管理，提升他们的专业素养和服务意识，确保游客在旅途中能够享受到高质量的服务。同时，注重旅游基础设施的完善和维护，包括交通、住宿、餐饮、购物等方面，为游客提供安全、舒适、便捷的旅游服务。

（五）加强文化保护与传承

一是科学规划。光山县立足文化资源，深入分析文化遗产的分布情况，明确文化保护与旅游开发的关系，制定科学合理的文旅发展规划。在规划制定过程中，光山县邀请文化、旅游、历史等多领域专家共同参与，确保规划的科学性和前瞻性。同时，规划需明确哪些区域或项目应以保护为主，哪些区域或项目可适度开发，以及如何平衡保护与利用的关系，为后续的文旅开发提供明确的指导。

二是加强监管。政府应建立健全文化遗产保护监管机制，明确文化遗产的保护范围、保护标准和保护措施。设立专门的监管机构或部门，负责文旅项目的审批、监管和评估工作。在审批环节，严格把关，确保项目符合文化保护的要求；在监管环节，加大对文旅项目的巡查力度，及时发现并纠正违规行为；在评估环节，定期对文旅项目进行效果评估，总结经验教训，不断完善监管机制。

三是社区参与。政府应加强与社区的合作，通过举办文化讲座、培训活动等方式，增强居民的文化保护意识，鼓励当地社区和居民参与文化保护与开发工作。设立文化遗产保护基金或奖励机制，激励居民积极参与文化保护活动。此外，还应鼓励居民将文化遗产融入日常生活和旅游服务中，通过社区共建共享的方式实现文化遗产的活化利用。

（六）提升文旅市场营销效能

一是制定精准营销策略。组建专业的市场调研团队，运用大数据分析、问卷调查、游客访谈等多种方式，全面收集并分析游客的需求、偏好及行为特征。基于调研结果，精准定位目标客群，设计符合其需求的旅游产品和服务。同时，结合市场趋势和竞争对手分析，制定差异化的营销策略和推广计划，确保营销活动能够精准触达目标客群，增强其旅游意愿。

二是构建多元化营销体系。充分利用互联网、社交媒体等线上平台，结合传统媒体和线下活动，形成全方位、立体化的营销网络。在线上，可以通过官方网站、旅游 App、社交媒体账号等渠道发布旅游信息，开展线上互动活动，吸引游客的关注和参与。在线下，可以举办旅游文化节、美食节、体育赛事等活动，吸引游客亲身体验光山县的文化魅力和旅游资源。此外，还可以与旅行社、OTA 平台等合作，拓宽营销渠道，提高市场覆盖率。如2024 年 1 月 14~15 日，中国旅行社协会乡村振兴专业委员会和光山县人民政府联合主办中国旅行社协会乡村振兴专业委员会"产业赋能乡村振兴发展论坛"，来自全国各地的 80 家旅行社商走进光山县，通过推介、研讨、实地考察等方式，助力乡村文化与旅游产业快速发展。[①]

三是加强品牌建设和推广。光山县深入挖掘自身独特的文化资源，塑造具有地方特色的品牌形象。通过制作精美的宣传资料、拍摄高质量的宣传片、邀请知名人士代言等方式，提升品牌的知名度和影响力。同时，积极参与国内外旅游展会等，加强与主流媒体、旅游达人等的合作，扩大品牌的传播范围，提升品牌美誉度。

（七）加大宣传力度

一是拓宽宣传渠道。一方面，促进传统媒体与新媒体融合，充分利用电视、广播、报纸等传统媒体进行权威报道和深度宣传，同时紧跟时代步伐，深度融合新媒体，以更加生动、互动的方式展现光山县的风土人情，实现宣传内容的多元化传播。另一方面，构建宣传矩阵，加强与主流媒体、知名旅游平台及热门社交媒体的深度合作，通过联合推广、内容共创等方式，拓宽宣传渠道，有效扩大宣传的覆盖面和影响力。

二是创新宣传方式与内容。采用创意视频、图文故事、直播互动等多样化的宣传方式，以新颖、有趣的形式展现光山县的自然风光、人文景观和特色文化，增强宣传内容的吸引力和传播力。同时，深入挖掘光山县的历史故事、文化特色和民俗风情，通过情感共鸣和故事讲述，拓展宣传内容的深度和广度，进一步增强游客对光山县的认同感。

三是加大宣传工作的投入力度。增加资金投入，确保宣传活动的顺利开展和渠道的广泛覆盖。设立专项基金支持创新性和有影响力的宣传项目，激

[①] 《全国 80 家旅行社商走进光山 助力乡村文旅发展》，腾讯网，2024 年 1 月 16 日，https://new.qq.com/rain/a/20240116A06DWB00。

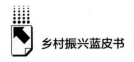

发全社会的参与热情。定期对宣传效果进行评估和分析，及时发现问题并调整宣传策略和方向。通过数据分析不断优化宣传方案，提升宣传工作的针对性和有效性，确保宣传效果的最大化。

七　光山县文旅融合发展趋势预测

近年来，习近平总书记先后五次深入调研河南，对当地文化和旅游工作给予了高度关注，并做出了重要指示。光山县将牢记习近平总书记的殷切嘱托，积极响应国家文旅融合发展战略号召，进一步推动文化产业与旅游产业深度融合，不断创新文旅产品和服务，提升文化融合的品质和魅力。同时，光山县还将积极拓展国际市场，让世界各地的游客都能领略到河南文化的独特魅力和深厚底蕴，将文旅融合推向多元化、创新化、国际化的新高度。

（一）文旅深度融合，促进业态多元化，将是光山县文旅产业未来发展的核心驱动力

文旅深度融合正引领光山县文旅产业向更高层次迈进，这种融合不是简单的文化元素与旅游活动的叠加，而是深度挖掘文化资源的内在价值，将其融入旅游体验的全过程，实现文化与旅游的深度交融、相互促进。从传统的观光旅游到深度的文化体验，从单一的景点游览到多元化的旅游线路设计，未来光山县将不断探索和实践，力求为游客提供个性化、差异化、高品质的文旅体验。这种融合不仅催生了丰富多彩的文旅产品和服务，丰富了旅游的内涵和外延，更推动了整个业态的转型升级和繁荣发展，形成良性互动的产业生态，为地方经济打造新的增长点。

（二）科技赋能文旅，实现智能化转型，将是光山县文旅产业转型升级的重要支撑

在数字化浪潮的推动下，未来光山县文旅产业会加速向智能化迈进。通过建设智慧旅游平台，光山县实现旅游信息的全面整合和实时共享，为

游客提供更加便捷、高效的旅游服务。同时，利用 VR/AR 等先进技术打造虚拟旅游体验项目，让游客身临其境感受光山县的独特魅力。此外，数字化营销手段也将成为光山县文旅产业的重要推广渠道，通过精准定位目标客群，实现品牌与市场的有效对接。这种数字化转型与智能化升级，不仅会提升旅游服务的效率与质量，更为光山县文旅产业的创新发展提供强大动力。

（三）绿色引领文旅，践行可持续发展理念，将是光山县文旅产业未来发展的必由之路

随着全球环保意识的不断增强和可持续发展理念的深入人心，绿色旅游已成为文旅产业的重要发展方向。未来光山县将始终坚守绿色发展理念，推动旅游产业与生态环境和谐共生。通过实施严格的生态保护措施、推广低碳旅游方式以及倡导绿色消费理念，光山县将努力构建一个绿色、低碳、环保的旅游环境。同时，依托当地丰富的生态资源，开发以生态旅游为主题的旅游产品和线路，让游客在享受自然风光的同时，也能深刻感受保护生态环境的重要性。这种可持续发展的理念，将为光山县文旅产业的长期繁荣奠定坚实基础。

（四）拓宽国际视野，扩大品牌影响力，将是光山县文旅产业走向世界的重要途径

在全球化背景下，国际市场的拓展和品牌建设的加强对提升光山县文旅产业的国际知名度和市场竞争力具有重要意义。未来光山县将积极参与国际交流与合作，通过引进国际先进的旅游管理经验和技术手段、参与国际旅游展会和交流活动以及与国际知名旅游品牌合作与联动，光山县不断提升自身的国际化水平。同时，光山县还将通过加大品牌建设和宣传推广力度，打造具有鲜明地方特色和文化内涵的文旅品牌，吸引更多国际游客前来体验和感受光山县的独特魅力。未来光山县有望成为一张亮丽的国际旅游名片，吸引来自世界各地的游客前来探访这片充满魅力的土地。

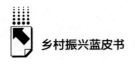

参考文献

《"多维融合"促发展——光山县发展乡村旅游的实践经验》，"人民网"百家号，2024 年 4 月 18 日，https：//baijiahao. baidu. com/s？id＝1796642805180094728&wfr＝spider&for＝pc。

《光山县：文化赋能 乡村振兴蹚"新路"》，河南省文化和旅游厅网站，2023 年 8 月 16 日，https：//hct. henan. gov. cn/2023/08-16/2797403. html。

《光山县：文化产业赋能乡村振兴》，光山县人民政府网站，2024 年 5 月 9 日，https：//www. guangshan. gov. cn/e/wap/show. php？id＝87199&classid＝116。

《光山：交旅融合唱弦歌》，河南省文化和旅游厅网站，2024 年 1 月 15 日，https：//hct. henan. gov. cn/2024/01-15/2885500. html。

《文化产业"豫"见乡村——首批"文化产业特派员"制度试点在河南启动》，河南省文化和旅游厅网站，2022 年 8 月 1 日，https：//hct. henan. gov. cn/2022/08-01/2552743. html。

《［新时代"枫桥经验"河南实践］信阳固本强基提升基层治理水平》，"中原盾"微信公众号，2024 年 6 月 24 日，https：//mp. weixin. qq. com/s？＿＿biz＝MzIwMDg4OTg5Ng＝＝&mid＝2247758806&idx＝1&sn＝4559629ab3847e1db77396ecc6977d57&chksm＝97fc2863b49746a801b9cc517ba38b60b305875da792be57bab8b93a78351a6a6721433dd848&scene＝27。

《以文塑旅 以旅彰文 推进文化和旅游深度融合发展》，求是网，2024 年 6 月 2 日，http：//www. qstheory. cn/qshyjx/2024-02/06/c＿1130074160. htm。

《实施文化产业特派制度，写好文化赋能乡村振兴答卷》，光山县人民政府网站，2024 年 4 月 22 日，https：//www. guangshan. gov. cn/news/mtgs/2024-04-22/87021. html。

《光山：文化之光照亮高质量发展新图景》，河南省文化和旅游厅网站，2023 年 8 月 21 日，https：//hct. henan. gov. cn/2023/08-21/2800387. html。

《研学在光山，好看好玩又好学》，信阳市人民政府网站，2024 年 8 月 2 日，https：//www. xinyang. gov. cn/2024/08-02/306。

Abstract

The Third Plenary Session of the 20th Central Committee of the Party pointed out that Chinese-style modernization is themodernization of the coordination of material civilization and spiritual civilization. It is necessary to enhance cultural confidence, develop advanced socialist culture, promote revolutionary culture, inherit excellent traditional Chinese culture, accelerate adaptation to the new situation of rapid development of information technology, cultivate a large-scale excellent cultural talent team, and stimulate the innovation and creativity of the whole nation's culture. In the vast rural areas, rural culture is the spiritual source of the Chinese nation and the spiritual nourishment on which the vast rural areas survive. In-depth exploration of the profound connotations of rural culture, innovation of inheritance and development models, and promotion of the organic combination of rural culture and modern civilization elements can not only enhance the soft power and competitiveness of rural areas but also attract more resources and talents to gather in rural areas, injecting strong momentum into the comprehensive revitalization of rural areas and having important contemporary implications for achieving Chinese-style modernization.

This book has established a research group, which comprehensively and systematically analyzed the main progress, opportunities and challenges, and development trends of cultural revitalization leading rural revitalization from 2024 to 2025, and deeply discussed the realization paths and strategies. It also elaborated on how to better play the leading and driving role of rural culture in rural revitalization from the aspects of rural cultural construction and inheritance.

In the chapter of rural cultural construction, the practice and achievements in specific fields such as promoting the integration of culture and tourism, integrating

cultural elements into village planning, activating red cultural resources, and innovating urban-rural integrated culture were elaborated in detail, showing the diverse paths and rich practices of cultural revitalization in rural revitalization. First, the integration of culture and tourism has become a new engine for rural revitalization. By exploring rural cultural resources and developing characteristic tourism industries, it can not only promote the optimization and upgrading of economic structure but also enhance the attractiveness and influence of rural areas. However, in the actual promotion process, some challenges and problems are also faced. This book deeply discussed the core meaning and practical path of this model from three dimensions: agricultural-tourism integration, cultural-tourism integration, and industrial chain integration. Second, integrating cultural elements into village planning can not only improve the overall appearance and living quality of rural areas but also endow rural areas with profound cultural connotations and unique charm. Based on the practical problems of traditional village planning, this book clarified the logical relationship of cultural revitalization leading rural revitalization and its guiding role in village planning, and proposed a new village planning path of 'five lists of goals, people, objects, problems, and projects', which effectively improved the practical effect of village planning. Third, in terms of activating red cultural resources to empower the development of rural revitalization, this book emphasized further innovation in the use and publicity mechanisms of red cultural resources to empower the cohesion and spirit of rural revitalization; innovating the development path of red cultural resources industries to empower the economic engine of rural revitalization; and innovating the methods and ways of red cultural cultivation and inheritance to empower the talent support of rural revitalization. Fourth, in terms of innovating urban-rural integrated culture to drive the development of rural revitalization, this book proposed measures such as unblocking the flow of urban-rural elements, enriching the people with culture, prospering the industry with culture, governing the government with culture, and strengthening the supply with culture, to promote urban-rural integrated development, give play to the innovative driving role of new quality technological culture, enhance the economic contacts between urban and rural areas, and unblock the urban-rural economic cycle.

In the chapter of rural cultural inheritance, focusing on the reshaping of traditional culture, the cultivation of rural civilization, the promotion of diversified co-governance, and the promotion of ecological culture, it emphasized that in the processof rural revitalization, not only should we pay attention to the innovative development of culture, but also guard the cultural roots of rural areas, and achieve the equal emphasis on cultural inheritance and development, and put forward valuable and operable countermeasure suggestions to fully stimulate the development momentum of rural revitalization. First, in response to the problems of cultural inheritance difficulties, insufficient economic support, lack of social identity, and talent shortage in the process of reshaping traditional culture, it was proposed to further strengthen cultural inheritance and protection, promote the integration and development of cultural industries, improve social identity and participation, strengthen cultural talent team construction, improve rural basic cultural facilities and public services, and increase policy support and institutional guarantees. Second, in response to the problems of weak party building guidance, unbalanced development of public cultural services, serious rural talent loss, arduous tasks of changing customs, the need to further strengthen the rectification of the rural living environment, and the need to further develop characteristic traditional cultures in the process of cultivating rural civilization, it was proposed to adhere to party building guidance, strengthen platform construction, focus on moral construction, adhere to changing customs, promote traditional culture, and improve the rural living environment. Third, in the process of promoting diversified co-governance, in response to the problems of many risks faced by grassroots governance, prominent shortcomings of rural 'three governance', different degrees of lack of governance mechanisms, un sound structure of rural governance cadres, and great pressure of cultural inheritance and improvement, it was proposed to further strengthen the construction of rural grassroots party organizations, deepen the construction of governance system with farmers as the main body, develop collective economy to create urban-rural integration, deepen the driving effect of cultural revitalization on rural diversified co-governance, improve the 'three governance integration' rural grassroots governance system and mechanism, and increase the pilot and experience reference of rural governance

reform. Fourth, in the process of promoting ecological culture to ensure rural development, there are still serious problems such as the severe situation of agricultural non-point source pollution prevention and control, the increasing risk of industrial and urban pollution transferring to rural areas, the trend of rural ecosystem degradation has not been reversed, and the construction of rural ecological culture is still a long way to go. It was proposed to guide the political construction of beautiful rural areas suitable for living and ecology with a systematic governance concept, guide the economic construction of beautiful rural areas suitable for living and ecology with a green development concept, guide the cultural construction of beautiful rural areas suitable for living and ecology with a harmonious cultural concept, and guide the social construction of beautiful rural areas suitable for living and ecology with a popular livelihood concept, to ensure the sustainability of rural revitalization.

In addition, this book also selected three typical cases of Anhua County in Yiyang City, Hunan Province, Liuba County in Hanzhong City, Shaanxi Province, and Guangshan County in Xinyang City, Henan Province, to display the unique cultural revitalization leading rural revitalization models such as practicing six cultural measures, excavating intangible cultural heritage, and deeply integrating cultural tourism, aiming to provide experience and inspiration for other regions through the close combination of theory and practice.

Keywords: Cultural Revitalization; Cultural Inheritance; Cultural Construction; Rural Revitalization

Contents

I General Report

B. 1 Analysis and Prospect of the Development Trend of Rural

Revitalization Led by Cultural Revitalization in 2024-2025

Tang Yong, *Tang Fanghua* / 001

Abstract: Rural revitalization requires both shape cultivating and soul building. Cultural revitalization leading rural revitalization is to adhere to government guidance, market operation, mass autonomy, and legal supervision, highlight cultural guidance, firmly adhere to the task and value pursuit of rural revitalization, achieve multi force cohesion of the spiritual driving force of rural revitalization, comprehensively activate the development momentum of rural revitalization, quickly and accurately consolidate the economic foundation of rural revitalization, construct livable, business friendly, and beautiful countryside with high quality, and take multiple measures to improve rural grassroots governance. In 2024, cultural revitalization comprehensively lays the foundation for rural revitalization, promote rural cultural activities, advance the Party's innovative theoretical propaganda, strengthen the protection and inheritance of rural culture, deepen the activation and application of cultural resources, and lead rural revitalization to take solid steps. The influence of culture, as a key factor in shaping the soul, on the comprehensive revitalization of rural areas is becoming increasingly significant, deepening into the practical field of rural revitalization, leading to higher requirements for rural

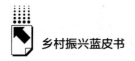
乡村振兴蓝皮书

revitalization, and promoting cross urban and rural development is becoming more urgent. Therefore, it is necessary to take advantages of local culture, make best use of "culture+", and consolidate the foundation of rural industries; to be guided by culture and establish the "Five Lists" to promote rural planning; to deepen digital empowerment, promote cultural construction, and enhance the quality of rural revitalization; to strengthen the cultural exchanges between urban and rural areas, promote the flow of cultural elements, and advance the integrated development of urban and rural areas; and to inherit local culture, cultivate rural customs and civilization, and safeguard the foundation of rural revitalization.

Keywords: Cultural Revitalization; Rural Revitalization; Rural Culture Civilization

II Rural Cultural Construction

B.2 Report on Promoting Rural Revitalization and
Development with the Integration of Culture, Industry
and Tourism   *Ren Guoping, Yin Gang* / 040

Abstract: With the progress of the times and the development of society, the integration of culture and tourism has become an important driving force for China's economic and social development. This report summarizes the remarkable achievements of the cultural tourism industry in helping rural revitalization from five aspects : cultural tourism market scale and tourism potential, cultural tourism industry model and tourism economic contribution, cultural tourism industry system and tourism consumption capacity, cultural tourism integration trend and cultural tourism innovation and development, cultural tourism experience type and tourism personality characteristics. However, in the actual process of promoting the integration of culture and tourism, it still faces problems such as resources, products, markets, services and innovation. In view of the above problems, this paper puts forward strategies to realize rural revitalization from four aspects:

realizing resource integration, improving product innovation, expanding market scale and improving service level. At the same time, from the dimensions of extending the industrial chain, optimizing the spatial layout, protecting the ecological environment, and digging deep into the local culture, this paper puts forward the practical path of the integration of culture and tourism to realize the rural revitalization, so as to achieve the goal of enhancing the charm of tourism, enhancing the vitality of the countryside, enhancing the attraction of the countryside and enhancing the motivation of tourism, so as to provide reference for the future development of the integration of culture and tourism.

Keywords: Cultural and Tourism Integration; Rural Revitalization; Cultural Industry; Industry Innovation

B . 3   Report on Integrating Culture into Village Planning and Supporting Rural Revitalization and Development

Xie Jiang , Wu Ying ∕ 063

Abstract: The rural revitalization strategy is a major deployment to solve the "three rural issues" in the context of China's new era. Cultural revitalization is the soul, and the power of culture has become an indispensable soft power. It is not only a carrier of rural memory, but also a key factor in stimulating rural vitality and promoting sustainable development. As a fundamental work for achieving rural revitalization, the importance of village planning is self-evident. In the process of rural construction, we must bear in mind the development concept of the Central Committee of the Communist Party of China that "green mountains and clear waters are as valuable as mountains of gold and silver", actively plan without excessive planning, moderately develop without blind development, scientifically and reasonably layout living, production, and ecological spaces, and promote harmonious coexistence between humans and nature. Under the grand blueprint of rural revitalization strategy, the 20th National Congress of the Communist Party of China proposed to "build livable,

business friendly, and beautiful countryside". Rural construction is a long-term process, and we should learn from the experience of Zhejiang's "Ten Thousand Project" and explore the path of building beautiful countryside from the perspective of urban and rural planning and construction. This report is based on the practical problems of traditional village planning, clarifying the logical relationship of cultural revitalization leading rural revitalization and its guiding role in village planning. The new village planning path based on the five lists of "goals, people, things, problems, and projects" has effectively improved the effectiveness of village planning, and provided good guidance for spatial design planning, landscape control, and rural governance of villages. The integration of cultural revitalization and village planning has been widely practiced in Heshan District, Anhua County, Yiyang City, Hunan Province, and Turpan Prefecture, Xinjiang, and has achieved good results.

Keywords: Rural Revitalization; Cultural Integration; Village Planning

B.4   Report on Activating Red Cultural Resources to Empower Rural Revitalization and Development

Sun Qian, Li Jiahua / 095

Abstract: The red cultural resources in rural areas are rich and unique, carrying the spark of revolution and fine traditions, and are an important driving force for the comprehensive revitalization of rural economy, culture, and ecology. Various regions have innovated development carriers by conducting surveys on red cultural resources to empower rural revitalization; By integrating the advantages of red culture, it has promoted the prosperity of the industry; By exploring the connotations of red culture, we have nurtured rural customs and civilization; By cultivating a rich red cultural heritage, ecological livability has been achieved; By building a red base platform, significant progress has been made in consolidating the foundation of talent. However, there are also problems and challenges such as inadequate management mechanisms for red cultural resources, inefficient development and utilization of red web cultural resources, and incomplete industrial systems for red cultural resources. Suggest that local governments further innovate the promotion mechanism for the utilization of red cultural resources, empowering rural revitalization to unite hearts and souls; Innovate the development path of red cultural resources industry and empower the economic engine of rural revitalization; Innovate the cultivation and inheritance methods of red culture, empower talents to support rural revitalization.

Keywords: Red Culture; Rural Revitalization; Red Tourism

B.5 Report on Promoting Rural Revitalization Through Cultural Innovation in Urban-Rural Integration

Wang Bing, Zhu Lin, Ke Yifeng and Du Boyao / 115

Abstract: This paper focuses on implementing the strategy of rural revitalization under socialism with Chinese characteristics, aiming to reconstruct the urban-rural relationship. By leveraging the culture of urban-rural integration, it seeks to advance rural development, construction, and governance. The concept of urban-rural integration culture holds broad significance in academic research, as its cultural connotations play a crucial role in fostering new productive forces and promoting urban-rural integration. However, in the process of achieving the goal of rural revitalization through urban-rural integration culture, several challenges arise, including the uneven flow of cultural elements, insufficient implementation of the people-centered philosophy, lack of innovation in cultural and creative industries, and weak foundations in public cultural services. At this new historical juncture, marked by the Third Plenary Session of the 20th CPC Central Committee, it is crucial to ensure the smooth flow of elements in urban-rural integration, emphasize the new driving forces of productive capacity, and enhance the quality of rural revitalization through cultural benefits for the people, cultural-driven industries, policy advisement, and stronger cultural supply.

357

Keywords: Rural Revitalization; Cultural Revitalization; Urban-Rural Cultural Integration; Modernization of Agriculture and Rural Areas

Ⅲ   Rural Cultural Inheritance

B.6   Report on Reshaping Traditional Culture to Promote Rural Revitalization and Development

Tang Fanghua, Zhou Wenjuan / 140

Abstract: Inheriting excellent traditional Chinese culture can not only highlight rural characteristics and enhance the soft power of rural culture, but also promote the comprehensive development of rural economy and society, injecting new vitality into rural revitalization. This report summarizes the significant achievements of reshaping traditional culture in promoting rural revitalization from the aspects of strengthening cultural inheritance and protection, improving the level of public cultural services in rural areas, enriching cultural activities, coordinating the development of rural economy and culture, enhancing civilized customs, strengthening cultural confidence, and improving rural social governance. It also points out that in the process of reshaping traditional culture, there are still problems such as cultural inheritance difficulties, insufficient economic support, social identity crisis, shortage of talent resources, and lagging development of cultural carriers. In response to these problems, countermeasures and suggestions are proposed to further strengthen cultural inheritance and protection, promote the integrated development of cultural industries, enhance social identity and participation, strengthen the construction of cultural talent teams, improve rural basic cultural facilities and public services, increase policy support and institutional guarantees, etc, Intended to further leverage the power of traditional culture and promote the in-depth implementation of the rural revitalization strategy.

Keywords: Traditional Culture; Cultural Revitalization; Rural Revitalization

B.7   Report on Cultivating Rural Culture and Promoting

Rural Revitalization and Development

Zhang Wentao, Zhou Wenjuan / 161

Abstract: One of the overall requirements of the rural revitalization strategy is rural civilization, which is the fundamental guarantee for rural revitalization. Firstly, summarize the current status and effectiveness of rural cultural civilization construction from eight aspects: rural ideological and moral construction, public cultural services, changing customs and traditions, farmers' cultural quality, medical and health awareness, excavation of local culture, innovation of cultural activities, and protection and inheritance of traditional culture. In the process of building rural civilization, there are still some weak links led by party building, uneven development of public cultural services, serious loss of rural talents, arduous task of changing customs and habits, further strengthening of living environment improvement, and the need to develop characteristic traditional culture. In response to the above issues, six countermeasures and suggestions are proposed, aiming to provide useful reference and inspiration for cultivating rural civilization and promoting rural revitalization and development, including adhering to the guidance of Party building, strengthening platform construction, focusing on moral construction, adhering to the transformation of customs and traditions, promoting traditional culture, and improving the living environment.

Keywords: Rural Civilization; Culture Revitalization; Rural Revitalization

B.8   Report on Promoting Diversified Governance and

Promoting Rural Revitalization and Development

Tang Yong / 182

Abstract: Modernizing rural governance is fundamental to and an integral part of modernizing national governance. It serves as a key measure to advance

integrated urban-rural development and implement the rural revitalization strategy. In recent years, improvements have been made in policy guidance, rural grassroots party organizations, villager self-governance practices, rural public services, infrastructure development, "integration of three governance aspects," and the use of information technology in rural governance. Despite these advances, challenges remain. These include various risks in grassroots governance, significant shortcomings in certain aspects of rural "three governance," gaps in governance mechanisms, an incomplete cadre structure for rural governance, and substantial pressures to enhance and preserve cultural heritage. To address these challenges, it is essential to further fortify rural grassroots party organizations, embed farmers at the core of the governance system, foster the collective economy to facilitate urban-rural integration, enhance the impact of cultural revitalization on promoting diverse rural governance, refine the "integrated three governance" systems and mechanisms at the rural grassroots level, and expand pilot reforms and the adoption of successful rural governance practices.

Keywords: Rural Governance; "Integration of Three Governance"; Cultural Construction

B.9 Report on Promoting Ecological Culture and Ensuring Rural Revitalization and Development   *Ren Guoping, Yin Gang* / 206

Abstract: Under the background of the new era, the construction of rural ecological civilization is not only an important part of China's ecological civilization construction, but also a key path to promote rural revitalization and realize agricultural and rural modernization. This report summarizes the remarkable achievements made in promoting ecological culture to ensure rural revitalization from four aspects: village appearance and infrastructure, green agriculture and resource utilization, environmental protection legislation and law enforcement supervision, environmental protection awareness and environmental protection culture. In the process of ensuring the high-quality development of rural revitalization, ecological culture still faces the problems of severe prevention and control of agricultural non-point source pollution, increasing risk of industrial pollution industry transfer, ecosystem degradation, and lagging rural ecological culture construction. In view of the above problems, the countermeasures and measures of ecological culture to ensure rural revitalization are put forward from four aspects: improving the concept of system governance to guide the political construction of ecologically livable rural areas, improving the concept of green development to guide the economic construction of ecologically livable rural areas, improving the concept of harmonious culture to guide the cultural construction of ecologically livable rural areas, and improving the concept of inclusive people 's livelihood to guide the social construction of ecologically livable rural areas. At the same time, it puts forward the practical path of promoting ecological culture to ensure rural revitalization from the aspects of vigorously carrying out ecological civilization education, systematically promoting comprehensive green transformation, and coordinating the efficient use of resources, so as to provide reference for the development of rural revitalization strategy.

Keywords: Ecological Civilization; Rural Culture; Rural Revitalization; Cultural Revitalization

IV   Case Reports

Abstract: Anhua County, Yiyang City, Hunan Province, as a Meishan ancient region, a millennium old county, a hometown of black tea, an ecological county, and a revolutionary old area, has profound Meishan culture, Hunan culture, black tea culture, ecological culture, and red cultural resources.

Anhua County has successfully found a new path for rural revitalization by deepening top-level design, clarifying principles and paths, and promoting cultural revitalization to lead rural revitalization through the promotion of "cultivating talents through culture, gathering talents through culture, developing industries through culture, promoting construction through culture, strengthening the foundation through culture, and assisting integrity through culture". This has formed the "Anhua Model" of cultural revitalization leading rural revitalization. The enlightenment that using culture to forge the soul is the foundation of the spirit of rural revitalization, cultural people are the source of rural revitalization, and cultural empowerment is the foundation of rural revitalization development has been formed, providing useful reference for other regions to comprehensively promote rural revitalization strategies.

Keywords: Cultural Revitalization; The Six Principles of 'Using Literature'; Rural Revitalization; Anhua County

B.11　Report on Inheriting Colorful Intangible Cultural Heritage

　　　　to Assist cultural revitalization and Lead rural revitalization

　　　　in Liuba County Hanzhong City Shaanxi Province

Sun Qian, Zhang Hongjun / 293

Abstract: China's intangible cultural heritage is not only an important component of rural culture, but its key elements and external manifestations are also historical witnesses and contemporary presentations of traditional Chinese agricultural civilization. With the deepening of the rural revitalization strategy, the coupling and symbiotic cultural relationship between intangible cultural heritage and rural cultural revitalization continues to drive cultural revitalization to lead rural revitalization. Liuba County, Hanzhong City, Shaanxi Province, leverages its long-standing cultural and historical advantages to fully tap into the social and cultural value of intangible cultural heritage resources. It explicitly proposes to use Liuba intangible cultural heritage resources as a carrier, gather forces from all parties, and resolutely implement the "one industry breakthrough" strategy of cultural and tourism integration. It continues to make efforts in the construction of cultural and tourism projects, the development of cultural and tourism integration, the supply of cultural and creative products, the creation of cultural and tourism formats, and the improvement of service quality to promote the deep integration of "intangible cultural heritage +" development, create diversified, distinctive, and high-quality rural cultural industry projects, shape cultural industry brands with distinct Liuba impressions, summarize and form the "Qinling Model" of Liuba cultural industry empowering rural revitalization, and contribute to the construction of livable, business friendly, tourism friendly, and beautiful rural areas. The power of dams has paved the way for rural revitalization with the characteristics of retaining dams.

Keywords: Intangible Cultural Heritage; Cultural Revitalization; Rural Revitalization; Liuba County Hanzhong City Shaanxi Province

B.12 Report on Cultural Revitalization Leading Rural
Revitalization in Guangshan County Xinyang
City Henan Province

Zhou Wenjuan, Tang Fanghua and Liu Ziao / 319

Abstract: The report of the 20th National Congress of the Communist Party of China has made important arrangements for the prosperous development of cultural undertakings and cultural industries, proposing to "promote the deep integration of culture and tourism development". This report focuses on the practical exploration and effectiveness summary of Guangshan County, Xinyang City, Henan Province, in promoting rural revitalization through deepening the integration of culture and tourism, using cultural revitalization as the engine. Guangshan County, relying on its rich natural landscapes and historical and cultural resources, has implemented a series of cultural and tourism integration strategies, including top-level design and planning,

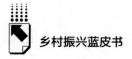
construction of cultural and tourism product systems, improvement of service quality, innovation of cultural experiences, construction of cultural and tourism platforms, and cultivation of cultural and tourism talents, effectively promoting rural revitalization and achieving both economic and social benefits. The report provides an in-depth summary of the successful experiences and inspirations of Guangshan County, while also facing the existing difficulties and challenges, such as insufficient funding, shortage of professional talents, poor tourism supply structure, intense homogeneous competition, cultural protection and development contradictions, lack of marketing planning, and insufficient publicity efforts. In response to these difficulties and challenges, the report proposes measures and suggestions such as increasing investment in construction funds, strengthening talent cultivation and introduction, optimizing tourism supply structure, enhancing product differentiation competitiveness, strengthening cultural protection and inheritance, improving the marketing efficiency of cultural tourism market, and increasing publicity efforts.

Keywords: Integration of Culture and Tourism; Cultural Revitalization; Rural Revitalization; Guangshan County

社会科学文献出版社

皮 书

智库成果出版与传播平台

❖ 皮书定义 ❖

皮书是对中国与世界发展状况和热点问题进行年度监测，以专业的角度、专家的视野和实证研究方法，针对某一领域或区域现状与发展态势展开分析和预测，具备前沿性、原创性、实证性、连续性、时效性等特点的公开出版物，由一系列权威研究报告组成。

❖ 皮书作者 ❖

皮书系列报告作者以国内外一流研究机构、知名高校等重点智库的研究人员为主，多为相关领域一流专家学者，他们的观点代表了当下学界对中国与世界的现实和未来最高水平的解读与分析。

❖ 皮书荣誉 ❖

皮书作为中国社会科学院基础理论研究与应用对策研究融合发展的代表性成果，不仅是哲学社会科学工作者服务中国特色社会主义现代化建设的重要成果，更是助力中国特色新型智库建设、构建中国特色哲学社会科学"三大体系"的重要平台。皮书系列先后被列入"十二五""十三五""十四五"时期国家重点出版物出版专项规划项目；自2013年起，重点皮书被列入中国社会科学院国家哲学社会科学创新工程项目。

皮书网

（网址：www.pishu.cn）

发布皮书研创资讯，传播皮书精彩内容
引领皮书出版潮流，打造皮书服务平台

栏目设置

◆ **关于皮书**

何谓皮书、皮书分类、皮书大事记、
皮书荣誉、皮书出版第一人、皮书编辑部

◆ **最新资讯**

通知公告、新闻动态、媒体聚焦、
网站专题、视频直播、下载专区

◆ **皮书研创**

皮书规范、皮书出版、
皮书研究、研创团队

◆ **皮书评奖评价**

指标体系、皮书评价、皮书评奖

所获荣誉

◆ 2008 年、2011 年、2014 年，皮书网均
在全国新闻出版业网站荣誉评选中获得
"最具商业价值网站"称号；

◆ 2012 年,获得"出版业网站百强"称号。

网库合一

2014年，皮书网与皮书数据库端口合
一，实现资源共享，搭建智库成果融合创
新平台。

皮书网

"皮书说"
微信公众号

权威报告·连续出版·独家资源

皮书数据库
ANNUAL REPORT(YEARBOOK)
DATABASE

分析解读当下中国发展变迁的高端智库平台

所获荣誉

- 2022年，入选技术赋能"新闻+"推荐案例
- 2020年，入选全国新闻出版深度融合发展创新案例
- 2019年，入选国家新闻出版署数字出版精品遴选推荐计划
- 2016年，入选"十三五"国家重点电子出版物出版规划骨干工程
- 2013年，荣获"中国出版政府奖·网络出版物奖"提名奖

皮书数据库

"社科数托邦"
微信公众号

成为用户

登录网址www.pishu.com.cn访问皮书数据库网站或下载皮书数据库APP，通过手机号码验证或邮箱验证即可成为皮书数据库用户。

用户福利

- 已注册用户购书后可免费获赠100元皮书数据库充值卡。刮开充值卡涂层获取充值密码，登录并进入"会员中心"—"在线充值"—"充值卡充值"，充值成功即可购买和查看数据库内容。
- 用户福利最终解释权归社会科学文献出版社所有。

数据库服务热线：010-59367265
数据库服务QQ：2475522410
数据库服务邮箱：database@ssap.cn
图书销售热线：010-59367070/7028
图书服务QQ：1265056568
图书服务邮箱：duzhe@ssap.cn

社会科学文献出版社 皮书系列
SOCIAL SCIENCES ACADEMIC PRESS (CHINA)

卡号：694671739377
密码：

S 基本子库
UB DATABASE

中国社会发展数据库（下设 12 个专题子库）

紧扣人口、政治、外交、法律、教育、医疗卫生、资源环境等 12 个社会发展领域的前沿和热点，全面整合专业著作、智库报告、学术资讯、调研数据等类型资源，帮助用户追踪中国社会发展动态、研究社会发展战略与政策、了解社会热点问题、分析社会发展趋势。

中国经济发展数据库（下设 12 专题子库）

内容涵盖宏观经济、产业经济、工业经济、农业经济、财政金融、房地产经济、城市经济、商业贸易等 12 个重点经济领域，为把握经济运行态势、洞察经济发展规律、研判经济发展趋势、进行经济调控决策提供参考和依据。

中国行业发展数据库（下设 17 个专题子库）

以中国国民经济行业分类为依据，覆盖金融业、旅游业、交通运输业、能源矿产业、制造业等 100 多个行业，跟踪分析国民经济相关行业市场运行状况和政策导向，汇集行业发展前沿资讯，为投资、从业及各种经济决策提供理论支撑和实践指导。

中国区域发展数据库（下设 4 个专题子库）

对中国特定区域内的经济、社会、文化等领域现状与发展情况进行深度分析和预测，涉及省级行政区、城市群、城市、农村等不同维度，研究层级至县及县以下行政区，为学者研究地方经济社会宏观态势、经验模式、发展案例提供支撑，为地方政府决策提供参考。

中国文化传媒数据库（下设 18 个专题子库）

内容覆盖文化产业、新闻传播、电影娱乐、文学艺术、群众文化、图书情报等 18 个重点研究领域，聚焦文化传媒领域发展前沿、热点话题、行业实践，服务用户的教学科研、文化投资、企业规划等需要。

世界经济与国际关系数据库（下设 6 个专题子库）

整合世界经济、国际政治、世界文化与科技、全球性问题、国际组织与国际法、区域研究 6 大领域研究成果，对世界经济形势、国际形势进行连续性深度分析，对年度热点问题进行专题解读，为研判全球发展趋势提供事实和数据支持。

法律声明

"皮书系列"（含蓝皮书、绿皮书、黄皮书）之品牌由社会科学文献出版社最早使用并持续至今，现已被中国图书行业所熟知。"皮书系列"的相关商标已在国家商标管理部门商标局注册，包括但不限于 LOGO（ ）、皮书、Pishu、经济蓝皮书、社会蓝皮书等。"皮书系列"图书的注册商标专用权及封面设计、版式设计的著作权均为社会科学文献出版社所有。未经社会科学文献出版社书面授权许可，任何使用与"皮书系列"图书注册商标、封面设计、版式设计相同或者近似的文字、图形或其组合的行为均系侵权行为。

经作者授权，本书的专有出版权及信息网络传播权等为社会科学文献出版社享有。未经社会科学文献出版社书面授权许可，任何就本书内容的复制、发行或以数字形式进行网络传播的行为均系侵权行为。

社会科学文献出版社将通过法律途径追究上述侵权行为的法律责任，维护自身合法权益。

欢迎社会各界人士对侵犯社会科学文献出版社上述权利的侵权行为进行举报。电话：010-59367121，电子邮箱：fawubu@ssap.cn。

社会科学文献出版社